Wolfgang Hirschfeld · Feindfahrten

Wolfgang Hirschfeld

Feindfahrten

Das Logbuch eines U-Boot-Funkers

VERLEGT BEI
KAISER

Schutzumschlag: Volkmar Reiter unter Verwendung eines Fotos von
Ullstein Bilderdienst, Berlin
Fotosatz: 10 Punkt Times
Satz: M. Theiss, Wolfsberg, Kärnten
Druck und Bindearbeit: Gorenjski Tisk, Kranj – Slowenien

Requiem

Zum Gedenken
unserer gefallenen U-Boot-Kameraden

Wir können nicht vor Gräbern stehen
zum Gedenken unserer Toten.
Wir sehen nur im Geist die Flagge wehn,
für die sie starben in ihren Booten.

Sie haben gekämpft getreu ihrem Eid
und waren immer so nahe dem Tod,
gegen Zerstörer und Flugzeug vereint,
kam oft das Ende auf sinkendem Boot.

Im Eismeer und vor Grönland bis Kap Hoorn,
stampfend meist auf sturmgepeitschtem Meer,
sind stahlharte Kämpfer sie geworden.
Doch der Atlantik gibt sie nicht mehr her.

Auch in all den and'ren Ozeanen
ruhen sie meist in großen Tiefen.
Schiffe zieh'n darüber ihre Bahnen.
Mir ist oft, als ob sie uns noch riefen.

von
Wolfgang Hirschfeld

Vorwort

Ich bin Angehöriger des Jahrganges 1916 und im Dezember 1935 zum Dienst in der Kriegsmarine eingetreten. Meine infanteristische Grundausbildung erhielt ich in Stralsund, dann kam ich auf einen Funkerlehrgang in Flensburg-Mürwik und anschließend zum Beobachtungsdienst, dem sogenannten B-Dienst gegenüber Polen und der Sowjetunion. Im September 1937 kehrte ich zur Flotte zurück und fuhr als Funker auf Räum- und Minensuchbooten. Nach erfolgreichem Abschluß der Unteroffizierslehrgänge diente ich bei Ausbruch des Zweiten Weltkriegs als Funkmaat und Stationsleiter auf dem Torpedoboot T 139.

Im Jahre 1940 wurde ich zur U-Boot-Waffe kommandiert, absolvierte Lehrgänge in Pillau und Flensburg und kam schließlich an Bord von U 109, das am 5. Dezember 1940 auf der Werft der Deschimig AG Weser in Bremen von Kapitänleutnant Hans Georg Fischer in Dienst gestellt wurde. Unter ihm und seinem Nachfolger, Kapitänleutnant Heinrich Bleichrodt, einem der erfolgreichsten U-Boot-Kommandanten des Zweiten Weltkriegs, die überlebt haben, blieb ich bis Ende 1942 an Bord von U 109 und machte auf diesem Boot sechs Feindfahrten mit.

Nach längerem Lazarettaufenthalt und erfolgreicher Absolvierung der Oberfeldwebellehrgänge wurde ich im Dezember 1943 zum Oberfunkmeister befördert und auf Verlangen des Kommandanten, Kapitänleutnant Heinrich Fehler, auf U 234, das letzte große Boot vom Typ XB, kommandiert. Auf U 234, das am 2. März 1944 in Dienst gestellt wurde, erlebte ich die Kapitulation im Mai 1945 auf hoher See. Weisungsgemäß liefen wir, eskortiert von einem Zerstörer, den amerikanischen Hafen Portsmouth im Bundesstaat Maine an. Aus der amerikanischen Kriegsgefangenschaft bin ich im Jahre 1946 über Belgien nach Deutschland zurückgekehrt.

Bereits nach der Indienststellung von U 109 hatte ich begonnen, ein Tagebuch zu führen, obwohl es streng verboten war und kriegsgerichtlich geahndet werden konnte. Die Aufzeichnungen, die ich meist während der langen Nachtwachen machte, wenn nur geringer Funkverkehr herrschte, konnte ich unter »Geheimsachenverschluß« aufbewahren. In alten FT-Kladden hielt ich Ereignisse und Gespräche fest, die mir wichtig erschienen, darunter auch einige, die nicht in das Kriegstagebuch aufgenommen wurden. Da ich wiederholt die handschriftlichen Aufzeichnungen des Kommandanten in Maschinschrift übertragen mußte, war mein Informationsstand an Bord beträchtlich.

Dieses persönliche Logbuch von U 109, das ich geführt habe, ist kein Epos von Heldentaten und glorreichen Siegen. Es schildert das Leben der Unterdecksfahrer aus meiner Sicht und entsprechend meinen damaligen Auffassungen von Krieg und Regime.

U 109 war kein Boot mit überragenden Erfolgen. Es hat aber, dank der Umsicht und der Erfahrung des Kommandanten, Kapitänleutnant Heinrich Bleichrodt, und mit etwas Glück, zwei Jahre lang allen Gefahren im Atlantik trotzen können, ehe es dann im Mai 1943 unter einem neuen Kommandanten einem Angriff aus der Luft zum Opfer fiel. Kapitänleutnant Bleichrodt hatte sich bereits zu Beginn des Krieges als zeitweiliger Kommandant von U 48, dem erfolgreichsten U-Boot des Zweiten Weltkriegs, einen Namen gemacht und war mit dem Ritterkreuz des Eisernen Kreuzes ausgezeichnet worden. Für seine Feindfahrten mit U 109 erhielt er dann das Eichenlaub zum Ritterkreuz.

Von den Männern, die U 109 im Dezember 1940 in Dienst gestellt hatten, waren beim Untergang des Bootes nur noch wenige an Bord. Die meisten von ihnen sind später auf anderen Booten gefallen.

Meine Aufzeichnungen von der einzigen Feindfahrt mit U 234 wurden bei meiner Gefangennahme von den Amerikanern vereinnahmt. Ich habe sie kurz nach meiner Heimkehr im Jahre 1947 rekonstruiert.

W.H.

I

Die erste Feindfahrt

5. Dezember 1940. Indienststellung bei Deschimag in Bremen. Ein naßkalter Tag mit Regenschauern. Alles grau in grau, so wie das Boot. Wir stehen auf dem Achterschiff angetreten, und der Kommandant, Kapitänleutnant Hans Georg Fischer, spricht vom Turm markige Worte. Dann wird die Flagge gehißt. Wir sind froh, als die Zeremonie beendet ist und wir zur feucht-fröhlichen Feier in das Bootsinnere wegtauchen können. Es ist warm und gemütlich unten im Boot. Die beiden einzigen Überlebenden von UB 109 aus dem Ersten Weltkrieg sind zur Feier eingeladen worden: der ehemalige Funkmaat Carl Keitel aus Hamburg und der Heizer Franz Dompke aus Essen. Sie sitzen in unserer Mitte und müssen erzählen. Wir erfahren, wie unser Traditionsboot verlorenging und was sie dabei erlebten. Beim Unterwassermarsch durch ein Minenfeld vor der holländischen Küste brachte UB 109 eine Mine zur Auslösung und fiel auf den Grund. Da die Tiefe nur 40 m betrug, konnten sich einige Besatzungsmitglieder retten. Sie wurden dann von eigenen Vorpostenbooten aufgefischt.

Na ja, denke ich, das wird uns nicht passieren. Wir werden draußen in der Weite des Atlantiks kämpfen. Für uns wird es keine Flachwasserunternehmungen geben. Wir wissen zwar nicht, was uns bevorsteht, aber wir sind alle guten Mutes. Erst müssen wir einmal durch die Ausbildung in der Ostsee gehen. Die soll schlimmer sein als die Front, sagen die alten U-Boot-Fahrer.

7. Dezember 1940. Bremen ausgelaufen. Weser abwärts und dann Marsch durch die Nordsee und den Kaiser-Wilhelm-Kanal nach Kiel. Schwere Regenschauer. Dunkle Wolken jagen am Himmel dahin. Kein Flugzeug.

8. Dezember 1940. Ausbildung beim UAK Kiel beginnt. Erste Tauchversuche in der Strander Bucht und vor Heikendorf mit Kapitän zur See Valentiner. Der alte Haudegen aus dem Ersten Weltkrieg mit dem schlohweißen Haar macht den LI, Oberleutnant Weger, zur Schnecke, als er das Boot vor Heikendorf in den Schlamm setzt. »Hier ist schon mal ein Boot aus ungeklärter Ursache verlorengegangen«, knurrt er ärgerlich. Mir läuft es kalt über den Rücken, aber wir haben zum Glück zwei erfahrene Obermaschinisten, Winter und Schewe, und den großartigen Zentralemaaten Otto Peters aus Bremen. Sie behalten die Ruhe und haben nach einiger Zeit das Boot aus dem Schlamm befreit.

20. Dezember 1940. Kiel ausgelaufen, mit Höchstfahrt nach Danzig. Erste Dauerbelastung für die Diesel. Wir pflügen mit breitem Kielwasser durch die ruhige Ostsee. Hinter Swinemünde wird es bedeutend kälter. In der Danziger Bucht herrscht tiefster Frieden. Durch Neufahrwasser geht es in den Danziger Hafen. Unser Wohnschiff ist die *Iberia.*

3. Januar 1941. Danziger Bucht – Gotenhafen. Die Dompteure der Agru-Front kommen an Bord. Die Übungen beginnen mit Alarmtauchen und der Simulierung leichter Ausfälle, die von Tag zu Tag gesteigert werden. Meine Umformer und Apparate bleiben von Ausfällen verschont, weil wir sonst im Notfall keine Nachricht mehr nach oben geben könnten. 5. bis 8. Januar. Festgemacht in Gotenhafen.

12. Januar 1941. Agru-Front bestanden. Maschinenpersonal war sehr gut. Wieder in Danzig eingelaufen. Ausbildung im Torpedoschießen bei der 25. U-Flottille. Chef ist Kapitän zur See Hashagen. Auch ein alter Haudegen aus dem Ersten Weltkrieg. Flottillenschiff ist der alte Rügendampfer *Hertha.*

20. Januar 1941. Jeden Tag Torpedoschießen in der Danziger Bucht. Heute ließ mich der Kommandant während des Marsches zum Schießquadrat auf die Brücke rufen. »Sehen Sie mal den Schlitten da drüben. Ist das nicht Ihr altes Boot?« Ich sehe in ca. 500 m Entfernung ein Torpedoboot auf Gegenkurs. Am Bug das taktische Zeichen von T 139. Der Kommandant erlaubt mir einen Winkspruch, und Karl Will von der Brückenwache winkt für mich hinüber: »Fkmt. an K: Fährt der alte Kasten immer noch? Es grüßt Ihr alter Funkmaat Hirschfeld.« Von T 139 kommt nach einiger Zeit zurück: »K an Funkmaat. Wünsche Ihnen ein langes Leben! Ihr alter Kommandant.« Hans Georg Fischer lächelt amüsiert. »Der glaubt wohl nicht, daß wir noch lange leben ...«

23. Januar 1941. Grau und trüb ist der Morgen. Dichtes Schneetreiben läßt gerade noch das Vorschiff erkennen. Im Danziger Hafen treiben schon Eisschollen. Das heutige Torpedoschießen ist abgesagt. So nehme ich die Gelegenheit wahr und fahre nach Neufahrwasser, um bei dem einzigen mir bekannten Schlachter Fleisch für U 109 zu bestellen. Als Funkmaat bin ich auch für die Menage zuständig. Nur mein 2. Funkmaat weiß, daß ich von Bord bin. Vorsorglich habe ich mir eine Aktentasche mit Badehandtuch und Seife unter den Arm geklemmt.

Nach der Fleischbestellung gehe ich an Bord des Dampfers *Hertha*. Ich habe dort vor einigen Tagen im oberen Deck eine Badekabine entdeckt. Die Gelegenheit ist günstig. Das Bad ist während der Dienstzeit unbenutzt. Damit habe ich natürlich gerechnet und mich entsprechend vorbereitet.

Schnell lasse ich ein heißes Bad ein, während ich mich ausziehe. Genußvoll lege ich mich in das dampfende Wasser. Das Bullauge über der Badewanne in der Außenbordwand ist vollkommen vereist. Träumend genieße ich das lang entbehrte Bad. Von draußen tönt nur gedämpftes Dampfertuten. Typische Hafengeräusche, denke ich. An der Bordwand ist das Scheuern der Eisschollen vernehmbar. Wahrscheinlich fahren die Schlepper laufend durch die Fahrrinne, um sie vom Eis freizuhalten. Wie herrlich ist es hier im warmen Wasser bei dem Sauwetter da draußen.

Jetzt schwankt die *Hertha* sogar ein wenig. Das Eis scheuert viel stärker an der Bordwand. Komisch, so große Schiffe können doch gar nicht hier vorbeifahren. Oder sollte die *Hertha* etwa...? Nein, das ist doch nicht möglich. Ein schrecklicher Gedanke läßt mich hochfahren. Ich versuche, das vereiste Bullauge aufzudrehen. Vergeblich. Ich schöpfe mit den Händen warmes Wasser aus der Wanne über die Vorreiber. Endlich gelingt es mir. Ich reiße das Bullauge auf und sehe hinaus. Verdammt! Kein Ufer mehr gegenüber. Nur Schneetreiben und Eisschollen, soweit ich sehen kann. Die *Hertha* ist also wirklich ausgelaufen. Wie ist das nur möglich? Wird die Flottille nach Westen in eisfreies Wasser verlegt? Ich hatte das schon einmal im Winter 1939/40 bei der 24. U-Boot-Flottille erlebt, als der Hafen von Warnemünde zufror. Damals wurde nach Kiel verlegt.

Verdammt! Niemand auf meinem Boot weiß, wo ich bin. Nun heißt es Ruhe bewahren. Während ich mich langsam anziehe, überdenke ich meine Lage. Zunächst einmal werde ich in den Funkraum gehen und unauffällig die Lage peilen. Sollte die Flottille wirklich nach Westen verlegen, werde ich mich beim Flottillenchef Korvettenkapitän Hashagen melden.

Er ist ein alter U-Boot-Fahrer und wird Verständnis für mein Bad haben.

Im Funkraum treffe ich einen alten Freund, mit dem ich 1936 auf der Nachrichtenschule war. Er lacht, als ich ihm erzähle, was mir passiert ist. »Ja«, sagt er, »da hast du Pech gehabt. Der Befehl, im Hafen zu bleiben, ist widerrufen worden, weil die Danziger Bucht noch ziemlich eisfrei ist. Der Chef meint, die Boote müßten auch bei Schneetreiben schießen können.«

Da saß ich also nun frisch gebadet und harrte der Dinge, die da kommen sollten. Wohl war mir nicht zumute, aber ich hatte wenigstens die Gewißheit, daß wir am Abend wieder in Neufahrwasser einlaufen würden. Gegen 15.00 Uhr reicht mir mein alter Kumpel einen gerade entschlüsselten FT herüber. Ich lese, und mir stockt der Atem. »An 25. U-Fl. von T 156: Habe getauchtes U-Boot überlaufen und gerammt. Annahme U 109.«

Auch das noch. Was soll geschehen, wenn sie abgesoffen sind? Kapitän Hashagen jagt sofort einen FT an alle Boote hinaus! »Standort melden!« Bald laufen die ersten Meldungen ein. Ich sitze neben dem Schlüsselgerät, doch U 109 schweigt. Unwillkürlich muß ich an U 18 denken, das im November 1936 bei einer Übung nach Kollision mit einem Torpedoboot in der Lübecker Bucht gesunken ist. Der Kommandant, Kptlt. Hans Pauckstadt, und einige Männer der Besatzung konnten gerettet werden. Fieberhaft entschlüsseln wir die einlaufenden Funksprüche. Da – endlich die Meldung von U 109: »Sehrohr von Torpedoboot abgefahren!« Alles atmet auf.

Das Schneetreiben ist so stark geworden, daß Kapitän Hashagen, um weitere Unfälle zu vermeiden, das Schießen abbricht. Wir laufen ein, und als ich bei völliger Dunkelheit an Bord von U 109 gehe, merke ich erst, daß der Kommandant meine Abwesenheit gar nicht bemerkt hat.

24. Januar 1941. Wir gehen in die Werft und bekommen ein neues Sehrohr. Bei einer Flasche Wein sage ich dem Kommandanten, daß ich ihm einen guten Nachruf geschrieben hätte, wenn das Boot abgesoffen wäre. Kptlt. Fischer lacht. »Und Sie sind fest davon überzeugt, daß Sie rausgekommen wären«, meint er. »Ja«, antworte ich lachend, »ich war nämlich gar nicht an Bord.« Er sieht mich mit großen Augen an, und ich befürchte ein Donnerwetter. Er bleibt aber ruhig, und ich erzähle ihm, wie ich auf der *Hertha* ein heißes Bad nahm und schließlich mit dem Dampfer in See stach. Fischer sieht mich grübelnd an und sagt schließlich: »Hirschfeld, haben Sie die Sache mal durchgedacht? Wenn wir abgesoffen wären, hätte kein Mensch gewußt, daß Sie nicht an Bord waren.« Er schlägt mir lachend auf die Schulter. »Sie hätten nach Hause fahren und untertauchen können. Sie hätten am Krieg nicht mehr teilnehmen müssen. Sie waren ja schon gefallen.« Ich schüttle den Kopf. »Das wäre nicht gegangen. Der wachhabende Funkmaat im Funkraum der *Hertha* kannte mich.«

»Na, dann prost«, lachte der Alte. »Es wäre Ihnen also nichts erspart geblieben. Sie hätten dann eben auf ein neues Boot steigen müssen.«

26. Januar 1941. Der Hafen ist über Nacht zugefroren. Auch die Danziger Bucht ist voll Treibeis, das sich allmählich festlegt. Beim letzten Einlaufen haben wir ein Geleitboot in Schlepp genommen, das hilflos im Packeis trieb. Es hatte die Turbinen abstellen müssen, da die Kühlwasser-Ansaugrohre von zermahlenem Eis verstopft waren. Mit unseren starken Dieseln haben wir das Boot in den Hafen gezogen. Wir können der Witterung wegen nicht mehr auslaufen und fahren deshalb für vierzehn Tage auf Urlaub.

25. Februar 1941. Wieder in Danzig. Diesmal haben wir die *Hansa* als Wohnschiff. Immer noch starker Eisgang. Schlepper sind ständig unterwegs und halten die Fahrrinne frei. Heute soll der Schießbetrieb wiederaufgenommen werden.

Es ist noch sehr dunkel, als wir durch den hohen Schnee zu unseren Booten stapfen, um »Seeklar« zu machen. Neben uns liegt U 111 als äußeres Boot im Päckchen. Es legt vor uns ab, und die Besatzung ruft uns lachend zu: »Na, denn gute Übung!« Auch wir laufen aus, und bald danach kommt die seemännische Nr. 1, Bootsmaat Walter Groß, auf den Turm und meldet dem Alten: »Auf dem Vorschiff zwischen Turm und Kanonensockel steht eine Gulaschkanone festgezurrt.« Der Kommandant steigt auf die Fußrasten und versucht in der Dunkelheit das Oberdeck vor dem Turm zu erkennen. »Verdammt«, sagt er, »wie kommt die dahin?«

»Das muß die Crew von 111 gewesen sein«, sagt Walter trocken. »Die haben vorhin so dreckig gelacht.«

Der Kommandant geht an Oberdeck und besieht sich die Bescherung, während wir durch das Grummeleis nach Neufahrwasser laufen. »Das Ding muß von Bord«, ruft der Alte der Nr. 1 zu. Dann kommt er wieder auf den Turm und sagt zum I WO:

»Hoffentlich ist die *Hertha* schon ausgelaufen. Wenn es hell wird und die sehen das Ding bei uns an Oberdeck, gibt es ein homerisches Gelächter in der ganzen Flottille.«

Wir legen unbemerkt in Neufahrwasser an, und es gelingt uns, die Gulaschkanone, die aus den Beständen des RAD stammt, von Bord zu schaffen und neben einem Kohlenschuppen abzustellen. Dann jagen wir mit Höchstfahrt durch das Grummeleis in die Danziger Bucht. Als es hell wird, stehen wir in unserem Quadrat und sichten an Steuerbord querab U 111. Von dort sind alle Gläser auf uns gerichtet. »Mein Gott«, sagt Keller, der II WO, »wenn wir mit der Gulaschkanone hätten tauchen müssen.«

»Dann hätte Kleinschmidt sich totgelacht«, meint der Kommandant.

26. Februar 1941. Der strenge Winter verzögert die Ausbildung um etwa vier Wochen, der strenge Frost läßt zwar langsam nach, aber es liegt noch viel Schnee.

Die letzte Nacht bei der Schießflottille verbringen wir in Neufahrwasser. Es gibt keinen Dampfanschluß für die Boote, und da kein anderes Wohnschiff zur Verfügung steht, müssen wir auf der *Hertha* schlafen. Durch die Kojen an der Bordwand zieht ein eisiger Wind. Obwohl der Dampfer beheizt wird, glitzert an der Außenbordwand das Eis. Wir sind über dieses Quartier sehr erbost, und Funkmaat Ernst Bischoff ruft als erster: »Ich gehe ins Hotel!« Wir ziehen alle los, um einen Umtrunk zu nehmen und sind im Lederpäckchen mit blauer Pudelmütze nicht als Soldaten zu erkennen.

Um Mitternacht sind nur noch fünf trinkfeste Maate übriggeblieben, die nach mehrmaligem Lokalwechsel in der Kneipe »Zum Leuchtturm« landen. Wir haben schon ziemlich getankt, und der Wirt will uns nichts mehr geben. Um noch etwas Sekt locker zu machen, erzählt Bootsmaat Maureschat dem Wirt, ich sei Deutschlands zweitbester U-Boot-Kommandant. Daraufhin stoßen er und die letzten Gäste begeistert mit uns an.

Da erscheint plötzlich der Alte mit Leutnant Keller. Beide sind auch im Lederpäckchen, und der Wirt stellt mich als berühmten U-Boot-Kommandanten vor. Der Alte gibt mir lachend die Hand und sagt: »Ich möchte auch mal so berühmt werden.«

»Mein Sohn«, sagte ich, um den Wirt und die Gäste nicht zu enttäuschen, »aus verständlicher Freude, daß Sie mich hier kennenlernen durften, geben Sie jetzt noch einen aus.«

So wird weiter getrunken bis zwei Uhr früh. Da erscheint die Wehrmachtsstreife, und wir müssen gehen.

Bootsmaat Kuddel Wenzel will aber nicht auf den verdammten Rattendampfer zurück. Er ist volltrunken und zerschlägt mit der Faust einen zweiteiligen Glastresen, hinter dem Brötchen und Salate stehen. Seine Hand blutet stark, und er wird in einem Sanitätsfahrzeug abtransportiert. Jetzt müssen wir Farbe bekennen und sagen, wer wir sind, wobei der Kommandant dem Wirt die Versicherung gibt, daß der Schaden am nächsten Tag bezahlt wird.

Schließlich wanken wir durch die sternklare, kalte Nacht hinunter zum Hafen. Bischoff findet einen Schlitten, auf den wir uns zu fünft zwängen. Auch der Kommandant ist mit von der Partie. Wir rodeln einen Abhang hinunter, bis ein alter Drahtzaun unsere Fahrt beendet. Den blutverschmierten Kopf des Alten müssen wir aus den Maschen des Zaunes ziehen. Wir wanken weiter zum Schiff.

Die Kälte spüren wir nicht. Rechts vor der Stelling liegt einer im Schnee und schläft; es ist Eduard Maureschat. Gemeinsam schleppen wir ihn an Bord und werfen ihn in die Koje. Wie ich von der Toilette komme, liegt er vor der Kabine auf dem Gang. Er muß wieder herausgekrochen sein. Da ich ihn nicht allein in die hohe Koje bugsieren kann, werfe ich ihm seine Decke zu und laß mich selbst in die Koje fallen. So schlafen wir die letzte Nacht auf dem alten Dampfer *Hertha*, ohne die Kälte zu spüren.

27. Februar 1941. Gotenhafen festgemacht. Leutnant Keller hat sich eine Barkasse kommen lassen und ist mit mir zum Arsenal gefahren. Wir haben für die Kantine und für die Menage Spirituosen eingekauft. Echten französischen Cognac, schottischen Whisky, Mandarin Ginger und andere köstliche Sachen aus ehemaligen polnischen Beständen. Als wir mit der Barkasse bei U 109 längsseits gehen, fassen alle mit an, um die kostbare Fracht an Bord zu hieven. Anschließend heizen wir von innen ein, um die Kälte nicht zu spüren, denn auch hier gibt es keinen Dampfanschluß und kein Wohnschiff.

1. März 1941. Wir sind bei der taktischen Übungsflottille, der 27. U-Flottille, gelandet. Führungsschiff ist der moderne U-Boot-Tender *Wilhelm Bauer.* Der Chef der 27. U-Fl., Korv.Kpt. Ernst Sobe, ein alter Bekannter unseres Alten, ist ein Dompteur besonderer Güte. Der Kommandant erzählt uns, daß sie sich schon als Seekadetten nicht leiden konnten. Na, denke ich, das kann ja heiter werden. Die taktischen Übungen in der Ostsee sind gefürchtet, denn sie verlangen Offizieren und Mannschaften das Letzte ab.

Als erstes gehe ich an Bord der *Wilhelm Bauer* in den Funkraum, um etwas über die funktechnische Abwicklung der Übung zu erfahren. Zum Glück treffe ich einen alten Freund, den Funkmaat Hein Walter aus Flensburg. Er ist erfreut über unser Wiedersehen nach so langer Zeit und führt mich in den großen Funkraum hinter der Brücke, der mit allen modernsten Funk- und Peilgeräten sowie einer Luftwaffenstation ausgerüstet ist.

Von hier aus wird die »Taktische« geleitet. Wir werden Geleitzugschlachten üben, d. h. im Aufklärungsstreifen den Geleitzug suchen, nach Kontaktnahme Fühlung halten und schließlich auf Befehl von der Leitstelle im Rudel angreifen. Im FT-Raum laufen die Fäden aller an der Übung beteiligten Parteien zusammen. Außderm fährt ein Oberst der Luftwaffe mit, der den Einsatz der U-Boot-Abwehr aus der Luft leitet. Als Längstwellensender für Wiederholungen der Funksprüche und für Unterwasserempfang mit Peilrahmen steht der Langwellensender Warschau zur Verfügung.

Mir kommt da ein Gedanke. »Sag mal, Hein, wenn der Oberst hier auf der Brücke mitfährt, kann er dann nicht mitkriegen, wo die U-Boote stehen?«

Hein Walter lacht. »Von Sobe erfährt er nichts. Aber...«

»Was aber?« bohre ich.

»Na ja, ich glaube schon, daß er einen Funkmaat bestochen hat. Der braucht ihm dann nur ein Stück Papier mit einer Zahl an die Scheibe zu halten, und der Oberst kennt das Quadrat, in dem seine Flieger ein U-Boot erwischen können.«

»Das ist ja eine große Sauerei«, sage ich empört.

»So mußt du das nicht sehen. Sie haben ja nicht genug Brennstoff, um den ganzen Tag die Boote zu suchen. Und angreifen sollen sie euch ständig, damit ihr an die Härte der Front gewöhnt werdet.«

Jetzt wird mir klar, warum diese Übung die härteste Zeit der Ausbildung sein wird. Hein Walter gibt mir noch den guten Rat, mich reichlich mit Funkspruchblöcken einzudekken, denn es wird Tag und Nacht FTs hageln. Dabei sind 60 % aller Sprüche nur Rügen an die Kommandanten. Das ist zugleich die schwerste Bewährung für die FT-Mannschaft. Und das weiß Sobe auch. »Mein lieber Wolf«, sagt Walter satanisch grinsend, »die Taktische ist nicht nur Training für die Kommandanten. Auch die Funkmannschaft kann durchfallen.«

Wir gehen in die Messe der *Wilhelm Bauer*, um noch einmal

einen ordentlich auf die Lampe zu gießen, bevor die große Schlacht beginnt, und treffen dort die Funkmaaten von U 111, von Kentrats U 74, von Kaufmanns U 79 und meine alten Freunde Billep und Schirrmacher von Ringelmanns U 75.

3. März 1941. Beginn der taktischen Übung. Im Morgengrauen legen wir ab. Die Diesel der Boote röhren auf. Es ist ein kalter, klarer Tag. Ein ganzes U-Boot-Geschwader begibt sich auf den Marsch. Mit großer Fahrt geht es hinaus in die Danziger Bucht. Herrlich geht die Sonne auf. Ich stehe noch einmal auf der Brücke und atme die frische Luft, denn in den nächsten vierzehn Tagen werde ich kaum an Deck kommen.

Die Boote formieren sich jetzt zur Kiellinie, und von Steuerbord achteraus kommt ein Torpedoboot auf. Der Alte sieht auf die Uhr und gibt uns einen Wink, einzusteigen. Kaum sind wir unten, rasen die Alarmklingeln durch das Boot. Die Brückenwache poltert in die Zentrale, während die Fahrt schon abwärts geht. Der LI pendelt das Boot ein und geht dann auf Sehrohrtiefe. Ich sitze am Horchgerät und höre die zwitschernden Schrauben des Torpedobootes näher kommen. Der Alte sitzt am Sehrohr im Turm, und jetzt klickt es in den Lautsprechern: »An alle Stellen. Achtung, es gibt einen Wasserbomben-Serienwurf. Auf Außenbordsverschlüsse achten. Ende.«

Das Torpedoboot steht jetzt querab, und dann geht es los. Eine Faust schüttelt das Boot, gewaltige Schläge hämmern gegen die Bordwand, ein grauenhafter Donner rollt durch die See. Es ist wie ein Weltuntergang. Ich blicke durch den Gang und sehe die entsetzten Augen des Befehlsübermittlers im Kugelschott zur Zentrale. Verdammt, so gewaltig haben wir uns das denn doch nicht vorgestellt. Dieser Donner läßt jeden bis ins Mark erzittern.

Walter Gross, die Nr. 1, steht neben mir im Horchraum. »Ja, Wolf, stell dir das mal vor – stundenlang Wabos. Wie das an den Nerven sägt. Wenn ich an U 14 und an Weingärtner denke, vor Norwegen, in diesem verdammten Einbaum.«

Wir tauchen bald wieder auf, und die Boote streben nach dieser ersten Begegnung mit der U-Boot-Abwehr auseinander. Mit großer Fahrt geht es um die Halbinsel Hela herum in Richtung Stolpe Bank. Dann beginnen wir im großen Aufklärungsstreifen nach Nordosten hin den Geleitzug zu suchen. Ich blättere in den Übungsunterlagen. Der Geleitzug besteht aus dem Dampfer *Mersburg* und zwei weißen Bananendampfern. Einen davon kenne ich; es ist die *Ahrensburg.* Dazu kommen noch *Wilhelm Bauer* als Hilfskreuzer und einige schnelle Bewacher.

Wir sind alle sehr gespannt, was nun kommen wird. Noch herrscht Ruhe auf allen Wellen. Wir pflügen durch die Ostsee und kreuzen in unserem Streifen auf und ab. So geht es auch die ganze Nacht hindurch, wobei wir uns immer weiter nach Nordosten bewegen.

Gegen Mittag des nächsten Tages kommt die erste Sichtmeldung von U 111. Kleinschmidt ist also Fühlungshalter. Die Jagd geht los und damit auch der Funkverkehr. Die Diesel hämmern große Fahrt. Von jetzt ab hat jede Wache im Funkraum hart zu arbeiten: Aufnehmen auf Kurzwellen, entschlüsseln, in die Kladde eintragen, dem Kommandanten vorlegen, Antworten verschlüsseln, FTs abgeben, Peilzeichen vom Fühlungshalter einpeilen und Resultate an den Obersteuermann in der Zentrale geben. Eine Flut von Funksprüchen prasselt auf uns ein. Sobe hält uns in Atem. Auf U 111 werden sie schon schwitzen, und wir schicken ein Stoßgebet zum Himmel: Herrgott, laß uns niemals Fühlungshalter werden, denn dann müßten wir mit zwei Wachen arbeiten und kämen gar nicht mehr zum Schlafen.

Bald kommen auch die ersten Flugzeuge, und wir müssen mehrmals mit »Alarm« in den Keller. Das sind zwar die einzigen Rjb eausen für uns, aber nachher müssen die fehlenden FTs im Wiederholungsprogramm auf Längstwelle wieder hereingeholt werden.

Immer wieder tauchen wir auf und eilen mit großer Fahrt den Peilzeichen des Fühlungshalters nach. So geht es den ganzen Tag bis hinein in die Nacht. Die Boote schließen auf, und einzeln gehen die Meldungen ein, daß sie am Geleit sind. Es kann also endlich losgehen. »Angriff frei!« lautet der Funkspruch, doch dann erhellen plötzlich Leuchtgranaten die Nacht. Der Angriff ist entdeckt. Bewacher drängen uns ab, das Geleit zackt weg, und schlechtes Wetter kommt auf. Die Fühlung geht verloren. Die Funker von U 111 werden froh sein.

Die Suche geht also erneut los. Der Kommandant hat kaum geschlafen. Er steht in der Zentrale über die Karte gebeugt und kombiniert, wo das Geleit wohl sein könnte. Ob.Strm. Petersen koppelt unsere Fahrt. »Kommen wir nicht zu weit nach Norden, Herr Kaleu?« höre ich seine warme, sonore Stimme. Kptlt. Fischer schüttelt den Kopf. »Nein, Petersen. Sobe ist uns bestimmt hier durch den Aufklärungsstreifen geschlüpft. Ich denke, er fährt jetzt Kurs Gotland.«

Die Sicht wird immer schlechter, denn es kommt auch noch Nebel auf. Der Kommandant läßt tauchen. Wir machen einen Rundhorch. Da – in 40° hören wir Schraubengeräusche von mehreren Schiffen. Das kann nur das Geleit sein. Wir tauchen auf und jagen durch den wallenden Dunst. Wir müssen nahe dran sein, als wir von *Wilhelm Bauer* ein FT erhalten: »An alle. Standort melden.«

Ich lasse dem Alten den FT vorlegen, doch er sagt lachend: »Nein, wir melden noch nicht. Dann zackt er nämlich wieder ab.«

Etwas später sichten sie auf der Brücke den Geleitzug. Verdammt, jetzt sind wir Fühlungshalter. Der Rummel im FT-Raum geht los. Nach Abgabe der Sichtmeldung erhalten wir eine Rüge, weil wir vorhin keinen Standort gemeldet haben. Der Alte lächelt aber nur.

Trotz schlechter Sicht halten wir Fühlung. Obwohl wir von den Bewachern oft abgedrängt werden, geben wir laufend Meldungen über jeden Kurswechsel des Geleits und senden Peilzeichen auf Langwelle. So geht es den ganzen Tag und durch die Nacht, bis die anderen Boote heran sind. Dann läßt Sobe angreifen. Alle Boote kommen zum Schuß, nur wir nicht. Wir müssen weiter Fühlung halten und melden, während die anderen zum zweiten Angriff nachladen. Die Sicht ist noch schlechter geworden und die Fühlung geht verloren. Der Alte kommt von der Brücke und wirft sich auf seine Koje, gegenüber dem Funkraum. Ich glaube, er ist fertig. Wir sind es alle, besonders meine Funker.

Die Ruhe ist aber nur kurz. Ein neuer Fühlungshalter meldet sich, und weiter geht die Jagd. Die Diesel hämmern durch den Tag und durch die Nacht, und dann sind wir dran. Endlich kommen wir zum Angriff. Wir jagen mit großer Fahrt in der Finsternis mitten durch das Geleit und schießen alles ab, was uns vor die Rohre kommt. Natürlich nur auf dem Papier. Dann plötzlich wieder Leuchtraketen. Wir sind entdeckt und verschwinden mit Höchstfahrt in der Dunkelheit.

Järschel, der Koch, sorgt in vorbildlicher Weise für unser Wohl. Nur sein starker Kaffee, den der stämmige Oberschlesier vorzüglich zu kochen versteht, hält uns aufrecht. Ich habe Järschel bereits in Bremen zum Koch gemacht, weil er gelernter Schlachter ist und ich schon auf T 139 die Erfahrung gemacht habe, daß die Schlachter kochen können.

In der zweiten Woche bessert sich das Wetter, und manchmal kommt sogar die Sonne durch. Wir stehen eines Morgens weitab vom Geleit, um uns in großem Bogen für den Nachtangriff vorzusetzen. Ich gehe auf die Brücke, um in Ruhe eine Zigarre zu rauchen. Lt. Keller hat die Wache. Die Sonne geht strahlend auf und blendet sehr, aber ich genieße ihre Strahlen.

Da, ein Schrei vom achteren Ausguck: »Flieger in 180°!« Zum Tauchen ist es zu spät. Im Tiefflug kommt er aus der Sonne. Wir werfen uns instinktiv hinter die Brückenverschanzung. Ich drücke mich an den Sehrohrblock, denn es sieht so aus, als wollte er uns den Turm wegrasieren. Die Motoren donnern, als er uns genau von achtern nach vorn überfliegt und anstelle von Bomben zwei Echolote wirft. Wir erheben uns und starren dem Flugzeug nach. Dann höre ich die gewaltige Stimme von Maureschat: »Ihr verdammten Himmelhunde. Könnt ihr denn nicht besser aufpassen? Wenn der echt gewesen wäre, würden wir jetzt auf Tiefe gehen!«

Der Kommandant, der wohl gerade ein wenig geschlafen hatte, kommt auf die Brücke gefegt. »Was war das, Keller?« Der II WO lächelt verlegen. »Eine Arado, Herr Kaleu!« Der Alte sieht ihn vernichtend an. Keller holt tief Luft. »Kam genau aus der Sonne.« Der Alte blickt grimmig über die See. »So, eine Arado. Dann sind wir gebombt.« Das Flugzeug ist nur noch ein Punkt an der Kimm. »Wenn das der Sobe erfährt, dann gute Nacht.«

Ich tauche hinab ins Boot, denn da muß ja bald ein FT kommen. Es dauert auch gar nicht lange, und wir müssen Standort melden. Nachdem dies geschehen ist, kommt bald darauf der FT: »An U 109, Fischer, Sie wurden um 06,32 Uhr gebombt und versenkt.« Das ist ein vernichtendes Urteil.

Bald darauf läßt micht Lt. Keller auf die Brücke rufen und sagt zu mir: »Sehen Sie sich mal Ihre Stabantenne an.« Ich denke, ich sehe nicht richtig. »Die ist ja ganz verbogen.« – »Ja«, sagt Keller, »das muß ein verrückter Hund gewesen sein. Der hätte dabei glatt selbst in den Bach fallen können.« Ich tauche wieder unter und melde dem Alten, daß die Stabantenne verbogen ist. Dabei erzähle ich ihm auch, wie der Luftwaffenoberst auf der *Wilhelm Bauer* seine Flugzeuge einsetzt. Er lächelt etwas gequält. »Hab' mir schon so etwas gedacht. Aber es nützt nichts. Er hat uns erwischt.«

Trotzdem müssen wir weiterkämpfen. Wir finden abermals den Geleitzug und sind für kurze Zeit neuerlich Fühlungshalter. Dann aber sind wir wieder frei für den Angriff und jagen, manchmal in gefährlichem Kollisionskurs mit den Schiffen, durch die Nacht. Die Beanspruchung geht bis zur Leistungsgrenze, und dabei haben wir noch nicht einmal schwere See. Langsam bekommen wir einen Begriff davon, was es heißt, am Geleitzug zu kämpfen. Am schwersten hat es der Kommandant. Er kommt kaum zum Schlafen, er ist die Seele des Angriffs und muß bei jeder Änderung der Lage entscheiden, ob er am Feind bleiben oder abdrehen soll, und von seiner Entscheidung hängt unser aller Leben ab.

15. März 1941. Endlich geht das grausame Spiel zu Ende, und die Boote dürfen den Rückmarsch nach Gotenhafen antreten. Der Alte würde es wahrscheinlich am liebsten wie Lemp machen, der sich, wie mir Hein Walter erzählt, nach der taktischen Übung einfach per FT abgemeldet hat. Sobe reagierte nicht darauf; vielleicht war es auch vorher abgesprochen. Lemp hatte ja eine eingefahrene Besatzung; nur der Bootstyp IX b war für sie neu. Dafür sind sie jetzt schon wieder im Atlantik. Wir aber müssen erst noch Kritik über uns ergehen lassen.

16. März 1941. »Diese Übung ist beendet!« ist ein taktisches Signal. Endbesprechung der Kommandanten und Endbesprechung der Funkmannschaften auf der *Wilhelm Bauer.* Ich kann mit meinen Leuten zufrieden sein. Wir sind heilfroh, daß diese Tortur hinter uns liegt. Jetzt sollen wir noch zu Restarbeiten nach Stettin gehen. Dann geht es hinaus in den Atlantik.

Ich bin mit Fkmt. Ernst Bischoff bereits seit langem wieder an Bord, als endlich der Kommandant von der Besprechung kommt. Er wirft mit einem Fluch die Mütze auf die Koje und blickt grimmig um sich. »Funkmaat, besorgen Sie mir einen doppelten Whisky.« Ich spritze in die Offiziersmesse, die gleich hinter dem Horchraum liegt. Lt. Keller hat den Wunsch des Kommandanten gehört und nimmt Flasche und Gläser aus dem Schrank. Der I WO ist von der Koje gesprungen. Er und Keller kommen zum Kommandantenschap gegenüber dem Funkraum.

»Ja, meine Herren«, sagt der Alte ganz ruhig und nimmt dem II WO die Flasche und ein Glas aus der Hand. »Wir sind durchgefallen! Alles noch einmal.« – »Was denn«, sagt Schwartzkopff, »die ganze Übung?« Keller schüttelt verzweifelt den Kopf. »Ich denke, wir sollen so schnell wie möglich an die Front.«

»Ja, die ganze Übung«, knurrt der Alte wie abwesend. »Wir sind noch nicht reif für die Front. Prost!« Er gießt sich einen Whisky in die Kehle, während die beiden WO's betreten zu

Boden sehen. Bei den letzten Worten des Kommandanten ist auch der III WO, Ob.Strm. Bruno Petersen herangetreten.

»Na, Petersen«, sagt der Alte, »was sagen Sie dazu?« – »Ach, Herr Kaleu«, erwidert der Ob.Strm. mit entwaffnendem Lächeln, »wir sollten darüber nicht traurig sein. Ich habe gehört, der Krieg dauert noch etwas länger.« Jetzt lacht der Alte. »Sie haben recht, Petersen. Kretschmer und Schepke werden uns wohl noch einige Dampfer übriglassen.« Er gießt sich wieder ein, nimmt Keller ein zweites Glas aus der Hand und füllt es ebenfalls. Mit den beiden Gläsern in den Händen, dreht er sich jetzt zum Funkraum herum. »Na, und ihr Funkenpuster seid in Ordnung, habe ich gehört.« Er reicht mir ein Glas. »Jawoll, Herr Kaleu. Wir haben mit ›Sehr gut‹ abgeschnitten.« Er nickt. »Na denn?« Wir kippen gemeinsam den Whisky hinunter. »Besatzung U 109 in Ordnung, nur der Kommandant ...« Er schüttelt mißbilligend den Kopf.

19. März 1941. Wir fahren also unsere zweite taktische Übung. An Bord ist diesmal Korv.Kpt. Hans-Gerrit von Stockhausen, der als Kommandant von U 65 das Ritterkreuz erhalten hat. Auch er ist mit unserem Alten seit der Seekadettenzeit bekannt. Stockhausen ist ein Offizier, von dem wir alle begeistert sind. Nachts, wenn etwas Ruhe auf den Funkwellen ist und wir nicht gerade angreifen, sitzt er bei mir im Funkraum, und wir deklamieren Balladen von Münchhausen, Fontane, Strachwitz, Felix Dahn und anderen.

Einmal steckt der Kommandant nachts seinen Kopf in den FT-Raum. »Ach, du meine Güte, Balladen! Damit hat der Hans-Gerrit meine Nerven schon als Fähnrich strapaziert. Und jetzt ist mein Funkmaat auch von dieser Krankheit ergriffen.« Von Stockhausen lacht amüsiert. »Ja, mein lieber Hans Georg, wie ich festgestellt habe, liest du immer noch diese billigen Kriminalromane. Demnach hast du dich geistig nicht weiterentwickelt.« Wir müssen alle lachen. Stockhausen hat recht. Ich muß dem Alten aus der Bordbücherei, die ich verwalte, immer Krimis besorgen.

Auch diese taktische Übung kostet wieder Nerven, obwohl wir bereits wissen, worauf es ankommt. Am 2. April haben wir endlich alles überstanden. Endbesprechung erfolgt wie gehabt. Wir Funker von U 109 sind nun schon alte Hasen im Geleitzugkampf, und man kann uns auch diesmal keine Fehler vorwerfen. Nach der Besprechung zieht mich Hein Walter zur Seite. »Komm mit in meine Kammer. Wir trinken noch einen. So bald werden wir uns nicht wiedersehen.« Während er mir einen Rum pur eingießt, sagt er: »Daß Matz' U 70 abgesoffen ist, weißt du.« – »Nein«, sage ich. »Da war doch unser Ausbilder von der ULD Lt. Klagges an Bord.« – »Richtig«, nickt Hein, »ich glaube, es war seine erste Fahrt.« Wir trinken aus, und Hein schenkt nach.

»Übrigens, Prien ist auch weg.« – »Verdammt«, entfährt es mir. »Woher weißt du das? Unsere Offiziere wissen nichts davon.« Hein nickt ernst. »Bekannt ist ja auch noch nichts. Er war am 6. März noch mit U 99 an einem Geleit. Übrigens das gleiche Geleit, an dem Matz abgesoffen ist. Von Kernevel wird er dauernd gerufen. Aber er meldet sich nicht mehr.« – »Vielleicht ist sein Sender ausgefallen und mit Bordmitteln nicht zu reparieren«, sage ich. Hein winkt ab. »Nein. In dieser Zeit hätte er schon einen Hafen erreichen können. Der ist weg.« Wir trinken schweigend.

Hein fängt wieder an: »Kretschmer und Schepke sind auch vernichtet.« Mir stockt der Atem. »Ja«, sagt Hein gedehnt, »unser alter Freund Jup Kassel soll noch offen gefunkt haben, daß sie das Boot aufgeben und in Gefangenschaft gehen.« – »Und Schepke?« frage ich. »Beide waren am gleichen Geleitzug. Schepke meldet sich auch nicht mehr.«

Was war da draußen im Atlantik los? Die Asse der U-Boot-Waffe alle auf einmal weg. Da stimmte doch etwas nicht. Hatten die Tommys neue Abwehrmittel? Ein kalter Schauer lief mir über den Rücken.

Wie ich an Bord komme, sitzt der Alte schon auf seiner Koje. »Na, Hirschfeld, alles klar bei der Funkenpusterei?« – »Jawoll, Herr Kaleu, wir können es ja nun. Oder müssen wir die Übung noch mal machen?« Er sieht mich lächelnd an. »Möchten Sie wohl?« – »Na ja«, sage ich etwas gedehnt. »Draußen im Atlantik ist wohl der Teufel los.« Er steht auf und kommt zum FT-Raum. »Ach, Sie haben wohl schon gehört? Ihr Funker wißt ja alles. Aber es soll noch nicht darüber gesprochen werden. Also Schnauze, klar?« – »Klar, Herr Kaleu.«

3. April 1941. Ohne großen Abschied von der *Wilhelm Bauer* haben wir in Gotenhafen abgelegt. Nur einige Bekannte, unter anderem Hein Walter, stehen an der Reling und winken uns nach. Der Alte steht auf der Brücke und sieht nicht zurück. Ich glaube, er ist froh, seinem persönlichen Feind Sobe entronnen zu sein.

Mit großer Bugwelle schiebt sich unser Boot in die Danziger Bucht. Die Diesel brummen in vertrauter Weise. Von Osten weht eine steife Brise. Bald schäumt der Gischt über das 40 m lange Vorschiff. Nur träge hebt und senkt sich der Bug. Die Brückenwache schlägt die Kragen hoch, und ich steige durch das Turmluk hinab in die gemütliche Wärme des Bootes. Die Abgasheizung ist voll aufgedreht. Herrgott, bin ich froh, ein so großes Boot gewählt zu haben, als ich bei der 1. U-Flottille gefragt wurde, ob ich Typ VII oder Typ IX fahren wolle. Damals hatten mir alle Kameraden abgeraten. »Mensch, nimm doch Typ VII. Da hast du bestimmt mehr Chancen zu überleben. Die tauchen viel schneller weg, und die Reisen sind nicht so lang.« Aber Bischoff und ich wählten das große Boot. Als ich dann einmal in Danzig von den Funkmaaten Billep und Schirrmacher auf U 75 eingeladen wurde, kam mir die Enge dieses Bootstyps so richtig zum Bewußtsein.

Im Boot duftet es herrlich nach Kaffee. Alles ist guter Laune. Die Besatzung freut sich auf die Werftliegezeit in Stettin und den letzten Urlaub vor dem Einsatz. Bischoff hat die Funkwache. Ich gehe langsam nach vorne durch die Offiziersmesse in die Kombüse. »Na, Järschel, in Stettin müssen wir den restlichen Proviant abgeben. Haben wir viel über?« Järschel grinst verschmitzt. »Wird nix über sein. Das können sie mit 'nem Handwagen abfahren.« – »Nun, machen Sie es nicht so arg, daß wir auffallen.« – »Nee, mach ich nicht. Die Pampelmusen gebe ich alle wieder ab. Die will nämlich keiner fressen. Sonst hab ich alles gerecht verteilt. Ihren Anteil finden Sie in Ihrem Spind im U-Raum. Nur den Kaffee kann ich morgen erst verteilen.« – »Nun ja, ich habe nichts gesehen und nichts gehört.«

Ich gehe weiter durch die Oberfeldwebelmesse in den Unteroffiziersraum. Da sitzt schon der Zentralmaat Otto Peters und schlürft genußvoll seinen Kaffee. »Du, Wolfgang, hast du schon gehört, der Walter Gross will heiraten.« Walter sitzt lachend dabei. »Nanu«, sage ich, »wann denn?« Walter schiebt grinsend das Kinn vor. »Sobald wir in Stettin festgemacht haben, haue ich ab. Der Alte weiß schon Bescheid.« Otto legt sein Gesicht in ernste Falten. »Walter, überleg dir das . . .« Er will noch etwas sagen, aber da kommt aus der Zentrale der Ruf: »Funkmaat Hirschfeld unters Turmluk.« Ich eile in die Zentrale und melde nach oben. Der Alte ruft mir zu, ich solle in den Horchraum gehen und ihm sagen, was ich höre. Ich schüttle den Kopf und mache ihm klar, daß dies bei dieser Fahrtstufe und dem leichten Seegang ganz unmöglich ist. Daraufhin kommt er lächelnd ins Boot gestiegen und sagt: »Gut, dann werden wir mal kurz tauchen. Alarm!«

Die Klingel rast durchs Boot. Otto Peters kommt fluchend angerannt. »Nicht mal seinen Kaffee kann man in Ruhe trinken. Die Übung ist doch vorbei.« Die Brückenwache fällt gefechtsmäßig durch das Luk in die Zentrale. Oblt. Weber sitzt schon auf seinem Bock, die Tiefenruder werden besetzt. Noch ehe Lt. Keller das Turmluk zugedreht hat, knallen vorn die Entlüftungen auf, und das Vorschiff schneidet steil unter. Ja, das haben wir gelernt.

Das Rauschen an der Außenhaut hört auf. Noch einige Wellen klatschen gegen den Turm. Dann ist es ganz still. »Eins«, tönt es aus den Lautsprechern. Es ist die Stimme des LI. Erst jetzt wird die letzte Entlüftung am Heck aufgerissen. Ich sitzte schon am GHG, dem Gruppenhorchgerät, und mache zuerst einen Rundhorch. Die Horchverhältnisse sind ausgezeichnet. Einige langsame Dampfer und Fischkutter sind auszumachen und in 70° ein dickes Schiff. Ich rufe Bischoff zu mir. »Hör doch mal, mindestens drei Schrauben.« Er horcht angespannt. »Donnerwetter, noch nie gehört. Was meinst du, Schlachtschiff?« – »Ja, das will der Alte von uns wissen.« Da kommt der Kommandant auch schon durch das Zentraleluk gestiegen. »Na, meine Herren, was kreucht denn da oben so herum?« – »Außer einigen Dampfern und Fischkuttern in 70° ein dicker Zossen«, melde ich. »Hat mehrere Schrauben. Schätze Schlachtschiff.«

Der Alte lächelt. »Geben Sie mir mal den Kopfhörer.« Er horcht interessiert. Dann sieht er uns bedeutungsvoll an. »Merkt euch das. Schlachtschiffgeräusche. Es ist die *Bismarck.* Er gibt mir den Kopfhörer zurück. »Auf ein Schlachtschiff bin ich ganz besonders scharf«, sagt er lachend und steigt wieder durch das Kugelschott in die Zentrale. »LI auf Sehrohrtiefe zum Rundblick«, höre ich ihn dann sagen. Auch auf Sehrohrtiefe ist die *Bismarck* noch gut zu hören. Das Wasser der Ostsee trägt weit. Dann kommt der Befehl zum Anblasen. Knatternd jagt die Luft in die Zellen. Mit einem Satz bricht das Boot durch die Oberfläche. Um uns rauscht wieder die See. »Ausblasen mit Diesel!« tönt es in der Zentrale. Ein Zittern geht durch das Boot, als die schweren Diesel angeworfen werden. Zugleich nehmen wir wieder Fahrt auf. Weiter geht es nach Westen.

4. April 1941. Stettin eingelaufen. Oderwerke festgemacht. Restarbeiten. Wir unterstehen jetzt der 4. U-Flottille. Unser Wohnschiff ist die *Usambara.* Ein wunderschönes Schiff. In der Kantine gibt es noch friedensmäßig fast alles zu kaufen.

Ich erstehe einen vergoldeten Globus als Zigarettenspender. Für ganze 32,– RM.

Walter Gross ist gleich in Urlaub gefahren und mit ihm ein Teil der Seeleute. Nur die Techniker, Torpedomixer und Funker müssen erst die Werftbesprechungen und Aufträge fertigen. Am Tag der Hochzeit von Bootsmaat Gross gehen Bischoff und ich zur Hauptpost und geben ein Telegramm auf:

»Wir wünschen Dir nach alter Seemannsart
viel Glück zu ersten Probefahrt.
Ein kurzer schneid'ger Nachtangriff,
dann Feuer aus und ruhe im Schiff. Deine Kameraden.«

Aber die Dame bei der Telegrammannahme weigert sich, das Ding zu befördern. »Das sind ja militärische Geheimnisse«, sagt sie streng. Wir müssen laut lachen. »Hören Sie, das ist ein Glückwunschtelegramm zur Hochzeit«, sage ich, mühsam wieder ernst werdend. »Haben Sie noch nie eine Hochzeitsnacht mitgemacht? Nein? Dann wird es aber Zeit.« Jetzt ist sie aber ganz böse. »Das wird nicht befördert!« Rums ist der Schalter zu. Erst nachdem wir einen höheren Postbeamten eingeschaltet haben, wird unser Telegramm befördert.

Unser Kommandant Hans Georg Fischer ist Korvettenkapitän geworden. Die Werftliegezeit unseres Bootes wird auf vier Wochen veranschlagt. Wir bekommen eine neue 10,5-cm-Kanone, die auch als Flakgeschütz eingesetzt werden kann. Eduard Maureschat ist der Kanonenmaat.

Ernst Bischoff fährt vor mir auf Urlaub. Kurz bevor er zurückkommt, kann auch ich fahren, denn alle Restarbeiten der FT sind in Gang oder schon erledigt. Bei meiner Rückkehr ist Bischoff nicht mehr da. Wir mir Kuddel Wenzel erzählt, ist er in der Dunkelheit in eine offenstehende Luke im Oberdeck gefallen. Was Bischoff sich alles gebrochen hat, weiß Wenzel noch nicht. Jedenfalls ist er ins Lazarett nach Kiel gekommen. Als ich den Alten treffe, sagt er mir, daß wir Bischoff bis zur Feindfahrt nicht mehr wiedersehen werden. Ein neuer Funkmaat ist für uns schon in Marsch gesetzt.

Ob.Strm. Bruno Petersen, dem ich die Sache erzähle, kratzt sich am Hinterkopf und macht ein gequältes Gesicht. »Ja, sieh mal, Puster, die Sache ist so«, fängt er langsam an. »Wenn einer vor so einer Unternehmung plötzlich aussteigt, hat das immer was zu sagen. Entweder saufen wir ab und der da oben hat den Bischoff dafür bestimmt, übrig zu bleiben, oder wir kommen durch und er ist für ein Boot bestimmt, das dann absäuft. Kapiert?«

»Aber Herr Obersteuermann, wo haben Sie denn diesen Aberglauben her? Ich glaube bestimmt daran, daß wir wiederkommen.« Er sieht mich treuherzig an mit seinen blauen Augen. »Ja, ja, das sollt ihr jungen Burschen ja auch glauben. Aber glaub mir, das ist öfter schon passiert.«

Und dann kommt mein neuer Funkmaat, Ferdinand Hagen aus Dortmund. Er war vorher auf dem Kreuzer *Hipper,* also kein Kleinbootsfahrer, wie die meisten von uns. Er ist aber ein guter Kumpel und lebt sich schnell bei uns ein. Außerdem habe ich mit ihm einen ausgezeichneten Funker bekommen, auf den ich mich verlassen kann.

Am 2. Mai werfen wir in Stettin die Leinen los und verlegen nach Kiel zur Frontausrüstung. Wir gehören jetzt zur 5. U-Flottille. Unser Wohnschiff ist die *St. Louis.* Unsere letzten Tage in Deutschland: Brennstoffübernahme, Proviant-Übernahme, letzte Instruktionen der Schiffsführung beim Flottillenchef, und der Funker auf der *Erwin Wassner.* Wir werden nicht nach Kiel zurückkehren. Nach dem Auslaufen gehören wir zur 2. U-Flottille mit Stützpunkt Lorient in Frankreich.

6. Mai 1941. Heute geht es los. Strahlend geht die Sonne auf. Wolkenlos der blaue Himmel. Noch einmal schnell gebadet auf der *St. Louis.* Dann sind wir klar zum Auslaufen. Wir hätten auf der *St. Louis* noch essen können, aber der Alte hat abgelehnt. Järschel hat statt dessen Würstchen mit Kartoffelsalat gemacht.

Vormittags wird einer unserer Seeleute plötzlich mit starken Leibschmrzen ins Lazarett gebracht, wo ihm der Blinddarm entfernt wird. Nun haben wir einen Mann zu wenig. Bruno Petersen tippt mir bedeutsam auf die Schulter. Ich muß lachen. »Ach, Herr Obersteuermann, unken Sie doch nicht immer so.«

Kurz vor dem Mittagessen kommt der Kommandant an Bord und bringt einen neuen Matrosen mit. »Der hat mich angesprochen, ob er nicht mitfahren kann«, sagt er lachend. »Da hab' ich ihn gleich mitgenommen.« Der neue Mann bekommt von der Nr. 1 die nötige Bordausrüstung und steigt stolz in das Lederzeug. Er ist aus der Personalreserve der 5. U-Flottille. Mittags frißt er wie ein Scheunendrescher, und der Obersteuermann schüttelt lächelnd den Kopf. »Meldet sich da einer freiwillig zum Sterben. Verstehen Sie das?« – »Nee«, sage ich, »aber der ist ganz wild auf das U-Boot-Fahren.«

13,30 Uhr deutsche Sommerzeit. Wir stehen angetreten auf

dem breiten Oberdeck unseres Bootes. Vom Turm schrillt die Pfeife. »Alle Leinen los!« Die E-Maschinen summen. Musik klingt auf, das Englandlied. Langsam löst sich der wie ein Tiger gestreifte Leib des langen Bootes von der Tirpitzmole. Dann faucht es aus den Auspufflöchern. Die Diesel brummen auf und lassen das Boot erzittern. Mit halber Fahrt geht es aus dem U-Boot-Hafen heraus, um die Tirpitzmole herum. Überall auf den Decks und Aufbauten der *St. Louis* und der *Weichsel* stehen die Kameraden und winken.

Ein würgendes Gefühl steigt mir in der Kehle hoch. Nur nicht weich werden jetzt. Hungrig nehmen die Augen noch einmal das vertraute Bild des Kieler Hafens in sich auf. Ist es ein Abschied für Jahre oder für immer?

Sicher wird mancher von uns diesen Hafen nie wiedersehen. Nur gut, daß keiner weiß, was ihm noch bevorsteht. Es ist Krieg auf allen Meeren, und der Kampf im Atlantik ist verdammt hart geworden. Ein Inselvolk kämpft um sein Leben. Stehen wir erst am Anfang dieses Kampfes? Oder haben wir mit dem Verlust der größten Asse der U-Boot-Waffe den Zenit schon überschritten? Prien und Schepke sind mit ihren Leuten gefallen, und Kretschmer soll fast mit seiner ganzen Besatzung in Gefangenschaft sein. Wenn es diese alten U-Boot-Fahrer erwischt hat, was haben wir dann noch für Chancen?

Neues Boot. Neue Besatzung. Kommandant und seemännische Offiziere unerfahren im Unterwasserkrieg. Nur der Obstrm., der LI, die beiden Obermaschinisten und einige Unteroffiziere sind schon länger bei der U-Boot-Waffe.

Ach was. Weg mit diesen Gedanken. Auch andere Jungboote kämpfen sich durch. Wir sind in vier Monaten schärfster Ausbildung zu einer Crew zusammengeschweißt worden, die sich auch in schwierigsten Situationen zu helfen weiß. Neue Sterne werden am U-Boot-Himmel aufsteigen und die alten Asse vielleicht noch in den Schatten stellen.

Während das Boot in die Holtenauer Schleuse einbiegt, blicken wir noch einmal zurück über die Kieler Förde. Viele Dampfer liegen da; Schweden, Dänen, Russen, Finnen. Ein Glück nur, daß wir keinen Krieg mit Rußland haben. Frankreich niedergeworfen und besetzt. Einziger Gegner ist nur noch England. Wer zweifelt daran, daß wir siegen werden? Trotzdem ist uns allen klar, daß es noch ein hartes Ringen geben wird, denn sie sind furchtbar zäh dort drüben auf der Insel.

Mit 8 sm Fahrt gehen wir durch den Kanal nach Westen. Der Lotse steht neben dem Kommandanten auf der Brücke und schlürft seinen Kaffee. Ich sitze rauchend auf dem Wintergarten und sehe, wie der Lotse besorgte Blicke auf die Uferböschung wirft, an der eine ziemlich hohe Brandungswelle hinter uns herläuft. Plötzlich setzt er die Tasse ab und fragt: »Was machen wir für Fahrt, Herr Kapitän?« Der Alte nimmt lächelnd die Zigarre aus dem Mund. »Nicht mehr als 8 sm.« Er hat natürlich längst gemerkt, daß die Maschine mit den Umdrehungen langsam höher gegangen ist. Die Seeleute wollen möglichst früh in Brunsbüttel sein, aber dem alten erfahrenen Lotsen können sie nichts vormachen. »Fahrt ist zu hoch, Herr Kapitän. Lassen Sie bitte 10 Umdrehungen weniger machen.« Der Alte lächelt. »Nun gut. An Maschine: 10 weniger!«

Weiter geht es, an der Kolonialschule Rendsburg vorbei. Dumpf heult nach alter Tradition unser Typhon, aber nur ein einziges Mädchen steht am Fenster und winkt. Ich muß an so manche Fahrt im Frieden denken, wenn wir hier mit der Minensuch vorbeikamen. Es war eine Gaudi, wenn unsere Sirenen losheulten, und wenn es Nacht war, flammten alle Scheinwerfer auf, die Kolonialschule lag in blendendes Licht getaucht, und die Mädchen standen in ihren Nachthemden auf den Fensterbrettern und winkten. Jedes Glas wurde dann auf das beleuchtete Gebäude gerichtet, und sogar der Mann am Ruder warf schnell einen Blick hinüber.

Es ist 20,30 Uhr, als wir in Brunsbüttelkoog festmachen. Noch ist uns eine Nacht auf heimatlichem Boden vergönnt. Das Geleit für die Nordsee kann erst am nächsten Tag gestellt werden. Der Alte zieht mit der ganzen Besatzung, bis auf eine Wache, in das Restaurant zur Schleuse. Ich gebe noch die Kanalpassiermeldung per FT ab und folge etwas später. Den Fk. Ob.Gefr. Hümpel lasse ich im FT-Raum zurück, um etwaige Luftwarnmeldungen rechtzeitig zu erhalten.

Als ich dann in das Schleusenrestaurant komme, ist die Zecherei schon auf vollen Touren. Der dicke Wirt mit dem Parteiabzeichen hat ein Faß Bier gestiftet und ergeht sich in patriotischen Reden. Grinsend holt er ein dickes Gästebuch herbei, in das wir uns eintragen sollen. Ich kenne diese Bücher von den Flottillen her. Einer aus der Crew malt eine Karikatur hinein, dazu kommt die Bootsnummer und dann unterschreiben alle Offiziere und Unteroffiziere. Die Besitzer dieser Bücher rechnen sicher mit dem späteren historischen Wert der

Unterschriften. Man sieht es einem U-Boot-Kommandanten zwar nicht an, ob er einmal berühmt wird, aber mancher ist schon durch diese Schleuse gegangen, der es zu hohen Ehren gebracht hat.

Der Alte gibt mir das Buch, damit ich eine Karikatur zeichne, wie ich es schon bei den Übungsflottillen gemacht habe. Ich durchblättere das Buch. Da stehen sie wirklich alle, die großen Namen: Hartmann, Prien, Schepke, Bleichrodt, Lemp, Suhren und noch viele andere. Vor fünf Tagen die letzte Eintragung: U 111, Kleinschmidt.

Mit großen Lettern male ich auf die nächste Seite: U 109. Eigentlich ein ungeheurer Bruch der Geheimhaltung, denke ich. Dann sehe ich den lauernden Blick des dicken Wirtes auf mich gerichtet und habe keine Lust mehr zu zeichnen. Als der Alte sich in das Buch eintragen will, sagt er nur: »Nanu, kein Bild?« – »Nein«, sage ich. »Keine Idee.« – »Ist auch Quatsch«, meint er und prostet mir zu.

Die Zecherei scheint bereits ihren Höhepunkt erreicht zu haben, als jemand brüllt: »Fliegeralarm!« Wir stürzen ins Freie. Vom nahen Hamburg herüber bellt die Flak. Scheinwerfer suchen den Himmel ab. Jetzt fangen auch rings um uns die Geschütze zu donnern an. Wenn sie die Schleuse bombardieren, dann war alles umsonst. Als wir zum Boot laufen, fallen schon die Flaksplitter. Wie durch ein Wunder wird keiner von uns verletzt. Der Feuerzauber hält noch eine ganze Weile an, von Bomben bleiben wir aber verschont. Hümpel meldet mir, daß die Maschinen von See aus eingeflogen sind und der Alarm ohne Vorwarnung kam. Der Kommandant sitzt sinnend auf seiner Koje, als der I WO aus der Zentrale kommt und vor dem FT-Raum stehenbleibt. »Daß dieser Wirt auch so ein Gästebuch hat«, sagt er. »Der braucht das Ding doch nur abzufotografieren und an den Feind liefern.« Der Alte nickt. »Ja, nicht jeder ist ein guter Deutscher, nur weil er ein Parteiabzeichen trägt. Mir gefiel schon nicht der große Abschied mit Musik an der Tirpitzmole. Von der Hindenburgpromenade konnte jeder sehen, daß wieder ein U-Boot ausläuft. Wir müssen in der Nordsee höllisch aufpassen. Dort wird fast jedes Boot von Flugzeugen angegriffen.«

7. Mai 1941. Der Himmel ist bedeckt. Die Sicht ist schlecht. Ein feiner Regen sprüht uns ins Gesicht, als das Boot aus der Schleuse in das schmutziggelbe Wasser der Unterelbe gleitet. Grauer Dunst hüllt die Ufer ein. Es ist uns nicht vergönnt, das letzte Stück deutscher Erde im Frühlingssonnenschein zu sehen.

Um 16,00 Uhr stehen wir vor Cuxhaven. Aus dem Minensuchhafen schiebt sich ein dicker, von Flak strotzender Sperrbrecher und übernimmt das Geleit. Einige kurze Winksprüche gehen hin und her, dann scheeren wir in sein Kielwasser ein und folgen Kurs Nord. Die Diesel laufen große Fahrt. Die See ist mäßig bewegt. Der Kriegsmarsch hat begonnen.

Gegen Abend brist es von Nordwesten auf. Die ersten Brecher schäumen über das Vorschiff und knallen gegen den Turm. Die Auspufflöcher der Diesel fauchen und gurgeln, wenn sie unter Wasser schneiden. Tiefhängende Wolken jagen über uns hin. Richtiges Nordseewetter, bei dem wir keine Überraschung aus der Luft zu erwarten haben. Ich war nur kurz auf dem Turm und steige wieder hinab in die Zentrale. Unten im Boot ist es warm und gemütlich. Aus den Lautsprechern klingt Musik. Es sieht gar nicht nach Feindfahrt aus.

In der Nacht wird der Sperrbrecher entlassen. Er scheert aus dem Kurs und dreht um. Letzte Grüße und »Gute Fahrt« werden herübergeblinkt. Dann ist der graue Schatten bald hinter uns in der Dunkelheit verschwunden.

Von U 111 kommt ein Kurzsignal: »60° Nord passiert.« Als der Kommandant das liest, zieht er die Brauen hoch. »Hm – der hat fünf Tage gebraucht.« Dann lächelt er. »Das werden wir in drei Tagen machen.« Ich sehe ihn erstaunt an. Lachend klopft er mir auf die Schulter. »Natürlich Überwassermarsch, Tag und Nacht.« Dann zieht er seinen grünen Vorhang zu und wirft sich auf die Koje, um einen Krimi zu lesen.

Soweit mir bekannt ist, gibt es einen BdU-Befehl, daß wir in der Nordsee wegen starker Fliegergefahr tagsüber nur unter Wasser marschieren sollen. Aber Korv.Kpt. Hans Georg Fischer stört das nicht. Er will so schnell wie möglich an den Feind.

9. Mai 1941. U 110, Lemp, meldet ein Geleit südwestlich von Irland. Für uns nicht erreichbar. Grau in grau kommt der Morgen herauf. Mit großer Fahrt hämmern die Diesel das Boot immer weiter nach Norden. Gegen 08,00 Uhr zerreißt die Wolkendecke. Es klart langsam auf. Der steife Nordwest flaut etwas ab. Die Brücke bleibt jetzt trocken. Ich stehe oben an den Sehrohrbock gelehnt und rauche eine Pfeife. Obstrm. Petersen hat die Wache. Kritisch mustert er immer wieder den Himmel. »Paßt mir bloß auf, ihr Himmelhunde«, knurrt er die Brückenwache an. Er kennt diese Gegend hier am Skagerrak genau. »Soll mich wundern, wenn wir ungeschoren durchkommen«, brummt er mißvergnügt. »Haben schon mit U 14 hier immer einen auf den Hut bekommen.«

Auch mir gefällt die hohe Wolkendecke nicht. Ich tauche wieder in das Bootsinnere hinab. Gegen 14,30 Uhr bin ich gerade auf dem Lokus im Heckraum, da rasen die Alarmklingeln durchs Boot. Verdammt. Fieberhaft versuche ich noch zu pumpen. Da knallen schon die Entlüftungen auf. Hastig schließe ich die Außenbordventile. Steil sinkt das Vorschiff nach unten. »Eins«, höre ich die Stimme des LI aus dem achteren Lautsprecher. Ich zwänge mich durch die Lokustür, steige über den davor liegenden Torpedo und stehe im Heckraum. Fast zu steil geht es nach unten. Mir läuft es kalt über den Rücken. Das war kein Prüfungstauchen. Was mag da oben los sein? Ich darf nicht nach vorne gehen, bis das Boot eingesteuert ist, und blitzschnell wird mir klar, daß man im Heckraum von allen Nachrichten abgeschnitten ist.

Plötzlich ein gewaltiger Knall hinter unserem Heck. Das Tiefenmanometer im Heckraum zeigt gerade 40 Meter an. Vorne werden sie schon tiefer sein. Immer noch geht die Fahrt abwärts. »Das war keine Wasserbombe«, meint der Torpedomixer. »Mein Gott«, sagt Karl Will, »wenn die seitwärts gelegen hätte, dann hätt's den Heckraum fertiggemacht.« Das glaube ich auch.

Langsam richtet sich das Boot auf. Aus dem Lautsprecher tönt wieder die Stimme des LI: »Alle Außenbordverschlüsse prüfen!« Ich warte die Meldungen aus den einzelnen Räumen noch ab. »Alle Außenbordverschlüsse sind dicht.« Dann gehe ich nach vorne. In der Zentrale steht der Kommandant am Kartentisch. »Nanu, wo waren Sie denn?« – »Ich war gerade auf dem Lokus«, sage ich. Er lacht. »Haben Sie gehört? Das war eine Fliegerbombe.« – »Sie war nicht zu überhören«, brumme ich, »vor allem im Heckraum. Ganz schön für den Anfang.« Er winkt ab. »Lag weit ab.« Na ja, denke ich, wenn sie noch näher liegt, ist es aus.

Dann sagt Walter Gross, der gerade auf der Brücke war: »Das war sicher der Flieger vom Dienst. Kam plötzlich aus einem Loch in den Wolken. Hätte schiefgehen können, wenn wir ihn nicht gleich gesehen hätten.«

Ich gehe in den FT-Raum. Irgendwie muß ich an den dicken Wirt in Brunsbüttel denken. Unsere Ausbildung in der Ostsee hat sich doch gelohnt. Die berühmten 35 Sekunden Tauchzeit haben uns gerettet. Irgendwie muß unser Auslaufen wohl

1/2 Indienststellung von U 109. Der Kommandant, Kptlt. Fischer, begrüßt die Besatzung. Von links nach rechts: Oblt. z. S. Schwarzkopff, Oblt. Ing. Weber, Lt. z. S. Keller, Obstrm. Petersen, die Obermaschinisten Schewe und Winter, Btsmt. Walter Gross

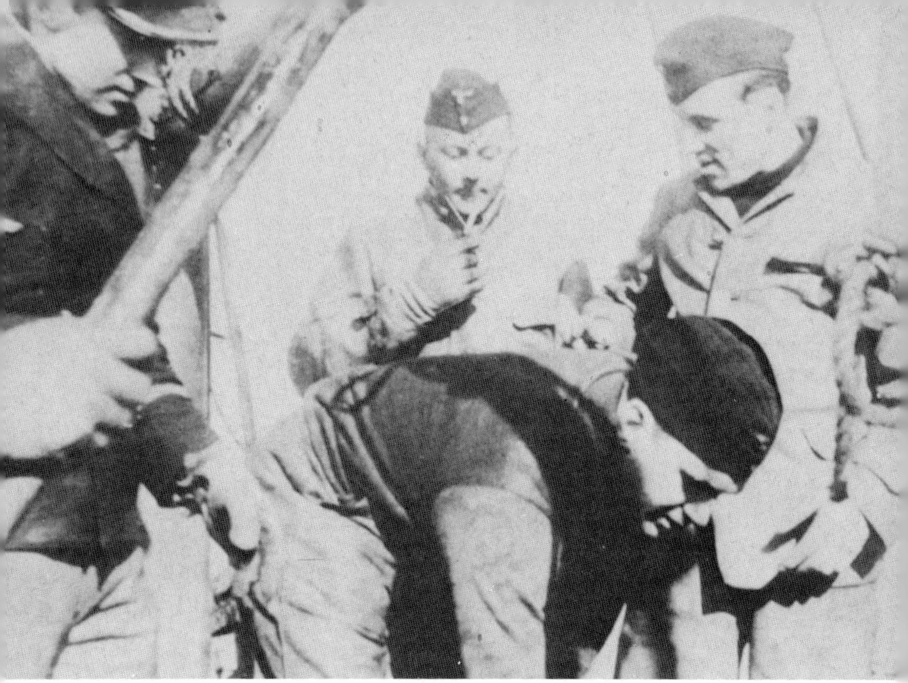

3 Übungsfahrten in der Ostsee: links Lt. z. S. Keller, vorne Btsmt. Maureschat, dahinter der Autor, rechts von ihm Mschmt. Peters

4 Erholung für Unterdeckfahrer auf dem Wintergarten. Bei schwerer See im Atlantik bekommt man nasse Füße

: Einlaufen in Lorient
ım 24. Mai 1941. Die
Unterschrift von Dönitz
latiert von 1976

Anlegen in Lorient
m 26. Oktober 1942

Funkmaat Hagen be-
utzt beim Einlaufen die
Oberdeckstoilette. Vorne
echts der Autor

8 *Brückenwache im Wintersturm vor Labrador*

9 *Der neue Alte, Kptlt. Bleichrodt, genannt Ajax*

10 *Der Tanker »Vimeira« brennt*

11 Der Kommandant wird vom Flottillenchef Kkpt. Schütze begrüßt

verraten worden sein. Auch Ferdinand Hagen im Horchraum ist dieser Ansicht. »Vollkommener Blödsinn«, brummt er, »dieser letzte Abend in Brunsbüttel. Wetten, die haben in England sogar schon unsere Bootsnummer.«

Im Horchgerät ist kein Schiff zu hören. Nach 30 Minuten läßt der Kommandant die Oberfläche ansteuern. Der Obersteuermann schüttelt den Kopf, und Oblt. Schwartzkopff macht Einwendungen. »Wir müssen weiter, I WO«, sagt der Alte. »So schnell wie möglich ins Kampfgebiet.« Die Lords in der Zentrale stoßen sich an. »Merkste was? Der Alte hat große Halsschmerzen.« Vorsichtig steuert der LI die Oberfläche an. 30 m, 20 m, 15 m. Wir sind darauf gefaßt, gleich wieder Bomben auf den Kopf zu bekommen.

»Sehrohr kommt frei!« höre ich aus der Zentrale. Der Alte hat das Fliegersehrohr ausgefahren und sucht den Himmel ab. »Aha, da ist die Biene ja«, hören wir ihn sagen. Na also. Der Vogel ist noch da. In der Zentrale halten sie den Atem an. Flüsternd wird die Nachricht nach vorn und hinten durchgegeben. Dann kommt ein Befehl: »An LI. Boot bleibt noch auf Sehrohrtiefe. Maschine ist im Abflug.« – »Das sollte mich aber wundern«, brummt Petersen und macht seine Notizen fürs Logbuch. Nach einiger Zeit fährt der Kommandant das Seerohr ein. »Auf 60 Meter gehen. Unterwassermarsch.« Scheint doch nicht so frei zu sein, der Himmel da oben.

Gegen 22,40 Uhr wird schließlich zum nächtlichen Überwassermarsch aufgetaucht. Es geht mit großer Fahrt unaufhaltsam weiter nach Norden.

10. Mai 1941. Der Himmel ist grau in grau. Der Wind bläst mit Stärke 4 aus West. Nur die Dünung wird jetzt länger. Das Vorschiff hebt und senkt sich in angenehmem Rhythmus. Des öfteren taucht die ganze Back weg, aber auf der Brücke bleibt es noch trocken. Um 21,15 Uhr geben wir unser erstes Kurzsignal ab: »Habe in der Nordsee 62° Nord passiert. U 109.« Wir haben es in drei Tagen geschafft.

11. Mai 1941. Noch ist es ein Marsch wie im Frieden. Wache – Essen – Schlafen. Keine besonderen Vorkommnisse. Oder doch? Obstrm. Bruno Petersen ist an diesem Tag der letzte Wachoffizier auf der Brücke. Gegen 21,30 Uhr, es dämmert bereits stark, sichtet er eine Treibmine genau auf unserem Kurs. Der Kommandant eilt nach oben. Wir müssen den Kurs ändern. In großem Bogen umfahren wir die Mine. Nicht auszudenken, wenn wir in der Dunkelheit auf sie geknallt wären. »Aus unbekannter Ursache verlorengegangen«, hätte es dann geheißen.

12. Mai 1941. Wir laufen jetzt Kurs West. Diesig und grau kommt der Morgen hoch. Ich bin auf der Brücke, um eine Pfeife zu rauchen. Wieder hat der Obersteuermann die Wache. Neben ihm steht Bootsmaat Karl Wenzel. Die beiden stammen aus Flensburg und waren schon auf U 14 und U 16 zusammen. Petersen nimmt einen Augenblick das Glas von den Augen und sieht mich ernst an. »Verfluchte Gegend hier zwischen Shetland und Färöer. Fragen Sie mal Wenzel.« Der schiebt die Unterlippe vor. »Mag gar nicht daran denken, pfui Deibel. Die Zerstörer haben uns hier gefaßt.« Der Obersteuermann hat das Glas schon wieder vor den Augen und brummt vor sich hin: »Sollt mich wundern, wenn wir hier durchkommen.«

Jetzt muß ich aber doch lachen. Der alte Petersen kann das Unken einfach nicht lassen. Von Nordwesten jagt eine finstere Wolke auf uns zu, und dann prasselt plötzlich erbsengroßer Hagel auf uns nieder. Ich drücke mich gegen das Schanzkleid der Brücke, bis die Bö vorüber ist, während die Wache die Gläser in die Augenhöhlen preßt. Immer neue Böen stürmen von Nordwesten heran. Die Sicht ist denkbar schlecht geworden, und der Wind wird zum Sturm. Der Obersteuermann setzt das Glas ab und ruft durch das Turmluk nach unten: »An Kommandant. Sicht nur noch 1000 Meter.«

Gleich darauf erscheint der Alte auf der Brücke und mustert die immer gröber werdende See. Die Brecher rollen jetzt über das lange Vorschiff und knallen gegen den Turm. Plötzlich ruft Wenzel: »Fischdampfer in 50 Grad!« Der Alte nimmt das Glas vor die Augen. Auch ich starre in die Richtung. Aus einer dunklen Bö kommt langsam ein Schatten. Man kann ihn schon mit bloßem Auge erkennen, und Petersen meint: »Scheint ein Vorpostenboot zu sein.« Der Alte nickt. »Möglich. Auf 250 Grad gehen, dann kommen wir gut um ihn herum.« Petersen gibt den Befehl an den Rudergänger im Turm, der auf den Knopf der elektrischen Ruderanlage drückt und den Ruderlageanzeiger langsam auf 250° wandern läßt. Das Vorschiff schwenkt herum, bis wir die See von Steuerbord haben.

Ich klopfe meine Pfeife aus und steige hinunter. Es ist doch möglich, daß noch Alarm kommt. Der Rudergänger hat schon an die Räume durchgegeben, daß die See jetzt von der Seite kommt. In den Wohnräumen sind die Männer eifrig damit beschäftigt, alles seefest zu verstauen. Das Boot fängt auf dem neuen Kurs auch mächtig an zu rollen. Als ich durch den Offiziersraum nach vorne gehen will, steckt der I WO seinen Kopf aus der Koje und fragt mich, was der Kurswechsel zu bedeuten hat. »Nur ein Fischdampfer«, sage ich, der WO läßt sich wieder zurückfallen und zieht den Vorhang zu.

Der Wetterfrosch, Dr. Schröder aus Berlin, der nur für diese Fahrt bei uns eingeschifft ist, sitzt in der Messe. »Ein Fischdampfer?« fragt er mich. »Ja«, sage ich, »und er kann uns eine ganze Meute von Zerstörern auf den Hals hetzen.« Dr. Schröder nickt bedächtig. »Es kann aber auch ein Wetterdampfer von uns sein. Die fahren auch als Trawler oder Fischdampfer getarnt weit draußen herum.« Das war mir neu, aber Dr. Schröder muß es ja wissen.

»Der Fischdampfer versucht nachzudrehen«, hören wir von oben. Er scheint doch nicht so harmlos zu sein, kommt aber in einem Regenschauer bald aus Sicht.

Am Nachmittag hat es stark aufgebrist. Die Seen schlagen jetzt über den Turm, und die Diesel laufen nur noch halbe Fahrt. Wir haben wohl inzwischen Seegang 7 bis 8. Ich liege auf der Koje und muß gerade eingeschlafen sein, als mich die Alarmklingel emporreißt. Überall fahren die Männer aus den Kojen, um auf ihre Gefechtsstationen zu eilen.

Vorne knallen schon die Entlüftungen auf, und steil schneidet das Vorschiff unter. Zweimal schlagen die Brecher noch oben gegen den Turm, dann wird es ganz still um uns. Ich habe Mühe, mich bei der Vorderlastigkeit durch die Messen und die Kombüse zum Horchraum hochzuarbeiten. In der Zentrale werden gedämpfte Befehle gegeben. Ferdinand hat schon das GHG besetzt. Er gibt mir den zweiten Hörer.

Da klickt es in den Lautsprechern, und die Stimme des Kommandanten ertönt: »An alle! Oben ist ein Zerstörer Steuerbord voraus. Er ist aus einer Hagelbö gekommen. Entfernung ungefähr 2500 Meter. Er drehte auf uns zu. Deswegen ist anzunehmen, daß er uns gesehen hat. Ein weiterer Zerstörer steht Backbord voraus am Horizont. Boot geht auf 80 Meter Schleichfahrt. Ende!«

Etwas später erscheint der Alte bei uns am Horchraum. »Na, hören Sie die Brüder?« – »Jawoll, Herr Kapitän. Alle beide.« – »Ha«, lacht er, »das hätten Sie eben sehen müssen, wie der in der See rollt. Standen bestimmt an den Geschützen und konnten nicht schießen.« – »Aber Wabos können sie doch werfen, Herr Kapitän«, sage ich. »Kaum. Sie können keine hohe Fahrt laufen, und genau horchen können sie auch nicht. Zu schwere See.« Er wirft sich gegenüber dem FT-Raum auf seine Koje und liest seinen Kriminalroman weiter.

Ohne Pause peilt Ferdinand zwischen den beiden Geräuschen. Fast unhörbar mahlen unsere Schrauben mit 90 Umdrehungen. Es ist totenstill im Boot. Die Zerstörer scheinen kein Asdic zu haben, sonst würde man das Zirpen hören. Stunde um Stunde vergeht. Die beiden Wachhunde da oben sollen verhindern, daß die U-Boote in den Atlantik kommen, aber das Wetter ist ideal für einen Durchbruch.

Der Zerstörer aus der Hagelbö steht jetzt Steuerbord querab. Der andere kommt von Backbord voraus genau auf uns zu. Ich melde diese Lage dem Alten. Er sieht von seinem Roman auf und überlegt einen Augenblick. Dann ruft er dem Befehlsübermittler am Zentraleluk zu: »An LI: Beide Maschinen halbe Fahrt!« Das Horchen ist nun durch die eigenen Schraubengeräusche etwas erschwert. Wir müssen höllisch aufpassen: Wenn die Bewacher jetzt stoppen, könnten sie uns vielleicht doch hören.

Nach einiger Zeit scheint sich die höhere Fahrtstufe bemerkbar zu machen. »Schraubengeräusch an Backbord wird stärker, wandert aber mehr auf 300 Grad zu«, melde ich dem Alten. »Schön«, brummt er und liest weiter. Nach einiger Zeit ist das Geräusch auf 270°, also BB quer ab. Der andere Zerstörer ist auch schon etwas achterlich auf 120°. Der Kommandant läßt mit der Fahrt wieder auf 90 Umdrehungen gehen, um die Batterien zu schonen. Ganz langsam wandern die Geräusche achteraus. Wir haben die Absperrung unterlaufen. Nach Einbruch der Dunkelheit tauchen wir auf; die beiden Bewacher waren nur noch ganz schwach zu hören gewesen.

Oben rollen die Wogen wieder über das Boot und knallen gegen den Turm. Es ist die lange Atlantikdünung. Fluchend zieht die Brückenwache auf. Es war so gemütlich unter Wasser. Nun stehen sie wieder auf dem Turm und müssen sich bei jedem Brecher, der über die Brücke orgelt, hinter das Schanzkleid drücken.

Im U-Raum treffe ich den Torpedomaat Borchers. »Ist doch alles Mist«, sagt er. »Bei dem heutigen Stand der Technik müßte es doch möglich sein, Torpedos zu bauen, die man aus jeder Tiefe abschießen kann und die dem Schraubengeräusch eines Schiffes nachlaufen. Aber diese alten Hohlköpfe bringen nichts fertig.«

13. Mai 1941. Wir haben die Sperre passiert. Kein Bewacher hemmt mehr unseren Marsch. Vor uns liegt nun die Weite des Atlantiks. 300 sm südwestlich von uns ist Wohlfahrts U 556 an einem Geleit. Lange überlegt der Kommandant, ob er auf dieses Geleit operieren soll. Dann kommt ein FT: »Es besetzen als Angriffsräume: U 111 Qu.AK 1525, U 109 AK 5535. Tiefe 20 sm. BdU.«

Lemps U 110 soll Standort melden. Aber er meldet sich nicht mehr. Nachdem Oblt. Schwartzkopff die Kladde gelesen hat, wiegt er bedenklich den Kopf. »Ja, der Lemp, das ist auch so ein Draufgänger. Genau wie die anderen Asse. Die sind durch ihren Erfolg zu sorglos geworden.« Am Nachmittag bricht die Sonne durch die Wolken. Der Sturm flaut ab. Weiße Schaumkämme nur, soweit das Auge reicht.

14. Mai 1941. Herrliche Sonne strahlt vom blauen Himmel. In langer Nordwestdünung rollt das Boot auf und ab. Keine Rauchfahne, kein Segel weit und breit.

Kuddel Wenzel kommt zu mir in das Funkschap. »Du, Wolf, der neue Mann, den wir am letzten Tag in Kiel noch an Bord genommen haben und den die Lords Bruno nennen, na, du weißt schon, dieser Witzbold ist seit Kiel noch nicht zum Lokus gewesen.« – »Was?« sage ich, »der frißt doch immer wie ein Scheunendrescher. Dann muß er ja innen schon versteinert sein.« Kuddel nickt. »Du bist der Bordarzt. Der Mann ist mir vorhin auf der Brücke umgefallen. Du mußt etwas machen.« Ich lasse mir den Bruno kommen und flöße ihm eine halbe Flasche Rizinusöl ein. Der immer lustige Bruno, der während der ganzen Fahrt durch den Kaiser-Wilhelm-Kanal auf der Brücke mit seinem Schifferklavier für uns Stimmung machte und unermüdlich Witze erzählte, macht jetzt einen etwas geknickten Eindruck. »Melden Sie mir sofort, wenn das Öl gewirkt hat«, sage ich zu ihm.

Am Nachmittag passieren wir 30° West. Am Abend hat sich bei Bruno noch nichts getan. Ich muß die Sache dem Alten melden und schlage vor, einen Einlauf zu machen. Er stimmt sofort zu. »Bringen Sie mir bloß den Mann wieder in Ordnung. Der kann unsere ganze Unternehmung gefährden.«

Obermaschinist Schewe läßt mir aus einer Konservendose und einem Batterieschlauch ein Einlaufgerät bauen, Järschel kocht eine stark konzentrierte Seifenlauge, und dann muß sich Bruno im Heckraum mit dem Bauch auf seine Koje legen. Ich führe das Rohr in den Darm ein, während Järschel die Dose mit der Lauge füllt. Bruno stöhnt und schreit: »Genug! Hört auf!«, aber zwei Mann halten ihn fest, und Järschel füllt grinsend immer mehr Lauge in die Dose. »Du mußt nur aufpassen, daß dir die Scheiße nicht durch die Nase spritzt«, sagt er gelassen zu Bruno.

Schließlich können wir ihn nicht mehr halten, ohne selbst Gefahr zu laufen, etwas abzubekommen. Wir lassen Bruno los, und er schafft es noch, über den Torpedo in den Lokus zu kommen. Dann hören wir, wie er explodiert. Der Erfolg ist durchschlagend. Die ersten Schlacken lösen sich aus seinem Darm. Trotzdem gebe ich ihm noch einmal Rizinusöl. Er trinkt es wie Limonade.

Um 23,30 Uhr erhalten wir ein FT: »Mit Marschfahrt neue Angriffsräume besetzen in Richtung 215°, 240 sm von bisher befohlenen Ang.Räumen. BdU.«

15. Mai 1941. Viele kleine Wolken stehen am blauen Himmel. Die Männer auf der Brücke pressen die Gläser in die Augenhöhlen. Gegen 17,30 Uhr meldet Btsmt. Maureschat einige Rauchpilze voraus. Der Alte eilt auf die Brücke und starrt in die angegebene Richtung. Dann setzt er das Glas ab und lächelt. »Das ist einer. Beide Diesel große Fahrt voraus.«

Vorbei die Eintönigkeit der letzten Tage. Ein Zittern geht durch das Boot. Die Diesel brummen auf. Der Bug hebt sich hoch und taucht tiefer in die nächste Woge ein. Die Wogen knallen gegen den Turm. Die Männer kommen aus den Kojen. Schnell geht die Nachricht durchs Boot. Also endlich ein Dampfer. Aber es dauert bei ständig wechselnder Sicht fast fünf Stunden, bis wir uns vorgesetzt haben. Der Wind flaut ganz ab, und es herrscht nur noch eine leichte Dünung, als wir um 22,26 Uhr DGZ zum Unterwasserangriff tauchen.

Es ist alles wie beim Übungsschießen in der Ostsee, und doch ergreift uns ein seltsames Gefühl. Zum erstenmal werden die Aale todbringend die Rohre verlassen und ein Schiff vernichten. Vielleicht wird auch die Mannschaft dabei draufgehen. Verdammter Krieg. Aber um Tonnage zu versenken sind wir ausgeschickt worden, und der Krieg nach Prisenordnung ist längst vorbei. Die Handelsschiffe sind fast alle bewaffnet.

Der Kommandant läßt uns noch Abendbrot essen, denn es wird etwa eine Stunde dauern, bis das Schiff heran ist. Wir hören seine Schrauben gut im GHG. Seltsam kommt mir nur vor, daß dieser Kasten so geraden Kurs läuft. »Auf Gefechtsstationen«, tönt es gedämpft aus den Lautsprechern. Oben ist jetzt Dämmerung. Die See ist nur leicht bewegt. Alles eilt auf

Stationen. Die Backschafter räumen hastig das Geschirr weg. Der Kommandant sitzt im Turm auf seinem Sessel am Sehrohr, das er in kurzen Abständen ausfährt. Maureschat steht am Vorhaltrechner. Alles läuft schulmäßig ab. Noch einmal werden die Umdrehungen des Dampfers mit dem Horchgerät nachgeprüft. Dann ist es soweit.

»Achtung Rohr eins«, kommt es aus dem Turm. Die Spannung steigt ins Ungeheure. Gleich wird der erste Torpedo dieser Reise das Rohr verlassen. Aber dann fährt das Sehrohr surrend wieder aus, und wir hören den Alten Fluchen. Was ist geschehen? Hat der Dampfer weggezackt? Ich frage Ferdinand, der am GHG sitzt, aber er verneint. Dann tönt es aus den Lautsprechern: »An Torpedowaffe: Mündungsklappen schließen. An alle: Dampfer hat soeben Laternen gesetzt. Zusätzlich Bordwände beleuchtet. Es handelt sich um einen Finnen, der freie Durchfahrt hat. Wegtreten von Gefechtsstationen!«

Kopfschüttelnd verlassen die Männer ihre Stationen. Ausgerechnet einen Neutralen treffen wir in dieser Wasserwüste. Wahrscheinlich der einzige Finne im ganzen Nordatlantik. Nur ein Glück, daß er noch rechtzeitig Laternen gesetzt hat. Einen Augenblick später wäre der Aal gelaufen und hätte vielleicht den hell erleuchteten Dampfer getroffen.

Bald darauf kommt: »Klarmachen zum Auftauchen!« Wenige Minuten später knattert es in den Anblaseleitungen. Das Boot bricht durch die Oberfläche. Rauschend empfängt uns oben die See. Dann fauchen die Diesel los. Querab zieht der Finne hell beleuchtet seine Bahn. Es ist der angemeldete Dampfer *Hogland.*

16. Mai 1941. Wir sind nun außerhalb des erklärten Sperrgebietes um England. Die See ist ruhig. Es brist am Vormittag etwas auf. Von Westen wälzen sich dicke Nebelmassen heran. Die Sicht wird immer schlechter. Der Kommandant geht mit der Fahrt herunter. Nur leise wiegt sich das Boot in der langen Dünung. Am Nachmittag ist der Nebel so dick, daß kaum noch das Vorschiff zu erkennen ist. Da kommt ein FT vom BdU: »U 109 Wetter melden.«

Endlich kann Dr. Schröder in Aktion treten. Wir sind ihm bei seinen Vorbereitungen behilflich. Zuerst müssen wir am Allwellenempfänger im Horchraum ein Spezialgerät anbauen, mit dem man die Frequenzschwankungen eines Senders auf Millimeterpapier aufzeichnen kann. Dann gehen wir mit einem Ballon und dem Miniatursender, der nicht größer als eine Zigarrenkiste ist, auf den Turm. Die Männer der Wache sehen neugierig zu. Sie haben heute die Gläser nicht vor den Augen; in der dicken Watte ist doch nichts zu erkennen. Aus einer Gasflasche, die unter dem Aufbau des Wintergartens eingebaut ist, füllen wir den gelben Ballon, bis er etwa zwei Meter Durchmesser hat. Dann schraubt Dr. Schröder an den kleinen Sender eine Platte mit Thermometern, deren steigende oder fallende Quecksilbersäulen Kontakte schließen und dadurch die Frequenz des Senders verändern.

Zwei Mann halten jetzt den Ballon, an dem Dr. Schröder den kleinen Sender samt einer fünf Meter langen Antenne befestigt. Dann klettert er in den Horchraum hinab, und auf sein Kommando lassen wir den Ballon fliegen. Er steigt schnell empor, und nachdem er den Nebel durchbrochen hat, wird er von den Strahlen der Sonne getroffen und leuchtet hell auf. »Verdammt«, knurrt der Alte. »Der ist aber weit zu sehen.« Noch lange kann die Brückenwache den gelben Ballon mit den Gläsern verfolgen. Also liegen die Nebelschwaden nur über der See. Die Daten, die der Ballonsender liefert, werden mit dem Spezialwetterschlüssel verschlüsselt und als Kurzsignal abgegeben.

Walter Gross hat neben dem Boot eine treibende Konservendose entdeckt. Der Kommandant läßt sie auffischen. Es ist eine amerikanische Milchdose. Sie kann noch nicht lange im Wasser liegen, da sie durchlöchert, aber trotzdem nicht gesunken ist. »Hm«, knurrt der Alte. »Hier ist irgendein Schiff oder gar ein Geleitzug in der Nähe und wir können nichts sehen.« Dann gibt er Befehl zum Unterwassermarsch.

Länger als eine Stunde sitzt Ferdinand mit mir am GHG. Schließlich empfangen wir ein schwaches Geräusch. Ich bitte den Kommandanten, etwas tiefer zu gehen, damit wir besser horchen können. Er läßt sofort auf 60 Meter gehen. Dann steht er erwartungsvoll neben dem Horchraum. Wir können jetzt gut hören. Neben zwei starken Geräuschen sind auch noch helle, hechelnde Schrauben zu vernehmen. Ich sehe Ferdinand an. Er nickt ernst. »Sag's ihm.«

Ich melde dem Alten: »Zwei dicke Schiffe, jedes vielleicht mit drei Schrauben. Daneben Zerstörerschrauben.« Die Augen des Alten werden schmal. »Eigene Schiffe können das nicht sein. *Scharnhorst* und *Gneisenau* liegen in Brest«, sinniert er. Einige Zeit beobachten wir noch die Geräusche und stellen fest, daß sie nach Osten auswandern. Dann läßt der Kommandant auftauchen. Oben ist immer noch dicker Nebel.

Die Diesel springen an. Dann kommt der Befehl: »Beide Maschinen große Fahrt.« Der Obersteuermann bleibt kopfschüttelnd bei uns im FT-Raum stehen. »Das ist doch heller Wahnsinn. Mit großer Fahrt durch diesen Nebel.« Im Boot ist eine ungeheure Spannung.

Eine Stunde vergeht ereignislos. Plötzlich heißt es: »Beide Maschinen stopp!« Der Kommandant kommt von oben. »Können Sie nochmals horchen, Funkmaat?« Ich gehe in den Horchraum und schalte das GHG ein, aber die See rauscht zu stark durchs Oberdeck. »Kann so nichts hören, Herr Kapitän. Können wir wenigstens das Vorschiff unter Wasser kriegen?« Er nickt und ruft zur Zentrale: »An LI: Vorschiff fluten!« Gleich darauf knallt die Entlüftung 8 auf. Langsam schneidet das Vorschiff unter. Einen Augenblick rauscht es vorne noch. Dann ist es einigermaßen ruhig. Ich lasse langsam den Zeiger wandern. Da, da sind die Schrauben plötzlich ganz laut. »Hier, Herr Kapitän. Auf 160 bis 200 Grad, ziemlich nahe, denke ich.« Er lächelt. »Also doch. Genau vorbeigestoßen. An LI: Vorschiff ausblasen!«

Wieder fauchen die Diesel los. An meiner Kompaßtochter im Horchraum sehe ich, daß das Boot um 180° nach Steuerbord dreht. Dann klickt es in den Lautsprechern: »Auf Gefechtsstationen. Torpedowaffe: Mündungsklappen Rohr 1 bis 4 öffnen.« Oben auf der Brücke tasten sie sich jetzt mit langsamer Fahrt durch den dicken Nebel, der aber an einigen Stellen schon aufreißt.

Eine ungeheure Spannung lastet auf uns allen. Überwasserangriff bei Tage. Wird er glücken? Was sind das überhaupt für Schiffe? Uns am GHG ist es fast zur Gewißheit geworden, daß es sich nur um Schlachtschiffe handeln kann. Der Kommandant glaubt aber nicht recht daran.

Da, ein Schrei von der Brücke. Ich hänge am Sprachrohr zum Turm, kann aber nichts verstehen. Dann kommen Maschinenkommandos. Ich höre nur, wie der Rudergänger im Turm wiederholt: »Große Fahrt voraus. Ruder hart Backbord.« Das Boot holt in der langen Dünung stark über. Dann höre ich: »Äußerste Kraft voraus!« Um 60° haben wir schon gedreht. Was ist bloß los da oben? Immer noch drehen wir weiter. Will der Kommandant jetzt mit Heckrohren schießen? Ich frage bei Eduard Maureschat im Turm an. »Ich weiß nichts«, antwortet er. »Die brüllen da oben rum. Ich glaube, wir sind entdeckt.« Die Diesel hämmern wie wild. Das Vorschiff taucht in die lange Dünung. Wir laufen jetzt 18 sm.

Plötzlich poltert die Wache von oben in die Zentrale. Fast gleichzeitig rast die Alarmklingel. Aus den Lautsprechern ertönt Maureschats Stimme: »An Torpedowaffe: Mündungsklappen schließen. Boot geht auf 60 Meter.« Schon knallen die Entlüftungen auf. Das Vorschiff schneidet bei der hohen Fahrt schnell unter. Vorn drehen die Mixer wie wild die Klappen dicht. Auf 60 Meter Tiefe ist endlich Ruhe im Boot. Lt. Keller steht neben mir am GHG. »Es sind Amerikaner«, flüstert er mir zu. »Der Nebel zerriß plötzlich nach oben. Da waren Gittermasten zu sehen. Wir haben sofort abgedreht. Aber dann kam das halbe Schiff frei und ein Zerstörer. Der drehte gleich auf uns zu.« – »Frage Horchpeilung«, kommt es von der Zentrale. »Zerstörer in 190°«, gebe ich zurück.

»Wenn es Amerikaner sind, kann uns ja nichts passieren«, sage ich beruhigt zu Lt. Keller. Er sieht mich beinahe mitleidig an. »Das werden wir gleich sehen.« Die Kompaßtochter zeigt an, daß wir nach Backbord drehen. Das Zerstörergeräusch wird überlaut. »Große Fahrt«, hören wir aus der Zentrale. »Nehmen Sie die Kopfhörer ruhig ab«, sagt Keller zu mir. »Wir hören ihn schon so.« Die Männer in den Räumen starren gespannt nach oben, als ob es dort etwas zu sehen gäbe.

Plötzlich ein Knall – wir sehen uns an – dann noch zwei Schläge, scharf hintereinander. Das Boot rührt sich nicht. »Das sollen Amerikaner sein?« sage ich ungläubig zu Keller. »Doch«, sagt Keller. »Ich habe das Schiff selbst einen Augenblick gesehen. Ein älterer Typ. Vielleicht *Arizona* oder *New York*. Jedenfalls kein Brite.« Aus den Lautsprechern kommt die gedämpfte Stimme des LI: »Alle Außenbordverschlüsse prüfen.« Bald darauf laufen die Meldungen in der Zentrale ein. Alle Außenbordverschlüsse sind dicht. Keine Schäden. Ich nehme die Kopfhörer wieder auf. Die Schrauben sind jetzt Steuerbord achteraus. Das Geräusch flaut langsam ab. Ich melde an Zentrale: »Zerstörer lauft in 160 Grad ab. Verband steht in 100 Grad.« Der Kommandant kommt durch das Zentraleluk. »Na, Keller, sehen Sie, das nennt man Neutralität.« Der II WO lacht. »Wir hätten dem dicken Pott doch einen verpassen sollen, Herr Kapitän.« Der Kommandant läßt sich auf seine Koje fallen. »Nee, nee, Keller, denken Sie an den Führerbefehl, wonach wir jeden Zwischenfall mit amerikanischen Seestreitkräften vermeiden sollen.« – »Das heißt also«, meint der II WO, »daß wir uns ruhig die Jacke vollhauen lassen sollen.« – »Ja, so ungefähr«, nickt der Alte. »Die

Amerikaner scheinen aber andere Befehle zu haben«, grollt Keller.

Der Kommandant faltet ungerührt seine Gradnetzkarte auseinander. »Das scheint mir auch so. Was suchen die sonst hier am Rande des Blockadegebietes. Sicher klären sie für einen nachfolgenden Geleitzug auf, oder sie wollen einen Zwischenfall provozieren.« Er trommelt ärgerlich auf die Schreibtischplatte. »Was denken Sie, Keller, wenn wir versehentlich so ein Schlachtschiff versenkt hätten. Dann hätte Roosevelt endlich einen Anlaß, in diesen Krieg einzugreifen.« Der II WO nickt. »Und wir hätten dann auf der Donau weiterfahren können.« – »Sie vielleicht, ja«, meint der Alte lächelnd. »Mich hätte der BdU bestimmt zur Infanterie geschickt.«

Wir bleiben weiter unter Wasser. Zur Programmzeit läßt der Kommandant auf 13 m gehen, um die fehlenden FTs über Längswelle hereinzuholen. Kentrat von U 74 meldet, daß er zwei Schlachtschiffe vom Typ *New York* mit drei Zerstörern vom Typ *Dunlap* beobachtet hat. Das Quadrat liegt ganz in unserer Nähe. Also muß Kentrat die Schiffe schon vor uns gesehen haben. Ich frage den Alten, ob wir die Begegnung ebenfalls melden sollen. »Aber nein«, sagt er. »Kentrats Meldung genügt. Wir sollen möglichst Funkstille halten. Wir sind das westlichste Boot.«

17. Mai 1941. Wir stehen 600 Seemeilen vor Labrador. Der BdU will hier einen Vorpostenstreifen bilden. Es sind aber noch nicht alle Boote auf Position. Die See scheint heute wieder wie ausgestorben. Sicht ungefähr 12 sm.

Unser Peiler läßt sich nicht mehr ausfahren. Obermaschinist Schewe meint, daß es an den oberen Stopfbuchsen liegen muß, an die man nicht herankommt, ohne ein Loch in die innere Brückenwand zu schneiden. Da wir den Peiler für den Geleitzugkampf unbedingt brauchen, nimmt Schewe also einen Schneidbrenner und schneidet ein viereckiges Stück aus dem inneren Schanzkleid. Jetzt kann man an den oberen Stopfbuchsen, dort wo der Peiler aus dem Druckköprper kommt, arbeiten. Schewe schraubt die Backen ab, und siehe da, der Peiler läßt sich wieder ausfahren. Er legt die Ledermanschetten neu eingefettet wieder um das Rohr und sagt zu mir, ich solle in die Zentrale gehen und den Peiler langsam einfahren. Er wolle die Metallbacken mit der Hand festhalten, um zu sehen, wie der Peiler einfährt. Ich lehne ab und mache ihn darauf aufmerksam, daß dabei seine Hände abgefahren werden können. Ich weiß genau, daß beim Einfahren die Luft im letzten Viertel immer zu schnell entweicht und der Peiler dann trotz Gegenluft oft zu hart aufsetzt.

Der Rotschopf Schewe verträgt Widerspruch nicht. Wenn ich es nicht tun wolle, sagt er, dann solle es der jüngste Zentraleheizer tun. Auf seine Finger könne er selbst aufpassen. Nun gut. Ich rutsche die Leiter hinab in die Zentrale und erkläre dem jungen Zentraleheizer Wüsteney, was er zu tun habe. Der Zentralemaat Otto Peters wendet sich kopfschüttelnd ab. Der kleine Wüsteney hat auch rote Haare und viele Sommersprossen im Gesicht. Er kratzt sich verlegen den Kopf, geht dann aber an den Peiler. Ich rate ihm nochmals, sehr vorsichtig zu sein und nicht die Augen vom Luftdruckmanometer zu lassen. Wenn der Druck zu schnell falle, müsse er sofort neues Luftpolster geben. Ich steige durch das Zentraleluk nach vorn und setze mich in den FT-Raum. Voll Unruhe höre ich, wie in der Zentrale die entweichende Luft am Peiler zischt. Plötzlich ein dumpfes Geräusch. Verdammt, der Peiler hat hart aufgesetzt. Mit einem Satz bin ich am Kugelschott. Der kleine Wüsteney ist um einen Schein blasser geworden und starrt mich erschrocken an. Gespannt horche ich nach oben. Alles ist ruhig. »Na, scheint ja gutgegangen zu sein«, sage ich. Da beginnt der I WO auf der Brücke so laut zu fluchen, daß man jedes Wort in der Zentrale versteht. »Ach du Scheiße! Schewe, was haben Sie bloß gemacht? Gehen Sie sofort runter!«

Das Luk verdunkelt sich, und ganz langsam kommt jemand von oben die Leiter herunter. Schließlich steht Schewe vor mir und hält mir seine Hände hin. Mir sträuben sich fast die Nackenhaare. An der rechten Hand ist der Daumen zur Hälfte weg. An den nächsten drei Fingern fehlen die Kuppen. An der linken Hand sind nur die Fingerkuppen angeschlagen.

Schewe lächelt etwas verlegen. Seine Hände zittern leicht. »Schöne Bescherung«, sage ich. Er sagt gar nichts. Wir steigen durch das Kugelschott und gehen zum Arzneispind, der sich neben der Koje des Kommandanten befindet. Der Steuermannsmaat Hein Jürgensen kommt gerade von vorn. Ich frage ihn um Rat. Er war »Kapitän auf großer Fahrt« bei der Handelsmarine und kennt sich gut aus mit Verletzungen. Schewe hat sich auf die Koje des Kommandanten gesetzt, und Hein Jürgensen besieht sich die Finger. Sonderbarerweise blutet der abgeschlagene Daumen nicht. »Ja«, meint Hein, »da schmier mal einfach Lebertransalbe drauf. Die Venen haben sich von selbst geschlossen.«

Versehentlich greife ich aber zur Lanolintube, die fast genauso aussieht wie die große Tube mit der Lebertransalbe, und drücke eine genügende Menge auf die Wunden. Erst als ich den Verschluß zuschraube und Hein schon den Verband anlegt, bemerke ich den Irrtum. »Halt an, Hein, falsche Salbe.« Gleichmütig wickelte Hein den Verband wieder herunter. »Ja, dann kratz mal den Mist wieder ab.« Voll Wut, aber ohne ein Wort zu sagen, sieht Schewe zu, wie ich mit einer Holzspachtel die Lanolincreme wieder abschabe. Am liebsten würde er mir ins Gesicht springen. Hein tröstet ihn mit seiner beruhigenden Stimme. »Weißt du, daß ich mal im Indischen Ozean eine Kesselexplosion hatte? Da kamen die Heizer wie die Affen aus der Maschine an Oberdeck. Und einer schrie unten wie verrückt. Ich wollte den LI, der auch aus der Maschine hochkam, wieder runterjagen. Aber der feige Hund ging nicht. Es sei nur ein Neger noch unten, meinte er. Da bin ich dann selbst runter. Der arme Kerl lag mit einem Fuß unter einer schweren Eisenplatte, die ich auch nicht anheben konnte. Das kochende Wasser lief auf uns zu. Da habe ich eine von diesen schweren Kohlenschaufeln gepackt und ihm den Fuß abgeschlagen. Dann habe ich mir den Kerl über die Schulter geworfen und bin mit ihm nach oben geentert. Was denkst du? Der Kerl lebt heute noch!«

»Hör doch auf«, ruft Schewe, »mir wird schlecht.« Hein Jürgensen lacht und meint: »Ich wollte dir ja nur sagen, daß es viel schlimmere Unfälle gibt, als das mit deinen Fingern.«

18. Mai 1941. Erneut wälzen sich dicke Nebelmassen von Labrador heran. Gegen Mittag stehen wir in dicker Watte. Das Vorschiff ist gerade noch zu erkennen. Um Kollisonen zu vermeiden, läßt der Alte tauchen. Unterwassermarsch. Als ich nach dem Essen Ferdinand Hagen am GHG ablösen will, macht er mich auf ein Geräusch aufmerksam, das er gerade entdeckt hat. Ich horche angespannt. »Das sind keine Schrauben«, sage ich. »Habe ich auch schon gedacht. Hört sich eher an wie Dieselgeräusch.« – »Du hast recht, das kann nur ein Diesel sein. Melde das mal dem Alten.«

Einen Augenblick später kommt der Kommandant. »Wieviel Grad?« – »In 295 Grad, Herr Kapitän.« Er wirft einen Blick auf die Kompaßtochter. »Also von Westen kommt der Kerl«, sagt er sinnend. »Na, dann beobachten Sie mal weiter und melden Sie, wenn er näher kommt.« Auftauchen hat keinen Zweck. Zu sehen ist oben sowieso nichts. Stunde um Stunde vergeht. Immer wieder Rundhorch. Aber nur das stete Dieselgeräusch ist da.

Nach etwa drei Stunden wandert der Diesel vorne vorbei. Jetzt kann man auch deutlich die Schrauben hören. Das Fahrzeug muß ziemlich nah sein. Der Kommandant läßt unser Boot drehen, bis wir das Geräusch wieder voraus haben. Dann kommt der Befehl, die Oberfläche anzusteuern. Bevor der Alte in den Turm steigt, sage ich ihm noch, daß es sich auch um ein U-Boot handeln kann. Er knurrt: »Das werden wir ja sehen.« Der Rundblick durchs Sehrohr bringt nichts. Also tauchen wir auf.

Rauschend empfängt uns oben die See. Es hat etwas aufgebrist. An einzelnen Stellen zerreißt der Nebel, und wir jagen mit »Großer Fahrt« los. Ich habe mein Sprachrohr zum Turm besetzt und warte gespannt.

Da, ein Ruf auf der Brücke. »U-Boot genau voraus!« Dann hat sich der Nebel plötzlich wieder geschlossen. Zwei Mann haben das Boot gesehen. »Einwandfrei deutsches Boot«, behauptet Bootsmaat Wenzel. Bruno Petersen stimmt ihm zu. »Ja, Typ VII. Ich hab' ihn gleich im Glas gehabt.« Kapitän Fischer kneift die Lippen zusammen. Er glaubt nicht recht daran, daß ein eigenes Boot durch unser Quadrat geht. Zudem sind wir doch das westlichste Boot, und dieses Boot kam von Westen. »Na, wollen mal hinterher«, sagt der Alte. Wir laufen mit hoher Fahrt weiter. Nach kurzer Zeit zerreißt der Nebel erneut, und jetzt sehen es alle: Kaum hundert Meter vor uns läuft das andere Boot. Kein Zweifel, ein deutsches Boot. Man kann von hinten direkt in die Brücke sehen. Alle vier Mann schauen nach vorne. Welcher Leichtsinn. Sie glauben wohl, in diesem Nebel könne nichts von hinten kommen.

Der Alte läßt noch näher herangehen. Ab und zu schieben sich wieder Nebelschwaden zwischen die Boote. Über das Gesicht des Kommandanten geht ein satanisches Lächeln. »Die könnte man glatt wegrasieren«, meint er und beugt sich zum Turmluk. »An Zentrale: Luft auf Typhon.« Jetzt wissen alle, was er beabsichtigt. Das gibt einen Höllenspaß in dieser Wasserwüste. Gleich darauf wird das Typhon klar gemeldet. Der Alte läßt jetzt so dicht aufschließen, daß unser Bug beinahe neben dem Heck des anderen Bootes durch die ruhige See schäumt. Dann dröhnt das Typhon mächtig auf.

Drüben fahren sie erschrocken herum, als wären sie von der Tarantel gestochen. Zwei Mann springen gleich ins Turmluk. Ich bin auf den Turm geeilt, um mir den Spaß anzusehen. Wir lachen und winken. Als dann der Kommandant drüben auf der Brücke erscheint, sind wir schon durch höhere Fahrtstufe auf gleicher Höhe mit dem anderen Boot. In ca. 30 Meter Abstand nebeneinander fahrend, kann die Reeserei mit der Flüstertüte beginnen.

Wir erfahren, daß es sich bei dem anderen Boot um U 98, Kapitänleutnant Gysae, handelt, der über den gelungenen Spaß lacht. Nun, er hat gut lachen, denn er hat erst vor einigen Tagen einen Hilfskreuzer von rund 20.000 BRT versenkt. Jetzt gehört er zum gleichen Aufklärungsstreifen wie wir. Den amerikanischen Verband hat U 98 nicht gesehen.

Schließlich gleiten die Boote langsam auseinander. Noch einmal winken wir uns zu, dann trennt uns wieder der Nebel. Unser Bug schwenkt um 180 Grad nach Süden.

U 110, Fritz-Julius Lemp, hat sich trotz mehrfacher Aufforderung durch den BdU nicht mehr gemeldet. Wir müssen annehmen, daß ihn das Schicksal ereilt hat.

Um 20,00 Uhr stehen wir auf Position Quadrat AK 7397. Da immer noch Nebel herrscht, gehen wir unter Wasser, weil man bei diesem Wetter besser horchen als sehen kann.

19. Mai 1941. Um Mitternacht aufgetaucht. Leichte Dünung, immer noch schlechte Sicht, aber kein Nebel mehr, der alles verhüllt. Das Boot steht im Vorpostenstreifen auf und ab. Der Kommandant läßt mehrmals tauchen, um zu horchen, aber unter Wasser ist es totenstill. »Verdammter Mist«, schimpft Eduard Maureschat. »Auf diesem Atlantik ist auch gar nichts los.« Er kommt von den Schnellbooten, wo alles etwas schneller ging.

Gegen 13,30 Uhr plötzlich ein FT von Kuppisch: »Geleitzug in Sicht. Quadrat AJ 6636, Kurs Nord, 8 sm Fahrt. 15 Dampfer, ein Hilfskreuzer.« Ich reiche dem Kommandanten den FT. Er kommt von seiner Koje hoch und liest mit gerunzelter Stirn. Dann greift er zu der kleinen Quadratkarte. Nur einen Augenblick vergleicht er die Quadrate, dann springt er auf. »Da müssen wir ran«, sagt er nur und geht in die Zentrale, um den neuen Kurs abzustecken. Die Diesel brummen auf. Das ganze Boot erzittert. Wir laufen große Fahrt. Kurs Nordwest.

Überall kommen die Köpfe aus den Kojen. Alle merken, daß etwas los ist. Der Zentralmaat Otto Peters kommt von vorn und steckt seinen Kopf ins Funkschap. »Was ist los, Wolfgang?« – »Kuppisch hat einen Geleitzug gemeldet«, sage ich. »Nun jagen wir hinterher.« – »Ach du Scheiße«, sagt er nur und kratzt sich hinterm Ohr. Ich muß lachen und versuche ihn zu trösten. »Es ist nur ein Hilfskreuzer dabei. Kein einziger Zerstörer gemeldet.« Er macht ein skeptisches Gesicht. »Dat wäre ja noch zu ertragen. Na, ick laß mir überraschen.« Damit verschwindet er durchs Kugelschott in die Zentrale. Peters stammt aus Bremen, spricht aber gar zu gerne im Berliner Jargon. Dann erscheint Bootsmaat Maureschat bei mir. »Wann sind wir dran, Wolf?« – »Der Alte hofft morgen abend, wenn wir mit dieser Fahrtstufe weiterlaufen können.« Er knurrt unzufrieden: »Diese langsamen Diesel.«

20. Mai 1941. Mit großer Fahrt geht es weiter nach Norden. Einige Stunden nachdem wir die Verfolgung aufgenommen haben, kommt der Befehl vom BdU: »U 94 dranbleiben. Westboote auf gemeldeten Geleitzug operieren.«

Heute ist mein Geburtstag, und heute soll unser erster Geleitzugkampf beginnen. Wie wird dieser Tag enden? Kuppisch spielt Fühlungshalter. Acht Boote operieren auf diesen Geleitzug. Jede Stunde kommt programmgemäß eine Meldung über Kurs, Fahrt und Standort des Konvois. Jede halbe Stunde gibt U 94 zusätzlich Peilzeichen auf Langwelle. Es ist wie bei der taktischen Übung. Kuppisch meldet, daß die Sicht nur noch eine Seemeile beträgt, und erhält Angriffserlaubnis. Von Norden kommt Wohlfahrths U 556 auf das Geleit zu. U 94 ist immer noch Fühlungshalter. Ich bin froh, daß wir es nicht sind.

Gegen Mittag melden U 74 und U 93, daß sie am Geleit sind. Kapitän Fischer beißt sich unwillig auf die Lippen, als er die FT-Kladde gelesen hat, und läßt sich stöhnend auf seine Koje fallen. »Herrgott! Seit heute nacht schießen sie nun schon an dem Geleit herum. Was soll da noch für uns übrig bleiben?«

Um 18,00 Uhr mehrere Rauchfahnen im Nordwesten. Wir sind nicht weit von Kap Farewell. Schwere Hagelböen verschleiern wiederholt die Sicht. Plötzlich ein einzelner Dampfer vor uns. Den will der Alte haben. Vielleicht hat er das Geleit verlassen, um auf Grund seiner höheren Geschwindigkeit durchzukommen. Der Kommandant ist der Meinung, daß sich der Konvoi bereits in Auflösung befindet. In weitem Bogen versuchen wir uns vorzusetzen. Wegen der dauernd wechselnden Sicht dauert es schier endlos.

Plötzlich rast die Alarmklingel durchs Boot. Fluchend poltert die Brückenwache von oben in die Zentrale. Es geht alles sehr schnell. Das Turmluk ist noch nicht dicht, da knallen schon die Entlüftungen auf. In steiler Fahrt geht es abwärts.

Ich werfe einen Blick in die Zentrale. Bootsmaat Gross sitzt am vorderen Tiefenruder.

Die Situation scheint doch ziemlich gefährlich zu sein. Hat uns ein Flugzeug gesichtet? Ich gehe zum Horchraum, wo der Funkgefreite Hümpel schon am GHG sitzt. Schweigend reicht er mir den zweiten Kopfhörer. Er hat schon ein Geräusch eingepeilt. Das sind doch – ich kann es kaum glauben. Das sind einwandfrei Zerstörerschrauben, die da zwitschern. Auf 70 Meter wird das Boot abgefangen. Die Schrauben kommen von Steuerbord voraus direkt auf uns zu. Sie sind bald mit bloßem Ohr zu hören.

Plötzlich knallt es. Ein infernalisches Krachen direkt voraus. Zweimal treffen uns mächtige Hammerschläge. Das sind andere Wasserbomben, als die amerikanischen Wabos vor einigen Tagen. Die Schrauben wandern schnell nach Backbord aus. Auf einmal steht der Alte neben mir. »Wo ist er?« – »Wandert nach Backbord ab, Herr Kapitän. Ist jetzt in 340 Grad.« Er nickt und beißt sich auf die Lippen. »So ein Saukerl«, brummt er. »Kam ganz plötzlich aus einer Hagelbö heraus. Hätte uns mit Artillerie glatt über den Haufen schießen können.« Dann geht der Kommandant zu seiner Koje und liest die neuen FTs, die ich ihm auf den Tisch gelegt habe.

Die Schrauben zwitschern indessen in höchster Fahrt weiter, und bald sind sie Backbord querab. Ganz allmählich wird das Geräusch leiser. Kaum zu glauben, aber der Zerstörer wandert ab. Er muß uns doch gesehen haben, oder sind wir so schnell getaucht, daß er seiner Sache nicht ganz sicher war? Nach 30 Minuten kann ich dem Alten melden: »Zerstörer läuft ab!« Kapitän Fischer springt von der Koje auf und kommt zu mir. »Können Sie Entfernung angeben?« – »Nein, Herr Kapitän. Anscheinend hat das Wasser hier keine Schichtungen, so daß wir ihn vielleicht noch hören werden, wenn er hinter dem Horizont ist.« Der Alte überlegt einen Augenblick. »Können Sie den Dampfer denn noch hören?« Hümpel geht aus der Peilung der Zerstörerschrauben und beginnt herumzusuchen. Dann meldet er: »Hier ist er in 310 Grad – ganz schwach.« – »Gut«, sagt der Alte. »Dann wollen wir auftauchen und nichts wie hinterher.«

Langsam wird die Oberfläche angesteuert, und bald höre ich aus der Zentrale die Stimme des LI: »Sehrohr kommt frei!« Ich halte das Ohr wieder ans Sprachrohr zum Turm. Ruhig klingt die Stimme des Kommandanten: »Rundblick ist frei. Auftauchen!« Kaum daß wir die Oberfläche durchbrochen haben, fauchen die Diesel wieder los. Die Brückenwache zieht auf. Das Boot nimmt große Fahrt auf, und wir jagen dem Dampfer nach. Von dem Zerstörer ist nichts mehr zu sehen. Dort, wo wir ihn zuletzt gepeilt hatten, stehen jetzt schwarze Regenwolken. Es weht ein steifer Nordwest mit Stärke vier bis fünf. Dazu eine lange Dünung. Immer wieder jagen Hagel- und Regenschauer von Grönland heran.

Es dauert fast eine Stunde, bis sie auf der Brücke den Dampfer wieder in Sicht haben. Und zwei Stunden brauchen wir, um uns weit genug vorzusetzen. Dann endlich, um 22,30 Uhr, stehen wir vor ihm auf seinem Kurs. Die Alarmklingel rast. Wir tauchen zum Angriff. Nachdem das Boot eingependelt worden ist, klickt es in den Lautsprechern. »An alle Stationen. Wir haben ungefähr eine Stunde Zeit. Es wird schnell noch etwas gegessen und alles wieder abgeräumt, bevor es auf Gefechtsstationen geht. Ende!« Das war die Stimme des Kommandanten. Ferdinand löst mich vorübergehend ab, und ich gehe nach vorne, wo es wüst aussieht. Die Torpedomixer haben den Bugraum ziemlich ausgeräumt und machen alles zum sofortigen Nachladen klar. Schnell esse ich einige Brote mit Hartwurst und begebe mich wieder in den Horchraum. Ferdinand lächelt zufrieden. »Kommt genau auf uns zu.« Ich stülpe die Kopfhörer wieder über. Das Schraubengeräusch ist sehr laut geworden. Es dauert auch nicht mehr lange, da tönt es aus den Lautsprechern:

»Auf Gefechtsstationen!« Der LI hat das Boot schon auf Sehrohrtiefe gebracht. Vorsichtig fährt der Kommandant das Sehrohr aus. Immer nur für Sekunden.

Maureschat ist wieder am Rechengerät im Turm. Noch einmal müssen wir auf Befehl des Kommandanten die Umdrehungen der Dampferschrauben zählen.

Dann ist es soweit. Die Männer stehen und hocken gespannt auf ihren Gefechtsstaionen. »Rohr eins fertig! Rohr zwei fertig!« Es ist totenstill im Boot. Dann höre ich gedämpft die folgenschweren Worte: »Rohr eins los! Rohr zwei los!« Zischend verlassen die Aale die Rohre, und ihr Geräusch übertönt im GHG die ganze Skala. Es ist genau 23,30 Uhr DGZ.

Die Stoppuhren laufen. Je weiter sich die Torpedos entfernen, desto besser kann ich wieder horchen. Nach drei Minuten erfolgt die erste Detonation. Gleich darauf die zweite. »Treffer mittschiffs, Treffer achterschiff«, sagt der Alte ruhig. Dann fährt surrend das Sehrohr ein.

Ich höre noch immer die Schrauben des Dampfers laufen, doch dann verstummt das Geräusch. Jetzt muß er gestoppt haben. Plötzlich heftige Detonationen, die uns wie mit Hammerschlägen treffen. Das Boot schüttelt sich. Erstaunt sehen wir uns an. Das sind doch keine Wasserbomben; sollte das Artillerie sein? Nein, unmöglich, es war ja kein Zerstörer in der Nähe. Ich höre, wie der Alte das Sehrohr wieder ausfährt. Dann sagt er zu Maureschat: »Hm – kein Schiff mehr zu sehen. Ist einfach weg. Muß in die Luft geflogen sein.« Wir hören weitere Detonationen, manchmal klingt es, als wenn MG-Salven abgefeuert werden. Dann ein Knacken und Knirschen, ein gräßliches Geräusch.

Der Obermaschinist Winter, der mehrere Fahrten mit Kapitän Hartmann gemacht hat, steht neben mir im Horchraum. »Hören Sie«, sagt er. »Jetzt geht er auf Tiefe. Die Spanten brechen, das kenne ich genau.« – »Torpedowaffe nachladen«, klingt Maureschats Stimme aus den Lautsprechern. Wir laufen vorerst unter Wasser weiter, während die Männer im Bugraum im Schweiße ihres Angesichts die Rohre nachladen. In der Ferne sind mehrere scharfe Detonationen zu hören. Das müssen die anderen Boote am Geleit sein. Wir sind ihnen schon sehr nahe gekommen.

21. Mai 1941. Nach Mitternacht ist die Torpedowaffe mit dem Nachladen fertig. Der Kommandant läßt auftauchen. Eine dunkle Nacht umfängt uns, der Wind hat aufgefrischt, und eine lange, hohe Dünung wirft uns hin und her. Kuppisch ist immer noch Fühlungshalter, obwohl auch er schon zum Schuß gekommen ist. Wir sind ihm bereits sehr nahe, denn wenn er seine Meldung macht, müssen wir den Lautstärkeregler am Empfänger ganz zurückdrehen. Der Kommandant weiß, daß dies wohl die letzte Nacht an diesem Geleit ist, das die anderen Boote schon stark dezimiert haben.

Vergeblich versuchen die Männer auf der Brücke mit ihren Gläsern die Dunkelheit zu durchdringen. Der Alte ist bei ihnen, und plötzlich wird ein Schatten Steuerbord voraus gemeldet. Kapitän Fischer versucht ihn mit seinem Glas zu erfassen. »Zerstörer, Herr Kapitän. Läuft genau Kollisionskurs mit uns.« – »Ja, ich sehe ihn jetzt«, brummt der Alte. »Wir werden etwas abdrehen. Der sieht uns nicht.« Er gibt Befehl, 10 Grad nach Steuerbord zu drehen, um hinter dem Zerstörer vorbeizukommen. Da meldet der achtere Ausguck noch einen Zerstörer an Steuerbord, der offensichtlich gleichen Kurs wie wir läuft. Der Alte flucht leise vor sich hin.

»Wo kommen die bloß her?« Aufmerksam beobachtet er den zuletzt gemeldeten Zerstörer. Der Abstand beträgt kaum 1000 Meter.

Plötzlich ruft der II WO, in dessen Sektor sich der erste Zerstörer befindet: »Zerstörer dreht auf uns zu!« Der Kommandant fährt herum und sagt zunächst gar nichts. Alle auf der Brücke wissen, mit welchem Gedanken er jetzt kämpft. Soll er sich bei Dunkelheit unter Wasser drücken lassen? Er hat nicht mehr viel Zeit, sich zu entscheiden. »Jetzt Lage null«, ruft Keller. Einen Augenblick lang hat Kapitän Fischer den Schatten mit der schäumenden Bugwelle im Glas. Er ist schon zu nah, als daß wir über Wasser entkommen könnten. »Einsteigen«, sagt der Kommandant nur, und zum Rudergänger im Turm: »Alarm!«

In steiler Fahrt geht es abwärtes. Bei 40 Meter wird das Boot abgefangen. War es Zufall, daß der Zerstörer auf uns zudrehte, oder sind wir bemerkt worden? Ich mache mit dem GHG einen Rundhorch und höre nun noch einen dritten Zerstörer von Backbord herankommen. Abwechselnd lasse ich den Zeiger des Horchgerätes von einem Geräusch zum anderen wandern. Da, was ist das? Zwei Zerstörer sind nicht mehr zu hören, ihre Schrauben arbeiten nicht mehr, sie haben gestoppt.

Der Kommandant steht jetzt neben mir und schüttelt ungläubig den Kopf. Ich gebe ihm einen zweiten Kopfhörer und pendle über die Stellen. »Das sind sie. Hören Sie die Hilfsmaschinen, Herr Kapitän? Es ist verdammt gutes Horchwasser hier.« Ich lasse den Zeiger weiter über die Skala gleiten. Nanu – wo ist denn der dritte? Verdammt, auch er hat gestoppt. »Jetzt liegen sie alle drei gestoppt und horchen, Herr Kapitän.«

Der Alte wirft einen Blick auf die Umdrehungsanzeiger über dem GHG. 90 Umdrehungen machen die Schrauben. Das ist Schleichfahrt. Im Boot herrscht Totenstille. Langsam lasse ich den Zeiger weiter nach Backbord gleiten. Da, nochmals zurück. Wirklich, ein neues Geräusch. Metallisch scharf. »Ein vierter Zerstörer in 300 Grad«, melde ich. Der Kommandant streift resigniert die Kopfhörer ab und geht zu seiner Koje. Müde setzt er sich nieder und stützt den Kopf in beide Hände.

Zur Vorsicht horche ich noch einmal die Steuerbordseite ab. Da, verdammt, da kommt doch noch einer. Einwandfrei, ein fünfter Zerstörer läuft auf uns zu. Als ich ihn in 90 Grad melde, springt der Alte auf. »Das ist ja alles Unsinn, Funkmaat. Sie hören wahrscheinlich lauter Echos. Meinen Sie, da legen sich fünf Zerstörer oben hin, um ein U-Boot zu beobachten, und warten der Dinge, die da kommen, während sieben andere U-Boote das Geleit fertigmachen?« Ich muß mich beherrschen, denn ich bin von meinem Gerät und von meinen Angaben überzeugt. »Die Geräusche sind einwandfrei, Herr Kapitän. Ich glaube nicht an Echos, wo wir hier zweitausend Meter unterm Kiel haben«, versuche ich möglichst ruhig zu sagen. Fischer wendet sich ungläubig ab und steigt durch das Kugelschott in die Zentrale.

Gleich darauf steht Bruno Petersen neben mir im Horchraum. »Stellen Sie sich vor«, raunt er mir zu, »der Alte will unter den Zerstörern durchlaufen.« – »Auf 40 Meter?« frage ich. Er nickt. »Tiefer geht er nicht.« – »Das ist ja Wahnsinn. Wenn wir unter ihnen sind, laufen sie an, und dann knallt's«, flüstere ich zurück. »Das glaube ich auch.« Der zuletzt in 90 Grad gehorchte Zerstörer kommt schnell näher. Petersen hat sich den anderen Kopfhörer genommen und horcht mit. »Der hat aber viel Fahrt drauf«, zischt er, »der wird werfen!« Bald ist das Geräusch überlaut. Ich melde an Zentrale: »Zerstörer wird uns gleich überlaufen!« Da stößt mich Petersen an. Er zeigt auf die Kompaßtochter. Mit einem Blick sehe ich, daß wir nach Backbord drehen. Die Peilung wandert achteraus. Die Männer in den Räumen starren mit großen Augen nach oben. Durch das Luk kann ich den Kommandanten sehen, der wie unbeteiligt über den Kartentisch gebeugt steht. Auch er muß jetzt die näher kommenden Schrauben hören. Warum ist er nicht tiefer gegangen? Ein kaltes Grauen kriecht mir den Rücken herauf. Wenn die Wasserbomben tiefer als 40 Meter eingestellt sind, werden sie das Boot glatt aus dem Wasser werfen. Und dann werden sie uns rammen oder mit Artillerie fertigmachen.

Jetzt läuft der Zerstörer hinter uns vorbei. Wir alle halten den Atem an. Die Schrauben wandern schnell weiter. Gerade wollen wir aufatmen, da bricht mit schrecklichem Getöse die Hölle los. Wie die Schläge eines riesigen Hammers, der den Druckkörper zerschmettern will, krachen fünf Detonationen kurz hintereinander. Das Licht flackert, geht aus, flammt aber gleich wieder auf. Unwillkürlich haben sich alle geduckt. Nachdem der Donner vorübergerollt ist, kommen die Köpfe langsam wieder hoch. Erstaunte Blicke, daß wir noch leben nach diesem Bombardement.

Während die Meldungen aus den einzelnen Räumen in der Zentrale einlaufen, kommt der Kommandant durch das Kugelschott zu mir. »Was macht er?« – »Läuft geraden Kurs weiter. Durch die Drehung ist er jetzt hinter uns.« Fischer nickt. »Und die anderen?« Ich lasse den Zeiger kreisen. »Liegen alle noch gestoppt, Herr Kapitän.« – »Hm«, brummt er nur und starrt auf die Kompaßtochter. Ich beobachte wieder den ablaufenden Zerstörer. Plötzlich verliert sich das Schraubengeräusch. »Der letzte hat nun auch noch gestoppt, Herr Kapitän.« Der Alte sieht mich ungläubig an, dann wendet er sich kurz ab und steigt durch das Luk wieder in die Zentrale. Petersen, der einen Schritt zurückgewichen war, kommt wieder näher. »Er glaubt nicht, daß sie alle um uns herum liegen«, flüstere ich. »Laß es erstmal hell werden da oben«, sagt er. »Dann geht der Rummel richtig los.«

»Obersteuermann zum Kommandanten«, wird vom Zentraleluk durchgegeben. Petersen wirft mir einen vielsagenden Blick zu und geht. Ich kann durch das Luk sehen, wie er sich mit dem Kommandanten über die Karte beugt. Nach einiger Zeit wird eine Meldung flüsternd durch die Räume gegeben. »Boot steuert Oberfläche an.«

Ich lasse den Zeiger auf der Skala von Zerstörer zu Zerstörer kreisen. Wenn jetzt einer von ihnen anläuft, kann das tödlich sein. Sie liegen aber noch immer alle gestoppt, und nur das leise Rauschen und Zischen ihrer Hilfsmaschinen ist zu hören. Eine ungeheure Spannung lastet im Boot. Schließlich ertönt die gedämpfte Stimme des LI aus der Zentrale: »Turmluk kommt frei!« Gleich darauf hören wir das Rauschen der See.

Ein Luftzug jagt durch das Boot. Der Kommandant muß das Turmluk geöffnet haben. Bange Minuten vergehen, während der Alte allein auf der Brücke ist. Plötzlich ruft er von oben: »Funkmaat auf die Brücke!« Verdammt, denke ich, jetzt gibt es eine gewaltige Zigarre. Habe ich doch nicht richtig gehorcht und ist am Ende gar kein Zerstörer mehr zu sehen? Mit gemischten Gefühlen steige ich durch den Turm nach oben. Oben umfängt mich stockfinstere Nacht. Der Alte drückt hinter mir das Turmluk zu und packt mich an der Schulter. »Sehen Sie etwas?« Ich versuche vergeblich, die Finsternis zu durchdringen. »Nein, Herr Kapitän.« – Gewöhnen Sic sich erst einmal an die Finsternis. Dann werden Sie schon etwas sehen«, sagt er. Ich starre vor mich hin und entdecke schließlich einen Schatten. »Direkt voraus, Herr

Kapitän.« Er reicht mir sein Glas, ich presse es in die Augenhöhlen und sehe vor mir einen großen Zerstörer mit vier Schornsteinen. Dann dreht mich der Alte an den Schultern herum. »Und da ist einer und da und da. Ich habe fünf Fahrzeuge entdeckt. Sie haben richtig gehört. Sie liegen im Halbkreis um uns herum.« Ich gebe dem Kommandanten das Glas zurück. »So, nun tauchen Sie unter und sagen dem LI: Wir drehen mit kleiner Fahrt um 180 Grad nach Backbord und laufen so ab, ohne auszublasen. Ich bleibe auf der Brücke.«

Eiligst verschwinde ich durch das Luk nach unten, während Fischer dem Rudergänger im Turm die neue Kursanweisung gibt. Als ich dem LI in der Zentrale den Befehl des Kommandanten übermittle, schüttelt er verzweifelt den Kopf. Dicker Schweiß steht ihm schon auf der Stirn. Entschlossen tritt er unter das Luk und ruft nach oben: »Kann Boot so nicht halten, Herr Kapitän. Bitte um Fahrterhöhung!« Als ich im Horchraum ankomme, sehe ich, daß die E-Maschinen schon 250 Umdrehungen machen.

Auf den Zerstörern scheint man unser Manöver nicht zu erkennen. Bei diesem guten Horchwasser müßten sie eigentlich jetzt, da wir mit erhöhter Fahrt laufen, unsere Schrauben hören, aber vielleicht ist der Horchwinkel zu spitz. Minute um Minute vergeht. Die Spannung ist fast unerträglich. Alles bleibt ruhig. Wir können es kaum glauben. Immer weiter entfernen wir uns von dieser verdammten Unterwasserfalle. Der Alte ist immer noch allein auf der Brücke.

Eine Stunde lang laufen wir so mit E-Maschinen; dann kommt der Befehl zum Ausblasen. Die Diesel springen an. Alles atmet auf. Aus den Lautsprechern hören wir: »Wegtreten von Gefechtsstationen! Brückenwache aufziehen!« Der Alte kommt von oben, wirft seine Mütze in die Ecke, setzt sich auf seine Koje und sagt: »Na, Hirschfeld, die haben wir aber angeschissen, was?«

Ich muß lachen. »Ja«, antworte ich und nehme die Kopfhörer ab. »Das hätte aber auch ins Auge gehen können.« Er kneift die Lippen zusammen. »Möchte nur wissen, wo die auf einmal alle herkamen. Wo steht der Geleitzug jetzt?« Ich gebe ihm die letzt Fühlungshaltermeldung, und er geht damit durch das Luk zum Kartentisch. Der Peiler wird ausgefahren, und bald darauf habe ich die neueste Peilung.

Verdammt, die Peilung zeigt genau dorthin, wo wir eben waren. Als ich dem Kommandanten diese Meldung übergebe, sieht er mich einen Augenblick sinnend an. »Na, dann hilft es nichts. Wir müssen heute noch ran«, sagt er und gibt neue Kursanweisungen. Die Diesel brummen auf, und mit zweimal großer Fahrt laufen wir erneut nach Westen. Uns ist allen nicht wohl dabei. Hein Jürgensen steht über die Karte gebeugt und schüttelt den Kopf. »Wir laufen genau dorthin, wo sie uns gefaßt haben«, sagt er ärgerlich. »Die werden sich freuen, wenn wir wiederkommen.«

Eine halbe Stunde später habe ich die neue Peilung. Obwohl mir der LI gesagt hat, daß niemand auf die Brücke darf, steige ich in den Turm. »Frage: Ein Mann Brücke?« rufe ich nach oben. Der Kommandant steht breitbeinig über dem Luk und fragt zurück: »Wer ist da?« – »Funkmaat Hirschfeld.« Der Kommandant gibt das Luk frei. »Soll raufkommen.« Ich steige nach oben und melde den Standort des Geleitzuges. Der Alte sagt nur: »Danke.« Ich will schnell noch einige Züge Frischluft tanken und schiebe mich im Dunkeln an Bootsmaat Maureschat heran. Ohne das Glas von den Augen zu nehmen, raunt er mir zu: »Sieh dir mal den Horizont im Osten an.« Ich hatte es schon bemerkt: Dort beginnt es leicht zu dämmern und vor uns ist pechschwarze Nacht. Der II WO spricht aus, was wir alle denken: »Herr Kapitän, wir zeichnen uns als scharfe Silhouette gegen Osten ab.« Der Kommandant sagt nichts, preßt stur sein Glas in die Augenhöhlen und starrt nach vorn. Er will unbedingt in dieser Nacht noch zum Schuß kommen. Viel kann nicht mehr übrig sein vom Geleit.

Auf einmal brüllt Maureschat neben mir: »Schatten voraus in 30 Grad!« WO und Kommandant fahren herum. »Verdammt«, brummt Keller, »zwei Zerstörer.« – »Das sind die achteren Feger«, meint der Alte. Ich weiß, daß es jetzt Zeit für mich ist, die Brücke zu verlassen. Gerade wie ich den Fuß auf die erste Sprosse der Leiter setze, werden wir plötzlich von rotgelbem Licht überflutet. An Backbord voraus schießt eine riesige Flamme zum Himmel. »Tankerfackel!« schreit der WO. Das sehe ich mir noch einen Augenblick an, aber als dann auch noch Leuchtgranaten die See erhellen, wird es mulmig, und ich sause die Leiter hinab. Keinen Augenblick zu früh. Hinter mir fällt schon die Brückenwache durchs Luk. Dann rast die Alarmklingel. »Fluten!« Die Stimme des LI übertönt den Lärm, und wieder geht es in fast zu steiler Fahrt abwärts in die schützende Tiefe.

Endlich ist das Zentraleluk frei, so daß ich zum Horchraum gehen kann. Hümpel sitzt schon am GHG. Die Diesel sind verstummt, aber noch ist keine Ruhe im Boot. In der Ferne rollen schwere Detonationen. Sicher Wasserbomben. Plötzlich hören wir ein scharfes, metallisch klingendes Schraubengeräusch. Donnerwetter, der muß aber schon verdammt nahe sein. Ich frage Leutnant zur See Keller: »Wo kommt denn dieser Zerstörer her?« Dabei zeige ich ihm die Gradzahl. Er winkt mit der Hand ab. »Den haben wir erst gesehen, als der Tanker brannte und die Leuchtgranaten kamen. Hätte uns glatt über den Haufen gefahren. War wohl auch seine Absicht.« Mir sträuben sich die Haare bei dieser Vorstellung. »Suchen Sie mal weiter«, sagt Keller. »Da sind sicher noch mehr.« Hümpel läßt den Zeiger über die Skala gleiten. »Herrgott«, entfährt es mir, »die kommen ja von allen Seiten.« Keller nickt. »Die haben uns schon längst kommen sehen, gegen den hellen Horizont.« Dann lächelt er. »Möchte bloß wissen, wer den Tanker torpediert hat. Er muß von Westen angegriffen haben und auch die Zerstörer gesehen haben.«

Endlich herrscht Ruhe im Boot. Wir können genau horchen. Da kommt auch schon der Alte. »Na, Funkmaat, was hören Sie?« Ich fange an zu erklären: »Zerstörer in 290 Grad und in 310 Grad, Tanker noch mit einigen Umdrehungen in 350 Grad. Genau voraus Dieselgeräusch. Sicher ablaufendes U-Boot. Dann weitere Zerstörer in 17, in 25, in 40 Grad und sehr schwach in 75 Gard.« Es sieht so aus, als ob wir in ein Zerstörernest gestoßen sind. Der Kommandant starrt düster auf das GHG. Diesmal zweifelt er nicht an meinen Angaben. Dann sieht er den II WO an. »Wir müssen unter dem Tanker durch nach Westen.« Keller macht ein skeptisches Gesicht. »Und wenn uns der Tanker auf den Kopf fällt?« – »Nun«, sagt der Alte bedächtig, »wir brauchen ja nicht genau unter ihm durchtauchen.« Kellers Blick ruht auf den Umdrehungsanzeigern über dem GHG. Dann holt er tief Luft. »Das wird aber einige Stunden dauern bei dieser Schleichfahrt. Auftauchen können wir dann nicht mehr, solange die da oben sind. Es wird inzwischen hell sein.« Der Alte nagt wie immer an seiner Unterlippe. »Das stimmt. Aber trotzdem wollen wir diesen Kurs weiterlaufen.« – »Schlage vor, tiefer zu gehen, Herr Kapitän«, wendet der II WO noch ein. Fischer lacht. »Ach was, Keller. Die stellen die Wabos doch nur auf 20 bis 30 Meter ein. Wir sind jetzt auf 60 Meter. Das genügt.« Damit wendet er sich ab und wirft sich auf seine Koje. Keller sieht mich an und schüttelt den Kopf. »Der Geleitzug scheint vollkommen aufgerieben zu sein«, raunt er mir zu. »Sonst könnten die sich mit uns gar nicht so intensiv befassen.«

Inzwischen kommen die Schraubengeräusche von allen Seiten näher. Die Männer auf ihren Stationen vom Bug bis zum Heck wissen alle, wie es oben steht. Der mündliche Nachrichtendienst an Bord klappt vorzüglich. Im Boot herrscht Totenstille. Die verdammten Schrauben werden immer lauter, und dann werden wir überlaufen. Aber nichts geschieht, und das Geräusch verliert sich plötzlich. Gleich darauf läuft abermals ein Zerstörer über uns hinweg, ohne zu werfen, und stoppt. Also das alte Spiel. Einer nach dem anderen kommt näher und stoppt. Nach einer Sunde haben sich sechs Zerstörer um uns versammelt. Der Alte liegt auf der Koje und liest einen Krimi. Die Horchdisziplin im Boot ist vorbildlich. Kein lautes Wort wird gesprochen, kein Werkzeug fällt auf die Flurplatten. Nur ganz leise drehen sich die Schrauben.

Da, verdammt, was ist das? Plötzlich ist ein feines Zirpen zu hören. Kaltes Grauen sitzt mir im Nacken. Hümpel sieht mich an. Für einen Augenblick kommen mir Zweifel. Sollte eine Röhre im GHG tropfen? Nein, das sind Asdic-Impulse. Wie genau man mit ihnen orten kann, weiß ich aus eigener Erfahrung. Ich melde dem Kommandanten, daß wir mit S-Geräten geortet werden. Er sieht nur kurz auf. »Hm, dagegen können wir nichts machen.«

Jetzt kommt auch vom Rudergänger aus dem Turm die Meldung: »Ortungsimpulse zu hören.« Der Kommandant nickt und liest weiter. Ich wundere mich schon, daß nichts weiter geschieht, aber auf einmal werden die tropfenden Impulse von kurzen schnellen hintereinander folgenden Geräuschen abgelöst. Nun haben sie uns wahrscheinlich genau eingepeilt. Es dauert auch nicht lange, da fangen die Schrauben oben an zu zwitschern. »Zerstörer in 290 Grad läuft an, Zerstörer in 310 Grad läuft an«, rufe ich.

Der Kommandant legt das Buch weg und richtet sich auf. »Zentrale! Beide Maschinen große Fahrt voraus!« Mir stockt fast der Atem. Auf der ganzen Skala rauscht es jetzt von Zerstörerschrauben. Die Männer in den Räumen heben die Köpfe. Man kann die Schrauben jetzt mit bloßem Ohr hören. Ich denke an unsere geringe Tiefe. Unter uns 2000 Meter. Die Katastrophe scheint unabwendbar. Stur wird der Kurs durchgehalten. Ausweichen wäre auch wohl sinnlos. Ich kann den Kopfhörer abnehmen; das Rauschen geht über die ganze Skala.

Und dann geht der erste Zerstörer über uns hinweg. Ich sehe, wie der Kommandant den Kopf in die Hände stützt. In der Zentrale trommelt der Obersteuermann nervös mit dem Bleistift. Aus der Offiziersmesse starrt mich das wachsbleiche Gesicht Dr. Schröders an. Oberleutnant zur See Schwartzkopff liegt in seiner Koje und starrt auch zu mir herüber.

Dann bricht das Inferno mit so furchtbarer Gewalt über uns herein, daß ich denke: Jetzt ist es aus! Die Detonationen schütteln das Boot. Er kracht und ächzt in allen Fugen. Sind das die brechenden Spanten? Die Kopfhörer sind mir aus der Hand gefallen. Krampfhaft halte ich das Steuerrad des Horchgerätes gepackt. Solche Schläge hält kein Boot aus. Der I WO liegt mit aufgerissenen Augen sprungbereit in seiner Koje. Dr. Schröder hat den Kopf in beide Arme vergraben.

Langsam verlischt das Licht. Nur meine Armaturen leuchten noch, und in den Gängen flammt die Notbeleuchtung auf. Ein Zerstörer nach dem anderen rauscht über uns hinweg. Die Detonationen scheinen kein Ende zu nehmen. Die Hölle ist entfesselt. Eine ungeheure Angst schnürt mir die Kehle zu. Ist das nun das Ende? Gehen wir auf Tiefe? Bricht schon irgendwo Wasser ein?

Auf einmal verrollt der Donner. Unheimliche Stille umgibt uns. Wir leben noch! Ich stülpe die Kopfhörer wieder über. Unglaublich, das Gerät funktioniert; zwei Zerstörer sind zu hören. Nach einer Weile flammt das Licht wieder auf. Bleiche Gesichter sehen mich an. Dann kommen die Meldungen aus den Räumen: Vorne sind alle Außenbordverschlüsse dicht. Aber achtern sind wir angeschlagen. »Steuerbordwelle, Stevenbuchsen und Abgasklappen machen Wasser. Mündungsklappe Rohr sechs hält nicht mehr dicht. Durch das Dieselmontageluk kommt ein zwei Millimeter dicker Wasserstrahl.« Der Alte nickt nur. »Auf 80 Meter gehen. Schleichfahrt.« Dann sieht er mich fragend an. »Alle Zerstörer haben wieder gestoppt«, sage ich. »Es wird weiter mit Asdic geortet.« Der Kommandant nagt wieder an seiner Unterlippe. »Die Wabos lagen weit hinter uns, weil wir mit den Maschinen angegangen sind, aber den Kurs werden wir nicht ändern.«

Die Minuten schleichen dahin. Keiner spricht. Alle warten auf den nächsten Angriff. Wir wissen, daß uns die Zerstörer fertigmachen wollen. Zeit spielt dabei keine Rolle, denn das Geleit brauchen sie nicht mehr zu schützen. Das haben die anderen Boote aufgerieben und an uns wird nun Rache geübt.

Es geht wieder los. Der erste Zerstörer läuft an, der zweite und dann der dritte. Und wieder beginnt das Inferno der entfesselten Gewalten.

Jeden Augenblick glaube ich, daß der Druckkörper zerreißen wird, aber auch dieses furchtbare Gewitter rollt ohne weitere Schäden über uns hinweg.

Eine Zeitlang zwitschern noch die Schrauben, dann umgibt uns wieder die unheimliche Stille, in die nur das nerventötende Zirpen der Asdic-Ortung tropft. Die Schrauben des Tankers sind nicht mehr zu hören; er kann aber noch nicht gesunken sein, denn es waren keine Sinkgeräusche zu vernehmen. Vielleicht liegt er noch brennend über uns.

Die nächsten sechs Wasserbomben fallen etwas seitlich vom Boot. Wir sind inzwischen auf 100 Meter gegangen. Dann vergeht fast eine Stunde bis zum nächsten Angriff. Sie lassen sich viel Zeit da oben, weil sie genau wissen, daß wir auftauchen müssen, wenn die Batterien leer sind. Das GHG ist sehr leise geworden. Ich kann im Getöse der Wasserbomben nicht mehr feststellen, wie viele Jäger uns überlaufen. Bei dieser Tiefe liegen die Bomben nicht mehr so nah.

Beim GHG habe ich auf der Steuerbordseite 24 Röhren Typ P 2000 ausgewechselt. Ferdinand hat vorne im Bugraum die Verteilerkästen über den Torpedorohren aufgeschraubt und mit Heißluft ausgetrocknet. Es hat nicht viel geholfen. Unter dem Oberdeck müssen einige Sammeldruckdosen abgesoffen sein.

Viele Außenbordverschlüsse lecken seit einiger Zeit sehr stark. Wir haben schon viel Wasser im Boot. Der Kommandant hat den Turm räumen lassen. Der Rudergänger steuert das Boot jetzt aus der Zentrale.

Ich sitze am GHG, als der LI durch das Luk zum Alten kommt. »Wir müssen lenzen, Herr Kapitän. Das Wasser steht in der Zentrale bald bis zu den Flurplatten.« Der Kommandant ringt mit sich. »Das hört man doch meilenweit.« Aber dann stimmt er zu, denn die Bilgen sind voll. Der LI steigt in die Zentrale zurück, und gleich darauf läuft mit fürchterlichem Krach die Lenzpumpe los. Dieses Geräusch schneidet in die Magenwände. Nie ist mir früher aufgefallen, wie laut die Hauptlenzpumpe ist. Das müssen die Zerstörer hören. Als die Pumpe schweigt, höre ich die Schrauben plötzlich wieder. Ein neuer Anlauf.

Mit ungeheurer Wucht schlagen die Detonationen auf das Boot. Die Bomben liegen näher als zuvor. Also haben sie da oben außer dem Asdic auch die Horchgeräte noch besetzt. Immer wieder überlege ich: Warum haben sie mit ihren Asdic-Impulsen keine genaue Ortung mehr? Ich muß an die Flottenparade vor Hitler und Horthy denken. Damals habe ich auf der *Saar* erstmals gesehen, wie ein S-Gerät funktioniert, als wir das russische U-Boot in der Ostsee verfolgten. Das Gerät war gegen Erschütterungen sehr empfindlich. Sollten den Zerstörern die Asdic-Geräte durch die eigenen Wasserbomben durcheinandergeraten sein?

Die Luft im Boot ist schlecht und verbraucht. Trotz des starken Kaffees, den Järschel uns gekocht hat, spüre ich Ermüdungserscheinungen.

Der II WO hat sich neben mich ans Horchgerät gesetzt. Als wieder ein Wasserbombensegen über uns hinweggedonnert ist, schüttelt er den Kopf. »Soviel Wabos können die gar nicht mitgehabt haben«, flüstert er mir zu. »Ich glaube, die haben ganz in der Nähe auf Grönland einen Stützpunkt. Da laufen sie abwechselnd hin und holen neue Wabos.«

»Wie lange soll das so gehen«, frage ich. »Bis wir auftauchen müssen. Die Tommys sind zäh. Bei Gibraltar haben sie mit dieser Masche auch ein Boot zum Auftauchen gezwungen.« Der Kommandant ist offensichtlich zu der Ansicht gekommen, daß unsere Schleichfahrt, wenn sie uns nicht treffen, noch Tage dauern kann, und gibt den Befehl: »Alle Mann durch Kalipatronen atmen.« Wir hängen uns also alle eine Kalipatrone um, setzen den Nasenklemmer auf und beißen auf das Mundstück des Atemschlauches. Die Freiwachen müssen in den Kojen liegen. Keiner darf mehr in Schuhen laufen. Die Nr. 1 hat Schleichsocken verteilt. Alles unnötige Licht in den Räumen wird ausgeschaltet, um Strom zu sparen.

Noch haben wir aber keinen Sauerstoff zugesetzt. Nur die Luft wird ständig von vorn nach achtern und von achtern nach vorn gewirbelt. Das ist Miefverteilung. Mit dem Sauerstoff könnten wir zwei Tage auskommen, meint Otto Peters. Nur ob die Batterien so lange halten, ist fraglich. Das Wasser im Boot steigt schon wieder gefährlich. Der Kommandant liegt auf seiner Koje und starrt gegen die Decke. Oder schläft er? Auch ich halte mich nur mühsam wach, bis Ferdinand mich ablöst. Durch die halbverdunkelten Räume schleiche ich nach vorne und haue mich in die Koje. Trotz dem dicken Schafspelz, in den ich mich gewickelt habe, wird mir nicht warm.

Plötzlich höre ich wieder Schraubengeräusche. Sie müssen ganz nah sein. Gleich wird das Höllenkonzert neuerlich losgehen. Ich halte den Atem an und warte, aber nichts geschieht. Das Geräusch verebbt, wird leiser, schwillt plötzlich wieder stark an. Dann wird es ganz leise und ist mit bloßem Ohr nicht mehr zu hören. Sonderbar. Langsam dämmere ich hinüber.

Als Hümpel mich weckt, weiß ich erst gar nicht, wo ich bin. »Seit zwei Stunden keine Wabos«, flüstert er. Mein Schlaf muß totenähnlich gewesen sein. Ich nehme eine Dose Schokakola und schleiche zum Horchraum. Ferdinand übergibt mir die Kopfhörer. »Sie sind noch da«, sagt er müde. »Sie fahren ständig hin und her. Ich weiß nicht, ob sie uns verloren haben. Der Kommandant hat vorhin einen Bold ausstoßen lassen. Vielleicht hat sie das irritiert.« – »Na, ja«, sage ich, »das sind diese Aluminiumwolken. Darauf soll das Asdic ansprechen.« Ferdinand winkt ab und schleicht nach vorn zu seiner Koje.

Wir sind immer noch auf 100 Meter. Komisch, denke ich, daß in dieser Tiefe die Außenbordverschlüsse so lecken. Kommt sicher von den vielen Detonationen.

Dann höre ich die Zerstörer wieder anlaufen, kriege aber keine genaue Peilung. Dann rollt abermals der schreckliche Urweltdonner durch die See, aber die Bomben liegen nicht mehr so dicht. Das Boot zieht ruhig seine Bahn. Der Kommandant richtet sich von seiner Koje auf. »Merken Sie was, Funkmaat? Die Bolde scheinen doch zu helfen.« Ich bin skeptisch. Wir kommen mit unseren neunzig Umdrehungen ja nicht weit genug weg, um auftauchen zu können. Es ist ganz sonderbar. Mal liegen die Wasserbomben weiter weg, mal sind sie wieder ziemlich nah. Dann werfen sie nur noch jede Stunde eine Serie von sechs Bomben.

Der II WO löst mich am GHG ab. »Hauen Sie sich ruhig in die Koje und lassen Sie den Hagen auch schlafen. Das GHG ist sowieso hinüber.« Ich wanke nach vorn und lasse mich in die Koje fallen. Langsam umfängt mich wohltuende Schwerelosigkeit. Wie aus weiter Ferne höre ich eine Serie Wasserbomben. Es ist alles so gleichgültig geworden. Auch die schleichende Kälte spüre ich nicht mehr. Warum ist es nur so still um uns?

Dann kommt es mir wie eine Erleuchtung. – Natürlich, sie schlafen ja alle. Keiner kann sich mehr erheben. Der Zentralemaat ist auch eingeschlafen und hat vergessen, neuen Sauerstoff zuzusetzen. Auch mir ist es nicht mehr möglich, ihn wachzurütteln. Meine Glieder sind schon gelähmt. Nicht mal rufen kann ich mehr. Auch die Männer an den Tiefenrudern werden eingeschlafen sein. Gibt es noch einen Ausweg? Nein!

So gleiten wir nun steuerlos dahin. Langsam werden wir immer tiefer sinken, denn das Wasser tropft unaufhörlich und läuft schon über die Flurplatten. Wie tief wir wohl schon sind? Irgendwo bei 400 bis 600 Meter wird das Wasser den Druckkörper zusammendrücken, es wird so knirschen und krachen wie bei dem Munitionsdampfer, als er auf Tiefe ging.

Aber das wird keiner mehr von uns erleben. Bis dahin sind wir alle schon hinübergeschlafen. Ganz sanft, wie schon einmal ein Boot. Wann war das nur? Ich denke angestrengt nach. Ach ja, jetzt fällt es mir ein. Ich habe von U 31 gelesen, das sich nach einer stürmischen Fahrt in der Nordsee bei 60 Meter zum Schlafen auf den Grund gelegt hat. Das war schon im ersten Krieg. Das Boot tauchte nach Monaten von selbst auf und trieb an der englischen Küste an. Die Preßluftventile waren mit der Zeit undicht geworden und hatten die Zellen selbständig angeblasen.

Von uns wird dagegen keine Kunde in die Heimat gelangen. Wir werden in 2000 Meter Tiefe bei Grönland liegen, und oben werden die Zerstörer durch einen großen Ölfleck laufen.

Es ist wunderbar, so hinüberzudämmern, bis das Bewußtsein ganz verlöscht. Es ist so gleichgültig, was die See dann mit unseren Körpern macht. Wir fühlen es ja nicht mehr. Die anderen müssen schon weg sein. Auch ich werde gleich weg sein. Die Wasserbomben höre ich nur noch wie aus weiter Ferne.

Da, plötzlich höre ich ein Flüstern. Sollte noch einer leben? Mit Gewalt reiße ich die Augen auf. Ach, es war alles nur ein Traum, und wir haben das Sterben noch vor uns. Hinter dem Bugraumluk steht der Maschinenobergefreite Kaufmann, klopft an das kleine Tiefenmanometer und schüttelt den Kopf.

Ich reiße mir den Schlauch aus dem Mund und schiebe mich durch das Kugelschott. »Was ist los, Kaufmann?« Er sieht mich mit großen Augen an. »Diese Tiefe, Herr Funkmaat. Ich kann's nicht glauben.« – »Wie tief?« Er holt Luft. »Zweihundert gehen durch.« Plötzlich bin ich hellwach. »Was haben Sie gesagt?« – »Zweihundert gehen durch«, wiederholt er.

Verdammt, so tief war noch kein Boot. Ich überlege blitzschnell. »Kaufmann, rufen Sie sofort die Zentrale an und melden Sie die Tiefe.« – »Aber wir dürfen doch keine Telefone und kein Sprachrohr benutzen«, flüstert er mir zu. Ich sehe nach hinten durch die Räume. Die Befehlsübermittler liegen in den Gängen und schlafen. Durchs Boot laufen darf auch niemand. »Egal«, sage ich, »rufen Sie an mit Telefon. Auf meine Verantwortung!« Er führt aus, was ich ihm befohlen habe. Das batterielose Telefon schnarrt. Dann gibt er die

Meldung durch. Er muß sie wiederholen. Nachdem er eingehängt hat, sieht er mich skeptisch an. »Zentrale meint, unser Tiefenmanometer sei hinüber. Wir sind immer noch auf 100 Meter.« – »Nun, die müssen es ja wissen«, sage ich und lege mich wieder hin.

Bald darauf schnarrt das Telefon im Bugraum wieder. Ich höre, wie Kaufmann antwortet: »Zweihundert sind durch. Der Zeiger befindet sich im weißen Feld.« Ich springe auf und beuge mich durchs Luk. »Was ist nun los, Kaufmann?« Er hat den Hörer noch in der Hand und sieht mich mit großen Augen an. »Sie haben den Heckraum angerufen. Dort zeigt das Tiefenmanometer dieselbe Tiefe an.«

Jetzt läuft es mir doch kalt über den Rücken. Dann muß ja das Tiefenmanometer in der Zentrale ausgefallen sein, ohne daß man es dort gemerkt hat.

Plötzlich beginnt sich das Vorschiff zu heben. Aha, nun steuern sie mit Tiefenruder hinauf. Kaufmann sieht sich beunruhigt um. Die Neigung nach achtern wird schnell größer. Das Wasser aus der Bugraumbilg steht schon am Luk. Die Männer richten sich in den Kojen auf und reißen die Schläuche aus dem Mund. »Was ist denn nun los?« Ich habe das ungute Gefühl, daß sie in der Zentrale das Boot nicht mehr im Griff haben. Die Achterlastigkeit wird immer stärker. Da klickt es in den Lautsprechern: »Alle Mann voraus!« Die Stimme des LI klingt sehr aufgeregt. Kann er das Boot nicht mehr halten? Im Bugraum poltert es laut. Mit der Schleichfahrt ist es auf einmal vorbei. Ich werfe mich in meine Koje, denn nun kommen sie von achtern gerannt, schwingen sich durch die Luken und stürmen an mir vobei in den Bugraum. Aber es hilft nichts. Die Achterlastigkeit nimmt immer mehr zu. 30 Grad, 40 Grad und weiter. Dann kommen die ersten Sachen aus dem Bugraum geflogen, voran die Brote aus der Hängematte. Apfelsinenkisten, Eimer und Geschirr folgen. Wir pressen uns in die Kojen, um nicht getroffen zu werden. Jetzt haben wir bestimmt schon 60 Grad Achterlastigkeit; wir können bereits auf dem Fußende meiner Koje stehen. Wie ein Wasserfall rauscht das Wasser aus dem Bugraum nach hinten.

Das ist nun das Ende, denke ich. Selbst wenn sie uns bereits verloren gehabt hätten – jetzt hören sie uns oben bestimmt. Gleich wird es wieder Wasserbomben geben. Dann ist es aus. Eduard Maureschat steht auf dem Kleiderspind und ruft laut: »Jetzt geht's abwärts, Kameraden!« Er hält sich am Deckengestänge fest. Flüche werden laut. »Halt die Schnauze, Ede!«

Dr. Schröder hat meinen Arm gepackt. »Stellen Sie sich vor, fünf Kinder hab ich,« schnauft er. »Ich weiß, ich weiß,« sage ich gequält. Da kommt ein Schrei von achtern: »E-Maschine brennt!!!« Verdammt! Die Anker laufen bestimmt im Bilgenwasser, das nach hinten gelaufen ist. Gleich darauf knirscht und kracht es im Achterschiff. Das müssen die wegbrechenden Spanten sein. Wie tief wir wohl sind?

»Wassereinbruch Heckraum!« schallt es aus den Lautsprechern. Blitzschnell wird mir klar: Der Heckraum bricht zuerst zusammen. Er liegt bestimmt 50 Meter tiefer als wir hier vorne. Nun gibt es keine Rettung mehr. So sieht also das Ende aus. Wenn bloß schon alles vorbei wäre.

Plötzlich knattert es in den Anblaseleitungen. »Sie blasen an!« schreit Maureschat. Ein Hoffnungsschimmer erscheint auf den bleichen Gesichtern. Alle starren durch das Bugraumluk zu Kaufmann, der mit der linken Hand das Zuleitungsrohr des Tiefenmanometers umklammert und mit der Rechten gegen das Glas pocht. Der Zeiger hat das weiße Feld schon überschritten und liegt von hinten am Nullpoller an. Wir hören die Luft in den Anblaseleitungen zischen, aber der Zeiger rührt sich nicht.

»Verdammt«, schreit Kaufmann, »Boot steigt nicht!« Dann hört das Zischen auf. Was ist nun wieder los? Ist die Preßluft schon verbraucht? »Warum wird nicht weitergeblasen?« ruft Maureschat nach unten. Keller sitzt im Zentraleschott. »Es wird nur achtern geblasen, weil vorn die Luft entweicht«, schreit er zurück.

»Boot steigt nicht«, meldet Kaufmann neuerlich. Langsam erlischt das Licht. Also ist die elektrische Anlage beim Teufel. Nur die Notbeleuchtung ist intakt. Ihr fahles Licht läßt die Gesichter der Männer verzerrt erscheinen. Im Bugraum leuchten jetzt Taschenlampen auf. Sie sind auf das Manometer gerichtet.

»Da, der Zeiger hat sich doch bewegt«, sagt einer. »Nein, er steht doch, ja, jetzt geht er zurück«, höre ich Kaufmann sagen. Rasch gleitet der Zeiger über das weiße Feld zurück.

»Boot steigt!« brüllen fünf Stimmen zugleich. »Laufend Tiefe durchgeben. Heckraum meldet sich nicht mehr«, schreit Keller in der Zentrale. »Die sind wohl abgesoffen da hinten«, sagt einer. »Zweihundert gehen durch«, meldet Kaufmann. »Hundertachtzig gehen durch!« Unsere Herzen schlagen höher. Es geht aufwärts.

»Hundertfünfzig gehen durch!« Wie im Fahrstuhl geht es

aufwärts. Jetzt ist kein Halten mehr. Die Luft in den Zellen dehnt sich aus, je mehr der Außendruck nachläßt. Wir schießen jetzt förmlich nach oben. »Fluten«, hören wir plötzlich die Stimme des Kommandanten. Aber wir steigen weiter mit unerhörter Schnelligkeit. Und achtern brennt die E-Maschine. »Hundert gehen durch!« – »Siebzig gehen durch!« Das Boot ist nicht zu halten. Gleich müssen wir oben durchbrechen, und dann werden alle Geschütze auf uns losdonnern oder ein Rammstoß wird unseren Druckkörper zerschneiden. Ich habe den Gedanken noch nicht zu Ende gedacht, da sind wir schon durchgebrochen. Wir hören das Rauschen der See, einen Augenblick zeigt der Bug noch steil nach oben, dann klatscht er zurück in die See. Wir sind jetzt stark vorlastig, das ganze Vorschiff muß unter Wasser sein. Da knattert es in den Anblaseleitungen; es wird vorne geblasen, bis wir auf ebenem Kiel liegen. Wir sehen uns alle ratlos an. Was soll nun geschehen?

Walter Gross reißt im OF-Raum einen Tauchretter vom Haken und ruft: »Klar bei Tauchretter und Schwimmwesten! Boot wird sofort verlassen! Weitergeben!« Das Boot wird also aufgegeben, und wir müssen ins kalte Wasser. –

Ich sehe, wie Ferdinand nach den Reservetauchrettern greift, die über uns hängen, und falle ihm in den Arm. »Laß hängen für die anderen, die nicht auf Gefechtstationen sind. Wir haben unsere ja im Funkraum.« Er nickt, und wir versuchen, uns durch das Gewühl nach achtern durchzuarbeiten.

Im OF-Raum liegt noch einer in der Koje und schläft. Es ist der Steuermannsmaat Hein Jürgensen. Ich packe ihn am Arm und rufe: »Hein, raus! Wir steigen aus!« Er fährt empor und sieht mich schlaftrunken an. »Was ist los?« – »Wir steigen aus!« – »Sind wir schon in Lorient?« – »Nein, du Esel! Boot wird verlassen!« Er hält mich am Arm fest. »Was ziehen wir denn an? Segeltuchschuhe oder Stiefel?« – »Womit du am besten schwimmen kannst.« Ich reiße mich los und versuche weiterzukommen. In der Kombüse hat Schewe den Eisschrank geöffnet und greift mit seinen verbundenen Fingern nach einer Rinderzunge. »Sie sollten auch was essen«, sagt er. »Morgen sind wir schon hinter Stacheldraht.« Ich drücke wortlos die Eisschranktür zu und schiebe ihn zur Seite. Wir hasten weiter durch den leeren Offiziersraum. Endlich bin ich im Funkraum und greife hinter den Peiler, aber ich greife ins Leere.

Verdammt! Mein Tauchretter, meine Schwimmweste – alles

weg. Ich wende mich zum Horchraum, in dem immer ein Reservetauchretter lag. Auch Ferdinand sucht seine Garnitur, dreht sich zu mir und ruft in hellem Zorn: »Alles weg! Diese Bande!«

Die Mannschaften steigen schon aus. Obermaschinist Winter steht an der Leiter zum Turm und feuert zur Eile an. Hinten in der Backbordecke ist der Zentralemaat Otto Peters damit beschäftigt, die restliche Preßluft durch die Zellen zu jagen. Aus dem Maschinenraum ist Qualm in die Zentrale gedrungen; es stinkt entsetzlich nach elektrischem Brand. Vor den Tiefenrudern sitzt der kleine Wüsteney und weint. »Alles ist vorbei. Unser schönes Boot!« Winter packt ihn am Arm und schiebt ihn zur Leiter. »Los, raus! Ehe sie uns rammen!«

Winters linke Hand umklammert die Leiter, gegen die sich der LI lehnt und mit weit aufgerissenen Augen nach oben durchs Luk starrt. Trotz der zischenden Preßluft höre ich, wie Winter ihn anbrüllt: »Du steigst ganz zuletzt aus und reißt die Entlüfungen auf. Dafür sorge ich!« Donnerwetter, denke ich. So sieht also das Ende aus, wenn es um das nackte Leben geht.

Dann werde ich am Arm gepackt. Vor mir steht der II WO, Keller, mit Tauchretter und Schwimmweste, und sagt: »Hirschfeld, wir müssen noch geheime Sachen vernichten.« Ich werfe einen Blick nach vorne. Laut Vorschrift müßten wir jetzt die Geheimsachen in einen Beutel stecken und, mit einem Gewicht versehen, durch ein Torpedorohr hinausschießen. »Wir können nichts mehr rausschießen, Herr Leutnant«, sage ich. »Von der Torpedowaffe ist keiner mehr vorn.« – »Dann reißen Sie wenigstens Ihre Rotdrucke raus und treten Sie die Dinger in das Bilgenwasser.« Erst jetzt sehe ich, daß der Kokosläufer, auf dem wir stehen, in dreckigem Wasser schwimmt, das bei der starken Lastigkeit vom Bugraum hierhergeflossen ist.

Ich stürze in den Funkraum, reiße die Spinde auf und werfe die wasserlöslichen Rotdrucke in die Wasserlache. Der II WO hat das Geheimfach in der Kommandantenkoje geöffnet und feuert ebenfalls alles raus, was auf wasserlöslichem Papier gedruckt ist. Jetzt kommt auch Ferdinand und hilft mir. Er hat eine Schwimmweste um. »Wo hast du die her?« frage ich ihn. »Aus dem Offiziersraum«, raunt er mir zu. »Sieh doch, da liegt der Tauchretter vom Alten auf seiner Koje!« Ich glaube zuerst an Halluzination. Vielleicht ist es auch nur die leere Tasche. Mit einem Sprung bin ich an der Kommandantenkoje. Tatsächlich – der Tauchretter ist noch drin.

»Hat der Alte keinen Tauchretter um?« frage ich den II WO,

der immer noch die Umschläge mit der inneren Schlüsseleinstellung zerreißt und ins Wasser tritt. »Nee, der braucht keinen. Er will nicht gefischt werden. Nehmen Sie ihn ruhig.«

In der Zentrale wird geschrien. Ich stecke den Kopf durch das Luk, um zu hören, was los ist, aber man kann in dem Lärm nichts verstehen. Endlich hat Obermaschinist Winter begriffen, was los ist. »Festblasen! Festblasen!« brüllt er, den Lärm übertönend zum Zentralemaaten. Otto Peters reagiert blitzartig und wirbelt die Ventile dicht. Das Sausen und Zischen hört auf. Plötzlich ist Stille um uns. Winter zieht die letzten Männer von der Leiter und tritt unter das Luk. »Was ist los da oben?« fragt er.

»Kein Zerstörer mehr da«, ertönt die Stimme des I WO. Ein Aufatmen geht durchs Boot. Wir können es kaum fassen. Der ganze Wirbel umsonst? Keller sieht mich an. Die Tragweite unserer Vernichtungsaktion wird uns bewußt, und wir versuchen unsere Rotdrucke aus dem Wasser zu zerren, aber die Ausbeute ist gering.

Gleich darauf kommt der Kommandant in die Zentrale. »Winter«, ruft er. »Löschen Sie sofort die E-Maschine und lassen Sie Schewe die Diesel anwerfen. Wir müssen sofort hier weg.« Dann kommt der Alte durch das Kugelschott und sieht uns in den nassen Geheimpapieren wühlen. Er sagt kein Wort und setzt sich auf seine Koje. Die Haare hängen ihm wirr ins Gesicht.

»Hirschfeld, wir müssen etwas zu essen haben«, sagt er müde. »Jawohl, Herr Kapitän. Ich lasse auch sofort einen starken Kaffee kochen«, antworte ich, ohne daran zu denken, daß wir noch gar keinen Strom haben. Gerade kommt Järschel durchs Luk. Ich halte ihn am Arm fest. »Järschel, einen prima Kaffee. Und versuchen Sie von den Broten noch etwas zu retten. Sie liegen überall herum.« Er nickt mißmutig. »Die meisten liegen aber in der Scheiße, Herr Funkmaat. Der Scheißkübel im Bugraum ist auch umgekippt.« Brummend geht er in die Kombüse.

Also deswegen stinkt es hier so entsetzlich. Es wird noch eine Weile dauern, bis er sein Wasser kochen kann. Erst muß der Brand in der E-Maschine gelöscht sein. Jetzt, da das Kugelschott zum Diesel geöffnet ist, dringt von achtern ein entsetzlicher Gestank nach vorne. Der Maschinenmaat Vetter kommt durch das Luk gestiegen und fragt nach mir. Sein Gesicht ist mit Blut verschmiert. »Nanu, Walter, was ist dir denn passiert?« Er drückt einen blutverschmierten Putzlappen gegen das linke Auge. »Mir ist bei der Achterlastigkeit im Dieselraum ein Ersatzteilkasten an den Kopf geflogen.« Ich ziehe ihn zum Arzneischrank und nehme den Putzlappen weg. Verdammt, die linke Augenbraue hängt herab und muß geklemmt werden. Wieder kommt mir Hein Jürgensen zu Hilfe und verarztet den Mann fachgerecht. Gerade als wir fertig sind, flammt das Licht auf.

»Brand in E-Maschine gelöscht!« wird in der Zentrale gemeldet. Gleich darauf fauchen die Diesel los, doch das vertraute Geräusch verstummt sofort wieder. Obermaschinist Schewe kommt durch die Zentrale gerannt. »Backborddiesel brennt«, schreit er. »Wo sind noch Feuerlöscher?« Ich reiße den Feuerlöscher neben dem Funkraum aus der Halterung und reiche ihn in die Zentrale. Schewe rennt damit zurück und löscht den Brand in kurzer Zeit.

Dann gehen die Männer an der E-Maschine vorsichtig daran, das Luk zum Heckraum zu öffnen. Alle nehmen an, daß er vollkommen abgesoffen ist, aber kein Wasser strömt ihnen entgegen. Die beiden Männer, die im Heckraum auf Gefechtsstationen bleiben mußten, sind wohlauf. Der Matrosengefreite Karl Will und der Torpedomixer sind zwar etwas grün im Gesicht, aber sie leben. Bei der plötzlich auftretenden Achterlastigkeit rutschte der Mixer zwischen die Torpedorohre und riß das Kabel des Mikrofons ab, das er gerade in der Hand hielt. So wurde die Sprechverbindung zum Heckraum unterbrochen. Zwei Spanten sind eingedrückt, und der Dichtungsring am achteren Torpedoluk ist nach innen weggedrückt. So kam es zum Wassereinbruch.

Die E-Maschine und der Dieselraum gleichen einer Schneelandschaft. Die Schaumlöscher haben ganze Arbeit geleistet. Beim Anblick der Diesel könnte man weinen, aber Schewe ist mit seinen Männern bereits an der Arbeit. Ich habe weiter nichts zu tun und steige auf die Brücke, um etwas frische Luft zu schnappen. Leise wiegt das Boot in der langen Dünung auf und ab. Es ist kaum zu fassen, daß wir diese Hölle überstanden haben. Auf den ersten Blick scheint die See frei zu sein, aber im Osten steht eine dicke Qualmwolke. Ich setze mich neben den II WO auf den Wintergarten. Er schiebt mir eine Zigarette zwischen die Lippen, und während er mir Feuer gibt, sagt er düster: »Wenn wir hier nicht bald abhauen, sehe ich schwarz.« – »Warum?« frage ich. Er deutet auf die Qualmwand im Osten. »Was denken Sie, was dahinter liegt?« Ich starre hinüber. Bedächtig spricht er weiter: »Ich habe zuletzt am Horchgerät gesessen und weiß, daß die Zerstörer nicht abgelaufen sind. Sie haben uns nur verloren, weil wir so tief waren.«

Ein Zittern geht durch das Boot, und gleich darauf faucht der Steuerbordauspuff. »Steuerbordmaschine macht kleine Fahrt voraus!« wird von unten gebrüllt. Wir atmen auf, weil nun wenigstens ein Diesel wieder läuft. Langsam nimmt das Boot Fahrt auf. Der Bug dreht nach Südwesten. Kurs Labrador.

Das Maschinenpersonal stellt dauernd neue Schäden fest: Die Kopfventile der beiden dicken Zuluftmasten sind gerissen, Backbord-Drucklager und Wellenlager sind ausgelaufen, achterer Tiefenrudermotor und beide Batterien haben vollen Schluß, Backbord-E-Maschine ist völlig ausgebrannt, die Steuerbordwelle schlägt, daß man es im Burgraum hört. Das Gruppenhorchgerät ist nur noch bedingt klar. Die meisten der 48 Empfänger sind ausgefallen. Irgendwo muß auch eine Zelle gerissen sein. Wir ziehen eine Ölspur hinter uns her.

Beim Überprüfen der Tiefenmanometer in Turm und Zentrale stellt Otto Peters fest, daß sie in Ordnung sind, aber lediglich das Zentrale-Tiefenmanometer abgestellt war. Wüsteney hätte das Tiefenmanometer Turm abstellen sollen und hatte versehentlich das Tiefenmanometer Zentrale abgedreht. Der LI wiederum hatte vergessen, das Rohr zu entwässern, weshalb ihm die Verwechslung nicht auffiel. So sank das Boot langsam immer tiefer, während der LI glaubte, wir seien auf 100 Meter.

Wie es doch auf jeden Mann ankommt. Unser Boot hatte wie ein Wunder die schwersten Wasserbombenserien überstanden und wäre dann beinahe durch den falschen Handgriff eines Heizers vernichtet worden. Oder war gerade dieser falsche Handgriff unsere schicksalhafte Rettung? Der Kommandant wäre wohl nie auf diese Tiefe gegangen. »Nun ja«, meint Otto Peters lächelnd, »wir wissen jetzt endlich, wie tief wir mit diesen Booten gehen können. Die Werft konnte es uns ja nicht sagen.«

Um den Gestank im Vorschiff loszuwerden, hat Walter Gross kurz entschlossen alle Kokosläufer zusammenrollen lassen und über Bord geworfen. Jetzt wird eifrig mit P III geschrubbt.

22. Mai 1941. In der Nacht bekomme ich wieder Strom, und meine Umformer springen alle noch an. Auch die Lüfter laufen wieder auf Hochtouren. Wir schalten auf Atlantikwelle; die geretteten Schlüsselmittel reichen noch bis Ende Mai. Kurzsignalheft, Wetterkurzsignal und die meisten Tauschtafeln aus wasserlöslichem Rotdruck sind vernichtet. Von der inneren Einstellung der Schlüsselmaschine »M« hatte der II WO gerade den letzten Umschlag in der Hand, als der Ruf zum »Festblasen« kam. Die Einstellung endete am 31. Mai. Alle anderen Schlüsselunterlagen für diese Unternehmung sind nicht mehr lesbar. Wenn wir bis Ende Mai keinen Stützpunkt erreicht haben, muß uns der BdU eine eigene Welle zuweisen, auf der wir mit den alten Schlüsselmitteln weiter funken können.

Unter den FTs, die wir im Wiederholungsprogramm auf Längstwellen hereinholen, ist auch eine Weisung an die Boote am Geleit »Kuppisch«. Wenn die Abwehr zu stark geworden, sollen die Boote nicht länger am Konvoi bleiben. Wir setzen uns nach Südwesen ab, um das Boot gründlich zu überholen, und geben dann endlich unsere Meldung an Kernevel ab. »An BdU: Aus Geleit Kuppisch einen 7000-BRT-Munitionsdampfer. Nach Waboverfolgung durchgesackt auf T 100, BB-Wellenlager, St.B.-Drucklager ausgelaufen. Brand BB-E-Maschine. – AJ 3473. – U 109.«

Den Namen des versenkten Schiffes kennen wir leider nicht, werden ihn aber wohl noch vom BdU erfahren.

23. Mai 1941. Der Wind hat aufgefrischt und kommt mit Stärke sieben genau aus Westen. Das Boot rollt mächtig in der hohen Dünung und erschwert die Arbeit der Männer im Maschinenraum.

Der BdU hat die Westboote zu einem neuen Vorposten-Streifen formiert. Obwohl das Boot nicht mehr tauchfähig ist, läßt der Kommandant den Marsch zur befohlenen Position antreten. Das löst eine heftige Debatte in der Offiziersmesse aus. Ich kann vom Horchraum aus fast jedes Wort verstehen. Alle Offiziere sind gegen einen erneuten Einsatz mit dem schwer angeschlagenen Boot, das eine nochmalige Wasserbombenverfolgung nicht aushalten würde. Sollte ein Wassereinbruch durch die Zuluftmasten erfolgen, wäre es kaum noch möglich, das Boot durch Anblasen der Zellen nach oben zu bringen.

Da die Schäden mit Bordmitteln nicht zu beheben sind, entschließt sich der Kommandant zum Rückmarsch. Wir geben erneut einen FT ab. »An BdU: BB-Drucklager beschränkt wieder klar. BB-E-Maschinenanker eins ausgefallen. Achterer Tiefenrudermotor beide Batterien voller Schluß,

St.B.-Welle schlägt. Ein Spant verbogen. Boot eingeschränkt tauchklar. Trete Rückmarsch an. U 109.«

Die Nachricht geht schnell durch alle Räume. Die Männer atmen auf, sprechen schon wieder vom Urlaub und was sie dann alles anstellen wollen. Um 13.00 Uhr kommt eine Sondermeldung über den Rundfunk: »U-Boote versenkten über 100.000 BRT.« Auch unser Munitionsdampfer wird erwähnt.

24. Mai 1941. Es hat noch stärker aufgebrist. Eine schwere Dünung rollt von Westen. Der Kommandant beabsichtigt, weit nach Süden auszuholen, um dann die Biskaya anzusteuern.

Die Steuerbord-E-Maschine haben die Männer wieder klar gekriegt. Die Arbeiten an der Batterie sind auch abgeschlossen. Die ausgelaufene Säure wurde durch kräftiges Durchspülen beseitigt. Der LI will einen Tauchversuch durchführen. Uns ist gar nicht wohl dabei. Die Brückenwache steigt friedensmäßig ein. Der I WO schraubt das Turmluk zu, und dann erst knallen die Entlüftungen auf. Die Diesel sind verstummt. Früher als sonst läßt der LI die hinter Entlüftung »eins« ziehen, um beim Untertauchen eine zu große Lastigkeit nach vorn zu vermeiden. »Auf 20 Meter gehen«, befiehlt der Kommandant. Noch zweimal rauschen die Brecher gegen den Turm, dann umgibt uns wieder die eisige Stille der Tiefe.

Ferdinand und ich sitzen am GHG. Ich lasse den Zeiger über die Skala gleiten und höre in 90 Grad sofort ein scharf abgegrenztes Schraubengeräusch. Wir sehen uns erstaunt an. Ferdinand schüttelt den Kopf. »Kann nicht sein. Oben war nichts zu sehen.« Ich kann auch nicht glauben, daß ein Schiff so nah ist. Aber wie kommt es zu diesem Geräusch? Wir überlegen. Es kann sich nur um unser eigenes Geräusch handeln. Aber wie kommt es genau auf 90 Grad?

Da hören wir den LI rufen: »Kann Boot nicht halten, Herr Kapitän! 60 Meter gehen durch!« Also läßt sich das Boot mit der einen E-Maschine nicht mehr auf einer bestimmten Tiefe steuern. Die Stevenbuchsen, die schon bei Überwasserfahrt Wasser machten, lecken stark, und der Dieselzuluftmast ist auch undicht. »Auftauchen!« sagt der Alte nur. Es knattert in den Anblaseleitungen und wir schießen nach oben. Befreit hören wir wieder das Rauschen der See.

Südlich von uns meldet ein Boot einen Geleitzug. Wir laufen in großem Bogen um ihn herum. Hümpel reicht mir einen gerade entschlüsselten Funkspruch. Ich lese ihn und es verschlägt mir den Atem. »Schlachtkreuzer *Hood* heute morgen in der Dänemarkstraße von *Bismarck* versenkt. Große Kreuzer halten Fühlung an *Bismarck* und *Prinz Eugen*. *Bismarck* versucht die fühlunghaltenden Streitkräfte über West-Boote zu ziehen!«

Westboote? Das ist der Vorpostenstreifen, dem wir auch zugeteilt waren. Der Kommandant liest den FT und sagt nur: »Donnerwetter!« Dann geht er in die Zentrale und verliest den Funkspruch über die Lautsprecheranlage. Englands größter Schlachtkreuzer ist nicht mehr. Es war der Traum aller U-Boot-Fahrer, dieses berühmte Schiff einmal vor die Rohre zu bekommen. »Parole Hood« hieß es lachend beim Auslaufen. Nun hat es die *Bismarck* geschafft.

25. Mai 1941. Heute ist Sonntag, aber hier draußen sind alle Tage gleich. Der Wind hat auf Nordwest gedreht. Eine schwere Dünung schiebt uns vor sich her. Oft läuft die See von achtern in die Brücke, so daß die Brückenwache das Turmluk zudrücken muß. Dann fauchen und gurgeln die Diesel, bis der Auspuff wieder frei ist. Die Stevenbuchsen achtern lecken jetzt auch beim Überwassermarsch stark.

Bruno hat schon wieder Stuhlverstopfung. Ich frage ihn, wann er zuletzt auf dem Lokus war. »Na, ja«, sagt er gedehnt, »damals bei dem Einlauf.« Mir verschlägt es die Sprache. Das war vor 11 Tagen. Also die ganze Prozedur noch einmal. Als der Kommandant davon hört, sagt er zu mir: »Den können wir nicht wieder mitnehmen.«

Hinter uns kommt die *Bismarck* mit großer Fahrt von Norden. Sie kann nur noch 28 Seemeilen laufen, da sie einen Treffer im Vorschiff hat. Der BdU unterrichtet uns laufend über die Lage, da die U-Boote keine Schlüsselmittel der Flotte besitzen. Die *Bismarck* zieht starke englische Streitkräfte hinter sich her und will in Brest einlaufen. Von Kanada, England und Gibraltar sind Träger mit Schlachtschiffen ausgelaufen, um sie zu stellen.

Uns kann eigendlich nur noch die südliche Gruppe mit dem Träger *Arc Royal* gefährlich werden. Aus dem Süden meldet Kapitänleutnant Schewe durch FT: »93.000 BRT versenkt. Verschossen. Trete Rückmarsch an.« Es dauert nicht lange, da kommt ein FT an Schewe: »Zähigkeit hat doch gelohnt. BdU.«

26. Mai 1941. Wir rollen schwer in der langen Atlantikdünung. Dunkle Wolken jagen am Himmel dahin. Es sieht aus, als würden wir von einem Sturmtief eingeholt.

Nordöstlich von uns meldet Kentrats U 74: »Ein Schlachtschiff, drei Zerstörer, Kurs 170 Grad.« Als ich diesen FT in die Zentrale gebe, höre ich den Obersteuermann fluchen: »Verdammt! Die haben genau Kollisionskurs mit uns.« Der Kommandant läßt nach Süden abdrehen. Wir laufen aber dadurch noch mehr Gefahr, in den Bereich des Trägers *Arc Royal* zu kommen, der vermutlich schon in der Biskaya steht. Der ganze Nordatlantik scheint auf einmal von Kriegsschiffen zu wimmeln.

Und ausgerechnet wir müssen uns inmitten dieser Ansammlung von Seestreitkräften tauchunklar nach Hause schleichen. Sehnlichst erwarten wir die Nacht, die uns vor Flugzeugen, Zerstörern und Schlachtschiffen schützen wird. Am Abend kommt ein FT vom BdU mit niederschmetternder Wirkung: »*Bismarck* durch Torpedotreffer in Ruderanlage zur Zeit steuerungsunfähig in Quadrat BE ...«

Wir vergleichen die Quadrate auf der Seekarte. Die *Bismarck* steht 600 Seemeilen von Brest und wir ungefähr 100 Seemeilen südwestlich von ihr. Dann ein neuer FT vom BdU: »An alle Boote in Biskaya! Wer noch Torpedos hat, ran zum Schutze *Bismarck*.«

Zweimal liest der Kommandant diesen Funkspruch, dann sieht er mich an. »Ja, damit sind auch wir gemeint«, sagt er, ruft nach dem LI und fragt ihn: »Können wir große Fahrt laufen?« Oberleutnant Ing. Weger überlegt einen Augenblick. »Nein, Herr Kapitän. Die Wellen würden anfangen zu brennen. Außerdem würden die Stevenbuchsen noch mehr Wasser machen.« Der Alte brummt: »Na gut. Trotzdem Kurs 52 Grad.«

Im Vorschiff hat sich wie immer schnell herumgesprochen, was der Kommandant vorhat. Aber achtern ahnt man noch nichts. So kommt es, daß der Alte den ahnungslosen Maschinenobermaat Breuer regelrecht überlisten kann. Er zieht ihn von den hämmernden Dieseln weg in den E-Maschinenraum und sagt: »Obermaat Breuer, Sie wollen doch auch schnell nach Hause kommen. Können wir große Fahrt laufen?«

Matthias Breuer kratzt sich verlegen am Hinterkopf. »Ja, Herr Kapitän«, sagt er gedehnt, »wenn wir auf jede Welle einen Mann mit der Ölkanne zum Kühlen hinsetzen, mag es gehen. Aber die Wellen gehen dabei zum Teufel.« Der Alte winkt mit der Hand ab. »Unwichtig. Setzen Sie gleich die Männer auf die Wellen. Wir werden große Fahrt laufen.«

Gleich darauf steht der Kommandant in der Zentrale unter dem Turmluk und ruft nach oben: »Beide Maschinen große

Fahrt voraus!« Der Rudergänger denkt, er hört nicht recht, und brüllt zurück: »Nicht verstanden!« Dem Alten schwillt die Ader auf der Stirn. »Beide Maschinen große Fahrt voraus!« ruft er nochmals hinauf. Jetzt erkennt der Rudergänger den Kommandanten. »Jawoll, Herr Kapitän. Beide Maschinen große Fahrt voraus!«

Ein Zittern geht durch das Boot. Die Diesel hämmern los. Hoch hebt sich der Bug aus der beinahe von vorn kommenden See, um donnernd zurückzufallen und von der nächsten Woge überrannt zu werden, die wuchtig gegen die Turmverkleidung knallt. Der LI kommt aus der Offiziersmesse in die Zentrale gestürmt. »Wer hat das befohlen?« schreit er aufgeregt den am Kartentisch lehnenden Obersteuermann Petersen an. Der sieht ihn nur kurz an und wendet sich wortlos wieder seiner Karte zu. Aus dem Schatten des Turmluks tritt der Kommandant ins Licht.

»Ich habe das befohlen«, sagt er leise. »Aber, Herr Kapitän, ich habe Ihnen doch gemeldet, daß die Maschinen keine große Fahrt laufen können!« Der LI ist sehr erregt. Seine Stimme überschlägt sich fast. »Außerdem habe ich Ihnen das Boot kampfunfähig gemeldet.« – »Schweigen Sie!« Korvettenkapitän Fischer wirft ihm einen vernichtenden Blick zu. Ein gefährlicher Unterton schwingt in seiner Stimme mit, als er sagt: »Ein Schlachtschiff ist wohl ein U-Boot wert. Heut nacht haben wir noch die Chance, einen Träger oder ein Schlachtschiff zu versenken. Wir haben die meisten Torpedos an Bord. Die anderen Boote sind verschossen.« Er macht eine Pause, um dann leiser fortzufahren: »Morgen wird das Boot bei Insichtkommen von feindlichen Einheiten oder Flugzeugen versenkt. Wir werden uns nicht aufbringen lassen.«

Der LI sieht sich hilflos im Kreise um. Der Kommandant beachtet ihn nicht mehr und beugt sich über die Seekarte. Ich verlasse die Zentrale und gehe nach vorn in den Unteroffiziersraum. Vorn wissen sie schon, was anliegt. Otto Peters haut mit der Faust auf die Back. »Verdammte Sauerei! So dicht vor dem Hafen sollen wir noch draufgehen. Dem Matthias könnt ich die Gurgel abdrehen.« Ich winke ab. »Er konnte ja nichts dafür, Otto. Er denkt ja jetzt noch, daß wir nach Hause fahren.« – »Oh«, stöhnt Otto Peters verzweifelt, »wie kann man nur so dämlich sein.«

27. Mai 1941. Der Wind aus Nordwest ist zum Sturm geworden. Nach Mitternacht ist der II WO mit seiner Wache aufgezogen. Oberleutnant zur See Schwartzkopff kommt fluchend und schnaufend mit seiner Wache von oben. Sie sind durch und durch naß. Der Kommandant lehnt am Kartentisch und beobachtet die Männer, während der I WO sich den Südwester abbindet.

»Herr Kapitän«, sagt er, »ich glaube kaum, daß wir die hohe Fahrt beibehalten können. Die Brücke ist dauernd unter Wasser, und es ist verdammt finster. Wir können kaum etwas sehen.« Der Kommandant wirft einen Blick auf die Karte und schüttelt den Kopf. »Wir müssen aber so weiter laufen. Sonst kommen wir nicht ran. Ich werde selbst mal nach oben gehen.«

Der Kommandant steigt durchs Kugelschott, um sich seine Lederjacke und den Südwester zu holen. Ich stehe noch am Kartentisch, als der Kommandant wieder in der Zentrale erscheint und sich den Südwester aufstülpt. Da wird plötzlich von oben gebrüllt: »Beide Maschinen stopp! Äußerste Kraft zurück!« Mir steht für einen Augenblick das Herz still. Was ist da oben los? Nur eine unmittelbar tödliche Gefahr kann diesen Befehl ausgelöst haben. Der Alte stürmt die Leiter zur Brücke empor.

In der Maschine haben sie blitzschnell reagiert. Das ganze Boot bebt und zittert. Die Diesel laufen rückwärts. Ich stehe unter dem Luk und horche nach oben. Der LI erscheint in der Zentrale und fragt: »Was ist los?« Wir zucken die Schultern. Otto Peters stößt mich an. »Hast du deinen Tauchretter klar?« – »Nee, verdammt!« Er wiegt bedächtig seinen Kopf. »Vielleicht brauchen wir ihn gleich.«

Da kommt von oben der Befehl: »Beide Maschinen stopp!« Es ist auf einmal sehr still im Boot. Keiner sagt etwas. Das Boot wiegt sich in der langen Dünung und schwoft langsam quer zur See. Sonderbar, das wird doch sonst immer vermieden. Die Spannung wird unerträglich. Der LI sitzt neben mir auf einem Kartoffelsack. Wir warten voller Unruhe. Immer stärker holt das Boot über.

Endlich kommt von oben der Befehl: »Beide Maschinen kleine Fahrt voraus.« Die Diesel brummen wieder auf. Langsam nimmt das Boot Fahrt auf und wird auf den alten Kurs gebracht. Das seitliche Überholen hört auf. Gleich darauf hören wir den Rudergänger im Turm den Befehl wiederholen: »Große Fahrt voraus!« Wieder orgeln die Brecher über das lange Vorschiff und knallen gegen den Turm.

Nach einer Weile kommt der Kommandant von oben und wirft fluchend den Südwester auf die Kartoffelsäcke. »Na, das ist noch mal gutgegangen.« Er lacht uns an wie ein Junge, dem ein Streich gelungen ist. »Sechs Zerstörer Backbord gestaffelt von Südosten über unseren Kurs. Hätten uns beinahe über den Haufen gefahren!«

Obersteuermann Petersen holt tief Luft. »Haben sie uns nicht bemerkt, Herr Kapitän?« Der Alte lacht wieder. »Na, dann hätten sie uns doch wegrasiert, kaum 50 Meter vor unserem Bug gingen sie vorbei.« Er schüttelt den Kopf. »Die haben nichts gesehen. Es ist auch stockfinstere Nacht da oben.«

Wir sollten doch lieber mit der Fahrt runtergehen, Herr Kapitän«, wagt Petersen einzuwerfen. »Es hat doch keinen Zweck, so blind gegen die See anzulaufen, wenn die Wache oben dauernd unter Wasser steht.« Der Kommandant zieht die Augenbrauen hoch. »Mein lieber Petersen. Seit den Abendstunden steht die *Bismarck* im Kampf mit überlegenen Streitkräften und versucht mit Schrauben zu steuern. Sie wissen, was das heißt, bei dieser See.« Seine Stimme klingt heiser, als er weiterspricht: »Das Schiff ist verloren!« Mir läuft es kalt über den Rücken, wenn ich an die 2400 Mann denke, die da zum Sterben verurteilt sind. »Sehen Sie, Petersen, heute nacht ist die letzte Chance, einen Träger zu erwischen. Deshalb müssen wir erst mal ran, ganz gleich, was geschieht.«

Der Obersteuermann wendet sich resigniert seinen Karten zu. Ich steige durch das Kugelschott und begebe mich in den FT-Raum, um Ferdinand abzulösen. Es ist 2.00 Uhr. Ein gewaltiger Funkverkehr läuft auf den U-Boot-Wellen. Hümpel hat vollauf zu tun, um alles zu entschlüsseln, was ich aufnehme. U 556, Wohlfahrth, erhält vom BdU den Befehl, an die *Bismarck* heranzugehen und das »Tagebuch Flotte« zu übernehmen. Wohlfahrth meldet aber einige Zeit später, daß dieser Einsatz wegen Brennstoffmangels nicht möglich sei. Darauf funkt U 74, Kentrat, daß er versuchen will, das Tagebuch zu übernehmen. Er ist aber nach der Wabo-Verfolgung bei Kap Farewell nur beschränkt tauchklar und kann sich wegen undichter Außenbordverschlüsse höchstens eine Stunde unter Wasser halten. Nach seinen Angaben muß er in der Nähe der *Bismarck* stehen.

Bald darauf wird auf U-Boot-Wellen ein Funkspruch der *Bismarck* wiederholt, der uns allen bis in die Knochen geht: »Wir kämpfen bis zur letzten Granate! Es lebe der Führer! Es lebe Deutschland!« Da kämpfen also 2400 Mann und wissen genau, was ihnen bevorsteht. Nichts kann sie mehr retten. Die

U-Boote ringsum, sie haben sich in Geleitzugkämpfen verschossen. Nur wir haben noch Aale, und ausgerechnet wir sind tauchunklar.

Wer wohl den FT auf der *Bismarck* abgegeben hat? Ich versuche, mir die Männer im Funkraum des Schlachtschiffes vorzustellen. Viele von den Maaten kenne ich, denn ich war mit ihnen vor der Norwegenaffäre auf die *Karlsruhe* kommandiert. Nach dem Untergang des Kreuzers vor Kristiansand war ich zur U-Boot-Waffe und sie zur Baubelehrung *Bismarck* gekommen. Als ich ihn das letztemal in Hamburg traf, sagte mein Freund Fred Hämisch noch zu mir: »Unser Schlachtschiff ist die beste Lebensversicherung.« Als ich das bezweifelte, meinte er: »Jedenfalls haben wir größere Chancen, diesen Krieg zu überleben, als ihr auf euren U-Booten.«

Der Kommandant ist wieder auf die Brücke gegangen, weil die Wache Mündungsfeuer gesehen hat. Um 3.00 Uhr kommt Kurswechsel auf 120 Grad. Einige Male holen wir schwer über, dann liegt das Boot ruhiger in der See.

Da wir die Funksprüche bereits aufgearbeitet haben, übergebe ich die Kopfhörer an Hümpel und steige kurz auf die Brücke, um frische Luft zu schnappen. Der Kommandant steht neben dem WO und starrt unentwegt in die Richtung, in der es am Horizont aufblitzt. Der Sturm heult um die Turmverkleidung. Er muß in den letzten Stunden noch zugenommen haben. Wie hoch die See geht, kann man nur ahnen. Es ist immer noch stockfinster. Eine grauenhafte Nacht.

Aber was wird sein, wenn der Morgen kommt? Ich denke mit Grauen daran, in dieser See schwimmen zu müssen. Einen eigenen Tauchretter habe ich wieder. Aber wie lange hält man es aus, bis man im Wasser vor Kälte erstarrt? Und wer soll uns retten?

Ich gehe wieder in den Funkraum. Meine Wache dauert bis 08.00 Uhr. Wir arbeiten wieder Funksprüche auf. Nichts mehr von Bedeutung. Der FT-Verkehr hat sehr nachgelassen. Der Kommandant sitzt auf seiner Koje und starrt sinnend zu uns hinüber. Von der Zentrale kommt durch Lautsprecher der Befehl: »Tauchretter nachfüllen!« Als ich daraufhin mit meinem Tauchretter zur Zentrale will, wo sich der nächste Füllstutzen befindet, lacht der Kommandant und sagt: »Dieser Notausgang für Helden wird euch auch nichts nützen.«

Als Ferdinand zur Ablösung erscheint, ist der Funkverkehr fast ganz zum Erliegen gekommen. Ich ziehe meine Lederjacke an, um noch eine Pfeife auf der Brücke zu rauchen.

»Gehen Sie nach oben?« fragt der Kommandant. »Jawoll, Herr Kapitän!« – »Sagen Sie dem WO, daß ich ein wenig schlafen werde. Bei Insichtkommen von Flugzeugen soll er mich sofort wecken.« – »Jawoll, Herr Kapitän!«

Langsam steige ich die Leiter nach oben. Im Turm zünde ich meine Pfeife an. »Frage: Ein Mann Brücke?« – »Kommen Sie rauf«, knurrt Obersteuermann Petersen. Ich melde ihm, was der Kommandant befohlen hat. Er nimmt das Glas von den Augen und sieht mich schweigend an. Ich nicke. »Unten ist alles zum Versenken klar. Ich habe meine restlichen Geheimsachen schon in Säcken mit Grundgewichten.« Petersen nimmt wortlos das Glas wieder vor die Augen und stützt die Ellenbogen auf die Turmverkleidung.

Der Morgen ist schnell heraufgekommen. Eine mächtige See rollt von Nordwest und schiebt uns vor sich her. Ich bleibe auch noch oben, als meine Pfeife schon längst ausgegangen ist. »Ziemlich leichtsinnig von Ihnen«, knurrt mich der Obersteuermann von der Seite an, »so ohne Tauchretter hier oben zu erscheinen.« – »Aber«, sage ich, »wer soll denn bei diesem Wetter noch fliegen?« Ich muß daran denken, daß die deutsche Luftwaffe gerade wegen diesem Wetter der *Bismarck* nicht zu Hilfe kommen kann; aber gerade als ich die Brücke verlassen will, läßt uns der Schrei des achteren Steuerbord-Ausgucks zusammenfahren. »Flugzeug in 160 Grad!« – »Verdammt«, knurrt Bootsmaat Wenzel, »fünf Maschinen.« Der Obersteuermann sagt nichts und unternimmt auch nichts. Bald kann ich die Maschinen mit bloßem Auge sehen. Sie fliegen in ungefähr 8000 Meter an Steuerbord vorbei. Wir starren wie gebannt zu ihnen hinauf. Wenn sie jetzt einschwenken, ist es aus.

Petersen und Wenzel folgen ihnen mit den Gläsern, bis sie ihren Blicken entschwinden. Dann sagt Wenzel zu mir: »Das ist nochmal gutgegangen. Vielleicht hatten die andere Sorgen und suchten ihren Träger.« Der Obersteuermann drückt mit dem Fuß das Turmluk dicht. »Hört mal alle her. Daß ihr mir ja die Schnauze haltet. Der Alte darf das nie erfahren.« Wir nicken. Dann steige ich wieder nach unten; ohne Tauchretter ist mir doch nicht ganz wohl auf der Brücke.

Im Funkraum erzählt mir Ferdinand, daß der Londoner Rundfunk schon die Versenkung der *Bismarck* gemeldet hat. Der deutsche Nachrichtendienst spricht lediglich davon, daß sie seit den Abendstunden im Gefecht mit überlegenen schweren Streitkräften stehe.

Um 14.00 Uhr kommt ein FT über die Lage. Die Seekriegsleitung nimmt an, daß die *Bismarck* gesunken ist. Ferner wird uns mitgeteilt, daß der spanische Kreuzer *Canarias* mit zwei Zerstörern zur Rettung Überlebender aus El Ferrol ausgelaufen ist. Außerdem befindet sich der deutsche Wetterdampfer *Sachsenwald* als Fischdampfer getarnt im Kampfgebiet. Alle U-Boote werden aufgefordert, nach Überlebenden zu suchen.

Wir suchen bis zum Abend, finden aber nichts. Soweit das Auge reicht, nur weiße Schaumkämme. Die armen Kerle! Da ist es doch besser, einfach in die Luft zu fliegen wie die *Hood.* Als es dunkel wird, bricht der Kommandant die Suche ab. Kurs Lorient!

Mit großer Fahrt hämmern die Diesel das Boot gen Osten. Wir haben wieder Hoffnung, den Hafen doch noch zu erreichen.

Wohlfahrth meldet mit FT, daß er die *Arc Royal* und ein Schlachtschiff ohne Zerstörerbegleitung vor den Rohren hatte, aber keinen Torpedo mehr besaß.

28. Mai 1941. Wir jagen unbehelligt durch die Nacht nach Osten. Um 1.00 Uhr gebe ich ein Kurzsignal ab: »Stehe in 30 Stunden vor Einlaufhafen. U 109.« Das Signal wird sofort bestätigt. Als ich um 2.00 Uhr nach meiner Ablösung auf die Brücke gehe, riecht es oben nach Land.

In den frühen Morgenstunden gehen neue Funksprüche über die Suchaktion ein. Fünf U-Boote, der Kreuzer *Canarias* und der Dampfer *Sachsenwald* suchen weiter nach Überlebenden der *Bismarck.* Kentrat meldet, daß er drei junge Matrosen auf einem Floß gefunden hat. Sie gehören zur Flakbedienung und sind vor dem Sinken des Schiffes von Bord gegangen.

Die englischen Streitkräfte scheinen abgelaufen zu sein. Die spanischen Zerstörer mußten wegen zu hohem Seegang umkehren. Bei Anbruch der Dunkelheit wird die Suche eingestellt. Der Wetterdampfer *Sachsenwald* hat noch zwei Überlebende gefunden. So wurden fünf Mann gerettet.

29. Mai 1941. Ein herrlicher Morgen kommt herauf. Der Sturm hat nachgelassen. Die See ist ruhiger geworden. Järschel, der Koch, hat auf Befehl des Kommandanten ein Heimkehrfrühstück zubereitet: Leckere Appetithappen werden auf großen Platten herumgereicht. Wir stehen auf der Brücke, reden, rauchen und lachen. Fast die ganze Freiwache ist auf dem Turm, als die Platten heraufgebracht werden. Mit großem Hallo greifen wir zu. Der Alte lächelt. Die Überraschung ist ihm gelungen.

Die Lords reden nur noch vom Urlaub. Was kann uns noch passieren? In kurzer Zeit muß die französische Küste in Sicht kommen. Nur der Obersteuermann Bruno Petersen wiegt bedenklich den Kopf. »Jungs, Jungs«, brummt er warnend, »wir sind noch nicht im Hafen.« Und die Brückenwache ermahnt er, scharf aufzupassen. Aus Erfahrung weiß er, daß die Feindfahrt erst zu Ende ist, wenn das Boot im Hafen festgemacht hat.

»Sehrohr an Steuerbord!« Der Schrei kommt von Walter Gross. Wir fahren herum. Alle sind verstummt und starren auf die See. »Wo?« fragt der Kommandant. »Schon weg, Herr Kapitän. War nur 100 Meter entfernt. Ein ganz dickes Sehrohr.« Der Kommandant befiehlt Zickzack-Kurs. Das Heck schwingt scharf herum und die Diesel hämmern höchste Fahrt.

Nach einer Weile schüttelt der Alte den Kopf. »Sie haben sich wohl geirrt, Bootsmaat Gross.« Aber der beharrt auf seiner Meldung: »Habe es ganz deutlich gesehen, Herr Kapitän. Es war ein typisch englisches Sehrohr.« – Jetzt wendet sich der Obersteuermann an den Alten. »Der Gross versteht etwas von englischen Sehrohren, Herr Kapitän.« Der Kommandant antwortet nicht, und ich frage ihn, ob wir nicht einen FT abgeben sollen. Er sieht mich sinnend an. Dann schüttelt er den Kopf. »Nein, lassen Sie mal. Wir machen damit nur alles verrückt.« Er glaubt also nicht an das Sehrohr. Ich muß an Kentrat denken, der mit den drei Überlebenden der *Bismarck* hinter uns kommt. Der Londoner Rundfunk hat gemeldet, daß britische Schiffe 110 Mann aufgefischt haben. Es ist unfaßbar, daß es so wenige Überlebende gibt. Sollten die Briten einfach abgelaufen sein? Und wo blieb der Große Kreuzer *Prinz Eugen?* Von ihm ist in keinem der Funksprüche mehr die Rede.

»Land voraus«, meldet Kuddel Wenzel. Es ist die »Ile de Croix«. Ein Fischdampfer mit Minensuchgerät erwartet uns schon. Kurze Winksprüche gehen hin und her. Dann nimmt er Fahrt auf, und wir folgen in seinem Kielwasser. Die Sonne lacht vom blauen Himmel.

»Na, Herr Obersteuermann«, kann ich mir nicht verkneifen zu sagen, »was soll uns jetzt noch passieren?« Petersen sieht mich nachsichtig an und legt mir väterlich die Hand auf die Schulter. Mit seiner warmen, sonoren Stimme sagt er: »Haben Sie mal was von Grundminen gehört? Manche kann man vierundzwanzigmal überfahren, und beim fünfundzwanzigsten Mal gehen sie hoch.«

Plötzlich ein Ruf aus der Zentrale: »Funkmaat Hirschfeld in

den FT-Raum.« Widerstrebend tauche ich unter. Ferdinand hat noch kurz vor dem Ausschalten der FT-Station einen Funkspruch aufgenommen. »Von U 74. Soeben Sechserfächer ausgewichen in Quadrat BE...« Ich schicke Hümpel sofort mit dem FT auf den Turm. Der Alte kommt von oben, und wir suchen auf der Seekarte die Position, an der Bootsmaat Gross das dicke Sehrohr sah. Hein Jürgensen hat an der gekoppelten Stelle ein Kreuz gemacht, und nun sehen wir! Genau dort wurde auf Kentrat geschossen.

Der Kommandant nagt an seiner Unterlippe. »Wir hätten doch melden sollen«, sage ich. Er nickt nur grimmig und geht wieder nach oben. Die Unterlassung unserer Warnung hätte U 74 beinahe das Leben gekostet. Ich schließe die FT-Station und gehe mit der FT-Mannschaft nach oben. Als wir durch die Enge zwischen Kernevel und der Festung Port Louis kommen, wird das Oberdeck zum Betreten freigegeben. In der Bucht hinter der Festung sehe ich einen alten verrostenden Kreuzer vor Anker liegen, der mir sehr bekannt vorkommt. »Na«, sagt der I WO Schwartzkopff, der das alte Schiff ebenfalls interessiert betrachtet, »was denken Sie?« – »Ein Kreuzer mit drei Schornsteinen und Klippersteven«, sage ich. »Sieht aus wie ein deutscher Kreuzer aus der Skagerrak-Schlacht.« Der I WO nickt. »Sie haben recht. Es ist die alte *Regensburg*. Die Franzosen haben sie als Reparation bekommen. Sie lief lange Jahre unter dem Namen *Strasbourg* in der französischen Flotte.«

Der Minensucher schert aus, und wir laufen das letzte Stück allein. Die Ufer rücken immer näher und die Fahrrinne wird enger. Um 9.00 Uhr machen wir an der alten Hulk *Isère* fest, auf der Flottillenchef Korvettenkapitän Fischer mit vielen Offizieren und Männern der 2. U-Flottille steht. Mit der Flüstertüte ruft er zu uns herüber: »Willkommen, Fischer!« Und unser Alter ruft zurück: »Danke, Fischer!« Die Leinen fliegen hinüber und werden festgemacht. U 109 liegt an der *Isère*. »Wegtreten von Manöverstationen. Boot hat festgemacht.«

30. Mai 1941. Ein herrlicher, sonniger Frühlingsmorgen. Wir sind auf dem freien Platz vor der Präfektur angetreten und warten auf den BdU. Über uns in den Bäumen zwitschern die Vögel. Noch können wir es kaum fassen, daß wir hier stehen, nach der grauenvollen Waboverfolgung.

Dann kommt der Admiral. »Stillgestanden! Augen rechts!« Korvettenkapitän Hans Georg Fischer geht dem BdU entgegen und meldet U 109 von Feindfahrt zurück. Langsam kommt Dönitz auf uns zu. Schlank, groß und ernst. Ich sehe ihn zum erstenmal. Er begrüßt die Offiziere mit Handschlag. Dann höre ich zum erstenmal seine Stimme. »Na, Weber, Sie sind auch überall dabei, wo Mist gemacht wird.« Ich schiele nach rechts und sehe, wie der LI ganz rot wird. »Ich konnte nichts dafür, Herr Admiral.« – »Ja, ich weiß. Das sagten Sie damals auch.« Wir wissen alle, was der BdU meint. Weber war auf dem U-Boot, das auf einer Klippe vor Norwegen hängen blieb und interniert wurde. Das war Anfang 1940. Bei der Einnahme von Norwegen wurde die Besatzung dann von den deutschen Truppen befreit.

Langsam geht Dönitz die Front entlang und bleibt hin und wieder stehen. »Ah, unser alter Petersen ist auch dabei. Wie geht es Ihnen?« Er drückt dem Obersteuermann lächelnd die Hand. »Danke gut, Herr Admiral.« – »Das freut mich. Auf den großen Booten lebt es sich doch besser, wie?« – »Jawoll, Herr Admiral. Ich kann wenigstens aufrecht stehen.« Der BdU nickt ihm zu und geht langsam weiter. Prüfend liegt sein Blick auf unseren Gesichtern. Dann stellt er sich ungefähr 15 Schritte vor die Front und verschränkt die Arme vor der Brust. Seine Lippen werden schmal. Was wohl jetzt kommt?

»Ihr habt Mist gemacht. Das wißt ihr.« Seine Stimme klingt jetzt scharf. »Und wenn ihr schon auf Tiefe geht, dann braucht ihr nicht gleich einen Weltrekord aufzustellen.« Otto Peters, der Zenttralemaat, stößt mich an und raunt mir zu: »Zu uns sagt er das und den Alten meint er.« Ich kann mir das Lachen kaum verbeißen.

»Es war nicht viel mit euren 7000 Tonnen. Das muß besser werden.« Der BdU läßt den Blick über die Offiziere gleiten. Dann sieht er für einen Augenblick den Kommandanten an. Der fährt mit der Hand an die Mütze. Er hat verstanden. Dönitz lächelt, und seine Stimme klingt versöhnlich, als er fortfährt: »Aber ihr habt wenigstens das Boot nach Hause gebracht. Das ist auch etwas wert.«

Er angelt umständlich aus seiner Jacke ein EK II mit Band und drückt es dem Kommandanten in die Hand. Der lächelt verlegen und läßt den Orden in seiner Tasche verschwinden. »O weh«, zischt Otto Peters neben mir. »Jetzt wird der Alte auf der nächsten Fahrt ganz verrückt spielen.« Der Kommandant läßt stillstehen. Noch einmal geht wie fragend der Blick des BdU über uns hinweg. »Habt ihr mir noch etwas zu sagen?« Seine Frage richtet sich mehr an die Offiziere. Da meldet sich der LI und tritt vor. Kapitän Fischer kneift das linke Auge zu. Er denkt sicher: Was will der LI? Dann dürfen wir wegtreten; nur der Zentralemaat Otto Peters muß dableiben.

Bald darauf kommt er lächelnd in die Unterkunft. Wir starren ihn an. Er trägt das EK I. Der LI hat dem BdU gemeldet, daß der Zentralemaat durch sein geschicktes »Anblasen« das Boot vor Grönland gerettet hat. »Kinder, ich sage euch, es braut sich was zusammen in der Präfektur«, sagt Otto Peters. »Schwartzkopff und Keller wollen den BdU auch noch sprechen. Ich glaube, die wollen sich über den Alten beschweren . . .«

II

Erfolglose Jagd

31. Mai 1941. Ein Ruf geht durch die Salzwedelkaserne. »Wohlfahrth läuft ein!« Wir laufen hinunter zur Pier, wo die *Isère* liegt. Da kommt das Boot schon. Am Oberdeck stehen die bärtigen Männer, und vom ausgefahrenen Sehrohr flattern Wimpel. Sie zeigen die Zahl der versenkten Schiffe an und sind mit der Tonnagezahl bemalt. Wohlfahrth und seine Männer haben 49.000 BRT versenkt.

Musik klingt auf. Die Leinen fliegen herüber, U 556 macht fest. Der BdU geht an Bord und legt seinem Parzival das Ritterkreuz um. In der ganzen U-Boot-Waffe ist Wohlfahrth wegen seines FTs an Dönitz bekannt: »Löwe von Parzival: Jaja, die kleinen Boote.« Mit U 14 und U 137, beides kleine Boote von 300 Tonnen, genannt Einbäume, hat er mehr als 50.000 BRT versenkt.

Dönitz begrüßt die Besatzung von U 556. Dann steigt Wohlfahrth auf die Pier und schreitet mit dem Flottillenchef Korvettenkapitän Heinz Fischer die Front der Ehrenkompanie ab. Ich kann endlich meinen alten Freund Funkmaat Schlupp, Stationsleiter auf U 556, begrüßen, der immer Durst und nie Geld hat. Seit der Ausbildung in der Ostsee haben wir uns nicht mehr gesehen. Wir stürmen in die Kantine, erzählen uns unsere Erlebnisse am Geleitzug Kuppisch vor Grönland, und ich frage nach Lemp.

»Der ist abgesoffen«, meint Schlupp, »sonst müßte er schon hier sein. Um den 10. Mai herum waren wir mit ihm an einem Geleit, aber dann haben wir von ihm nichts mehr gesehen und gehört.« Dann frage ich Schlupp nach seinem Kleiderbestand, den er schon auf der Nachrichtenschule verkauft hat. »Ach«, meint Schlupp, »ich habe nur noch meinen Extra-Anzug. Wenn ich bei der nächsten Fahrt nicht absaufe, komme ich noch vors Kriegsgericht.« Ich muß lachen. »Wenn sie dich verurteilen, darst du nicht mehr U-Boot fahren«, sage ich. »Das wäre allerdings sehr schlimm«, meint er völlig ernst.

Noch einen alten Kameraden treffe ich in Lorient wieder: Oberfunkmaat Hans Langen, mit dem ich 1936 beim B-Dienst in Stolpmünde war. Er fährt auf U 141, dem letzten Einbaum, der an der Front eingesetzt wird.

Heute abend fährt der erste Törn in Urlaub. Ich bin auch dabei. Als ich mir vom I WO den Urlaubsschein hole, erfahre ich, daß Korvettenkapitän Hans Georg Fischer nicht mehr unser Kommandant ist. Er wurde mit dem heutigen Tag abkommandiert. Schwartzkopff lächelt hintergründig. Mir ist die Sache nicht ganz klar. Meiner Meinung nach war er ein ausgezeichneter Kommandant.

Am Abend geht es mit dem Zug über Paris nach Hamburg. Herrliche zehn Tage Urlaub. Aber in zehn Tagen kann man nicht alles vergessen.

11. Juni 1941. Gestern früh um 7.30 Uhr fuhr ich aus Hamburg ab. In Bremen stieg Otto Peters zu. Wir sahen uns an und gaben uns die Hand, aber gesprochen haben wir bis Paris kaum.

Viele Truppentransporte rollen an uns vorbei nach Osten. Panzer, Geschütze und immer wieder Panzer. Sie verlassen Frankreich. Wenn wir gegenüber einem Transportzug halten, fragen wir die Landser, wohin sie fahren, aber sie wissen es nicht.

Um 6.00 Uhr fährt unser Zug im Gare du Nord in Paris ein. Unser Anschlußzug geht vom Bahnhof Montparnasse nach Lorient. Wir könnten ihn mit der Metro schnell erreichen, aber wir haben einige Kameraden getroffen und beschließen, gemütlich auf dem Gare du Nord zu frühstücken. Dann fahren wir zum Bahnhof Montparnasse und lassen uns vom Bahnhofsoffizier bescheinigen, daß wir erst um 18.00 Uhr weiterfahren können. Er hat uns natürlich gleich durchschaut, aber dieser schwäbische Hauptmann ist ein prima Kerl.

Wir bummeln durch das erwachende Paris, über dem noch Nebelschwaden hängen, doch als wir am Invalidendom ankommen, bricht die Sonne durch. Dann stehen wir am Sarkophag Napoleons. Der Aufseher erzählt uns, daß in einem Jahr Besatzungszeit mehr deutsche Soldaten das Grab des großen Korsen besucht haben, als in zehn Jahren zuvor französische Besucher gezählt wurden.

Wir wandern weiter zum Eiffelturm. Der Fahrstuhl ist außer Betrieb. »Das haben sie wohl gemacht« sagt Otto Peters, »damit wir nicht raufkommen.« Wir lassen uns aber nicht abhalten, steigen die schier endlosen Stufen hinauf, stehen schließlich etwas ausgepumpt auf der obersten Plattform und blicken über Paris hinweg weit ins französische Land. Es ist ein herrlicher Sommertag geworden.

»Sieh mal hinunter«, sagt Otto. »So tief waren wir unter Wasser. Kann man sich gar nicht vorstellen, was?« Ich sehe die kleinen Menschen da unten und denke mit Schaudern an die Wassermassen, die über uns waren. Um 18.00 Uhr steigen wir in den Nachtexpreß nach Brest.

13. Juni 1941. Ruhe vor dem Einsatz. Der zweite Törn der Besatzung ist auf Urlaub gefahren. Das Boot ist in der Werft und wird überholt. Wir aber liegen am Strand von Carnac. Herrlich strahlt die Sonne vom Himmel, und sanft streicht der Wind über unsere bräunenden Körper. Man könnte meinen, es sei tiefster Frieden. Nur die Gäste aus Paris fehlen. Wir wohnen im Grandhotel und schlafen in breiten französischen Betten. Das Essen ist ausgezeichnet.

Von meinem Zimmer sehe ich weit über den Strand und das Meer. Wenn ich bei offener Balkontür auf dem Bett liege, höre ich das Rauschen der Brandung. Wir genießen diese Ruhe vor der nächsten Fahrt.

22. Juni 1941. Bei den Morgennachrichten verschlug es uns fast den Atem. Die deutschen Truppen marschieren über die Demarkationslinie gegen Osten, hinein ins weite Rußland. Der alte Churchill wird sich die Hände reiben. Das könnte England retten. Ich muß unwillkürlich an Napoleon denken.

Eines ist uns allen heute klar geworden: Ein Ende dieses Krieges ist nicht abzusehen. Nun werden wir wohl noch lange gegen England fahren müssen.

23. Juni 1941. Wir sind wieder in Lorient, um die letzten Vorbereitungen für die Feindfahrt zu treffen. Gerade als ich die Funkstation durchprüfe, kommt der neue Kommandant durch das Zentraleluk.

Ich melde mich als Stationsleiter. Vor mir steht Kapitänleutnant Heinrich Bleichrodt, Ritterkreuzträger. Er mustert mich kritisch und gibt mir die Hand. »Funkmaat, wir müssen gut zusammenarbeiten. Ist das klar?« – »Jawoll, Herr Kaleu!« Nachdem er gegangen ist, steckt der I WO seinen Kopf in den Funkraum. »Na, was sagen Sie nun? Jetzt haben wir einen Kommandanten, was?« – »Na ja«, sage ich gedehnt, »der wird keine Halsschmerzen mehr haben. Das Ritterkreuz hat er ja schon.« Schwartzkopff lacht.

Der neue Kommandant, in der U-Boot-Waffe Ajax genannt, hat einige Männer von seinem letzten Boot, U 67, mitgebracht, darunter den Bootsmaat Berthold Seidel und den Torpedomixer Walter Monecke. Dafür wurde Bootsmaat Kuddel Wenzel zum Obersteuermannslehrgang abkommandiert. Bruno Petersen wird wahrscheinlich sagen: »So, so, der Wenzel ist ausgestiegen. Na, Sie wissen ja, wie ich darüber denke.«

27. Juni 1941. Gestern ist Hans Langen mit seinem Einbaum U 141 eingelaufen. Sie haben eine Flachwasserunternehmung an der englischen Küste gemacht und dabei einen Dampfer von 4000 BRT versenkt. Dabei mußten sie eine schauerliche Wabo-Verfolgung über sich ergehen lassen, die ihnen beinahe das Leben gekostet hätte.

Heute nachmittag war Abschiedsessen bei der zweiten U-Flottille. Putenbraten und Sekt. Die französischen Mädchen im Speisesaal wissen nun also, daß wir auslaufen. Wir haben viel mit ihnen gescherzt, aber sonst spielt sich nichts ab. Die Lords gehen in das vom Heer kontrollierte Bordell, denn Stabsarzt Dr. Ziemke warnt vor den Mädchen, die sich frei anbieten. Viele von ihnen sollen krank sein. Vielleicht ist das eine Geheimwaffe der Briten. Wenn mehrere Männer krank sind, kann ein Boot nicht auslaufen oder die Unternehmung muß abgebrochen werden, wenn die Krankheit erst auf See festgestellt wird.

28. Juni 1941. Heute, am Sonnabend, ist es soweit. Wir haben unsere Koffer gepackt und bei der Flottille abgegeben. Um 19.00 Uhr ist »Seeklar«. Das Boot liegt mit der Steuerbordseite an der *Isère.* Das Musikcorps spielt.

Wieder stehen wir an Oberdeck angetreten. Kapitänleutnant Bleichrodt kommt an Bord. Eine kurze Musterung, dann erfolgt Meldung an den Flottillenchef Korvettenkapitän Heinz Fischer: »U 109 klar zur Feindfahrt!« Fischer dankt und richtet einige Worte an uns. Sie plätschern an unseren Ohren vorbei.

»Wegtreten! Auf Manöverstationen! Alle Leinen los!« Das ist die Stimme des neuen Kommandanten. Die E-Maschinen summen. Das Boot löst sich von der *Isère*, und die Musik spielt: »Denn wir fahren gegen Engeland.«

Langsam gleiten wir an U 141 vorbei, auf dem Hans Langen steht und winkt. Die Diesel springen an, und wir rauschen durch die Enge von Kernevel und Port Louis. Vor der Villa des BdU stehen drei Offiziere und winken mit der Mütze. Mit großer Fahrt geht es hinaus in die Biskaya. Langsam entschwindet die Küste unseren Blicken; wir sind wieder allein auf der weiten See.

Der Kommandant gibt uns den Einsatzbefehl bekannt. Wir sollen, wenn möglich, vier Monate draußen bleiben. Operationsgebiet: Westküste Afrika. Mit dem Ausbruch der Feindseligkeiten zwischen uns und den USA ist auf dieser Reise zu rechnen. Na ja, das ist eine schöne Aussicht.

29. Juni 1941. Kurz nach Mitternacht machen wir den ersten Tieftauchversuch hinter der 200-Meter-Linie. Vorsichtig taucht der LI bis auf 180 Meter. Nun wird sich zeigen, ob das Boot wieder intakt ist. Es knistert und knackt im Gebälk. Die Männer kontrollieren auf ihren Stationen die Außenbordverschlüsse. Ich prüfe Peiler und Stabantenne. Bei mir ist alles in Ordnung, aber die Sehrohre lecken stark, und die Steuerbord-Dieselkupplung schlägt bei langsamer Fahrt unter Wasser. Sonst ist das Boot dicht.

Der Kommandant läßt auftauchen. Weiter geht es mit großer Fahrt durch die Nacht und durch den Tag nach Westen. Die Sonne lacht vom blauen Himmel der Biskaya. Es wird sehr warm. Das Boot liegt tiefer als sonst in der See. Wir haben diesmal 25 Torpedos mit, 15 Aale unter Deck und 10 Aale in den Oberdeckstuben. Um 20.00 Uhr stehen wir schon auf 45 Grad, 3 Minuten Nord und 8 Grad, 31 Minuten West.

Am Nachmittag begegnen wir einer Walfamilie. Sie profitieren von diesem Krieg; sie werden nicht gejagt. Um 22.45 Uhr geben wir unser erstes Kurzsignal ab: »Neun Grad West passiert.«

1. Juli 1941. Wir haben weit nach Westen ausgeholt. 120 sm westlich der spanischen Küste marschieren wir dieselelektrisch nach Süden, um Brennstoff zu sparen. Der Himmel hat sich bezogen. Die See ist nur wenig bewegt. 300 sm nordwestlich von uns fährt ein Geleitzug mit starker Bewachung Kurs 210 Grad. Die Meldung stammt von einer Condor-Maschine. U-Boote scheinen nicht in der Nähe zu sein. Mit Spannung verfolgen wir die Nachrichten und Sondermeldungen im deutschen Rundfunk. Lemberg, Brest-Litowsk, Libau in deutscher Hand. Große Panzerschlachten. 280 russische Flugzeuge abgeschossen. Und massenhaft Gefangene. Der Kommandant ist sehr nachdenklich bei dieser Nachricht. Ob er auch an Napoleon denkt?

5. Juli 1941. Wir stehen südlich der Azoren auf 30 Grad Nord und 29 Grad, 45 Minuten West. Es fächelt nur ein sanfter Westwind. In der leichten Dünung wird das Boot kaum bewegt. Wir steuern mit wechselnden Kursen von 245 bis 275 Grad auf Südamerika zu.

Die erste Woche auf See ist vergangen, und noch immer haben wir keine Mastspitze gesichtet. Die See ist wie ausgestorben. Dabei knallt die Sonne vom blauen Himmel, daß die

Männer auf der Brücke schon die Tropenhelme tragen müssen.

Seit dem 27. Juni meldet sich U 556, Wohlfahrth, nicht mehr. Das Boot war nach den vorliegenden Funksprüchen zuletzt mit U 564, U 79, U 77, U 371 und U 651 an einem Geleit südlich Island. Es wurden elf Schiffe mit rund 57.000 BRT versenkt. Sollte es Wohlfahrth dabei erwischt haben?

Der Löwe ruft Parzival, aber Parzival antwortet nicht mehr. So geht einer nach dem anderen dahin. Ob Oberfunkmaat Schlupp noch lebt? Um seinen fehlenden Kleiderbestand braucht er sich jedenfalls keine Sorgen mehr zu machen.

6. Juli 1941. Heute ist Sonntag. Aber für uns ist es ein Tag wie jeder andere. Sonne, warmer Wind und ruhige See. Wir kreuzen die traditionellen Dampferrouten, aber kein Schiff ist zu sehen. Seit Mitternacht laufen wir mit Kurs 75 Grad auf die afrikanische Küste zu.

Da, um 10.45 Uhr, kommt plötzlich von der Brücke der lang ersehnte Ruf: »Mastspitzen in Sicht.« Der Kommandant nimmt sein Glas vom Haken und entert auf den Turm. Bald darauf hämmern die Diesel »Große Fahrt«. Es ist ein Einzelfahrer mit südlichem Kurs. Die Jagd beginnt.

Das Vorsetzmanöver dauert stundenlang. Nach wie vor sind nur die Mastspitzen zu sehen. Sie müssen zu einem schnellen Schiff gehören, denn wir kommen nur langsam voran. Außerdem zackt er stark. Backen und Banken fällt aus, jeder ißt nur schnell etwas, denn der Kommandant will noch bei Tageslicht einen Unterwasserangriff fahren, und das Schiff läuft mindestens 14 sm.

Wir haben im Funkraum die internationalen Wellen 600 m und 36 m zusätzlich geschaltet, um zu hören, ob der Dampfer Funkverkehr mit Landstationen unterhält, aber noch herrscht Ruhe auf diesen Wellen. Endlich um 13.35 Uhr stehen wir weit genug vor dem Kurs des Dampfers. Die Alarmklingeln rasen durchs Boot. Schnell sind wir unter Wasser. Das Boot wird auf Sehrohrtiefe eingesteuert. Wir haben das Horchgerät besetzt. Im Bugraum werden die Mündungsklappen aufgedreht. Dann ist endlich Ruhe im Boot, aber noch hören wir den Dampfer nicht. Ich habe mein Ohr am Sprachrohr zum Turm. Bootsmaat Maureschat steht wie immer am Vorhaltrechner. Dann höre ich den Kommandanten am Sehrohr sagen: »Er kommt genau. Das ist gut.« Es ist ganz still im Boot. Schließlich hat Ferdinand das Schraubengeräusch im Horchgerät. Aber es dauert noch fast eine Stunde, bis wir in

Schußposition sind. Ab und zu schnarrt der Tiefenrudermotor. Das Gestänge ächzt etwas; das hat die Werft noch nicht wieder hingekriegt.

Im Turm gibt der Kommandant Lage und Kurskorrekturen. Maureschat am Rechengerät wiederholt monoton. Plötzlich sagt der Alte: »Verdammt, der Bursche zackt ab. So eine Schweinerei!« Wie ein Lauffeuer geht es durchs Boot. Hat er uns bemerkt? Die See ist nur wenig gekräuselt, und eine aufmerksame Wache könnte sehr wohl ein Sehrohr entdekken. Zu dumm, daß wir jetzt nicht die internationalen Wellen hören können.

Es bleibt uns nichts übrig, als abzuwarten, bis er unter dem Horizont verschwunden ist, um dann wieder an der Sichtgrenze hinter ihm herzueilen. Werner Borchardt läßt die Mündungsklappen im Bugraum zudrehen, kommt zu mir und sagt lachend: »Scheiß-U-Boote. Viel zu langsam unter Wasser. Ist alles noch genauso wie im Ersten Weltkrieg. Und damit sollen wir diesen Krieg gewinnen. Ick sehe schwarz.«

Es dauert fast eine Ewigkeit, bis der Dampfer abgelaufen ist. Der Alte gebraucht das Sehrohr weiterhin nur ganz vorsichtig. Endlich kommt der Befehl zum Anblasen, und wir tauchen auf. Ein Strom frischer Luft fegt in das Boot, als das Turmluk geöffnet wird. Die Diesel fauchen los. Es ist 16.30 Uhr.

Auf den internationalen Wellen herrscht Ruhe. Er scheint also nicht gefunkt zu haben. Das Vorsetzen dauert wieder sehr lange. Da wir es bis zur Dämmerung nicht mehr schaffen, entschließt sich der Kommandant zum Nachtangriff über Wasser.

7. Juli 1941. Um 1.30 Uhr läuft das Boot zum Angriff an. Es ist eine stille Nacht. Wir jagen aus dem Dunkel auf den Dampfer zu, der sich in der Silberbahn des Mondes scharf abzeichnet. Wie immer beim Überwasserangriff steht der I WO hinter dem UZO und schießt, während der Kommandant das Boot fährt. Wir ziehen eine weiße, schäumende Hecksee hinter uns her. Bei Entfernung 2000 m verläßt der erste Aal das Rohr. Er soll dem Schiff zunächst einmal die Fahrt nehmen.

Wir verfolgen ihn mit dem Horchgerät. Werner Borchardt kommt mit der Stoppuhr in der Hand von vorne. Wortlos geben wir ihm den zweiten Kopfhörer. Die Minuten vergehen. Gespannt halten wir den Atem an. Dann sehen wir uns an. »Vorbei!« sage ich. Borchardt nickt. »Kannst du sagen, ob er vorn oder hinten vorbeigegangen ist?« fragt er wie benommen. »Nee«, sage ich. »Du hast ja selbst gehört. Der Aal übertönt alles.«

Auf der Brücke rufen sie nach dem Mixermaaten. Werner Borchardt lacht. »Siehst du, jetzt werden sie oben sagen, der Aal ist nicht gelaufen.« Er steigt erbost nach oben, um sich zu verteidigen. Da er uns als Zeugen hat, kann er die Möglichkeit eines Torpedoversagers schnell wiederlegen.

Also alles noch einmal. Da der Dampfer in der Dunkelheit nicht mehr zackt, können wir uns schneller vorsetzen. Genau eine Stunde später beginnt der zweite Anlauf. Schuß aus Rohr vier. Entfernung etwa 1000 m. Wieder kommt Borchardt mit der Stoppuhr gelaufen. Wir horchen. Der Aal läuft einwandfrei. Die Minuten vergehen unendlich langsam. Borchardt sieht mich an. Nichts! Keine Detonation. Verdammt, was ist da los?

Der Alte läßt nicht locker. Es muß doch möglich sein, diesen Dampfer zu treffen. Um 4.00 Uhr beginnt der dritte Anlauf. Diesmal fährt der Kommandant noch näher heran. Bei Entfernung 800 verläßt der dritte Aal sein Rohr und läuft einwandfrei seine Bahn, aber es erfolgt keine Detonation.

Nun ist das Gemecker im Boot nicht mehr zu bremsen. »Sollen einpacken da oben auf der Brücke. Jagt den I WO vom Nachtzielgerät weg!« Es ist gut, daß sie auf dem Turm diese Unfreundlichkeiten nicht hören können.

Auf der Brücke werden noch einmal alle Schußunterlagen geprüft, aber es ist nicht festzustellen, warum die Aale nicht treffen. Bootsmaat Gross meldet, daß der Dampfer gestoppt hat; seine Bugwelle ist weg. »So eine Schweinerei«, brummt der Alte. Ohne neuen Anlauf feuern wir den vierten Aal ab, aber plötzlich hat das Schiff wieder eine weiße Bugwelle. »Dampfer geht mit großer Fahrt an«, meldet Walter Gross. »Dann geht auch dieser Aal vorbei«, sagt der Alte. »Wahrscheinlich hat er bei jedem Schuß kurz gestoppt«, meint Schwartzkopff. Der Kommandant hat noch die Stoppuhr in der Hand. »Dann muß er ein Horchgerät haben«, überlegt er laut. »Und wenn er jedem Schuß ausgewichen ist, ohne um Hilfe zu rufen, dann stimmt etwas nicht mit diesem Burschen.« Der I WO starrt schweigend auf das Schiff in der silbernen Flut. Der letzte Aal war sieben Minuten lang zu hören gewesen, und unter dem Vorwand, dies zu melden, bin ich auf die Brücke gekommen, obwohl ich eigentlich nur das Schiff sehen wollte.

Da zieht es hin in der Silberbahn des Mondes, und ich denke: Was soll nun geschehen? Einen Fächer schießen? Aber einem Fächer kann man auch ausweichen. »Wir müssen ihn mit der Kanone umlegen, Herr Kaleu«, ruft der II WO mit jugendlichem Elan. Bleichrodt kneift das linke Auge zu. »Ich traue diesem Schiff nicht. Das ist ein Stinkeputz.« – »Aber wir können ihn doch nicht fahren lassen«, meint Keller. »Es wäre auch zu schade um jeden weiteren Torpedo, wenn er immer ausweicht«, brummt Schwartzkopff vor sich hin. Der Alte schweigt und starrt durch sein Glas.

»Er hat wieder volle Fahrt«, meldet Walter Gross. Plötzlich läßt der Alte sein Glas sinken. »Nun gut«, sagt er lächelnd, »wenn ihr es nicht anders haben wollt. Versuchen wir es mal mit der Kanone. Klar zum Artilleriegefecht.«

Ich lasse mich gleich durchs Turmluk fallen, um nicht im Wege zu sein. Der Befehl ist schon bis zur Zentrale gedrungen, wo der LI das Mikrofon aus der Halterung reißt und hineinbrüllt: »Klar zum Artilleriegefecht!« Die Männer auf ihren Stationen fahren empor. »Na, endlich. Das ist ein Wort.« Die Artilleriemannschaft reißt die Schwimmwesten aus den Halterungen und stürmt nach oben. Sie brauchen weiter nichts anzuziehen. Die Nacht ist warm und das Oberdeck wird nicht überspült. In der Zentrale reißen die Munitionsmänner die Flurplatten auf und zerren die 10,5-cm–Granaten aus den Schutzhüllen. Es geht alles sehr schnell.

Die Diesel laufen wieder Große Fahrt. Das Boot liegt sehr ruhig in der leichten Dünung. Der Gegner müßte gut zu treffen sein. Bootsmaat Maureschat meldet das Geschütz klar, aber er muß sich noch gedulden. Der Kommandant will noch näher heran. Schließlich höre ich durchs Sprachrohr von der Brücke: »Feuer frei!«

Die 10,5-cm-Kanone auf dem Vorschiff donnert los. Sie steht genau über dem Funkraum. Nur gut, daß alle Apparate in Schwingmetall gelagert sind. Der Donner im Funkraum ist kaum zu ertragen, aber gerade jetzt müssen wir die internationalen Wellen abhören. In der Zentrale stemmen die Lords im Schweiße ihres Angesichts die schweren Granaten durchs Turmluk nach oben. Schuß auf Schuß jagt Eduard hinaus. Der Funkraum bebt. Wir haben die 600-Meter-Welle auf den kleinsten Lautsprecher geschaltet, und bald geht es los:

»SSS SSS SSS City of Auckland SSS SSS SSS 33 r 14 n, 31 r 21 w SSS SSS SSS.« Endlich haben wir den Namen des Schiffes. Fieberhaft suchen wir in Lloyds Register. Da steht es: *City of Auckland,* 8000 BRT, Bauwerft AG Weser, Bremen. Ich entere auf den Turm und melde es. Der Kommandant nimmt das Glas nicht von den Augen. »So, 8000 BRT, das hab ich mir gedacht. Da, verdammt, jetzt nebelt er sich ein. So eine Schweinerei!«

»Oder Maureschat hat eine Nebelleitung getroffen«, meint der I WO. »Auch möglich«, brummt der Alte. »Schlimm genug, daß er überhaupt eine Nebelanlage hat.« Noch zweimal donnert die 10,5. Durch den Nebel flammt es auf. »Wieder Treffer Achterschiff«, sagt Keller. Dann verdecken die weißen Schwaden das ganze Schiff.

»Feuer einstellen«, sagt der Kommandant. »Beide Maschinen stopp.« Das Boot verliert an Fahrt. Was nun? »Nachstoßen, Herr Kaleu, und dann torpedieren«, ruft der II WO, und wir sind wohl alle seiner Meinung. »Die Kanone des Dampfers auf dem Achterschiff dürfte unbrauchbar sein«, wirft Schwartzkopff ein. Bleichrodt lächelt nur. »Werde mich hüten«, sagt er leise, »behaupte immer noch, das ist ein Stinkeputz. Der hat noch mehr auf Lager. Wollen mal abwarten.«

So liegen wir gestoppt und starren auf die Nebelwand. Die Wellen plätschern gegen die Außenhaut. Das Boot schwabbelt leise in der leichten Dünung. Ab und zu rollen die leeren Geschoßhülsen auf dem Vorschiff hin und her. 35 Schuß sind raus. Die Geschützmannschaft steht bereit, jeden Augenblick das Feuer wieder zu eröffnen. Der Kommandant und die Wachoffiziere suchen schweigend die Nebelwand ab. Warum stößt der Alte nicht nach? Die Minuten verrinnen. Wir können seine Vorsicht nicht verstehen.

Plötzlich schreit der I WO: »Da bricht er durch, Herr Kaleu!« Der Alte starrt mit dem Glas in die angegebene Richtung. »So etwas hab' ich mir doch gedacht. Paßt auf, der Kerl will uns rammen.« Dem Rudergänger im Turm ruft er zu. »Beide Diesel große Fahrt voraus. Ruder hart Backbord.« Die Sache scheint mir noch gar nicht so gefährlich, denn der Dampfer ist doch weit weg. Die Diesel fauchen los, und wir nehmen langsam Fahrt auf. Noch liegen wir auf Kollisionskurs, als die *City of Auckland* mit weißschäumender Bugwelle aus der Nebelwand herauskommt. »Beide Maschinen äußerste Kraft voraus«, brüllt der Kommandant. Die Diesel hämmern wie wild. Unser Bug dreht langsam auf 60 Grad. Jetzt laufen wir höchste Fahrt und zeigen ihm das Heck. Das Schiff liegt im hellen Mondschein, während wir in die Dunkelheit fahren, doch unsere Hecksee schäumt so weiß, daß sie wohl weit zu sehen ist. Noch immer stehen die Männer am Geschütz auf dem Vorschiff. Nur schießen können sie nicht, da der Dampfer genau hinter uns ist. Sicher will der Kommandant einen Haken schlagen, um das Geschütz wieder zum Einsatz zu bringen.

»Er dreht ab«, ruft Schwartzkopff. Tatsächlich, der Schatten wird immer breiter. Na ja, denke ich, jetzt sind wieder wir am Zuge. Aber was ist das? Drüben blitzt es auf, und einen Augenblick später ziehen wir unwillkürlich die Köpfe ein, als eine Salve über uns hinwegheult. »Verdammt«, schreit Keller, »er schießt aus mehreren Rohren, mittleres Kaliber.« Der Alte beißt sich auf die Lippen. »Habe es euch doch gleich gesagt, daß es ein Stinkeputz ist. Da sind wir an eine Falle geraten.« Er preßt das Glas an die Augen. »Auf 90 Grad gehen«, sagt er dann. Ich hätte schon längst wieder unter Deck sein müssen, aber in der Aufregung hat man mich ganz vergessen. Wieder blitzt es drüben auf, aber zum Glück heulen die Granaten wieder über uns hinweg, und schnell wird der Abstand größer.

»Geschütz fest. Artilleriemannschaft einsteigen!« befiehlt der Kommandant. »Herr Kaleu, die leeren Hülsen«, brüllt Maureschat von unten. »Über Bord damit!« Klatschend fliegen die Geschoßhülsen zu beiden Seiten ins schäumende Wasser. »Das Schießen scheint er aufzugeben«, meint Schwartzkopff lächelnd. »Wir sind auch schwer zu treffen.« Leutnant zur See Keller schüttelt den Kopf. »Er kann einfach nicht über den Bug schießen. Solange wir nicht seine Breitseite sehen, sind wir wohl sicher.«

Ich werfe noch einen Blick auf die *City of Auckland,* die mit schäumender Bugwelle hinter uns herläuft, und gleite dann durchs Turmluk nach unten.

Wir jagen durch die See. So vergeht eine Stunde. Der Dampfer hat nach seinem SSS-Ruf nicht wieder gefunkt. Sicher hat er noch eine Verbindung auf Marinewellen oder der Kapitän drüben glaubt, daß er mit uns allein fertig wird. Wahrscheinlich hat er noch einige Überraschungen auf Lager.

Ich gehe in die Zentrale, wo der Obersteuermann über die Karte gebeugt steht. »Was machen wir, wenn es hell wird?« frage ich. »Immer weiterlaufen. Nur nicht tauchen.« Er zeigt mir unseren Standort. »Und wo kommen wir hin, wenn wir immer weiterlaufen?« Petersen lächelt. »Ja«, sagt er gedehnt, »dann brummen wir bei Agadir auf den weißen Strand und gehen zu Fuß nach Marrakesch. Aber vorher haben wir noch die Möglichkeit, ganz langsam nach Süden abzubiegen und zwischen die Kanaren zu kommen.« – »Gute Aussicht«, sage ich. »Aber was wollen wir wirklich machen?« Petersen wiegt bedenklich den Kopf. »Wir haben noch eine Chance. Eine Stunde, bevor es Tag wird, geht der Mond weg. Dann ist es tiefschwarze Nacht. Das müssen wir nützen.«

So geht es weiter durch die Nacht. Der Dampfer gibt nicht auf, aber allmählich wird unser Vorsprung größer. Ich steige noch einmal auf die Brücke, um die Lage zu peilen.

Die Nacht ist nicht mehr so hell. Der Mond steht schon tief und ist in Dunst gehüllt. Schweigend stehen die Brückenwächter mit den Gläsern vor den Augen und beobachten ihre Sektoren. Der Alte lehnt am Sehrohrbock und starrt nach achtern. Ich kann den Dampfer mit bloßem Auge nicht mehr sehen. Nur seine weiße Bugwelle läßt mich ahnen, daß er noch da ist. Die Diesel fauchen und rumoren. Wir jagen schäumend durch die schwarze See. Auch auf dem Dampfer werden sie nur noch unser Kielwasser sehen können.

Der Alte faßt mich am Arm. »Wie sieht es auf den internationalen Wellen aus?« – »Völlige Ruhe, Herr Kaleu.« – »Gut. Dann gehen Sie runter und sagen Borchardt, daß er die achteren Rohre klar machen soll. Wenn es ganz dunkel ist, drehen wir nach Süden ab. Vielleicht können wir ihn dann doch noch umlegen.« Ich tauche hinunter und übermittle den Befehl an die Torpedowaffe. Es spricht sich schnell im Boot herum, was der Alte vorhat. Die Spannung wächst wieder. Die Freiwächter kommen aus den Kojen, und alle spüren, daß noch in dieser Nacht die Entscheidung fallen soll.

Dann ist es endlich soweit. Von oben kommt der Befehl: »Beide Maschinen kleine Fahrt!« An meiner Kompaßtochter sehe ich, daß wir nach Süden abdrehen. Dann plötzlich: »Beide Diesel stopp. Beide E-Maschinen halbe Fahrt voraus. Diesel abstellen. Auf Gefechtstationen!« Die Männer hasten schweigend am FT-Raum vorbei. Rohr V und Rohr VI werden klar gemeldet. Ferdinand hat das GHG besetzt. Ich achte auf die internationalen Wellen, und Hümpel beobachtet die U-Boot-Wellen. Wir laufen jetzt genau Kurs 180 Grad. Unheimlich langsam schleichen die Minuten dahin. Nichts geschieht. Ich frage bei Maureschat im Turm an, was los ist. Gedämpft antwortet er: »Ich glaube, sie haben ihn verloren.« Etwa eine halbe Stunde später klickt es in den Lautsprechern: »Wegtreten von Gefechtsstationen. Mündungsklappen schließen.« Enttäuschung auf allen Gesichtern. Knurrend kommen die Männer auf dem Weg in ihre Kojen am FT-Raum vorbei. Wir laufen weiter mit E-Maschinen. Nach einiger Zeit kommt der Kommandant von oben. »Kein Funkverkehr mehr festgestellt«, melde ich.

»Dieser Stinkeputz«, sagt er lachend und hängt sein Glas an den Haken. »Hat uns wohl nicht mehr gesehen und dann gestoppt. Plötzlich war seine Bugwelle weg. Ist ein ganz raffinierter Bursche. Jetzt liegt er irgendwo und horcht, ob er unsere Diesel hört.«

Kurz bevor die Sonne hochkommt, tauchen wir und die Rohre werden nachgeladen. Dann versucht der Kommandant den ganzen Vormittag, den Dampfer wiederzufinden. Es scheint ihn doch mächtig zu wurmen, daß er uns entkommen ist. Aber die Suche ist vergeblich; der Horizont ist wie leergefegt.

8. Juli 1941. Beim Prüfungstauchen stellt der Kommandant fest, daß Luftblasen aus der Turmverkleidung aufsteigen. Es wird vermutet, daß die dort angebrachten Azetylenflaschen undicht sind. Nach Abseifen und Nachziehen der Verschlüsse treten aber immer noch Blasen auf.

Wir laufen mit 290 Grad nach Westen ab und melden mit FT 1942/8/151 an den BdU den Zusammenstoß mit der *City of Auckland.* Das Wetter verschlechtert sich sehr. Heftige Regenschauer nehmen der Brückenwache oft völlig die Sicht. Der Wind weht aus Nordost mit Stärke fünf. Seegang 4.

9. Juli 1941. Die Sonne lacht vom wolkenlosen Himmel. Es ist sehr warm. Wir stehen südöstlich der Azoren und laufen mit sparsamer Fahrt. Keine Rauchfahne, keine Mastspitze. Die alten Dampferrouten sind wie leergefegt.

Um 11.45 ein Offiziersfunkspruch vom BdU an U 109: »Versorgung Culebra in Nacht durchführen vom 18. zum 19. Juli. Angeforderte Ersatzteile sind bereitgestellt.« Der neue Kurs wird auf 160 Grad festgelegt. Auf nach den Kanarischen Inseln.

Der Rundfunk bringt eine Meldung, die uns aufhorchen läßt. »Amerikanische Einheiten haben Island besetzt.« Das dürfte mit Neutralität nichts mehr zu tun haben; damit gewinnen sie einen Stützpunkt für ihre Zerstörer, die ohnehin schon die britischen Geleitzüge sichern.

Beim Prüfungstauchen wieder Luftblasen aus der Turmverkleidung. Um die Ursache festzustellen, werden die Untertriebszellen entlüftet. Ohne Erfolg. Die Sache macht uns langsam nervös.

10. Juli 1941. Weiterhin Kurs 160 Grad. Herrliche Sonne. Der Wind kommt nur noch mit Stärke 1 bis 2 Südwest. Leichte Dünung. Gegen Mittag machen wir Prüfungstauchen. Wie üblich wird das Horchgerät besetzt. Plötzlich ruft mich Leibling. Ich gehe zum Horchraum, und er gibt mir den zweiten Kopfhörer. Ein einwandfreies Schraubengeräusch in 90 Grad. Ich melde es dem Alten. Er kommt und horcht mit. Das Geräusch ist einwandfrei.

Bleichrodt läßt auftauchen, und wir jagen mit Höchstfahrt in die gepeilte Richtung, doch die Brückenwache sucht vergeblich den Horizont ab. Nach zwei Stunden wird die Suche abgebrochen. Der Kommandant läßt das Vorschiff fluten, damit wir horchen können. Wir hören aber kein Schiff; dafür viele andere Geräusche: Schmatzen, Schnarren und Knarren. Manchmal tönt es wie Hohngelächter. Es sind Delphine, die um uns herum spielen. Sollten auch die vermeintlichen Schraubengeräusche von ihnen stammen?

11. Juli 1941. Immer weiter nach Süden. Die Sonne brennt vom wolkenlosen Himmel. Die Männer auf der Brücke tragen Tropenhelme, damit sie keinen Sonnenstich bekommen. Leise wiegt das Boot in der leichten Dünung. Es ist die reinste Sommerreise.

Am Nachmittag begegnen wir einem Rudel von sechs Pottwalen. Sie sind sehr zutraulich. Der Kommandant läßt alle Männer nacheinander auf den Turm kommen, damit sie das Schauspiel genießen können. Die Waale kommen manchmal bis auf zwanzig Meter an das Boot heran, und wenn sie spauten, sprüht es über die Brücke. Eine Stunde begleiten sie uns, dann drehen sie nach Südwesten ab. Und kein Schiff weit und breit.

FT an alle von BdU: »Führer wünscht erneut für Dauer Rußlandfeldzug Vermeidung aller Konfliktmöglichkeiten mit USA. U-Boote müssen nach bestem Wissen hiernach verfahren. Erkannte USA-Handelsschiffe sind weder inner- noch außerhalb des Blockadegebietes, weder in Geleitzügen noch einzeln fahrend anzugreifen. Kriegsschiffe sind inner- und außerhalb des Blockadegebietes überhaupt erst vom Kreuzer an aufwärts anzugreifen, vorausgesetzt, daß ihr feindlicher Charakter sicher erkannt ist. Bei Kriegsschiffen gilt abgeblendet fahren nicht als Beweis feindlichen Charakters, auch nicht im Blockadegebiet.« Das ist alles leichter gesagt als getan.

12. Juli 1941. Heute sind wir zwei Wochen in See. Unser Standort gegen 16.00 Uhr: 29 Grad 18 Minuten Nord, 24 Grad

18 Minuten West. Das ist querab Teneriffa. Wir sind zusammen mit U 66, U 123 und U A, die weiter südlich etwa bei Freetown stehen, die einzigen Boote im Süden. Keiner meldet Erfolge. Seit vor uns sieben Boote hier 74 britische Frachter versenkt haben, scheint jeglicher Verkehr gestoppt worden zu sein. Auch bei den Westbooten ist nichts los. Wir ändern den Kurs auf 105 Grad. Hier müßten doch schnelle Einzelfahrer laufen.

Nur die Nachrichten im Rundfunk errinnern uns ständig an den Krieg. In Rußland wird heftig gekämpft; die Stalinlinie ist durchbrochen.

13. Juli 1941. Heute ist wieder Sonntag. Der Kommandant hat mir befohlen, ein entsprechendes Essen auszugeben. Nach eingehender Beratung mit Järschel erhält jeder eine dicke Scheibe »Holsteiner Katenschinken« und eine kleine Dose Spargel.

Der Wind weht mit Stärke 2 aus Nord-Nord-Ost. Die See ist kaum bewegt. Wir steuern wechselnde Kurse von 105 bis 245 Grad. Kein Schiff weit und breit. Die Sehrohre lecken jetzt auch bei geringen Tiefen stark. Die Stopfbuchsen lassen sich nicht mehr nachziehen, da sie schief aufgesetzt sind. Schlechte Werftarbeit.

16. Juli 1941. Ein Tag wie jeder andere. Keine Mastspitze, keine Rauchfahne. Wenn es so weiter geht, verfahren wir unseren Brennstoff, ohne etwas zu erreichen. Obermaschinist Schewe hat mir erzählt, daß wir die letzten 50 cbm Brennstoff nicht verfahren dürfen, solange wir die Aale an Bord haben, weil sonst das Boot zu schwer wird. Dabei haben wir noch 21 Torpedos und kein Ziel. Vorgestern haben wir viele Baumwollballen gesichtet. Wahrscheinlich treiben sie schon wochenlang in der See, denn in letzter Zeit hat kein Boot die Versenkung eines Schiffes in diesem Gebiet gemeldet.

Von Rosenstiels U 502 wird aufgefordert, seinen Standort zu melden. Er war auf dem Weg nach Lorient; es muß ihn in der verdammten Biskaya erwischt haben. In einem langen FT informiert uns der BdU über einen Befehl des Präsidenten Roosevelt an die USA-Marine: Sie soll ab nun auf jedes deutsche Schiff oder U-Boot schießen.

In der Nacht kommt ein FT von BdU an U 109: »Versorgung aus Culebra nicht möglich. Versorgung Moro beabsichtigt in der Nacht vom 21. Juli zum 22. Juli. Durch Kurzsignal ›Ja‹ melden, wenn Erreichen Moro zu dem genannten Datum möglich. Andernfalls gewünschtes Datum hergeben.« Der Alte liest den FT und brummt: »So ein Mist.«

Dann kommt Schwartzkopff, liest den FT und schüttelt den Kopf. »Wo soll denn das sein?« – »Nehme an, in Südspanien«, sage ich feixend. Der Kommandant kommt aus der Zentrale. »Ja, meine Herren. Wir müssen nach Cadiz.« Kurs 30 Grad; auf nach Spanien!

17. Juli 1941. Kurz nach Mitternacht habe ich einen FT abgegeben: »An BdU. Quadrat DH 7987, 107 cbm, erbitte Weitermarsch nach Süden und Versorgung aus Troßschiff. Kein Verkehr, 10 Atos, 11 Etos. U 109.«

Wir stehen ungefähr 75 sm nordwestlich von Palma. Der Kommandant läßt den Kurs auf null Grad ändern, um Madeira an Steuerbord zu passieren. Auf den Funkwellen wir es etwas lebhafter. Die Westboote haben dank Luftaufklärung einen Geleitzug gefunden. Der BdU gibt eine B-Dienstmeldung durch: Die britische Admiralität warnt vor einem U-Boot im Seegebiet nordwestlich von Madeira. Der angegebene Standort liegt etwa 80 sm nordöstlich von uns, aber uns können sie damit nicht gemeint haben, und ein anderes deutsches U-Boot steht auch nicht in diesem Gebiet.

Es muß ein Italiener sein.

Eigentlich sehr gefährlich für die Italiener, daß wir ihre Standorte in See nicht kennen, denn bei Nacht sind sie leicht mit den britischen Booten zu verwechseln.

Um 4.25 Uhr kommt die Antwort auf unseren FT: »Versorgung aus Troßschiff nicht möglich. BdU.« Also müssen wir doch nach Cadiz. Gegen Mittag erneut ein FT an U 109: »1. Durchführung in Nacht vom 21. 7. zum 22. 7. anstreben, falls nicht erreichbar, in nachfolgender Nacht durchführen. 2. Alle dort vorhandenen Torpedos können übernommen werden. 3. Nach Versorgung Marsch in Südraum. BdU.«

Gleich darauf ein FT an alle Südboote: »Culebra bis auf weiteres ausgefallen. Z.Zt. keine Ergänzung außerhalb eigener Stützpunkte möglich. Rückmarsch entsprechend antreten. Notfalls kann Moro in Anspruch genommen werden. BdU.«

18. Juli 1941. In der Morgendämmerung sichtet die Wache ein großes U-Boot am Horizont. Der Kommandant eilt auf die Brücke. Werden wir Jagd auf das Boot machen? Der Kommandant läßt aber abdrehen. Es muß ein Italiener sein. Wahrscheinlich das Boot, vor dem die britische Admiralität warnte.

Madeira haben wir passiert. Laut B-Dienstmeldung kommt ein Geleitzug von Gibraltar mit Kus Westnordwest. 15 Schiffe mit vier Zerstörern. Der Kommandant läßt sofort den Kurs auf 60 Grad ändern. Die Diesel hämmern große Fahrt. Es kommt viel Wasser über die Brücke, da das Boot sehr tief liegt und eine lange Dünung von Nordosten steht. Wenn die Angaben stimmen, stoßen wir genau auf das Geleit und werden allein kämpfen müssen. Es ist kein anderes Boot in der Nähe.

19. Juli 1941. Der Himmel ist bedeckt. Der Wind kommt aus Ostnordost mit Stärke vier. Wir laufen immer noch mit Kurs 60 Grad. Vom Geleitzug ist nichts zu sehen. Um 12.00 Uhr stehen wir auf 33 Grad 45 Minuten Nord, 17 Grad 19 Minuten West. Luftaufklärung müßten wir haben, denn es ist für ein einzelnes Boot fast hoffnungslos, in dieser Wasserwüste das Geleit zu finden.

Um 13.45 ein FT an U 109 vom BdU: »Falls Operieren auf Gibraltar-Geleitzug aussichtsreich, kann Boot Versorgung um ein bis zwei Tage verschieben. Bei Verzögerung von zwei Tagen Meldung durch Kurzsignal.« Weiter geht es mit großer Fahrt dem gemeldeten Geleitzug entgegen.

20. Juli 1941. Heute ist Sonntag, und es gibt wieder Schinken mit Spargel. Am Vormittag hat der Kommandant die Suche nach dem Geleitzug aufgegeben, auf den wir um 4.00 Uhr treffen hätten müssen. Wir stehen vor dem Golf von Cadiz und steuern mit 60 Grad die portugiesische Küste an. Ein frischer Ostwind hat den Himmel leergefegt, und wieder lacht die Sonne vom blauen Himmel. Jetzt sind wir auch vor Angriffen aus der Luft nicht mehr sicher.

Der Kommandant will nahe der portugiesischen und der spanischen Küste nach Osten marschieren. Es kommt darauf an, unbemerkt nach Cadiz zu kommen, denn die Briten dürfen auf keinen Fall erfahren, daß wir in einem spanischen Hafen ausrüsten.

21. Juli 1941. Es ist eine dunkle Nacht, und der Himmel ist bewölkt. Langsam nähern wir uns der portugiesischen Küste. Um 1.00 Uhr wird das Feuer von Kap Vincent in 60 sm Abstand gesichtet. Unterhalb der Küste herrscht reger Dampferverkehr. Wir schieben uns noch näher an Land heran und gehen dann auf Kurs 85 Grad. Alle Feuer brennen friedensmäßig. Dann haben wir die spanische Küste an Backbord.

Langsam schleicht der Tag herauf. Ich gehe noch einmal auf die Brücke, um eine Pfeife zu rauchen. Lange werden wir den Überwassermarsch nicht mehr fortsetzen können. Oben duftet es herrlich nach Land. Im aufkommenden Morgenlicht sehe ich, daß am Flaggenstock die spanische Flagge weht. Schwartzkopff lächelt. »Nur eine kleine Kriegslist«, sagt er leise. Der Himmel ist noch immer teilweise bedeckt. Ständig werden die Wolkenlöcher mit den Gläsern abgesucht, denn wie schnell kann aus einem dieser Löcher eine Maschine auf uns stürzen.

Um 11.00 Uhr läßt der Kommandant zum Unterwassermarsch tauchen. Obersteuermann Petersen hat ausgerechnet, daß wir mit Unterwasserfahrt bis zur Nacht vor Cadiz stehen. So sind wir auch vor allen Überraschungen aus der Luft sicher. Nachdem das Boot eingesteuert ist, herrscht wunderbare Ruhe. Nur Zentrale, Horchraum und E-Maschinen sind besetzt.

Gegen 14.00 Uhr läßt der Kommandant auf Sehrohrtiefe gehen und macht einen Rundblick. Plötzlich werde ich unter das Turmluk gerufen. Nichtsahnend steige ich durch das Kugelschott in die Zentrale und melde mich. Der Alte fragt, ob wir nichts im Horchgerät gehört hätten. Ich sage: »Nein, Herr Kaleu.« – »Ich sehe aber in ca. 4000 m Entfernung einen Fischdampfer. Anscheinend Portugiese. Den müßten Sie doch schon lange hören.« – »Jawohl, Herr Kaleu. Ich werde das Gerät sofort durchprüfen.« Mir ist gar nicht wohl, als ich zum Horchraum zurückgehe. Das hat es noch nie gegeben, daß wir gar nichts gehört haben.

Ich schicke Ferdinand in den Bugraum, damit er die Verteilerkästen der Außenbord-Druckdosen auf Feuchtigkeitsschluß überprüft. Im Horchraum rupfe ich mit Hümpel das halbe Gerät auseinander. Wir prüfen alles durch, soweit es mit Bordmitteln möglich ist. Das Gerät scheint durchaus in Ordnung zu sein, und Ferdinand meldet, daß auch vorne alles in Ordnung ist. Warum ist aber dann nichts zu hören?

Der Alte fährt schließlich das Sehrohr ein und kommt aus dem Turm zum Horchraum. Ich melde ihm, daß das Gerät einwandfrei arbeitet und wir trotzdem nichts hören. Er wirft mir einen vernichtenden Blick zu. Seine Stimme hat einen gefährlichen Klang, als er sagt: »Der Dampfer fährt uns gleich über den Haufen. Ihr Gerät kann nicht in Ordnung sein.« Jetzt komme ich in Fahrt. Wieder schraube ich das GHG auf, reiße alle 96 Röhren vom Typ »P 2000« raus und ersetze sie durch 96 neue Röhren. Das Resultat ist gleich Null: Wir hören nur das übliche Rauschen, aber keine Schrauben. Jetzt kommt der II WO, unser FT-Offizier, zum Horchraum. »Was ist los, Hirschfeld?« – »Ich weiß es nicht, Herr Leutnant. Vielleicht leidet der Alte unter Haluzinationen, oder der Dampfer da oben segelt. Wir können kein Schraubengeräusch feststellen.«

Keller sieht sich vorsichtig um, aber der Alte ist bereits wieder im Turm am Sehrohr. »Wahrscheinlich sieht er den Fliegenden Holländer«, sagt Keller gedämpft. Wir lachen beide.

Einige Stunden später, Hümpel hat gerade die andere Wache abgelöst, bekommt der Kommandant wieder ein Schiff ins Blickfeld. Ich eile zum Horchraum. Bei einer Entfernung von ca. 3000 m hören wir endlich ein schwaches Schraubengeräusch. Auch Keller kommt zum Horchraum. Er sitzt neben mir, als aus dem Turm die Frage kommt, um welche Art von Schiff es sich handle. Wir sehen uns beide ratlos an. Dann nimmt Keller das Sprachrohr und sagt gedämpft: »Fischdampfer. Von unten mit roter Mennige angestrichen. Kapitän steht auf der Brücke mit Zigarre im linken Mundwinkel.« Wir hören, wie der Rudergänger Paul Pötter im Turm die Meldung wörtlich wiederholt. – Jetzt bin ich gespannt, wie der Alte reagiert.

Einen Augenblick herrscht Totenstille im Turm. Dann brüllt der Alte los: »Funkmaat unter Luk!« Ach du meine Güte. Ich hänge die Kopfhörer an das Gerät und erhebe mich. »Melden Sie gleich, daß ich es war«, sagt der II WO lachend zu mir. Wie ich durch das Luk in die Zentrale steige, feixen mich alle an. Sogar der LI kann ein Grinsen nicht verbergen. Nur mir ist nicht wohl. Dann stehe ich unter dem Luk und melde mich zur Stelle. Ehe ich noch etwas sagen kann, geht ein Donnerwetter auf mich los. Erst nach einiger Zeit habe ich Gelegenheit zu sagen, daß der II WO die Meldung durchs Sprachrohr gegeben hat. Einen Augenblick ist es ganz ruhig, dann gibt mir der Kommandant den Befehl, Leutnant zur See Keller in den Turm zu schicken.

Während der II WO im Turm seinen Segen empfängt, halten sich die Männer vom Bugraum bis zum Heckraum den Bauch vor Lachen. Nur mir ist sehr ernst zumute. Warum hören wir hier unter Wasser so schlecht? Das Gerät muß in Ordnung sein; es kann sich also nur um starke Wasserschichtungen handeln. Noch nie hatten wir so schlechte Horchverhältnisse, aber wir waren ja auch noch nie vor der Straße von Gibraltar.

Als es dunkel wird, macht der Kommandant die Schatten von drei abgeblendeten Fahrzeugen aus. Sie liegen genau in unserem Kurs. Es müssen britische Bewacher sein. Erwarten sie uns schon? Da wir sie wieder nicht hören, empfiehlt mir der Kommandant, das Horchgerät einzustampfen. Er ist wütend auf die ganze Funkerei.

Da wir keine Zeit mehr haben, die Bewacher weiträumig zu umgehen, entschließt sich der Alte, unter ihnen durchzulaufen. Langsam geht das Boot auf 60 m. Die Schrauben machen nur 90 Umdrehungen. Also Schleichfahrt. Ich habe mich an das GHG gesetzt und horche mit. Da, plötzlich höre ich sie. Ich beuge mich zum Schott hinaus und melde es dem Kommandanten. Er kommt zum Horchraum und fragt: »Was machen sie?« – »Sie laufen ganz langsam. Wahrscheinlich versuchen sie zu horchen. Wir sind jetzt genau unter dem mittleren Bewacher.« Er läßt sich von Hümpel den Kopfhörer geben. Mit gerunzelter Stirn horcht er mit. Ganz langsam mahlen die Schrauben über uns. »Die hören genau so schlecht wie wir vorhin«, sage ich. »Es muß doch an den Wasserschichtungen liegen.« Bleichrodt gibt die Kopfhörer zurück und sieht mich mitleidig an. »Einstampfen, habe ich gesagt. Aber darüber sprechen wir noch im Hafen.« Grollend geht er davon.

»Au weh«, sagt Hümpel zu mir, »bei dem haben wir aber gründlich verschissen.« – »Nur Ruhe bewahren und abwarten«, sage ich. »Das Gerät muß in Ordnung sein. Aus dieser Tiefe hören wir doch ganz einwandfrei. Sie müssen sich daran gewöhnen, Hümpel, daß die seemännischen Offiziere der Funkerei immer mißtrauen, weil sie davon nichts verstehen.« Hümpel kratzt sich am Kopf. »Unter diesen Umständen habe ich gar keine Lust, jemals Stationsleiter zu werden«, sagt er resigniert.

Um 22.10 Uhr meldet der Obersteuermann Petersen, daß es Zeit zum Auftauchen ist. Kein Schraubengeräusch zu hören. Der Kommandant läßt auftauchen. Wir stehen genau vor der Hafeneinfahrt von Cadiz. Der Obersteuermann ist doch Klasse. Ganz leise, nur mit E-Maschinen gleiten wir auf die Einfahrt zu. Die Diesel würde man zu weit hören. Kein entgegenkommendes Schiff stört unsere Fahrt.

22. Juli 1941. Kurz nach Mitternacht sind wir im Hafenbekken. Ich habe mich auf den Turm geschlichen, um das Einlaufen mitzuerleben. Schwartzkopff hat die Wache, aber Keller und der Obersteuermann sowie der Alte sind auch auf dem Turm. Wie eine Förde breitet sich das große Hafenbecken aus. Es ist eine wunderbare Sommernacht, und die hell erleuchteten Kaianlagen spiegeln sich im kaum bewegten Wasser des Hafens. Hier herrscht tiefster Frieden, und nur wenige Seemeilen entfernt liegt die Festung Gibraltar.

Fast unhörbar gleiten wir tiefer in das Hafenbecken hinein.

Nur leise plätschern die Wellen an der Bordwand. Der deutsche Dampfer *Thalia,* von dem wir versorgt werden sollen, liegt laut Anweisung vom BdU in der Mitte der Bucht vor Anker.

»Da, Backbord voraus«, höre ich Schwartzkopff sagen. Die Männer auf der Brücke richten ihre Gläser auf die Stelle. »Da liegen ja drei Dampfer«, sagt Petersen. »Ja, verdammt. Jetzt müssen wir nur den richtigen erwischen«, knurrt der Alte. »Da haben sich bestimmt die Tommys in die Nähe gelegt, um unseren Dampfer zu überwachen.«

Wir gleiten mit einigem Abstand an den vor Anker liegenden Schiffen vorbei. Die Silhouetten werden mit der uns vorliegenden Silhouette der *Thalia* verglichen. »Der erste ist es«, sagt der I WO. Der Alte bleibt skeptisch. »Fordern Sie ES an«, sagt er zu Walter Gross, der die Klappbuchse in der Hand hält. Walter morst kurz mit vorgeschaltetem Blaufilter. Wir starren gespannt hinüber. Drüben blinkt es auf, aber die Zeichen sind unverständlich.

»Da stimmt was nicht«, sagt Walter laut. »Verdammter Mist«, knurrt der Alte. »Die wollen uns reinlegen.« Wir fahren langsam weiter an dem nächsten Schiff vorbei, das, den Aufbauten nach zu schließen, nicht die *Thalia* sein kann. Das dritte Schiff wird angeblinkt, und von seiner Brücke kommt das richtige ES. Es muß der Tanker *Thalia* sein.

Obwohl jetzt auch der Kommandant überzeugt ist, das richtige Schiff gefunden zu haben, läßt er Handfeuerwaffen auf die Brücke bringen. Auch mir drückt man eine Maschinenpistole in die Hand. Falls wir geentert werden, wird ohne Rücksicht geschossen. Auch die Maschine ist auf den Alarmfall eingerichtet. Die Briten achten neutrales Gebiet nicht; das haben wir bei der Sache mit der *Altmark* in Norwegen gesehen.

Der Kommandant zieht eine große Schleife nach Backbord und fährt dann langsam von hinten an das Schiff heran. Unsere Nerven sind angespannt. Mit der Steuerbordseite, den Bug zur Hafenausfahrt gerichtet, legen wir vorsichtig an. Oben an der Bordwand stehen dunkle Gestalten. Die Leinen fliegen hinüber. Es wird kein Wort gesprochen. Dann wird ein Fallreep von oben heruntergelassen. Es geht alle lautlos. »Na, denn«, sagt Schwartzkopff und steigt nach oben, während wir mit dem Finger am Abzug bereitstehen.

Die Sekunden werden zur Ewigkeit. »Wenn es nun ein Tommy ist«, flüstere ich zu Walter Gross. »Dann fahren wir ohne den I WO ab«, raunt er zurück. Schwartzkopff ist jetzt oben über der Bordwand verschwunden, und endlich ertönt seine erlösende Stimme: »Alles klar, Herr Kaleu!« Wir atmen auf. Der Alte nickt uns zu.

»Wegtreten von Gefechtsstationen.« Es ist 00.45 Uhr. Die Versorgung beginnt sofort. Der Kommandant sagt mir noch, daß die Funkstation besetzt bleiben muß. Ich steige hinab in den FT-Raum, um die Programmzeit auf Längstwelle abzunehmen, und lasse Ferdinand mit den Funkgasten auf die *Thalia* zum Baden gehen.

An Oberdeck wird fieberhaft gearbeitet. Drei Torpedos werden nachgeladen; für die Übernahme eines vierten Aals fehlt die Zeit. Brennstoff wird ergänzt und Proviant erhalten wir auch. Da ich den FT-Raum nicht verlassen kann, leitet Järschel die Verteilung. Meine Hoffnung, auch noch baden zu können, erfüllt sich leider nicht, denn Ferdinand kommt erst kurz vor dem Ablegen zurück. »Mensch, die hatten Dortmunder Bier«, sagt er begeistert und betrunken.

Um 5.00 Uhr haben die Männer alles unter Deck verstaut. Es sieht wüst im Boot aus, aber Ordnung kann während der Unterwasserfahrt gemacht werden. Wir müssen im Schutze der Dunkelheit den Hafen verlassen. Die Männer der *Thalia,* die sich das Boot angesehen haben, und der Kapitän von der deutschen Botschaft in Madrid gehen von Bord. Dann werden die Leinen losgeworfen und fallen auf unser Oberdeck. Einige gedämpfte Rufe erschallen: »Gute Fahrt!« Die E-Maschinen laufen schon. Mit großer Fahrt geht es hinaus aus der Bucht. Ich verlasse die Brücke und steige hinab in die Röhre.

In den Wohnräumen herrscht Chaos. Järschel ist mit den Männern der Freiwache dabei, die Sachen zu verstauen. Es dauert nicht lange, da rast die Alarmklingel durchs Boot. Rauschend geht es in die Tiefe. Kurs 280 Grad. Schleichfahrt.

Die Männer werden in die Kojen geschickt. Nur ich muß auf Wache bleiben, denn mein volltrunkener Ferdinand kann mich nicht ablösen. Es herrscht wieder vollkommene Ruhe im Boot. Wir schleichen in 60 m Tiefe nach Westen.

Plötzlich habe ich die Schrauben der Bewacher wieder im GHG. Sie haben wohl die ganze Nacht oben gewartet. Der Kommandant kommt zum Horchraum, hört sich die Geräusche an und nickt grimmig. »Die wußten, daß wir kommen. Der erste Dampfer, der uns Zeichen gab, war wohl ein Brite. Liegt erst seit einigen Tagen dort. Ich glaube, die Sache war verraten.« Es dauert eine Stunde, bis wir die Bewacher, die hier auch nur schlecht horchen können, passiert haben. Dann kann ich mich in die Koje hauen.

Den ganzen Tag Unterwassermarsch. Gegen 22.00 Uhr gehen wir auf Sehrohrtiefe. Der Alte steckt den Spargel raus. Die See ist frei, aber wir ziehen einen Blasenstreifen hinter uns her. Um 22.20 Uhr läßt Bleichrodt auftauchen. An der Küste flammen die Feuer auf. In 28 sm Steuerbord querab passieren wir St. Antonio.

23. Juli 1941. Um 0.20 haben wir Kap St. Maria in 14 sm querab erreicht. Die See ist nur mäßig bewegt, aber gegen 6.00 Uhr taucht der Bug in die lange Dünung des Atlantiks, die von Nordwesten heranrollt. Wir haben in 20 sm Abstand Kap Vincent passiert, noch einmal starren wir hinüber zu der Küste Portugals, an der wie im Frieden alle Feuer brennen. Um 7.45 tauchen wir zum ganztägigen Unterwassermarsch.

24. Juli 1941. Unter den vielen Funksprüchen, die während des Tages gekommen sind und die wir nun im Wiederholungsprogramm auf Längstwelle hereinholen, ist einer für uns.

»An U 109 von BdU: Italienisches U-Boot meldet Geleitzug südwestlich Kap Vincent, Kurs Gibraltar.« Der Kommandant läßt sofort den Kurs auf 210 Grad, Kollisionskurs mit dem Geleitzug ändern. Die Aussicht, diesen Konvoi zu finden, ist aber gering. Die Positionsangabe ist zu ungenau, und es folgen keine Fühlungshaltermeldungen.

Gegen Mittag plötzlich ein Schrei von der Brücke: »Mastspitzen voraus!« Der Kommandant eilt auf die Brücke. Sollten wir doch auf das Geleit gestoßen sein? Es dauert einige Zeit, bis wir von oben hören, daß es nur ein einzelnes Schiff ist. Das Vorsetzen geht verhältnismäßig schnell; der Dampfer scheint sehr langsam zu sein. Außerdem fährt er einen geraden Kurs. Wir tauchen und warten, daß er uns vor die Rohre läuft. Aber plötzlich fährt der Alte das Sehrohr ein und läßt von Gefechtsstationen wegtreten.

Das Schiff von ca. 4000 BRT ist ein Portugiese. Er hat sogar ein Seenotzeichen gesetzt. Oder sollte es eine U-Boot-Falle sein? Wir lassen ihn ablaufen und tauchen erst wieder auf, als er außer Sicht ist. Weiter geht es nach Süden. Bei Beginn der Dämmerung wird wieder ein Schiff gesichtet. Erneut geht die Jagd los. Schnell bricht die Dunkelheit herein. Wir schließen näher heran, und dann beginnt der Überwasser-Nachtangriff. Mit schäumender Bugwelle jagen wir auf den Dampfer zu, der plötzlich Laternen setzt und seine Bordwand beleuchtet. Man kann die spanischen Farben erkennen. Der Kommandant läßt hart abdrehen. Mit Kurs 230 Grad suchen wir weiter nach dem Geleitzug.

Eingang FT von BdU an U 109: »Angriffsraum ist Gebiet ET und westlich davon in den für U-Boote befohlenen Grenzen. Vormarsch dorthin auf 30 Grad West.« Das ist das Gebiet vor Freetown und der Pfefferküste.

25. Juli 1941. Der Kommandant bricht die Suche nach dem Geleitzug ab. FT von U 109 an BdU. »Versorgung durchgeführt. Von den Ital. U-Booten gemeldeten Geleitzug erfolglos gesucht. Stehe DH 36.«

Wieder sticht die Sonne vom wolkenlosen Himmel. Es wird sehr heiß im Boot. Am Abend stehen wir südlich von Madeira. Keine Mastspitze weit und breit.

27. Juli 1941. Wieder ist es Sonntag. Gestern in der Nacht haben wir einen Portugiesen gesichtet. Es scheint hier von Neutralen zu wimmeln. Ob sie alle echt sind? Die Westboote haben gestern auf der Höhe von Brest einen südgehenden Geleitzug erwischt. Seitdem ist der FT-Verkehr sehr angeschwollen. Die Boote sind auf starke Sicherung gestoßen. Aus den Funksprüchen geht hervor, daß es ein harter Kampf ist. Die Briten haben einen neuen U-Jäger-Typ eingesetzt. Sie nennen ihn »Korvette«.

Seit dem 21. Juli marschieren drei weitere Boote in breiter Formation wie wir nach Süden: U 93, U 94 und U 124. U A muß ohne Erfolg den Rückmarsch antreten. Obermaschinist Schewe flucht über den schlechten Brennstoff, den wir in Cadiz bekamen. Dafür ist der Proviant über alle Erwartungen gut.

28. Juli 1941. Wir stehen westlich der Kanaren. Der Wind weht aus NNO mit Stärke 3–4. Eine leichte Dünung schiebt uns vor sich her. Der Himmel ist bedeckt, aber es ist sehr warm. U 141 meldet durch FT: »Aus stark gesichertem Geleit in der Irischen See drei Dampfer mit insgesamt 21.000 BRT versenkt.« Das ist eine beachtliche Leistung. Ich muß an meinen Freund Hans Langen denken, der auf diesem letzten Einbaum fährt.

Die Westboote jagen immer noch den stark gesicherten Geleitzug und stehen jetzt querab Kap Vincent. Es scheint die größte Geleitzugschlacht dieses Monats zu werden. Ansonsten hört man nichts. Es sind sicher zu wenig Boote draußen.

30. Juli 1941. Gestern konnte der BdU nach langer Zeit wieder eine Sondermeldung durchgeben lassen: »83.000 BRT, ein Zerstörer und eine Korvette versenkt.«

Die Stimmung im Boot ist miserabel. Keine Mastspitze, keine Rauchfahne. Die Briten haben den Verkehr nach Freetown gestoppt. Die letzten Verluste waren wohl zu hoch. Wir stehen 22 Grad Nord und 30 Grad West. In der Nacht haben wir einen FT abgesetzt: »An BdU. Außer drei Neutralen bisher kein Verkehr. U 109.« Wir laufen weiter mit Kurs 210 Grad nach Süden. Immer wieder versucht das Maschinenpersonal die Ursachen der aufsteigenden Luftblasen bei getauchtem Boot festzustellen. Ohne Erfolg.

Gegen 18.00 Uhr Eingang FT 1648/30/193: »U 109 kehrt. Auf bisher befohlenen Längen mit etwa 100 sm Vormarschgeschwindigkeit je Tag in Zickzackschlägen nach Norden marschieren. Späterer Einsatz vor Gibraltar beabsichtigt. Weiteres folgt. BdU.« Auch die anderen Südboote sollen nach Norden aufkreuzen; nur U 123 unter Hardegen soll weiterhin querab Freetown operieren.

Der Bug schwingt auf 310 Grad herum, ein Kurs, der genau auf die Azoren weist. Gegen 20.00 Uhr Eingang FT 1812/30/197: »U 109 ohne Zickzackschläge mit Etmal 180 sm nach Norden marschieren. BdU.« Dönitz scheint es nun eiliger zu haben; wahrscheinlich hat der B-Dienst einen auslaufenden Geleitzug gemeldet.

31. Juli 1941. Wir stehen nordwestlich der Kapverdischen Inseln im Quadrat 6553 DS. Der Kommandant läßt entgegen dem Befehl mit wechselnden Kursen von 350 Grad bis 21 Grad steuern. Gegen Mittag meldet die Brückenwache einen Wal. Ich steige auf die Brücke, um ihn mir anzusehen. Er ist schon sehr nah herangekommen. Oft ist er nur drei Meter von der Bordwand entfernt. Anscheinend sucht er Anschluß bei uns. Der Kommandant ist nach oben gekommen und brummt: »Hoffentlich reibt er sich nicht an der Bordwand und verbiegt uns das Tiefenrudergestänge dabei.« Auch der LI kommt auf die Brücke und besieht sich den Außenbordkameraden. »Junge, Junge«, sagt er, »wenn der uns eins mit der Schwanzflosse versetzt, schlägt er die ganze Ruderanlage kaputt. Schlage vor, wir machen Prüfungstauchen. Dann verliert er uns.« Der Kommandant ist einverstanden. Die Freiwache, die sich inzwischen auf der Brücke eingefunden hat, muß den Turm räumen. Dann geht es in die Tiefe.

Für die Männer war das Auftauchen des Wals eine Abwechslung im Einerlei von Wache, Essen und Schlafen. Tag für Tag immer das gleiche. Und dazu unaufhörlich die Diesel. Nur beim täglichen Prüfungstauchen verstummen sie für kurze Zeit. Und kein Schiff weit und briet. Die Stimmung ist zum Kotzen. Alles läuft mit finsteren Gesichtern herum. Auch der Kommandant ist nervös und gereizt. Er weiß, daß der BdU Erfolge von ihm erwartet. Ein berühmter Name und ein Ritterkreuz verpflichten, aber wenn die Männer auf der Brücke kein Schiff in Sicht bekommen, obwohl wir alle altbekannten Nordsüd-Dampferrouten kreuzen, kann auch er nichts machen. Nur bei uns im Funkraum ist immer Betrieb. Wir überwachen den Atlantik von Grönland bis Kapstadt.

Nach dem Auftauchen ein Ruf von der Brücke: »Unser Wal ist wieder da!« Er spaut so stark, daß die Wache auf der Brücke naß wird. Die Männer fluchen und verlangen Regenzeug. Ein homerisches Gelächter geht durchs Boot. Gott sei Dank, wir können noch lachen...

1. August 1941. Wind NNO 2, kaum bewegte See, helle Mondnacht, gute Sicht. Die ganze Nacht zieht der Wal mit uns nach Nordwesten. Am Morgen stehen wir auf 26 Grad 52 Minuten Nord, 30 Grad West. Der Kommandant läßt auf 55 Grad drehen, das ist Kurs Casablanca. Der Wal verläßt uns tauchend und spautend. Wir sind wieder allein in der Weite des Atlantiks.

Nur sanft hebt und senkt sich das lange Vorschiff in der leichten Dünung. Um 11.25 Uhr Eingang FT 0945/1/138: »An U 109, 93, 94, 124. Aufklärungsstreifen bilden von DG 6835 nach DG 3835 am 3. Aug. 08.00, Kurs 75 Grad Vormarschgeschwindigkeit 180 sm je Tag in Kurslinie. Keine Angriffsbeschränkung auf bestimmte Ziele. Nach Feindberührung anstreben richtige Position im Aufklärungsstreifen wieder einzunehmen. Portug. Hoheitsgewässer um Madeira umgehen. BdU.«

2. August 1941. Heute sind wir seit fünf Wochen in See und haben noch keine Tonne versenkt. Es ist verdammt heiß im Boot. Dazu kommt, daß das Trinkwasser knapp geworden ist, denn der Trinkwassererzeuger ist seit Tagen ausgefallen. Die Männer der Maschine versuchen vergeblich, ihn wieder in Gang zu bringen. Der LI hat den Trinkwasserhahn in der Kombüse mit einem Vorhängeschloß abgesichert. Es gibt nur noch einen Becher Wasser pro Mann am Tag. Gewaschen wird nur noch mit Seewasser und Seewasserseife. Solange wir noch die Literflasche Eau de Cologne haben, kann uns nichts erschüttern. Rasiert wird sowieso nicht. Wir ähneln langsam einer Räuberbande aus den Ardennen. Da es zu wenig Wasser gibt, trinken wir den Rotwein der *Thalia.*

3. August 1941. Der Wind hat etwas aufgefrischt: NO 3, bedeckt, mittlere Sicht. Es kommt schlechtes Wetter auf. Regenschauer jagen über die See. Es ist Sonntag und im Rundfunk wird das »Deutsche Volkskonzert« übertragen. Die Lords liegen auf den Kojen und träumen von der Heimat, aber es hat wenig Sinn, an sie zu denken. Wir haben 24 Aale an Bord und noch kein Ziel gefunden.

4. August 1941. Weiterhin Kurs 75 Grad. Es brist langsam auf. U 66 unter Korvettenkapitän Zapp hat Einlaufmeldung Lorient abgegeben. Die Geleitzugschlacht westlich der spanischen Küste scheint ohne Verluste abgelaufen zu sein. Es wird kein Boot gerufen. Im Juni sind wahrscheinlich zwei Boote verlorengegangen. U 138, Gramitzki, stand zuletzt etwas westlich von Cadiz. Keine Meldung mehr. U 147, Wetjen, ist im Nordatlantik verschollen. Der Versenkungsdurchschnitt im Juli war sehr schlecht. Irgendwo laufen im Atlantik dicke Geleitzüge, die wir nicht erfassen, weil wir zu wenige Boote und keine Luftaufklärung nach Westen haben. Heute sind wir nach langer Zeit wieder auf 120 m getaucht. Die Sehrohrbuchsen lecken sehr stark. Es kommt viel Wasser ins Boot. Wie soll das bei einer Verfolgung werden?

Eingang FT 07/4/165: »Boote westlich Gibraltar: Kurs Ost, Marschfahrt U 124 und U 109 Fahrt auf Etmal 240 sm erhöhen. BdU.«

5. August 1941. Wir stehen 60 Seemeilen südlich von Madeira. Seegang 6–7. Lange Atlantikdünung. Brecher orgeln über den Turm, aber es ist hier nicht so kalt wie im Nordatlantik. Ein Regenschauer jagt den anderen. Die Sicht ist dadurch denkbar schlecht. Im Turm ist ein Mann ständig damit beschäftigt, die Gläser der Brückenwache trockenzuputzen. Der Rudergänger im Turm hat Ölzeug an, denn durch das offene Luk kommt viel Wasser. Alles ist feucht im Boot.

Um 10.00 Uhr läßt der Kommandant auf Kurs 90 Grad gehen, um nicht in die portugiesischen Hoheitsgewässer vor Madeira zu geraten. Ringelmann meldet aus dem Nordatlantik zwei Schiffe mit insgesamt 12.000 BRT versenkt. Vor fünf Monaten haben wir noch zusammen in der Ostsee die »Taktischen Übungen« gefahren. Am Nachmittag Eingang FT 1656/5/128: »Boote westlich Gibraltar: 1. In den nächsten Tagen wird Auslaufen eines Geleitzuges aus Gibraltar erwartet. 2. Bis Auslaufen dieses Geleitzuges besetzen als Angriffsräume U 93, U 94, U 109, U 124 – DJ 1542, Tiefe 60 sm. BdU.«

6. August 1941. Wir stehen östlich von Madeira und laufen

mit langsamer Fahrt Kurs 70 Grad. Der Wind hat mächtig aufgefrischt. Das Boot rollt stark in der gewaltigen Dünung. Tief taucht das lange Vorschiff in die heranrollenden Wogen, und dann knallen Brecher gegen den Turm, daß das ganze Vorschiff erbebt. Die Brückenwache steht dauernd im Wasser und kann kaum etwas sehen.

Um 12.00 Uhr läßt der Kommandant zum Unterwassermarsch tauchen. Otto Peters kommt aus der Zentrale und wischt sich mit dem Schweißtuch, das er immer um den Hals hängen hat, das Gesicht ab. Provozierend sagt er: »Warum stehen da eigentlich immer vier Mann auf der Brücke? Einer genügt doch, wo es keine Dampfer mehr gibt im Atlantik.« Wir schlürfen schweigend unseren Kaffee und wissen, daß er uns reizen will. Grinsend setzt er sich zu uns und gießt sich Kaffee ein. »Junge, Junge«, fängt er im Selbstgespräch wieder an, »da haben wir 24 Torpedos an Bord. Ich glaube, so viele hat noch nie ein Boot mitgehabt. Ob wir die bis Weihnachten verschossen haben?« Keiner antwortet ihm. Dann stößt er mich an. »Das wird 'ne lange Fahrt. Und so lange ohne Frauen. Nee, ick steige aus.« Da donnert es plötzlich in der Ferne. Zwei scharfe Detonationen. Wir sehen uns an. »O Gott«, sagt Otto, »wenn ich an unsere Blasenbahn denke.«

»Funkmaat Hirschfeld in die Zentrale«, wird gerufen. Ich mache mich sofort auf den Weg. Obermaschinist Schewe steht hinter dem Kartentisch neben der Stabantenne und winkt mich heran. »Ihre Antenne ist undicht. Sehen Sie mal hier oben die Stopfbuchsen.« Er leuchtet mit seiner Stablampe. Ein feines Rinnsal läuft an dem dicken Rohr der ausfahrbaren Stabantenne entlang in die Bilge. Ich sehe Schewe an. »Sie wollen doch nicht wieder die Stopfbuchsen wie beim Peiler auseinandernehmen?« Er sieht auf seine Hände, die in Lederhandschuhen stecken, und schüttelt den Kopf. »Nee, alles was von der Funkerei mit Luft aus und eingefahren wird, fasse ich nicht wieder an. Meine Hand ist noch verbunden. Wir können höchstens die unteren Buchsen so fest anziehen, daß kein Wasser mehr kommt. Aber dann können Sie das Ding auch nicht mehr ausfahren.« – »Gut«, sage ich. »Machen Sie das ruhig. Wir werden doch nicht dazukommen, unter Wasser zu senden.«

Wie ich durch den Offiziersraum nach vorne gehe, hält mich der II WO am Arm fest. »Ich knoble immer noch an dem Offiziersfunkspruch von gestern nacht. Sie müssen mir helfen. Aber Schnauze halten, klar?« – »Selbstverständlich, Herr

Leutnant«, sage ich. Wir gehen die Einstellung des Schlüssels durch, und ich finde bald den Fehler. Der Text verschlägt mir die Sprache.

»Achtung, Sabotageverdacht bei U-Boot-Torpedos. Bei zwo von Unternehmung zurückgebrachten Torpedos äußerer Ring des G. A. im oberen Lager durch Einschieben von Packungsmaterial schwergängig gemacht. Gleichzeitig Winkelverstellung, so daß mit Sicherheit Kreisläufer. G. A. sämtlicher Torpedos nachprüfen. Ähnliche Feststellungen mit Torpedonummer sofort melden. BdU.«

Keller sieht mich an. »Verdammte Schweinerei. Da können wir uns mit den eigenen Torpedos versenken.« Er eilt mit dem FT sofort zum Kommandanten, der den Torpedomaaten Werner Borchardt kommen läßt und ihm den Befehl gibt, die Regelung aller Torpedos durchzuführen. Die Torpedomixer arbeiten im Schweiße ihres Angesichts bis 22.00 Uhr. Endlich können wir auftauchen und erhalten prompt ein FT. »An Boote westlich Gibraltar: Bei Beginn des Auslaufens des Geleitzuges ergeht an die Boote Stichwort ›Aufmarsch‹. Auf dieses Stichwort besetzt U 109 als Angriffsraum DJ 2125. Von dann ab Angriff frei nur auf Geleitzüge und besonders wertvolle Einzelfahrer. BdU.«

7. August 1941. Wir stehen 200 sm vor Casablanca. Der Wind scheint etwas nachzulassen, aber die See rollt noch sehr stark. Eingang FT 0938/7/178: »Auslaufen des Geleitzuges wird für den 8. 8. erwartet. Unbedingt ungesehen bleiben. Funkstille halten bis auf taktisch wichtige Meldungen. BdU.«

Otto Peters kommt am Funkraum vorbei und steckt sein unrasiertes Räubergesicht herein. »Was spricht man in Heizerkreisen? Geht es wieder los mit einem verfluchten Geleitzug?« – »So ist es, Otto, und ich hoffe nur, daß wir nicht Fühlungshalter werden.« Fühlung halten ist für Schiffsführung und Funkerei aufreibender als ein Angriff.

Das Trinkwasser ist weiterhin knapp, es ist aber nicht mehr so heiß im Boot.

8. August 1941. Weiterhin starke Dünung. Bedeckt, helle Mondnacht. Wind frischt auf. Das Boot stampft und schlingert wild. Um schlafen zu können, muß man ein Bein durchs Kojengitter flechten. Vergeblich warten wir auf das Stichwort vom BdU. Am Nachmittag meldet U 93 einen Verband, bestehend aus einem Schlachtschiff, einem Truppentransporter und zwei Zerstörern, Kurs West. Fährt er Aufklärung oder soll er als Lockvogel dienen?

Eingang FT 2100/8/114: »Gibraltarboote: Kein uferloses Nachjagen auf Meldung von U 93 hin. Aufmarschräume müssen auf Stichwort ›Aufmarsch‹ innerhalb 16 Stunden erreichbar bleiben. Auslaufen des Geleitzuges wir für 9. Aug. 41 erwartet. BdU.«

Der Befehl ist mir nicht verständlich. Ich würde mit allen verfügbaren U-Booten versuchen, die Überwasserstreitkräfte zu vernichten. Dann hätten unsere schnellen Kreuzer und Schlachtschiffe eine größere Chance, Geleitzüge zu vernichten. Der Große Kreuzer *Admiral Hipper* hat Mitte Februar vor Gibraltar auf einen Schlag 79.000 BRT versenkt.

9. August 1941. Wir sind seit sechs Wochen in See und haben noch kein Schiff versenkt. Der Wind bläst aus Nord mit Stärke sechs, Seegang fünf. Es ist bedeckt, aber die Sicht ist gut. Der Tag vergeht, ohne daß wir etwas von dem Geleitzug hören, am Abend geht es los. Eingang FT 1806/9/135: »Aufmarsch. Geleitzug begann am 9. August auszulaufen. BdU.« Dann folgt FT auf FT. Die Boote erhalten geänderte Angriffspositionen. »Bleichrodt Quadrat 2215, Höchstfahrt!« Eingang FT 1901/9/139: »Gibraltarboote: Neue Angriffsräume müssen bis Hellwerden 10. Aug. eingenommen sein. BdU.« Eingang FT 2145/9/142: »Gibraltarboote, die neue Position nicht rechtzeitig erreichen können, dies nicht melden. BdU.«

Die Diesel hämmern »Große Fahrt«. Tief wühlt sich das Vorschiff in die anstürmende See. Die Brecher orgeln über den Turm. Es knallt und kracht gegen die Turmverkleidung. Manchmal ist der Turm samt Brückenwache sekundenlang unter den Wassermassen begraben. In der Zentrale läuft die Lenzpumpe, weil oft das Turmluk vor den überrollenden Brechern nicht mehr rechtzeitig zugedrückt werden kann.

So jagen wir durch die kochende See, um zu unserer Position 20 sm vor der afrikanischen Küste zu kommen. Laut Agentenmeldung aus Tarifa, von wo man den Geleitzug mit guten Gläsern beobachten kann, läuft er mit Kurs Südwest die afrikanische Küste entlang. Wenn er diesen Kurs beibehält, werden wir Fühlungshalter. Ferdinand teilt meine Befürchtung. Der Funkverkehr der Leitstelle Kernevel nimmt zu; die Boote halten aber eisern Funkstille.

Nach Agentenmeldung soll das Geleit aus 70 Schiffen bestehen, darunter aber viele Dampfer von nur 1500 BRT bis 2500 BRT. Der Alte flucht leise vor sich hin. Als ich die Befürchtung äußere, daß wir Fühlungshalter werden, lächelt er. »Keine Sorge, Funkmaat. Nach der ersten Meldung greifen wir an, jagen durch das ganze Geleit und schießen aus allen Rohren. So habe ich das auf U 48 mit Suhren auch gemacht. Aber 70 Schiffe. Mein Gott, welch ein Geleit!« Er schüttelt den Kopf und gibt mir die Kladde zurück.

Leider stand in den bisherigen Meldungen nichts über die Sicherung des Geleits. Wir wissen nicht, ob nur Zerstörer und Korvetten oder auch schwere Einheiten dabei sind. Im Boot wächst die Spannung.

10. August 1941. Helle Mondnacht. Mittlere Sicht. Die See geht immer noch hoch. Um 1.45 Uhr Eingang FT 0058/10/144: »Geleit hat mit Kurs West 19.15 Uhr gestern unter Afrikaküste Tarifa passiert. Admiralität warnt vor U-Boot in Quadrat CG 8866 am 9. 8. 20.00 Uhr. BdU.« Das ist weit nördlich von uns.

Grau kommt der Morgen herauf. Wolkenfetzen jagen über uns und die Sonne kommt nicht durch. Eingang FT 0722/10149: »U 79 bis U 109: Angriffsräume 30 sm, quer zur Anmarschrichtung des Geleitzuges hin und her dampfen. BdU.« Wir sind auf Position und stampfen auf und ab. Der Tanz kann jeden Augenblick losgehen, sofern das Geleit nicht schon längst Kurswechsel gemacht hat. Im FT-Raum sind wir vorbereitet. Der Sender ist vorgewärmt und eingestellt. Nur den Antennenstöpsel zum vorderen Netzabweiser habe ich herausgezogen, damit der Sender nicht strahlt.

Wir lassen uns unser Sonntagsessen schmecken. Die Backschafter haben gerade abgeräumt, als um 13.45 Uhr die Alarmklingeln durchs Boot rasen. Die Wache kommt polternd von oben. Der LI jagt am Funkraum vorbei in die Zentrale. »Fluten!« tönt es gleich darauf aus den Lautsprechern. Die Entlüftungen knallen auf, und steil neigt sich der Bug nach unten. Ich habe die Tauchzeit gestoppt. Bis zum Ausdrücken der Untertriebszellen waren es 35 Sekunden, trotz schwerer See. Das ist sehr beruhigend. Wir haben noch nichts verlernt. Ich begebe mich in den Horchraum, wo Hümpel schon am GHG sitzt. Gleich darauf steht der I WO neben mir und sagt, daß wir trotz starker Sichtverschlechterung auf 7000 Meter einen Dreischornstein-Zerstörer gesichtet haben-.»Warum bleiben wir auf Sehrohrtiefe?« frage ich. Schwartzkopff lächelt. »Der Kommandant ist entschlossen, diesen Burschen umzulegen, falls er in unseren Schußbereich kommt.« Wir können sein Schraubengeräusch nicht erfassen, und ich höre, wie der Alte im Turm wieder über das GHG schimpft. Dann gerät der Zerstörer langsam aus Sicht.

Schon werden Vorbereitungen zum Auftauchen getroffen, als er an Backbord achteraus wieder gesichtet wird. Ich hänge mit dem Ohr am Sprachrohr und höre, was der Alte so von sich gibt: »Er kommt genau auf uns zu. Das ist sonderbar. Er kann uns gar nicht gesehen haben. Petersen, schreiben Sie mit. Hohe, schmale Brücke, drei Schornsteine, von denen der Abstand zwischen den beiden letzteren größer ist. Hoher, schmaler Vordermast mit großem Krähennest. Achtern nur kurzer Signalmast.« Dann ist es eine Weile still im Turm; nur der Elektromotor des Sehrohrs schnurrt ab und zu. Der LI hat große Mühe, bei dem starken Seegang das Boot auf Sehrohrtiefe zu halten.

»Auf Gefechtstationen«, ruft jetzt der Kommandant. Es geht also doch los. Maureschat zieht am Vorhaltrechner im Turm auf. Die Mixer machen die vorderen Rohre klar. Auf einmal hören wir die Schrauben auch im GHG. »Dann ist das Gerät doch in Ordnung«, meint der I WO. »Natürlich«, sage ich. »Es liegt nur am Wasser und hier an dieser geringen Tiefe.«

Die Spannung im Boot wächst. Endlich haben wir einmal einen von diesen verdammten Zerstörern vor den Rohren. Wenn nur die Aale nicht versagen. »LI – halten Sie das Boot unten«, höre ich den Alten plötzlich schreien. Das Sehrohr wird eingefahren. »Bitte um Fahrterhöhung! Kann Boot so nicht halten«, schreit der LI. Mir läuft es kalt über den Rücken. Wenn wir jetzt oben durchbrechen, sieht uns der Zerstörer bestimmt.

Aber der LI schafft es. Nur sind wir jetzt zu tief, und der Alte kann selbst mit völlig ausgefahrenem Sehrohr nichts sehen. Der Zerstörer wandert im GHG schnell nach Backbord aus. Ich melde es in den Turm. Dann kommt endlich das Sehrohr wieder frei. »Verdammter Mist«, höre ich den Alten fluchen. »Jetzt hat er abgedreht. Den kriegen wir nicht mehr.« Auf allen Stationen betretenes Schweigen. War der LI nun schuld? »Wegtreten von Gefechtsstationen«, tönt es wenig später aus den Lautsprechern. Der Zerstörer läuft ab, aber wir müssen warten, bis er hinter der Kimm verschwunden ist. Als wir dann um 15.50 Uhr endlich auftauchen können, läuft schon das erste Alfa-Signal von U 79: »Feindlicher Geleitzug in Sicht. Qu. 8661.« Also hat er doch den Kurs geändert, wenn er jetzt südlich Kap Vincent steht. U 79 wurde aber durch Zerstörer abgedrängt und hat die Fühlung wieder verloren. Mit Kurs 310 Grad jagen wir durch die See, um uns vorzusetzen.

11. August 1941. Es ist eine helle Nacht, aber diesige Kimm. Wieder orgeln die Brecher über den Turm. U 401, Zimmermann, wird aufgefordert, sich zu melden. Sonderbar, den Namen habe ich nie gehört. Muß ein neues Boot sein. Sollte es auf der ersten Fahrt verschollen sein?

Grau kommt der Morgen herauf. Ab und zu reißt die Wolkendecke auf. Das ist hier in der Nähe von Gibraltar gefährlich. Um 9.20 Uhr fällt die Kühlwasserpumpe des Backborddiesels aus. Wir laufen nur noch mit einer Maschine. Gegen 11.00 Uhr rasen die Alarmklingeln durchs Boot. Steil geht es nach unten. Ein Flugzeug, das direkt aus den Wolken kam, höre ich. Wir sind schnell auf 60 Meter Tiefe. Dann knallt es ohrenbetäubend und gleich darauf noch einmal. Neben mir steht Leutnant zur See Keller, der die Wache gehabt hat. »Die lagen voraus«, sagt er. »Muß ein ausgekochter Hund sein. Hat nicht auf die Tauchstelle geworfen.« Aus den einzelnen Abteilungen laufen die Meldungen ein. »Keine Schäden.«

Jetzt kommt der Kommandant aus der Zentrale. »Keller, Sie müssen einen Mann zusätzlich auf die Brücke nehmen, der nur die Luft beobachtet. Wenigstens solange wir in der Bucht von Gibraltar sind.« Keller nickt. »Jawoll, Herr Kaleu. Wie lange sollen wir unten bleiben?« – »Wir bleiben eine Stunde auf 60 Meter. Dann wird er wohl weg sein.« In der Ferne grollt es wie Donner. Da werden Wasserbomben geworfen. Das muß der Konvoi sein.

Ich gehe in die Zentrale, um nach Stabantenne und Peiler zu sehen. Die Antenne ist jetzt dicht, aber am Peiler tropft es. Obermaschinist Schewe lehnt am Sehrohrschacht und macht ein bedenkliches Gesicht. »Und das bei nur 60 Meter«, sagt er. »Bei 100 Meter werden die Männer am Tiefenruder Ölzeug anziehen müssen.« – »Was ist denn das für ein Geräusch da hinten im Boot?« frage ich. Schewe nickt besorgt. »Die Dieselkupplungen schlagen immer stärker. Muß weit zu hören sein. Aber wir können nichts machen.«

Ein neuer Donner grollt durch die See, gar nicht so weit entfernt. Der Obersteuermann am Kartentisch sagt: »Da machen sie einen fertig.« Wir können ganze Serien von Detonationen zählen; das sind keine wahllos geworfenen Schreckbomben.

Wenn das Grollen in unserer Nähe für einige Augenblicke aussetzt, hören wir in der Ferne Donner. Otto Peters schüttelt den Kopf. »Was mögen nur die Fische denken. Immer dieser Krach.« Der Alte will sehen, was los ist, und läßt Oberfläche ansteuern. Schraubengeräusche sind im GHG nicht zu hören.

Ein Rundblick mit dem Sehrohr. Die See und der Himmel sind frei. »Auftauchen!« Weiter geht es mit einem Diesel. Wir holen die fehlenden FTs herein.

Eingang FT 1136/11/180: »Geleitzug stand 8.00 h CG 8226, Kurs Lissabon. BdU.« Die Lage ist sehr undurchsichtig. Mehrere Boote geben Geleitsichtmeldungen, aber in verschiedenen Gebieten.

Eingang FT 1317/11/187: »Mit Höchstfahrt auf Geleitzug U 93 operieren. BdU.« Darauf läßt der Kommandant auf nördlichen Kurs drehen.

Gegen 14.30 Uhr sehen wir plötzlich zwei U-Boote voraus. Nach ES-Austausch werden sie als U 124 und U 331 erkannt. Von U 331 kommt ein Winkspruch, wonach eine Condor-Maschine den Geleitzug in rechtweisender Peilung von 210 Grad gemeldet hat, allerdings mit ungenauem Standort. Der Kommandant operiert weiter auf den von U 93 gemeldeten Geleitzug. Es kommen neue Meldungen über einzelne Kolonnen mit den unmöglichsten Kursen. Hat sich das Geleit vielleicht geteilt? Einmal werden 3 Dampfer und 4 Zerstörer gemeldet, ein andermal 8 Dampfer und 7 Torpedoboote oder Korvetten. Verdammt viel Sicherung. Um 15.45 Uhr ein FT-Signal: »Feind in Sicht Qu. 5876, westl. Kurs, geringe Fahrt. U 94.« Jetzt ist alles durcheinander. Der Alte läßt um 16.00 Uhr tauchen, um den Backborddiesel in Ordnung bringen zu lassen.

»Das Theater mit diesem Geleitzug kommt mir wie ein Ablenkungsmanöver vor, um so viele U-Boote wie möglich an dieser Stelle des Atlantiks zu binden«, sagt der Alte zum IWO. »Währenddessen laufen die Geleite ungestört von Kanada nach England.« Der BdU scheint aber ganz wild auf diesen Geleitzug zu sein und gibt durch: »Ran! Dieses Geleit darf auf keinen Fall England erreichen. BdU.«

Um 22.00 Uhr können wir endlich wieder auftauchen. Dabei wird festgestellt, daß die Bordanblaseventile eins, acht und fünf hängen. Die Anblaseleitungen sind vollgelaufen. Es kann nur ganz langsam und vorsichtig angeblasen werden. Auch die Dieselabgasklappen sind undicht. Weiter geht die Suche mit wechselnden Kursen in die Nacht.

12. August 1941. Nach dem Auftauchen haben wir die fehlenden FTs hereingeholt. U 79, Kaufmann, meldet, daß er bei Kap Vincent schwer angeschlagen wurde und den Rückmarsch antreten muß. Es war also die Wabo-Verfolgung von U 79, die wir gehört haben.

Dunkle Nacht, steifer Nordwind, Seegang sechs, hohe Dünung und sehr schlechte Sicht. Die Lage wird immer unklarer, denn die Meldungen über Kurs, Fahrt und Standort des Geleits widersprechen sich laufend. Sicher ist nur, daß er in mehrere Gruppen aufgeteilt wurde, die hin und her zacken, um uns zu verwirren. Die Boote melden auch, daß sie jedesmal entdeckt werden, sobald sie das Geleit gesichtet haben. Zerstörer oder Korvetten laufen mit Stichfahrt auch in der Dunkelheit auf sie zu. Das war noch nie so; irgend etwas stimmt da nicht.

Um 2.12 Eingang Signal von U 331: »Feindl. Geleitzug in Sicht. Quadrat 5477. Sicherung steht vor dem Geleitzug. NW-Kurs.« Um 3.05 wieder ein Signal von U 331: »Der richtige Standort des Geleits ist Quadrat 5474, Fahrt sieben Seemeilen.« Und um 4.25 Uhr erneut ein Signal von U 331: »Geleit steht 4696.« Auf Grund dieser Meldungen will der Kommandant nun operieren.

Grau in grau kommt der Morgen herauf. Gegen 8.00 Uhr scheinen die Männer auf der Brücke etwas an der Kimm entdeckt zu haben, aber gleich darauf müssen wir vor einer Sunderland wegtauchen. Wir wissen nicht, ob sie uns gesehen hat. Es fallen jedenfalls keine Bomben. Wir bleiben eine Stunde unter Wasser. In der Ferne hören wir das schwere Rollen der Wabos.

Gegen 16.00 Uhr geht es neuerlich in den Keller. Ich gehe ans Zentralluk, um zu hören, was los ist. Schwartzkopff meldet dem Alten, daß eine Liberator direkt auf uns zugeflogen kommt. Steil geht es auf 60 Meter Tiefe. Dann knallt es ohrenbetäubend. Eine einzige Bombe, die aber ziemlich nah saß. Walter Gross, der am Tiefenruder sitzt, sagt ganz laut: »Das kenn ich. Der ist sparsam. Der wartet auf uns.«

Wir sind ungefähr eine Stunde unter Wasser, als es erneut hinter uns knallt. Eine Fliegerbombe, genau in unserem Kielwasser, obwohl der Kommandant mit wechselnden Kursen nach Westen hat steuern lassen. »LI, wir müssen eine Ölspur haben«, sagt der Alte. »Oder meinen Sie, daß der Bombenwurf eben Zufall war?« – »Herr Kaleu, das können wir nur über Wasser feststellen.« Es bleibt uns aber nichts übrig, als zunächst weiter unter Wasser zu bleiben. Als wir nach einer Stunde endlich auftauchen, entdecken die Männer auf der Brücke eine Ölspur. Der Kommandant macht ein finsteres Gesicht. Mit diesem Boot soll er einen stark gesicherten Geleitzug angreifen. Dazu noch die Blasenbahn, deren Ursache bisher nicht gefunden worden ist.

Unter den FTs, die nun eingehen, ist eine Meldung von Kapitänleutnant Hardegen, den wir noch im Süden vor Freetown wähnten. Er muß sehr schnell heranmarschiert sein. Unter Wasser stehend, wurde er vom Geleitzug überlaufen. Ihm allein ist es gelungen, dieses Geleit zu sehen, und er meldet, daß in der Mitte ein großer Kreuzer fährt, der von vier Zerstörern abgedeckt wird. Der Kreuzer führt eine Matratze im Mast, wahrscheinlich ein Ortungsgerät. Um das Hauptgeleit fährt ein Ring enger Sicherung und weiter draußen ein Ring weiter Sicherung. Das sieht übel aus. An diesem Geleitzug werden wir uns wohl die Zähne ausbeißen. Wenn er mit seinen großen Zacken so weiterläuft, ist er in zwei Wochen noch nicht in England. Alles sieht wie die Generalprobe einer neuen Abwehrmethode aus.

Wie konnte Hardegen nur so schnell hier oben sein? Immer muß ich an seinen FT aus dem Süden denken, wo er auch an einem Geleit war. »Von Hilfskreuzer *Rio Azul* abgedrängt, versenkt, stoße nach. Hardegen.« Das war einer der klassischen FTs, die in Funkerkreisen nicht vergessen werden.

Wir operieren jetzt aufgrund von Hardegens Angaben. Gegen 19.00 werden auf der Brücke Mastspitzen gesehen. Wir halten vorsichtig Abstand, um in der Dunkelheit heranzustaffeln. Das Wetter ist günstig. Der Himmel bedeckt, einzelne Regenschauer. Der Kommandant hat sich auf die Koje gelegt, um für die lange Nacht etwas ausgeruht zu sein. Da rasen die verdammten Alarmklingeln durchs Boot. Wieder geht es steil nach unten. Schwartzkopff, der immer noch die Wache hat, meldet: »Zerstörer, Herr Kaleu. Kam von Backbord querab mit Lage null. War in einer Regenböe.« – »Hat er uns gesehen?« Schwartzkopff schluckt. »Bestimmt hat er uns gesehen, Entfernung war knapp 6000 Meter.«

Ich gehe in den Horchraum, wo mir Hümpel schon den zweiten Hörer reicht. Obwohl es noch nicht ruhig im Boot ist, können wir das Zwitschern der Zerstörerschrauben hören. Der Alte kommt zum Horchraum. »Hört ihr ihn?« – »Jawoll, Herr Kaleu. Kommt genau von 270 Grad.« – »Gut. An LI: Auf 100 Meter gehen.« Dann folgen noch Kursanweisungen. Immer näher mahlen die verdammten Schrauben. Die Spannung im Boot wächst ins Ungeheure. Schließlich werden wir von einer Gigantenfaust geschüttelt. Es sind nur drei Detonationen, aber sie liegen ziemlich nahe. Zum Glück genau hinter dem Boot, denn in der Längsrichtung haben wir die größere Stabilität. In der Zentrale ist ein Wasserstandglas gerissen. Ich habe mich am Horchgerät festgehalten. Hümpel starrt mich aus großen Augen an. »Soll das wieder so werden wie vor Grönland? Ich werde noch verrückt«, sagt er mutlos. »Aber nein, Hümpel«, sage ich. »Es ist doch nur ein Zerstörer. Da, jetzt dreht der Hund.« Ich melde es dem Alten, und wir schlagen einen Haken und gehen auf 150 Meter. Wenn nur der Peiler nicht so lecken würde. Die Männer am Tiefenruder fluchen.

Der Zerstörer dreht immer noch. Jetzt läuft er genau über uns hinweg. Wir halten den Atem an. Die Schrauben sind im ganzen Boot zu hören. Von achtern bis vorn wissen alle, was das zu bedeuten hat. Ich halte mich krampfhaft am GHG fest. Die Angst preßt einem die Brust zusammen. Gleich muß es losgehen. Aber die Schrauben zwitschern weiter. Gerade als wir zischend ausatmen, geht das Inferno los. Wahnsinnige Schläge treffen das Boot. Diesmal liegen die Detonationen etwas mehr an Backbord. Mitten in dem anhaltenden Krachen höre ich den Alten schreien: »Beide Maschinen AK voraus!« Langsam verlöscht das Licht, und die Notbeleuchtung geht an. Was ist in der Maschine los? Nachdem die Druckwellen verebbt sind, zittert das Boot immer noch. Ich sehe an meinen Umdrehungszeigern, daß wir äußerste Kraft laufen. Also muß die E-Maschine noch intakt sein. Auch das GHG funktioniert noch, denn wir haben den Zerstörer gleich wieder im Ohr. Er hat noch nicht ein einziges Mal gestoppt, um zu horchen. Asdic-Impulse sind auch nicht zu hören, und trotzdem liegen seine Wabos ziemlich genau.

Aus den einzelnen Räumen laufen die Meldungen in der Zentrale ein. Im Vorschiff ist alles klar. Nur aus dem Heckraum wird gemeldet, daß die Stevenbuchsen und einige Außenbordverschlüsse stark lecken. Das Licht geht an; also ist auch die E-Maschine wieder klar. »Diesmal hat er sechs Bomben geworfen«, sagt Keller. Ich nicke. »Vielleicht steigert er sich jedesmal. Das kann ja heiter werden.«

Der Bursche da oben läuft noch immer mit Höchstfahrt. Jetzt verstehe ich das Manöver unseres Alten. Weit hinter unserem Heck schneidet der Zerstörer unseren Kurs, und dann rollt der Donner durch die See. Aber diese Wabos können uns nichts mehr anhaben.

Werner Borchardt kommt zum Horchraum und sagt: »Siehste, Wolf, jetzt müßte man Torpedos haben, die man aus der Tiefe abschießen könnte.« – »Aber, aber«, erwidert Keller, »wie wollen Sie denn zielen?« Werner winkt lächelnd ab. »Bei dem heutigen Stand der Technik könnte man doch ein Mikrofon in den Kopf einbauen. Dann wird er auf das Schraubengeräusch eingestellt. So ein Aal würde ganz bestimmt treffen.« Keller nickt. »Leuchtet ein. Vor allem, wo der da oben mit höchster Fahrt läuft. Der könnte den Aal gar nicht horchen.«

Der Zerstörer hat wieder einen Kreis geschlagen und schneidet hinter uns den Kurs. Irgendwie muß er sich an unserer Ölspur orientieren. Noch einmal rollen sechs furchtbare Detonationen durchs Wasser, dann läuft er plötzlich ab. Als wir nach dem Abklingen der Geräusche auftauchen, ist oben finstere Nacht.

Der Kommandant läßt auf 270 Grad drehen, da er glaubt, daß das Geleit westlich von uns steht. Um 21.40 Uhr empfangen wir ein Signal von U 123, Hardegen: »Geleitzug steht Quadrat CG 4551, 300 Grad, 7 sm.« Daraufhin kommt vom BdU ein FT, in dem neue Suchsektoren angegeben werden. Wir drehen auf 240 Grad und suchen weiter.

13. August 1941. Es ist finstere Nacht und die See geht immer noch hoch. Die Männer auf der Brücke haben es nicht leicht. Wir müssen ganz nahe am Geleit sein, denn es werden mehrere Schatten gesichtet. Aber immer sind es Bewacher, vor denen wir abdrehen müssen. Es ist sonderbar: Sie kommen immer von dort, wo der Kommandant das Geleit vermutet, mit Lage Null auf uns zu. Wenn wir dann mit Höchstfahrt abdrehen, laufen sie in die Richtung, in der wir vorher standen. Anscheinend sehen sie uns gar nicht. Der Kommandant schließt daraus, daß sie nicht über eigene Funkgeräte verfügen, sondern von dem Kreuzer geleitet werden.

Gegen 1.00 Uhr läßt der Alte auf südlichen Kurs drehen, weil er glaubt, an dem Geleit vorbeigestoßen zu sein. Auch von den anderen Booten werden keine Erfolge gemeldet. Es gelingt scheinbar nicht, die Weitsicherung zu durchbrechen. Wir können auch keine Torpedodetonationen beobachten. Um 2.45 Uhr Eingang FT 0237/13/128: »Ital. U-Boot meldet Geleitzug in CG 4439.« Das scheint dem Alten aber sehr unwahrscheinlich zu sein, da wir dieses Gebiet in den letzten vier Stunden abgesucht haben. Dann wieder ein Signal von U 331: »Geleitzug in Sicht Quadrat 4153.« Bruno Petersen schüttelt verzweifelt den Kopf, wenn er die Meldungen auf der Seekarte einträgt.

U 331 will Peilzeichen senden. Wir können sie aber nicht hören. Wahrscheinlich ist der Peiler abgesoffen. Ein anderes Boot meldet, daß eine Sunderland auch nachts über dem

Gebiet fliegt. Als der Morgen graut, werden wieder Mastspitzen gesichtet, gleich darauf kommt prompt ein Zerstörer mit Höchstfahrt auf uns zu. Das kann doch kein Zufall sein. Bei dem aufkommenden Tageslicht können wir nicht mehr über Wasser entkommen. Der Kommandant entschließt sich deshalb trotz der Ölspur zum Wegtauchen. Unter Wasser wird sofort Kurs gewechselt. Wir laufen jetzt mit großer Fahrt nach Norden, während der Zerstörer von Osten angebraust kommt.

Der Alte kommt zu mir in den Horchraum. »Haben Sie ihn?« – »Jawohl, Herr Kaleu. Es wird schnell lauter.« – »Gut. Passen Sie auf, ob er auf unseren Kurs eindreht oder ob er auf die Tauchstelle zuläuft. Wir bleiben vorerst auf 30 Meter.« Mir läuft es kalt über den Rücken. Ich weiß sofort, was der Alte vorhat. Wenn der da oben seinen alten Kurs weiterläuft, haben wir die Chance, ihn abzuknallen. Dazu müssen wir aber auf Seerohrtiefe gehen. So bleiben wir erst auf 30 Meter.

Der Zerstörer behält seinen Kurs bei, die Rechnung des Alten scheint aufzugehen, doch plötzlich erstirbt das zwitschernde Geräusch. Ich rufe in die Zentrale: »Zerstörer stoppt.« Sofort läßt der Kommandant die hohe Fahrstufe herunternehmen. Wir machen nur noch 90 Umdrehungen. Schleichfahrt. Oben liegt der Zerstörer und horcht. Es ist totenstill im Boot, als der Kommandant zum Horchraum kommt. »Was macht er?« – »Ich höre ihn nicht mehr.« – Bleichrodt beißt sich auf die Lippen. »Aber Sie müssen doch wenigstens die Hilfsmaschinen oder sonst etwas hören.« – »Nichts! Ich höre gar nichts!« Der Alte hat eine Unmutsfalte auf der Stirn. »Ich habe ja gesagt, das Gerät könnt ihr euch in Sauer kochen.« Kopfschüttelnd steigt er durch das Kugelschott wieder in die Zentrale.

Gleich darauf steht Keller neben mir. »Was ist denn?« – »Ach«, sage ich ärgerlich, »er glaubt wieder, daß das Gerät nicht in Ordnung ist.« Keller nickt. »Er traut dem ganzen Boot nicht«, sagt er lächelnd. »Achtern machen wir ganz schön Wasser. Eigentlich können wir damit keine Wabo-Verfolgung durchstehen. Das macht den Alten nervös.« Keller schleicht zum Zentraleluk und kommt gleich zurück. »Wir gehen tiefer. Vielleicht hören Sie dann besser.«

Nach einiger Zeit hören wir tatsächlich ganz leise die Schraubengeräusche. Ich melde an Zentrale: »Zerstörer macht auch Schleichfahrt.« Keller steht immer noch neben mir. »Wenn der unsere Ölspur entdeckt«, sagt er grimmig.

Längere Zeit passiert gar nichts. Die Peilung wandert nicht aus. Nervenzermürbende Stille. Man hört, wie es aus den Außenbordverschlüssen tropft, besonders in der Kombüse.

Plötzlich mahlen die Schrauben los. »Zerstörer läuft an«, rufe ich zur Zentrale. »Auf 150 Meter gehen«, sagt der Alte. Die E-Maschinen laufen wieder große Fahrt, so daß wir schnell auf Tiefe kommen. Bei 160 Meter wird das Boot abgefangen. Ich kann hören, wie die Wasserbomben ins Wasser plumpsen, und dann geht das Höllenkonzert los. Das Boot schüttelt sich und bockt, aber es gibt keinen Wassereinbruch. Kaum zu glauben, daß wir nach dieser Wabo-Serie noch schwimmen. Der Zerstörer läuft mit Höchstfahrt weiter und wird dabei leiser. Es ist kaum zu glauben, er läuft ab. Aber wir dürfen uns nicht zu früh freuen. Vielleicht täuscht er auch nur, um uns in Sicherheit zu wiegen. Der Kommandant kommt aus der Zentrale. »Wenn er jetzt wirklich abläuft«, sagt der II WO zu ihm, »dann war er sich seiner Sache nicht sicher. Er hat uns bestimmt nicht hören können.« Bleichrodt sieht ihn mitleidig an. »Aber unsere Ölspur hat er gesehen. Sonst hätte der Reihenwurf nicht so nah gelegen. Oder sind Sie anderer Meinung?« – »Nein, Herr Kaleu. Aber warum läuft er dann ab?« Der Kommandant zuckt die Achseln. »Sicher hat man ihn zurückgepfiffen. Hören Sie doch die Wabo-Serien. Da sind andere Boote näher am Geleit, die bekämpft werden müssen.«

Der Zerstörer läuft weiter ab. Ein Glück, daß er kein Asdic hatte, denke ich, und ein Glück, daß die Männer der Maschine das Schlagen der Backbord-E-Maschinenkupplung durch Verstellen beseitigt haben. Wegen der schweren Wabo-Verfolgungen in unserer Nähe laufen wir noch weiter unter Wasser ab.

Als wir dann am späten Vormittag endlich auftauchen, müssen wir zahlreiche FTs hereinholen, darunter ein Spruch vom BdU, wonach ein Italiener um 12.00 Uhr den Geleitzug in Quadrat CG 4172 meldet. Zuletzt beobachteter Kurs 320 Grad, also der Kurs, auf dem wir waren, um uns vor den von U 331 gemeldeten Geleitzug zu setzen.

Mit langsamer Fahrt laufen wir nach Nordwesten in den Atlantik hinein, um einige Reparaturen vorzunehmen. In dieser Nacht will der Alte an das Geleit heran. Ein Angriff bei Tag scheint ihm wenig sinnvoll zu sein.

Um 15.47 Uhr gibt es wieder Alarm vor einer Sunderland. Sie fliegt ziemlich niedrig über der See und ist wohl die gleiche

Maschine, die in der Nacht über dem Geleit fliegt. Der Kommandant läßt gleich auf 100 Meter gehen. Nach 15 Minuten knallt es. Der Donner von drei schweren Detonationen rollt durch die See. Wir sehen uns erstaunt an. Das waren keine Fliegerbomben, das waren einwandfrei Wasserbomben aus der Luft. Sie lagen aber zum Glück weit ab. Etwas später fallen noch einmal drei Wasserbomben; also muß die Sunderland da oben noch herumkurven. Um 17.30 Uhr läßt der Kommandant die Oberfläche ansteuern. Während er mit dem Fliegersehrohr den Himmel absucht, beobachtet der I WO mit dem anderen Sehrohr die See und entdeckt unsere Blasenbahn. Er meldet dem Alten, daß zeitweise ein Blasenschwall aus Turmverkleidung und Verdeck aufsteigen. Manche Blasen sind so groß wie eine Handfläche. Das Fliegersehrohr wird eingefahren, und der Kommandant beobachtet durch das Angriffssehrohr die Blasenbahn. Dann läßt er auftauchen.

Aus den nun eingehenden Funksprüchen geht hervor, daß bereits drei andere Boote schwer angeschlagen sind und den Rückmarsch angetreten haben. Keines hat einen Erfolg errungen. Ist das etwa das Ende des Geleitzugkampfes? Aus den FTs am späten Abend erfahren wir, daß die Wabo-Verfolgung in unserer Nähe dem Italiener Marconi und Hardegen galt. Hardegen meldet, daß beide Diesel ausgefallen sind. Wenn er sie nicht wieder klar kriegt, ist sein Boot verloren.

In der Offiziersmesse findet eine Besprechung statt. Der LI macht klar, daß die Schäden mit Bordmitteln nicht mehr zu beheben sind. Es ist genau 22.00 Uhr, als Kapitänleutnant Bleichrodt den Befehl zum Rückmarsch gibt. Es ist sinnlos, mit diesem Boot weiter zu operieren. Wir alle sind froh, daß er sich dazu entschlossen hat, aber für ihn muß es ein schwerer Entschluß gewesen sein. Zum erstenmal in seiner Laufbahn bei der U-Boot-Waffe kehrt er mit allen Torpedos ohne Erfolg heim. Um 23.30 Ausgang FT 2226/13/158: »An BdU: Rückmarsch angetreten. Bleichrodt.«

14. August 1941. Dunkle Nacht mit geringer Sicht. Mit Kurs null Grad marschieren wir an der spanischen Küste entlang nach Norden. Eigentlich ideales Angriffswetter, wenn nur diese verdammte neue Abwehrtechnik nicht wäre.

U 94 meldet schwere Schäden durch Fliegerbombe, ist nicht mehr einsatzfähig und hat auch den Rückmarsch angetreten. U 124 unter Wilhelm Schulz hat in der vergangenen Nacht erfolglos angegriffen und wurde abgedrängt. Jetzt sind schon fünf Boote auf dem Rückmarsch.

Was wird Karl Dönitz wohl zu uns sagen? Wir kehren erfolglos zurück, und dieses Geleit kommt nun doch nach England. Es ist die erste Schlacht, die wir auf dem Atlantik verloren haben.

15. August 1941. Wir haben Kap Finisterre passiert und laufen mit Kurs 80 Grad in die Biskaya ein. Eine sehr dunkle Nacht mit schlechter Sicht. Um Mitternacht stehen wir in Quadrat BE 9457, nordwestlich Kap Finisterre.

Gestern ging westlich von uns eine Condor-Maschine verloren. U 124 hat sie qualmend mit Kurs Nordost gesichtet. Vielleicht hat die Besatzung geglaubt, noch die französische Küste erreichen zu können. Mir ist unverständlich, warum sie nicht nach Spanien geflogen sind. Die Brückenwache hat Anweisung, nach den Fliegern Ausschau zu halten. Es könnte ja sein, daß sie noch irgendwo schwimmen. Gegen Mittag wird es empfindlich kalt. Die Männer auf der Brücke müssen Lederzeug tragen. Unsere Wollsachen sind in den Spinden muffig und schimmelig geworden und müssen erst gewaschen werden.

Um 20.00 Uhr machen wir Prüfungstauchen. Die Kupplung der Backbord-E-Maschinen schlägt wieder sehr laut. Aus meinem Peiler spritzt das Wasser, daß die Männer an den Tiefenrudern nur noch im Ölzeug sitzen können. Es wird wirklich Zeit, daß wir in die Werft kommen. Um 20.30 Uhr tauchen wir auf. Es ist noch sehr hell, und Backbord voraus werden mehrere Rauchwolken gesichtet. Der Kommandant läßt auf sie zuhalten. Sollten wir doch noch zum Schuß kommen? Nach einiger Zeit werden jedoch zwei kleinere Fahrzeuge mit zwei Masten auf Kurs Süd ausgemacht; Korvetten oder sonstige Bewacher. Wir drehen ab, und mit hoher Fahrt geht es wieder auf Heimatkurs nach Lorient.

16. August 1941. Eine finstere Nacht, durch die wir mit hoher Fahrt jagen. Brennstoff spielt keine Rolle mehr. Nur schnell durch die Biskaya. Oberleutnant zur See Schwartzkopff hat die Wache von 0.00 bis 4.00 Uhr. Die Brückenwache wechselt alle vier Stunden; in der Funkerei wird dagegen nachts nur alle sechs Stunden abgelöst.

Um 2.06 Ausgang Kurzsignal: »Stehe 30 Stunden vor Einlaufhafen.« Gegen 3.00 Uhr läßt der I WO den Kommandanten wecken, der sofort auf die Brücke kommt. Ich frage in der Zentrale nach, was los ist. An Backbord wurde ein weißer Stern geschossen. Sollte es sich um die Besatzung der Condor handeln? Ich sehe an meiner Kompaßtochter, daß wir langsam nach Backbord drehen. Ach, wäre es schön, wenn wir wenigstens die Flieger nach Hause bringen könnten.

Plötzlich erzittert das Boot. Die Diesel fauchen los. Ich höre aus der Zentrale: »Äußerste Kraft voraus! Ruder liegt hart Steuerbord!« Verdammt, was mag wieder los sein. Keller steigt durch das Kugelschott in die Zentrale. Wir laufen jetzt Höchstfahrt mit Kurs 90 Grad.

Nach einiger Zeit kommt der II WO zurück und sagt: »Wir wären beinahe in eine U-Jagd-Gruppe hineingelaufen. Schossen plötzlich eine Leuchtbombe. Die Nacht im Westen war taghell. Aber der Alte wittert förmlich die Gefahr. Der hat gleich zum I WO gesagt, daß die Sache stinkt.« Leutnant zur See Keller kratzt sich hinterm Ohr. »Ich weiß nicht«, fängt er wieder an. »Ich werde das Gefühl nicht los, die orten uns jetzt auch von den kleinen Fahrzeugen schon über Wasser. Was meinen Sie? Ist das möglich?« – »Für mich ist die Sache glasklar«, sage ich. »Die haben schon kleine Antennen und brauchen keine große Matratze mehr am Mast.«

Die Diesel laufen weiterhin mit Höchstfahrt. Langsam kommt der graue Morgen hoch. Hinter uns ist kein Verfolger zu sehen. Im Boot herrscht Ruhe. Kurz nach 6.00 Uhr lasse ich Hümpel allein im FT-Raum und gehe nach vorne, um eine Tasse Kaffee zu trinken. Außer den Maschinenmaaten sitzt auch der Torpedomechanikermaat Borchardt an der Back. »Stell dir vor, Wolfgang«, sagt er, »die Stimmung ist beschissen, obwohl wir einlaufen. Kannst du dir das vorstellen?« Ich sehe die finsteren Gesichter in der Runde. Nur Otto Peters feixt unbekümmert. Jetzt kommt auch die seemännische Nr. 3, der Bootsmaat Berthold Seidel, aus der Koje, um sich eine Tasse Kaffee einzuschenken. Er hat mit Bleichrodt bereits alle Fahrten auf U 48 mitgemacht.

»Ja«, sagt er, »kein Schiff versenkt und ohne Wimpel am Sehrohr einlaufen. Das ist mir auch noch nicht passiert.« Dann lacht er plötzlich. »Wenn das der Führer wüßte!« Jetzt müssen alle lachen. Er hat unser neuestes Schlagwort zitiert, das aus einer englischen Propagandasendung stammt.

Am Nachmittag haben wir einen französischen Fischdampfer voraus. Er wird weiträumig umgangen. Man weiß nie, ob diese Brüder nicht jede Sichtung eines U-Bootes an die Briten melden. Von 19.00 bis 22.00 Uhr tauchen wir zum Unterwassermarsch, denn wir sind jetzt in der Gegend, in der die englischen U-Boote Tag und Nacht auf der Lauer liegen, um einlaufende deutsche Boote abzuschießen.

17. August 1941. Sonntag und die letzte Nacht in See. Mit großer Fahrt laufen wir auf Weg »Bogenlampe« durch die Dunkelheit und müssen wiederholt Seglern und Fischerbooten ausweichen.

Es ist noch Nacht, als wir vor der Ile de Croix ankommen. Über Wasser zu warten, ist zu gefährlich. Der Kommandant läßt tauchen und bei 26 Meter Tiefe das Boot auf Grund legen. Dort wollen wir geruhsam den Morgen erwarten und schlafen. Aber die Strömung hier unten ist gewaltig und noch dazu haben wir steinigen Grund erwischt. Das Boot schwankt wie im Seegang über Wasser, die Steine knirschen und poltern an der Außenhaut, und an Schlaf ist nicht zu denken.

Der Alte läßt den LI rufen. »Können Sie das Boot nicht fester legen?« Der LI läßt noch zehn Tonnen fluten, aber wir liegen dadurch nicht fester. Der Kommandant liegt auf der Koje und versucht zu lesen, aber ich kann sehen, wie auch er dauernd auf das Krachen und Knirschen horcht. Er weiß genau, daß diese Geräusche an den Nerven der Besatzung zerren, aber es ist wohl besser hier zu liegen, als aus der Luft gefährdet zu sein.

Alles atmet auf, als gegen 10.30 die Vorbereitungen zum Auftauchen beginnen. Die Lenzpumpen singen, und langsam hebt sich das Boot vom steinigen Grund. Um 11.00 Uhr schießen wir mit Druckluft empor. Das Turmluk fliegt auf. Der Kommandant und die Wache entern auf die Brücke. Das Geleit ist zur Stelle. Ich schalte die FT-Station aus und gehe mit meiner Funkmannschaft auf den Turm.

Herrliche Sonne lacht uns entgegen. Hinter dem Minensucher laufen wir auf die Küste zu. Mit langsamer Fahrt geht es durch die Einfahrt zwischen Kernevel und Port Louis. Unter den Bäumen am Ufer stehen einige Offiziere vom Stab des BdU und schwenken ihre weißen Mützen. Hinter der Einfahrt biegt der Minensucher ab, und dann kommt die *Isère* in Sich. Eine Marinekapelle spielt, die Wurfleinen fliegen. U 109 hat wieder festgemacht.

18. August 1941. Gebadet und rasiert stehen wir in Blau auf dem Hof der Salzwedelkaserne und warten auf den BdU. Pünktlich um 10.00 Uhr rollt die schwarze Mercedes-Limousine durch die Toreinfahrt und stoppt. Kapitänleutnant Heinrich Bleichrodt gibt sich einen Ruck: »Besatzung U 109 stillgestanden! Zur Meldung an den Befehlshaber – die Augen links!« Dönitz nimmt die Meldung entgegen. »Danke«, sagt er kurz. Dann kommt er langsam auf uns zu und bleibt vor der Front stehen.

»Lassen Sie rühren«, sagt er. Wieder die Stimme des Kommandanten: »Augen gerade aus! Rührt euch!« Der Admiral verschränkt die Arme über der Brust und steht eine Weile schweigend vor uns. Seine Lippen sind schmal. Ich bin gespannt, was nun wohl kommt. »Verdammt feierlich«, murmelt Otto Peters neben mir. Uns allen ist nicht sehr wohl. Der Kommandant steht seitlich hinter dem Admiral und besieht sich interessiert seine Fußspitzen.

Endlich bricht der BdU das Schweigen: »Männer von U 109! Ihr wart vor Afrika und habt dort keinen Dampfer getroffen. Dafür konntet ihr nichts.« Er spricht langsam und ruhig, doch seine Stimme gewinnt an Schärfe, als er fortfährt: »Vor Spanien wart ihr am Geleitzug und habt nichts versenkt.« Pause. »Ich habe den Eindruck, ihr seid nicht rangegangen.«

Er wendet den Kopf langsam zum Kommandanten. Der steht jetzt wie eine Bildsäule mit der Hand an der Mütze. Otto Peters kann es nicht lassen und stößt mich an. »Der meint den Alten, nicht uns«, raunt er. »Ich doch klar«, brumme ich. Der Admiral sieht uns noch einmal durchdringend an. »Ich möchte das von U 109 nicht wieder erleben.« Langsam geht er auf seinen Wagen zu. Die Stimme des Kommandanten reißt uns aus unserer Verblüffung. »Besatzung stillgestanden! Die Augen links!« Aber der Admiral wendet sich nicht um. Wortlos steigt er in den schwarzen Mercedes und rollt davon. Und wieder der Alte: »Augen gerade aus! Rührt euch!« – »Au weia«, sagt Otto, »der ist uns aber böse.«

Der Kommandant wippt einen Augenblick auf den Fußspitzen. Dann sagt er: »Rumschließen.« Wir bilden einen Halbkreis um ihn. Er lächelt uns verschmitzt an. »Kameraden, wir dürfen die Worte des Befehlshabers nicht so tragisch nehmen. Sie waren wohl auch nicht so ernst gemeint. Ihr wißt alle: Das Boot war nicht mehr in Ordnung. Mit diesem Boot konnten wir ein derart stark gesichertes Geleit nicht mehr angreifen, ohne dabei vor die Hunde zu gehen.« Pause. »Ich habe euch und das Boot heil nach Hause gebracht, und ich glaube, das ist auch etwas wert.«

Der Obersteuermann nickt beifällig. Die Männer grinsen. Auch der Alte lächelt wieder. »Nun laßt euch durch nichts verdrießen. Morgen geht der erste Törn in Urlaub. Die Stationsleiter machen ihre Aufträge mit der Werft noch klar.

Funkmaat Hirschfeld wird außerdem noch beim NO Leutnant Seidel erwartet, wegen eines Berichtes über das Horchgerät.« Nach dem Wegtreten haut mir Berthold Seidel auf die Schulter. »Siehst du, so ist unser Ajax. Der scheißt nicht in die Hose vor dem BdU.« Ich nicke. »Aber wegen dem Horchgerät wird er Ärger mit mir kriegen«, sage ich. Die Lords gehen lachend davon.

Da kommt schon der Oberfunkmeister Bleihauer auf mich zu und sagt: »Komm mit. Ich soll dich zum Seidel bringen.« – »Gut«, antworte ich, »aber laß den Ferdinand Hagen gleich mitgehen. Der kann alles bezeugen.« So gehen wir zu dritt zum Nachrichtenoffizier der 2. U-Flottille Leutnant NT Seidel, der uns lächelnd empfängt uns in seiner netten Art sagt: »Ja, mein lieber Hirschfeld, in dem Bericht des Kommandanten wegen Abbruch der Unternehmung steht, daß auch das GHG mehrmals ausgefallen war oder keine exakten Horchergebnisse lieferte. Stimmt das?« Ferdinand und ich sehen uns an.

»Ich habe das GHG niemals als ausgefallen gemeldet«, sage ich und frage: »Darf ich offen reden?« – »Aber natürlich«, antwortet Seidel. »Wir sind hier unter uns Funkern.« Darauf erzähle ich ihm, was sich vor Cadiz und danach abgespielt hat. Seidel legt das Gesicht in Sorgenfalten. »Ich habe schon von anderen Booten gehört, daß die Horchverhältnisse vor Gibraltar denkbar schlecht sind. Das kann nur an der starken Strömung und an der Wasserschichtung liegen. Auch die Sache mit dem Zerstörer kann nur an den Wasserverhältnissen gelegen haben, denn ihr habt ihn doch nachher gut gehört.« – »Ja«, sage ich, »aber sagten Sie das mal einem Seeoffizier. Unter diesen Umständen«, fahre ich fort, »haben wir Funkmaaten beschlossen, uns auf ein anderes Boot kommandieren zu lassen. Mit einem mißtrauischen Kommandanten können wir nicht weiterfahren.«

Jetzt lacht Leutnant Seidel laut. »Aber meine Herren. Er will euch doch gar nicht loswerden. Nur nicht so eilig. Fahrt erst mal in Urlaub. Inzwischen werden wir das GHG durchprüfen lassen. Dann werden wir weiter sehen. Also, addio.« Draußen sind wir. Bleihauer klopft mir lachend auf die Schulter. »So 'n Quatsch, neues Boot. Werde mich selbst um das GHG kümmern, und nun haut ab.«

Wir gehen in die Werft und geben die Arbeitsaufträge ab. Dann den Koffer gepackt, zum Bahnhof Lorient und mit dem Nachtexpreß Brest–Paris geht es in den Urlaub.

III

Im Wintersturm vor Labrador

17. September 1941. Urlaub und eine Woche Kuraufenthalt in Carnac vorbei, wo wir vom »Institut zur Erforschung von U-Boot-Krankheiten« erfaßt wurden. Nach jeder Fahrt müssen wir jetzt zur Untersuchung.

Habe heute mit Ferdinand in der Werft unsere FT-Station überprüft. Alles klar. Auch das GHG. Die Werft konnte keinen Fehler finden. Am Abend fahren wir ins U-Boot-Heim. Morgen soll Probefahrt sein. Wir stehen also kurz vor dem Auslaufen. Den genauen Termin kennen wir nicht. Jedenfalls haben wir vor, uns heute schrecklich zu besaufen.

Im U-Boot-Heim setzen wir uns an die Bar und fangen mit harten Sachen an. Oberfunkmeister Bleihauer kommt zu uns und trinkt fest mit. Gesprächsthema ist natürlich das GHG und unsere gekränkte Funkerehre. In einer Ecke sitzt der Leutnant NT Waldemar Seidel und beobachtet uns amüsiert. An einem andern Tisch hinter uns haben mehrere Ritterkreuzträger Platz genommen und erzählen von ihren Feindfahrten. Bleihauer dreht sich um. »Ziemlich viele Halsspezialisten heute hier«, meint er. Auch Ferdinand wendet sich um. »Ach, du Scheiße«, sagt er gedämpft. »Da kommt auch noch der Alte. Dreh dich man nicht um.« Ich höre, wie Bleichrodt hinter uns die anderen Kommandanten begrüßt. »Hallo, Ajax. Ist Torpedoträger U 109 wieder klar?« Schallendes Gelächter, in das der Alte miteinstimmt. Wir verstehen nur noch Wortfetzen. »Was hat denn der Löwe gesagt?« Wir trinken ungerührt weiter. Unsere Chips häufen sich, denn bezahlt wir erst am Schluß.

Plötzlich fühle ich eine Hand auf meiner Schulter. Der Alte steht hinter uns. »Hagen, rücken Sie mal«, sagt er und setzt sich zwischen uns. Mit einem Griff hat er unsere Chips eingesteckt und bestellt eine neue Runde. Er prostet uns zu, und wir trinken schweigend mit finsteren Mienen. Dann stößt mir der Alte den Ellenbogen in die Seite. »Funkerei ist Scheiße, nicht?« Ich sehe stur gerade aus, während ich sage: »Bei Ihnen an Bord große Scheiße.« – »Dann sind wir uns ja einig. Prost!«

Bleichrodt sieht jetzt den Oberfunkmeister an und sagt: »Den nennen wir ab sofort nur noch ›Bleiarsch‹!« Bleihauer lächelt nur. »Danke für die Ehre, Herr Kaleu!« Er versucht dem Gespräch eine andere Wendung zu geben. »Morgen ist Werftabnahme, ich werde auch an Bord sein, Herr Kaleu.« – »Ja, Bleiarsch, das freut mich ganz besonders. Ist die FT denn klar?« fragt der Alte leutselig. »O ja«, fällt Ferdinand dazwischen. »Nur das GHG ist genauso wie vorher.«

Der Alte nickt. »Kinder, Kinder, laßt das alte GHG. Ich verstehe doch zu wenig davon.« In diesem Augenblick gehen die Sirenen los. »Fliegeralarm!« Wir müssen das U-Boot-Heim räumen. Ein Oberbootsmann, der unseren Kommandanten vom Segelschulschiff her kennt, fordert uns auf, ihm in die Gewölbe eines nahe gelegenen Schlößchens zu folgen. Dort seien wir sicher und können weiterfeiern.

Wir stolpern hinter ihm durch die Dunkelheit, während die Flak bereits aus allen Rohren ballert. Ich merke, daß ich einen in der Krone habe. Auch mein Ferdinand schwankt wie ein Rohr im Winde. Als wir endlich im Keller des Schlößchens sind, sehe ich, daß auch Leutnant NT Seidel mitgekommen ist. Sicher aus Sorge um seine Funker.

Der Raum ist mit dicken Teppichen und Sesseln ausgestattet, in die wir uns fallen lassen. Der Oberbootsmann hat reichlich Sekt, aber keine Gläser zur Verfügung, so daß wir aus der Flasche trinken müssen. Das gibt mir den Rest. Der Alte prostet mir dauernd zu. Ich merke, daß er mich fertigmachen will, und will feststellen, ob es stimmt, daß er alle unter den Tisch trinken kann. Ferdinand stößt mich an: »Merkst du was?« – »Natürlich«, sage ich. »Er will uns einseifen, um dann wieder sagen zu können: FT fällt immer aus.« Seidel, der neben mir sitzt, tritt mir unauffällig auf den Fuß.

»Aber Hirschfeld«, sagt der Alte lächelnd, »wir wollen doch weiter zusammen fahren. Nur müßt ihr beide wissen: Wenn etwas danebengeht, FT hat immer schuld.« Obwohl meine Sinne schon sehr umnebelt sind, merke ich doch, daß auch ihm die Zunge nicht mehr ganz gehorcht. »Hast du das gehört?« kann Ferdinand nur noch lallen und fällt beinahe aus dem Sessel. Ich springe auf. »Nein«, rufe ich, »das machen wir nicht mit. Wir steigen aus. Das ist Diskriminierung!« Ich weiß nicht, ob ich das Wort richtig herausbekommen habe. Jedenfalls ist mir dabei ein gewaltiger Schluck des konsumierten Sekts aus dem Gesicht gefallen.

Der Alte feixt. »Hirschfeld, so geht das nicht. Ich glaube, Sie sollten mal rausgehen.« – »Jawohl«, sage ich und wanke zur gepanzerten Tür. Bleihauer und Seidel springen mir bei. Mein Gott, denke ich, so voll warst du noch nie. Der Gang ist so eng, daß Seidel vorangehen muß. Plötzlich ist der Überdruck der Kohlensäure in mir so stark, daß ich anfange, wie ein Wal zu spauten, und ich kann nicht verhindern, daß der gute Waldemar Seidel eine volle Ladung abbekommt. Danach setzt mein Erinnerungsvermögen für einige Zeit aus.

Als der Fliegeralarm vorbei ist, werden Ferdinand und ich von Seidel und Bleihauer in einem PKW der Flottille nach Hause gebracht. Die Fahrer der Flottille sind ehemalige russische Offiziere aus dem Ersten Weltkrieg, die bisher Taxifahrer in Paris waren. Bleihauer erzählt uns am nächsten Tag, daß sie nach Keroman zurückgefahren sind, um den Alten abzuholen, der so voll war, daß er auf sein Zimmer in der Präfektur geschleppt werden mußte. So endete dieser Saufabend.

18. September 1941. Probefahrt. Vier Stunden totenähnlicher Schlaf. Leibling rüttelt uns kurz vor 8.00 Uhr wach. Schnell den Kopf unter die kalte Wasserleitung. Furchtbarer Geschmack im Hals, den kein Mundwasser beseitigen kann. Der Schädel brummt zum Wahnsinnigwerden. Fürs Frühstück ist keine Zeit mehr. Wir stürzen hinunter zum Hafen. Das Boot ist bereit zum Ablegen. Der Kommandant lehnt am Sehrohrbock und sieht uns grinsend an, als wir die Leiter emporsteigen. Auf der Turmverkleidung stehen zwölf Flaschen Bier, die der Alte dem Fähnrich Hengen abgenommen hat, der sie an Bord schmuggeln wollte. Bleichrodt winkt uns heran und drückt jedem eine Flasche Bier in die Hand. »Für den Nachdurst«, sagt er nur und setzt selbst eine Flasche an den Mund.

Punkt 8.00 Uhr wird abgelegt. Die Diesel fauchen los. Außer den Ingenieuren der Werft sind auch Oberfunkmeister Bleihauer und der Flottillen-Ingenieur Korvettenkapitän Ing. Charly Scheel an Bord. Ein großes Aufgebot. Der Flottilleningenieur will während des Tauchens nachprüfen, ob die Blasenbahn beseitigt ist.

Bootsmaat Gross muß das Dingi klar machen lassen. Dieses kleine Boot aus Blech hat Luftkammern, so daß es nicht absäuft, auch wenn es vollgeschlagen ist; außerdem befindet sich im Boden unter der Gräting ein verschraubbarer Bodenverschluß. Gross weiß nicht, daß dieser Verschluß fehlt und von einem der Lords durch einen Putzlappen ersetzt worden ist.

Korvettenkapitän Ing. Scheel setzt sich vergnügt in das Dingi. Er erhält zwei kurze Ruder und wird lachend ermahnt, auf Torpedolaufbahnen zu achten. Dann tauchen wir weg, während das Dingi aufschwimmt. Der Kommandant sitzt im Turm und beobachtet durch das Sehrohr den Flottilleningenieur an der Oberfläche. Ich bin in der Zentrale und prüfe Peiler und Stabantenne auf ihre Dichtigkeit, als ich den Kommandanten im Turm laut lachen höre. »Das ist doch eine Schweinerei, das Dingi ist abgesoffen. Der Charly hängt am Sehrohr. Keller und Weber, kommt mal schnell. Das müßt ihr sehen.« Die beiden Offiziere stürzen zum Turm und entern auf. Obersteuermann Petersen, Otto Peters und ich stehen unter dem Luk und horchen.

»Jetzt droht er mit der Faust«, sagt Keller. »Wir sollten lieber auftauchen.« Wie ein Lauffeuer hat sich die Kunde von Charly Scheels unfreiwilligem Bad im Boot verbreitet, und lautes Gelächter geht durch die Räume. Nur Walter Gross, der gerade in die Zentrale kommt, ist blaß, denn auf ihn wird sich das Donnerwetter entladen. Der Kommandant läßt endlich anblasen. Wir tauchen auf, aber der Alte kann das Turmluk nicht öffnen, weil das Dingi darauf liegt. Durch einen Spalt im Luk ruft er dem Flottilleningenieur zu, daß wir noch einmal fluten werden und er dann das aufschwimmende Dingi auf den Wintergarten ziehen soll. Charly Scheel muß also noch einmal baden gehen.

Nach dem endgültigen Auftauchen kommt Scheel wütend unter Deck. Walter Gross läßt gefaßt die Strafpredigt über sich ergehen. Er hat bereits trockene Sachen, Unterzeug und ein neues Lederzeug aus unserem Bootsbestand bereitgelegt. »Das sehen wir nie wieder«, sagt Walter resigniert, womit er sicher recht behält. –

Kurz vor dem Einlaufen kommt Leibling zu mir und fragt: »Was ist bloß mit Hagen los? Er spricht ja kaum mit mir.« – »Ach«, sage ich beruhigend, »dem ist die letzte Nacht wohl nicht bekommen.« Leibling geht kopfschüttelnd wieder davon. Gleich nach dem Anlegen an der Pier meldet sich Ferdinand ins Revier ab. »Mann«, sage ich, »ist es denn so schlimm mit dir?« Er nickt nur und geht. Nach kurzer Zeit ist er zurück und zieht mich mit in den Horchraum. Mit Tränen in den Augen gesteht er mir, daß er sich einen Tripper geholt hat.

Das hat uns so kurz vor dem Auslaufen noch gefehlt. Wir müssen einen anderen Funkmaaten haben. Am Nachmittag fahre ich mit Oberfunkmeister Bleihauer nach Kernevel, um mir einen neuen Mann aus der Personalreserve zu holen.

Auch der I WO, Oberleutnant zur See Schwartzkopff, fährt nicht mehr mit uns. Er ist auf eigenen Wunsch auf U 107 zu Korvettenkapitän Hessler kommandiert worden. Das Boot ist bereits am 8. September in See gegangen und wird voraussichtlich auch vor uns wieder einlaufen. Schwartzkopff soll nach dieser Fahrt zum Kommandanten-Lehrgang. Obersteuermann Bruno Petersen nickt mir sorgenvoll zu, als ich ihm erzähle, daß Hagen nicht mehr mitfährt. »Steigen also allerhand Leute aus. Wenn das nichts zu sagen hat.«

Da schlägt ihm Berthold Seidel auf die Schulter. »Obersteuermann, solange ich an Bord bin, kann dem Boot nichts passieren. Sie wissen, der Alte glaubt fest daran. Deswegen schleppt er mich doch von Boot zu Boot mit.« Bruno Petersen nickt. »Dann werden Sie auch immer Bootsmaat bleiben, solange der Alte fährt.« Berthold lacht. »Das ist mir wurscht. Hauptsache, wir überleben.«

Siegfried Keller ist Oberleutnant zur See geworden, bleibt aber II WO. Dafür haben wir einen neuen I WO bekommen. Oberleutnant zur See Friedrich Wilhelm Wißmann. Bootsmaat Eduard Maureschat hat Ärger mit der Flottille. Er mußte dem Verwaltungsoffizier Oberleutnant Hoffmann eine Verlustverhandlung wegen der über Bord geworfenen 10,5-cm-Geschoßhülsen vorlegen.

»Dieser Saftknabe«, schimpft Maureschat. »Hat noch keinen Schuß gehört in diesem Krieg und will mir erzählen, wie man die Hülsen wieder unter Deck bringt.«

In Kernevel habe ich erfahren, daß U 570 am 27. August bei Island von einem britischen Flugzeug aufgebracht worden ist. Kommandant Kapitänleutnant Rahmlow. Sie waren tauchunklar, haben die weiße Flagge gehißt und sind von britischen Seestreitkräften nach Reykjavik eingeschleppt worden. Das hat es bei der U-Boot-Waffe noch nicht gegeben. Wir wissen nicht einmal, ob die Schlüsselmittel vernichtet wurden. Seltsamerweise werden in letzter Zeit unsere Versorgungsschiffe im Atlantik gefunden und versenkt. Sollte der Gegner in unser Schlüsselsystem eingedrungen sein?

21. September 1941. Nun ist es wieder soweit. An einem

Sonntag sind wir eingelaufen, an einem Sonntag laufen wir wieder aus. Befehl: 19.30 Uhr Seeklar. Das Werftpersonal, das bis zuletzt an Bord gearbeitet hat, ist von Bord. Wir sind auf dem Vorschiff angetreten. Vor uns steht der Alte in Seestiefeln, mit ausgebeulten Hosen und in seiner ältesten blauen Jacke. Die durchgewetzten Ellbogen sind mit Segeltuch geflickt.

Er hat schwer getankt, aber er steht wie eine Eins. Von der *Isère* rufen die Offiziere der anderen Boote: »Ajax, sieh mal...«, und winkend lachend mit Sektflaschen. Aber Ajax sieht nicht mehr hin. Für ihn hat die Feindfahrt begonnen.

Dann kommt der neue Flottillenchef an Bord: Korvettenkapitän Viktor Schütze mit Ritterkreuz und Eichenlaub. Er war bisher Kommandant von U 103 in der 2. U-Flottille. Die Lords nennen ihn den dicken Schützen, denn er ist etwas korpulent.

Der Alte kommandiert »Stillgestanden! Augen rechts!« und meldet, daß U 109 klar zur Feindfahrt ist. Schütze dankt kurz. Er hat natürlich sofort gemerkt, daß der Alte voll wie eine Haubitze ist. Die kleinen, stechenden Augen des Flottillenschefs gehen unsere Reihen entlang. Dann spricht er kernige Worte von unserem Kampf auf der See. Oh, Herr, denke ich, was soll der lange Rees. Als er dann noch von der Musik der Wasserbomben spricht, stoßen wir uns an und können kaum das Lachen verbeißen. Berthold Seidel flüstert mir zu: »Hat der nicht 'nen herrlichen Vogel? Wenn er nicht das Eichenlaub am Halse hätte, könnte man glauben, daß er noch keine Feindfahrt gemacht hat.«

Aus den Lautsprechern braust Musik auf: »Denn wir fahren gegen Engeland...« Der Flottillenchef geht von Bord. Langsam lösen wir uns von der *Isère* und gleiten in die Fahrrinne hinaus.

Wir haben auf dieser Fahrt einen Gast an Bord. Korvettenkapitän Eberhard Hoffmann, Crew 25, fährt als Konfirmand mit. Er kommt von der Seekriegsleitung aus Berlin und trägt das EK I.

22. September 1941. Das Land ist hinter uns verschwunden. Mit großer Fahrt rauschen wir durch die kaum bewegte See. Kurs 260 Grad. Um Mitternacht stehen wir an der 200-Meter-Grenze in der Biskaya. Hier will der Alte einen Tieftauchversuch machen, bevor wir hinausgehen. Er scheint dem Boot und der Werft immer noch nicht zu trauen.

Es wird ohne Alarm geflutet. Auf 40 Meter trimmt der LI

das Boot ein. Alle Männer sind auf Gefechtsstationen, um Instrumente und Außenbordverschlüsse zu prüfen. Ganz langsam läßt der LI tiefer steuern. 50 Meter, 60 Meter, 80 Meter, schließlich sind wir auf 100 Meter. Ich höre die Meldungen aus dem Vorschiff: »Außenbordverschlüsse lecken stark!« Das kann ja heiter werden, wenn das schon bei 100 Meter anfängt. Ich werde in die Zentrale gerufen. Die Männer an den Tiefenrudern haben Ölzeug angezogen, so heftig spritzt das Wasser aus dem Peilrahmenschaft. Ich drücke Fett nach, ziehe die Stopfbuchsen an und denke, daß er jetzt nicht mehr auszufahren sein wir. Der Kommandant lehnt am Kartentisch und nimmt schweigend die Meldungen aus den einzelnen Räumen entgegen.

Dann kommt ein Telefonanruf aus dem Bugraum. Ein Funker soll nach vorne kommen. Der Alte sieht mich nur an. Nichts Gutes ahnend, nehme ich einen Schraubenzieher mit. Im Bugraum zeigt der Mixermaat Borchardt auf die Verteilerkästen meines Horchgerätes. »Sieh dir mal diese Schweinerei an.« Dort, wo das Kabel an der Steuerbordseite durch den Druckkörper kommt, läuft ein feiner Wasserstrahl über den Verteilerkasten. Mich durchfährt ein gewaltiger Schreck. Wenn das Kabel bis zum Funkraum abgesoffen ist, muß die Werft das Vorschiff aufreißen. Ich zwänge mich zwischen Torpedorohre und Druckkörper, schraube den Steuerbordverteilerkasten auf, und wie ich den Deckel abnehme, stürzt mir das Wasser ins Gesicht.

Beim Backbordverteilerkasten bekomme ich einen Schwall Wasser ins Genick, bevor ich den Deckel abhebe. Auf der Steuerbordseite ist inzwischen das Kabel vom Druckkörper-Durchlaß bis zum Verteilerkasten aufgeplatzt. Ein fingerdikker Strahl spritzt gegen die Torpedorohre. Werner Borchardt flucht: »Verdammter Mist. Komm von den Rohren weg und paß auf, daß du nicht unter den Strahl kommst. Wenn der Außendruck hat, hast du ein Loch im Kopf.« Ich ziehe mich eiligst zurück und gehe zur Zentrale. In der Kombüse sehe ich über dem Eisschrank ebenfalls einen feinen Wasserstrahl. Järschel nickt mir zu. »Schon gemeldet«, sagt er nur.

In der Zentrale steht der Kommandant mit finsterem Gesicht am Kartentisch. Als ich ihm melde, daß die Verteilerkästen abgesoffen sind, beißt er sich auf die Unterlippe und sagt: »Horchen Sie mal an Ihrer Stabantenne.« Ach du meine Güte, denke ich, die auch noch, und lege mein Ohr an die Verkleidung der Antenne. Ein starkes Rauschen ist zu hören.

Ich drehe den Hahn zur Entwässerung auf, und ein Wasserstrahl zischt in die Bilge. Der Kommandant sieht mich an und nickt vielsagend. »Ich habe doch recht gehabt, Funkerei ist Scheiße. Bereiten Sie ein FT vor, Hirschfeld. Wir kehren um. In der Maschine ist auch verschiedenes unklar und die Außenbordverschlüsse lecken.« Als ich im FT-Raum ankomme, klickt es in den Lautsprechern. Dann hören wir die Stimme des Kommandanten: »An alle Stellen. Boot steuert jetzt Oberfläche an. Wir tauchen auf und treten sofort den Rückmarsch an, da das Boot nicht fronteinsatzfähig ist. Ende.« Gleich darauf erhalte ich vom Kommandanten den Text des Funkspruches: »An BdU. Bei Tieftauchversuch Peiler, GHG, Stabantenne abgesoffen, E-Maschinenkupplung schlägt. Stevenbuchsen und Außenbordverschlüsse lecken stark. Lot unklar. Trete Rückmarsch an. Erbitte Geleit 6.00 Uhr auf Treffpunkt. Bleichrodt.«

Während Leibling den FT verschlüsselt, heize ich Sender und Empfänger vor, um nach dem Auftauchen gleich abstimmen zu können. Der Kommandant fährt das Sehrohr aus, kann in der stockfinsteren Nacht aber nichts sehen.

So blasen wir auf gut Glück an. Die Brückenwache zieht sofort auf. Es ist 2.00 Uhr. Wir laufen Höchstfahrt wegen der britischen U-Boote. Ich gehe sofort mit dem KW-Empfänger auf Schwebungslücke der Küstenwelle und stimme den Sender darauf ab. Eine Weile muß ich warten, bis die Welle frei wird. Es läuft gerade ein ziemlich langer FT der Leitstelle. Plötzlich setzt der Empfang aus. Die Skalenbeleuchtung am Empfänger brennt nicht mehr. Mein bester KW-Empfänger ist also ausgefallen. Ich schicke Hümpel in den Horchraum, wo er mit dem Allwellenempfänger auf Küstenkurzwelle geht und dann zum Funkraum durchschaltet. Wieder muß ich einen langen FT abwarten, der gerade auf der Welle läuft. Endlich beendet Kernevel, aber da setzt wieder der Empfang aus. Ich brülle durch die Klappe zum Horchraum: »Hümpel, was ist los? Ich höre nichts mehr.« – »Allwellenempfänger ausgefallen«, meldet Hümpel trocken. Ich knalle den Kopfhörer auf den Tisch und stürze hinüber. Meine Augen jagen verzweifelt über die Instrumente der Verteilertafel, die uns die Leistung unserer Umformer in der Maschine anzeigt. Ich traue meinen Augen nicht, als ich auf das Voltmeter des Umformers für die Empfänger blicke. »Menschenskind, Hümpel, da liegen ja 350 Volt an. Wie ist das möglich?« Er starrt auf die große Tafel mit den Armaturen. »Das Voltmeter zeigt falsch an. Die Umformer waren doch genau eingestellt«, meint er sinnend. »Ich habe das mit Funkmaat Hagen geprüft.« – »Nein, Hümpel, ich glaube, daß die Anzeige richtig ist. Deswegen sind auch die beiden Empfänger in die Knie gegangen. Gehen Sie mal schnell nach achtern und prüfen Sie die Einstellung der Regelwiderstände.«

Plötzlich steht der Kommandant im Horchraum. »Was ist los, Hirschfeld? Ist der FT raus?« Ich erkläre ihm die Lage, und er schüttelt resigniert den Kopf. »Setzen Sie gleich in den FT ein: Beide KW-Empfänger ausgefallen. Aber was machen Sie nun?« – »Ich unterbreche einfach jeden Verkehr und setze den FT blind ab. Der Sender steht ja noch auf Schwebungslücke.«

Als ich damit fertig bin, kommt Hümpel von achtern. »Das versteh ich nicht«, sagt er. »Der Regelwiderstand war nicht festgesetzt und hat sich wahrscheinlich durch die Dieselerschütterungen selbst verändert. Bei der Probefahrt war er aber fest.« Mir kommt ein unheimlicher Gedanke. Bei der Abnahmefahrt war die FT-Station noch in Ordnung. Dann ist das Boot wegen einiger Reklamationen der beiden Obermaschinisten noch einmal kurz in die Werft gegangen. Sollte dort jemand? Es ist kaum zu glauben. Gerade diesmal hatten wir so guten Kontakt mit unserer Werftkolonne und haben den Meister und seine vier Männer mit Alkohol, Zigaretten und Kaffee versorgt. Sollten sie uns den Tod gewünscht haben? Französische Werftarbeiter können es nicht gewesen sein, denn es stand Tag und Nacht ein Posten vor dem Boot. Nur die deutschen Werftarbeiter hatten mit ihren Ausweisen freien Zugang.

Das Geleit steht pünktlich auf Treffpunkt. Unser FT ist also aufgenommen worden. Wir gleiten in das Hafenbecken, und an der menschenleeren *Isère* vorbei geht es in die Werft. Die Ingenieure stehen auf der Pier und kommen nach dem Festmachen sofort an Bord.

»Bevor wir Werftsitzung machen, muß ich mir die von Ihnen gemeldeten Fehler ansehen«, sagt der FT-Ingenieur. »Gut«, antworte ich, »fangen wir vorne an.« Die Nr. 1 läßt das Deck aufmachen, und wir klemmen uns durch das nasse Gestänge, bis wir bei den Druckdosen vom GHG angelangt sind.

»Die ganze Steuerbordseite muß abgesoffen sein«, sage ich. »Kaum zu glauben«, meint der Ingenieur, faßt nach einem der festverschraubten Deckel und – hat ihn in der Hand. Betroffen sieht er mich an. Er prüft den nächsten Deckel. Er ist locker. Und der nächste: ebenfalls locker. Wir sehen uns an. »Kein Wunder, Hirschfeld. Die Druckdosen sind alle offen.« – »Ja«, sage ich, »einer muß sie nach der Probefahrt aufgeschraubt haben. Bei der Abnahme war alles noch klar.« Der Ingenieur sieht finster vor sich hin. »Glauben Sie, daß es Sabotage ist?« Ich muß lächeln. »Wenn Sie ein anderes Wort dafür haben, bin ich gespannt, es zu hören.« – »Ich werde die Untersuchung einleiten«, sagt er. »Waren eigentlich französische Arbeiter an Bord?«

Ich überlege einen Augenblick. »Vorher ja. Aber nach der Abnahmefahrt nicht mehr. Es müssen deutsche Werftarbeiter gewesen sein.« Mir läuft es kalt über den Rücken, wenn ich an die Sabotage in den eigenen Reihen denke. Was mag wohl mit den Booten geschehen sein, die spurlos verschwunden sind? Wir werden von nun an auch im Hafen wachsam sein müssen.

23. September 1941. Heute war große Werftsitzung. Alle Reklamationen sind geprüft und als richtig anerkannt worden. Es wurde beschlossen, die FT–Anlage von Grund auf zu überholen und alle wichtigen Anlagen des Bootes durchzuprüfen. Auch eine völlig neue Stabantenne muß eingebaut werden. Die abgesoffenen Kabel und die Verteilerkästen des Gruppenhorchgeräts werden erneuert. Dazu kommen die Stevenbuchsen und die lecken Außenbordverschlüsse sowie die schlagenden Dieselkupplungen. Die Werftliegezeit wird auf 14 Tage veranschlagt.

Oberfunkmeister Bleihauer bringt uns die neuesten Nachrichten, darunter einen Befehl des amerikanischen Marineministers Knox vom 15. September 1941: »Alle Handelsstörer, gleichviel, ob sie Überwasser- oder Unterwasserpiraten sind, sollen mit allen verfügbaren Mitteln aufgebracht oder zerstört werden.«

»Und was dürfen wir tun?« frage ich. »Gar nichts«, sagt Bleihauer. »Du kennst doch den Führerbefehl.«

29. September 1941. Seit zwei Tagen sind wir wieder in Carnac im »Grand Hotel«. Das Wetter ist immer noch sehr mild. Heute wurde ich mit Leibling nach Lorient gerufen, wo uns Leutnant Seidel lächelnd mit den Worten empfing: »Es tut mir leid, Hirschfeld, daß ich Sie zurückrufen mußte, aber ich habe zur Zeit kein anderes Boot und auch keine andere Funkmannschaft zur Verfügung. Der BdU will ein Funkschlüsselgespräch erproben. Trauen Sie sich das zu?«

Ich lasse mir erst mal erklären, was ein Funkschlüsselgespräch ist. Es werden dabei keine Funksprüche mehr aufgeschrieben und dann verschlüsselt, sondern der Kommandant oder ein Offizier diktieren dem Mann an der Schlüsselmaschine den Klartext, der in die Maschine gedrückt wird. Die verschlüsselt aufleuchtenden Buchstaben werden vom Mann an der Taste in den Äther gefunkt, was sich natürlich nicht im üblichen Verkehrstempo 120 abspielen kann. Wir üben im Funkraum, und Leutnant NT Seidel ist mit unserem Tempo zufrieden.

Auf der Gegenseite hat der Mann an der Schlüsselmaschine ebenfalls einen Kopfhörer auf und drückt die ankommenden Morsebuchstaben gleich übersetzt in die Maschine. Auf der Maschine leuchten dann die entschlüsselten Buchstaben auf und ergeben den Klartext, der vom Mann an der Taste aufgeschrieben wird. Der Kommandant oder der Offizier, der über seine Schulter mitliest, kann sofort die Antwort geben.

Wir sind begeistert. Wenn ein Buchstabe falsch gedrückt oder falsch gehört wird, ist das nicht schlimm, sofern man das Wort noch erkennen kann. Fehlt ein Buchstabe, muß die Gegenstelle mit »eb« unterbrechen und mit »rpt« Wiederholung anfordern. Wir haben alles begriffen, und es kann losgehen.

»Hirschfeld«, sagt Waldemar Seidel zufrieden lächelnd, »Sie sind mit Leibling um 15.00 Uhr auf Station und stimmen Sender und Empfänger auf angegebener Welle mit Kernevel ab. Sie haben einen nagelneuen KW-Empfänger. Ich komme etwas später. Um 16.00 Uhr beginnt der BdU das Gespräch mit uns. Ich hoffe, daß wir uns nicht blamieren. Hier sind noch die besonderen Steckerverbindungen für den Schlüssel M, damit andere Boote nicht mithören können.«

Wir sehen der Sache gelassen entgegen, auch wenn der Löwe diesmal persönlich unser Können beurteilen wird. Um 15.00 Uhr schalten wir ein. Sender und Empfänger werden abgestimmt. Auf kurze Anfrage mit Qu-Gruppen meldet Kernevel sofort guten Empfang. Sicherheitshalber gehe ich noch in die E-Maschine und prüfe die Regelwiderstände der Umformer, die dort an der Decke hängen. Es ist alles tadellos in Ordnung. Als Leutnant NT Seidel erscheint, kann ich ihm melden: »Funkstation klar!«

»Meine Herren«, sagt er lächelnd, »das ist ein historischer Augenblick. Das erste Funkschlüsselgespräch zwischen BdU und U 109 wird in die Geschichte eingehen.« – »Ob das der Führer weiß?« sage ich, und wir lachen alle.

Die Minuten schleichen dahin. Endlich ist es 16.00 Uhr. Der Sender Kernevel legt los; der BdU ist sehr pünktlich. Leibling drückt tapfer in den Schlüssel, und ich schreibe. Man kann den Text sofort entziffern, denn der Geber macht hinter jedem Wort eine kleine Pause. Der BdU begrüßt erst einmal Leutnant NT Seidel, dann fragt er, ob wir das Tempo durchhalten können, was Seidel von der neuen Sache hält und ob sie sich auch in dringenden Fällen mit den Booten im Atlantik durchführen lassen wird. Dann wird mit »sk« beendet. Es hat prima geklappt. Nun sind wir an der Reihe.

Seidel spricht ganz langsam, und ich drücke in die Taste, was verschlüsselt auf der Maschine erscheint: »Hier ist U 109. Die Verständigung ist gut. Bei guten Empfangsverhältnissen ...«

»Stopp«, rufe ich. Ich höre meinen Sender nicht mehr, drücke vergeblich auf die Taste und sehe, wie alle Zeiger der Instrumente am Sender auf »Null« fallen. Auch der Empfang ist weg. »Was ist?« fragt Seidel. »Kein Saft mehr da!« Ich werfe den Kopfhörer hin und stürze in den Horchraum zur Verteilertafel. Alle Instrumente liegen auf »Null«. Kein Umformer läuft mehr.

»Verdammt«, schreie ich, »das waren die Werftarbeiter.« Seidel ist rot angelaufen. »Also Hirschfeld, mit U 109 kann man wirklich alles erleben, was noch nicht da war.« – »Moment mal«, sage ich. »Komme gleich wieder.« Ich schwinge mich durch die Luken und renne nach achtern in die E-Maschine. Irgendwo ist der Strom abgeklemmt. Aber wo? Zurück in den Dieselraum und durch das Luk an Oberdeck. Ich frage den Posten, ob er die Arbeiter aus der E-Maschine gesehen hat. »Die Werft ist von Bord«, sagt er ungerührt. »Die arbeiten doch nach Deutscher Sommerzeit.« Resigniert steige ich nach unten und melde Seidel, daß wir heute keinen Saft mehr zu erwarten haben.

»Hirschfeld, wir haben uns unsterblich blamiert. Jetzt muß ich mit dem BdU telefonieren.«

»Herr Leutnant«, sage ich. »Nehmen Sie das nicht so tragisch. Wir sind doch wieder an der Dusseligkeit der Werftgrandis gescheitert.« Er winkt resigniert ab und geht. Leibling schließt die Schlüsselmaschine weg und sagt: »Darauf gehen wir jetzt einen trinken.« Gesagt, getan. Der Oberfunkmeister Bleihauer erwartet uns schon. »Mensch, Bleiarsch«, sage ich, »ob der BdU uns das jemals verzeihen wird?« Er schüttelt finster den Kopf. »Nee, das nicht. Höchstens, wenn ihr abgesoffen seid. Dann wird er sagen: ›Ach – U 109, da waren doch die beiden Funker drauf, die mich so geärgert haben.‹ ...« Wir lachen so laut, daß sich alle in der Kantine nach uns umdrehen.

30. September 1941. Heute haben wir das Funkschlüsselgespräch erfolgreich durchgeführt. Seidel war mit uns zufrieden, der BdU auch, und so haben wir die Funkerehre von U 109 wiederhergestellt. Von Bleihauer erfahre ich, daß die Boote U 107, U 67, U 68 und U 103 im Süden ein Geleit fast aufgerieben haben. Nach einer Jagd von über 1200 Seemeilen waren nur noch drei Dampfer, vier Zerstörer und drei Bewacher übrig.

Also fahren die Sierra-Leone-Geleite wieder. Nur während wir im Süden waren, war alles gestoppt. Schade nur, daß wieder die Zerstörer übriggeblieben sind. Solange wir sie nicht knacken können, bleibt unser Kampf vergeblich.

Heute haben wir auch erfahren, daß wir vor Grönland den britischen Dampfer *Marconi* mit 7408 BRT versenkt haben. Also hatte Korvettenkapitän Hans Georg Fischer gut geschätzt, denn wir hatten 7000 BRT gemeldet.

3. Oktober 1941. Es ist wieder soweit. Wir übernehmen Proviant und Munition. Ich stehe gerade mit Leutnant NT Seidel am Oberdeck, als Ferdinand Hagen an Bord kommt und sich als geheilt aus dem Lazarett zurückmeldet. »Sagen Sie bloß, Sie wollen auf diesem Rattendampfer wieder einsteigen«, sagt Seidel lachend. »Wenn ich schon fahren muß, dann nur auf diesem Kasten«, sagt Ferdinand. Seidel sorgt dafür, daß er sofort wieder an Bord kommandiert wird. Ich bin froh, meinen Ferdinand wiederzuhaben. Der neue Funkmaat ist sehr traurig, daß er wieder nach Kernevel in den Bunker muß. Ich tröste ihn mit der Versicherung, daß der Krieg noch länger dauern wird.

Am Nachmittag ist Endbesprechung für das FT-Personal bei Leutnant NT Seidel. Wir sollen in Hinkunft auf jeder Feindfahrt die Empfangsverhältnisse schriftlich festhalten und über die Horchverhältnisse der einzelnen Seegebiete Buch führen. Es müssen Erfahrungswerte für neue Boote gesammelt werden.

Oberleutnant zur See Mohr, Kommandant von U 124, hat im Nordatlantik während einer Unternehmung von nur 16 Tagen 44.000 BRT versenkt und ist verschossen. FT an U 124: »Der Mohr hat seine Schuldigkeit getan. Er kann gehen. BdU.«

5. Oktober 1941. Wir haben die Quartiere in der Salzwedelkaserne geräumt. Alle Männer sind aus Carnac zurück. Meine Funkmannschaft ist wieder vollzählig. Das Boot wird zur *Isère* verholt. Alle wissen: Heute geht es los.

Um 19.00 Uhr ist »Seeklar!«. Keine Musik. Keine Musterung durch den Flottillenchef. Der FT-Ingenieur Brechelt, Oberfunkmeister Bleihauer und einige Zivilisten stehen auf dem Wintergarten. Sie sollen bis zur 200-Meter-Grenze mitfahren und beim Tiefentauchversuch prüfen, ob das Boot in Ordnung ist. Ein Vorpostenboot wird uns begleiten und die Herren anschließend zurückbringen.

6. Oktober 1941. Um Mitternacht haben wir den Tieftauchversuch bei 200 Meter Wasser unterm Kiel durchgeführt. Wir tauchten mit etwas gemischten Gefühlen. Meine Geräte waren alle eingeschaltet. Wir prüften die Spannung an den Schalttafeln, fuhren den Peiler und die Stabantenne aus und ein und öffneten die Verteilerkästen im Bugraum. Es war kein Fehler zu entdecken.

Kurz nach 1.00 Uhr tauchten wir auf. Da die See ganz ruhig war, ließ der Kommandant das Vorpostenboot längsseits kommen. Oberfunkmeister Bleihauer stieg mit den Ingenieuren über. Der Alte legte die Hände an den Mund und rief ihnen nach: »He, Bleiarsch, kommt gut nach Hause. Laßt euch nicht abknallen!« – »Danke gleichfalls, Herr Kaleu!« kam es von drüben. Dann waren sie in der Finsternis verschwunden. Der Alte lachte. »Die sind froh, daß sie entlassen sind.« Vor der Biskaya haben alle Bammel.

7. Oktober 1941. Wir sind den ganzen gestrigen Tag und die Nacht über Wasser marschiert. Der britische Bomber vom Dienst kam nicht. Heute ist U A, das frühere türkische U-Boot *Batiray,* nach Süden ausgelaufen. Die Boote müssen informiert werden, wenn U A in See geht, damit es wegen seines fremdartigen Turmes nicht von uns torpediert wird. *Batiray* wurde für die Türkei gebaut und nicht mehr abgeliefert. Vom BdU erfahren wir durch FT, daß ein britisches Flugzeug ein aufgetauchtes U-Boot in unserer Nähe gemeldet hat. Sollten wir gemeint sein? Oder marschiert noch ein anderes Boot in unserer Nähe?

Um 20.00 Uhr gehen wir zum Prüfungstauchen unter Wasser. Zehn Minuten nachdem wir die Oberfläche verlassen haben, hören wir fünf Detonationen. Einwandfrei Fliegerbomben. Sie sind aber weit weg. Also ist doch noch ein anderes Boot da. Als wir gegen 22.00 Uhr auftauchen, hat sich das Wetter geändert. Es hat stark aufgebrist, und von Nordwesten kommt eine lange Dünung auf. Mit 270 Grad geht es weiter nach Westen.

8. Oktober 1941. Ein grauer Morgen. Eine schwere See rollt von Westen heran. Die Brückenwache steht angeschnallt und muß ständig das Turmluk zudrücken, damit nicht soviel Wasser in die Zentrale stürzt. Es ist richtiges Biskaya-Wetter. Weit vor uns in 420 sm Entfernung haben andere Boote zwei Geleitzüge gemeldet mit Kurs Süd und Kurs Nord. Wir können aber nicht ranschließen, denn höhere Fahrt ist bei diesem Wetter nicht möglich.

Über den Rundfunk hören wir die Stimme des Führers. Er spricht davon, daß die völlige Vernichtung der russischen Armeen bevorsteht. Kapitänleutnant Bleichrodt, der bei mir im FT-Raum die Rede mithört, sieht mich sorgenvoll an. Er sagt nichts, aber ich ahne, was er denkt. Wie können sie im Führerhauptquartier schon an einen Sieg über Rußland glauben?! Sie sind ja noch nicht einmal in Moskau, geschweige denn an der Wolga. Und was kommt hinter dem Ural? Und warum greift Japan denn nicht ein?

9. Oktober 1941. Die Bewölkung reißt auf und die Sicht wird besser. Manchmal scheint sogar die Sonne, aber die schwere Dünung hält unvermindert an. Es ist Seegang 8. Der Obersteuermann kann endlich wieder mit dem Sextanten den Standort bestimmen. Wir stehen auf 46 Grad 30 Minuten Nord und 21 Grad 38 Minuten West und steuern 290 Grad.

U 111, Kleinschmidt, meldet sich nicht mehr. Er sollte nach Süden in das Gebiet gehen, in dem wir auf der letzten Fahrt keinen Erfolg hatten. Hat es ihn dort erwischt? Im September sind zwei Boote bei Grönland verlorengegangen. U 501, Korvettenkapitän Hugo Förster, und U 207, Kapitänleutnant Fritz Meyer.

10. Oktober 1941. Wieder alles grau in grau. Wir stampfen weiter Kurs West. Standortbestimmung ist nicht möglich, es wird nur auf der Karte gekoppelt. Unser Konfirmand Korvettenkapitän Hoffmann ist oft auf der Brücke. Er hat sich schnell bei uns eingelebt. In der E-Maschine müssen ständig die Sachen der Brückenwache getrocknet werden. Die Männer fluchen über den verdammten Nordatlantik. Im Süden war es schön, aber es ist wenigstens noch verhältnismäßig warm.

»Wartet erst mal, bis wir nach Grönland kommen, ihr Pfeifenköpfe«, röhrt Eduard Maureschat die Wache an. »Da wird euch der Arsch noch mit Grundeis untergehen. Diesmal fahren wir in den Winter hinein.«

11. Oktober 1941. Weiter Kurs 290 Grad. Immer noch orgeln die Brecher über den Turm. Die Männer auf der Brücke stehen oft bis zum Hals im Wasser. Wenn sie nicht angekettet wären, würde sie das nach achtern ablaufende Wasser in die kochende See reißen.

Wir sollen im Vorpostenstreifen südlich Kap Farewell auf und ab dampfen. Der BdU warnt durch FT vor einer U-Boot-Falle im Gebiet südlich von Madeira. Sollte ihr U 111 zum Opfer gefallen sein? Das Boot hat sich immer noch nicht gemeldet.

12. Oktober 1941. Heute ist Sonntag. Der Sturm hat etwas nachgelassen, aber immer noch rollen riesige Wasserberge von Westen heran. Seit Mitternacht laufen wir mit Kurs 315 Grad. Die See kommt jetzt etwas von Backbord. Das Boot rollt schwer und holt weit über in der mächtigen Dünung. Man muß sich in der Koje festzurren, und an Schlaf ist kaum zu denken.

Der Kommandant hat das tägliche Prüfungstauchen in die Mittagsstunden verlegt. So können wir wenigstens unter Wasser in Ruhe zu Mittag essen. Wir müssen dazu aber auf 80 Meter gehen. Bei 60 Meter ist die Dünung noch stark spürbar.

In der Zentrale fragt mich Obersteuermann Bruno Petersen: »Was ist mit Kleinschmidt?« – »Ich nehme an, er ist an eine Falle geraten. Jedenfalls ist er weg«, sage ich. Petersen nickt und tippt mit dem Bleistift auf die Karte. »Sie sehen, Hirschfeld, man kann auch im Süden verlorengehen.« – »Na, ja«, sage ich, »aber es stirbt sich besser im warmen Wasser.« Petersen lächelt. »Und die lieben Haifische helfen dabei.«

13. Oktober 1941. Der Sturm nimmt wieder zu. Gegen Abend läßt der Kommandant die Brückenwache einziehen und befiehlt Unterwassermarsch bis zum Morgen. Wir müssen wieder auf 80 Meter gehen, um nichts mehr von der Dünung zu spüren. Nachdem das Boot eingesteuert ist, umgibt uns wohltuende Ruhe. Leibling hat das GHG besetzt, und ich sitze im Funkraum und mache leise Schallplattenmusik für alle Räume. Die Männer liegen träumend in den Kojen.

14. Oktober 1941. Um 10.00 Uhr läßt der Kommandant nach einem Rundhorch auftauchen. Das kanadische Tief ist nach Osten abgezogen. Der Sturm hat nachgelassen. Auch die See ist etwas ruhiger. Zwar schlagen noch einige Brecher über den Turm, aber die Männer stehen nicht mehr bis zum Hals im Wasser.

Die Luft riecht plötzlich winterlich, und es wird empfindlich kalt. Wir haben weit nach Norden ausgeholt. Standort 12.00 Uhr ist 57 Grad Nord und 36 Grad 42 Minuten West. Wir bilden mit anderen Booten eine große Suchharke von Nord nach Süd, etwa 250 sm südöstlich der Südspitze von Grönland, denn der Ost-West-Verkehr der Geleitzüge ist so weit nach Norden ausgewichen.

15. Oktober 1941. Die See hat sich weiter beruhigt, wir haben nur noch Seegang 6. Die vorderen Backbord-Mündungsklappen sind verbeult, lassen sich aber schwergängig noch öffnen. 400 sm hinter uns haben andere Boote einen Geleitzug gemeldet. Wir müssen im Sturm dicht an ihm vorbeigefahren sein. Das kann nur beim Überwassermarsch geschehen sein, denn unter Wasser hätten wir ihn gehört.

U 553, Kapitänleutnant Thurmann, ist Fühlungshalter. Vier andere Boote haben herangeschlossen. Sie melden schwere See und starke Sicherung. Wir sind das nördlichste Boot unserer Suchharke. Der II WO Keller steckt seinen Kopf in den Funkraum. Er hat die FT-Kladde gelesen. »Ist doch komisch«, sagt er lächelnd, »dieses Boot entwickelt die Eigenschaft, an allen Geleitzügen ungesehen vorbeizufahren.« – »Na, ja«, sage ich, »es hat wahrscheinlich bei Kap Farewell einen Schock bekommen.«

16. Oktober 1941. Eisig bläst der Wind von Labrador herüber. Erneut kommt schwere Dünung auf. Wir stehen schlingernd auf und ab. Unser Standort 12.00 Uhr DGZ ist 57 Grad 45 Minuten Nord und 35 Grad 34 Minuten West. Die Boote, die östlich von uns stehen, melden die ersten Erfolge. Dabei werden feindliche Flugzeuge bis 26 Grad West gemeldet. Jetzt fliegen die Bienen also schon bis Mitte Atlantik. Zum Glück stehen wir noch im schwarzen Loch; es scheint noch keinen Flugplatz auf Grönland zu geben.

Am Nachmittag stürzen plötzlich orkanartige Böen auf uns nieder. Um 20.00 Uhr ein FT vom BdU an Bleichrodt. Wir sollen vor der Belle-Isle-Straße Position beziehen. Der BdU nimmt an, daß die Geleitzüge zwischen Labrador und Neufundland durch diese Straße kommen und danach auf dem Großkreis nach England geleitet werden. Dadurch würden sie alle weiter südlich operierenden Suchharken der U-Boote umgehen. Der Kommandant setzt den neuen Kurs auf der Karte ab. Dann schwenkt der Bug nach Westen; Kurs 250 Grad.

17. Oktober 1941. Die Diesel laufen halbe Fahrt. Wir müssen das Boot durchheizen, denn die Brote in den Hängematten im Bugraum fangen bereits an zu schimmeln. Die Wäsche in den Spinden ist feucht und die Kartoffeln in der Zentrale vergammeln. Soviel Feuchtigkeit hatten wir noch nie im Boot. In großen Schlägen steuern wir Kap St-Charles an, den nördlichen Ausgang der Belle-Isle-Straße.

Aus dem Geleit östlich von uns haben die Boote unter schwersten Wetterbedingungen elf Schiffe mit insgesamt 60.000 BRT und zwei Zerstörer versenkt. Bei diesem Wetter eine tolle Leistung.

Bei uns wird die See etwas ruhiger. Die Funkverbindung mit Kernevel wird aber immer schlechter. Auch auf den Längstwellen reißt die Verbindung ab. Es herrscht starkes Nordlicht. Die FTs der Boote am Geleitzug werden von der Leitstelle oft nicht wiederholt. Die Leitung des Kampfes scheint dem BdU entglitten zu sein; niemand hatte damit gerechnet, daß das Nordlicht jede Verbindung abreißen läßt.

Auch der deutsche Rundfunk ist auf Kurzwelle schlecht zu hören. Dafür empfangen wir jetzt die Sender der USA auf Mittelwelle sehr gut. Korvettenkapitän Hoffmann und Oberleutnant zur See Wißmann hören bei mir im Funkraum jeweils die Nachrichtensendungen ab. So erfahren wir durch den USA-Rundfunk, daß deutsche U-Boote den USA-Zerstörer *Kearney* torpediert haben. Angeblich schwimmt er noch und versucht, Reykjavik auf Island zu erreichen. Offensichtlich geleiten die Kriegsschiffe der USA die Geleitzüge bis nach England. Bereits am 5. September wurde U 652, Kapitänleutnant Fraatz, von einem US-Zerstörer mit Sonar verfolgt und mit Wasserbomben angegriffen. Fraatz glaubte, es mit einem britischen Zerstörer zu tun zu haben, und schoß zwei Torpedos, die aber ihr Ziel verfehlten.

18. Oktober 1941. Nur noch leichte Dünung. Der Sturm hat völlig abgeflaut. Unser Standort um 12.00 Uhr DGZ ist 56 Grad 18 Minuten Nord und 41 Grad 55 Minuten West. Mit 250 Grad Kurs kommen wir südlich von Kap Farewell über die Stelle, an der wir im Mai den britischen Munitionsdampfer *Marconi* versenkten. Die Funkverbindung mit der Leitstelle Kernevel hat sich wieder gebessert. Der BdU fragt mit FT an, wer den US-Zerstörer geknackt hat. Aus den Meldungen der Boote geht hervor, daß keiner auf ihn geschossen hat. Wie sollen sie auch nachts am Geleitzug wissen, wer Brite und wer Amerikaner ist.

Im Rundfunk hören wir, daß das »Weiße Haus« das Gesetz zur Bewaffnung der amerikanischen Handelsmarine gebilligt hat. Jetzt ist uns die Aufregung um den Zerstörer *Kearney* klar.

19. Oktober 1941. Wieder ist es Sonntag. Es wäre ein Tag wie jeder andere, wenn wir nicht unser Sonntagsessen hätten. Holsteiner Katenschinken mit Spargel. Aus den FTs geht hervor, daß außer uns noch 20 Boote vor Kanada stehen.

Der BdU hat drei Kampfgruppen gebildet. Wir gehören zur Gruppe »Mordbrenner« und stehen am weitesten westlich und am weitesten nördlich vor Labrador. Hinter uns marschieren in großen Suchharken die Gruppen »Schlagetot« und »Reißwolf«. Gewaltige Namen. Wenn es nur etwas zum Schlagen und Reißen gibt. Wir haben auf dieser Fahrt noch keine Mastspitze oder Rauchfahne gesehen.

Es wird immer kälter. Ein Glück, daß diese großen Boote Diesel-Abgasheizung haben. Am wärmsten wird es, wenn die Diesel große Fahrt laufen.

20. Oktober 1941. Nur noch Seegang 6. Die Sicht ist ausgezeichnet. Immer weiter geht es Kurs Belle-Isle-Straße. Langsam hebt und senkt sich das 40 Meter lange Vorschiff in der langen Dünung. Oben auf der Brücke ist es trocken. Die Diesel brummen wie zwei zufriedene Arbeitspferde. Vergeblich preßt die Brückenwache die Zeissgläser in die Augenhöhlen. Am Himmel jagen vereinzelte Wolken dahin, aber der Horizont bleibt leer.

Am Nachmittag brist es langsam wieder auf, und es sieht verdammt nach Sturm aus. Im Boot wird alles sturmfest gezurrt. Östlich von uns sind von einem Boot vier schnelle Dampfer im Geleit von zwei Zerstörern gesichtet worden. Einige Boote jagen hinterher. Ein Erfolg ist aber bei dieser hohen Fahrt sehr fraglich. Die Schiffe sollen 15 bis 18 sm laufen.

21. Oktober 1941. In der Nacht brach der Sturm los. Ich erwachte, als die Brecher gegen den Turm knallten. Rasend schnell hat ein neues Tief den Sturm gebracht. Die Brückenwache steht wieder festgezurrt bis zum Hals im eisigen Wasser, das sich über den Turm ergießt. Unser Standort um 12.00 Uhr DGZ ist 53 Grad 45 Minuten Nord und 50 Grad 34 Minuten West. Seegang 7, Sturm 11.

Die Boote südlich von uns vor Neufundland haben ein ostgehendes Geleit erfaßt. Es sind 22 Schiffe. Kapitänleutnant Bleichrodt hat heute Geburtstag. Als wir ihm gratulieren, winkt er lächelnd ab. »Wie ihr seht, zürnen heut die Götter.«

Am Nachmittag steigert sich der Sturm zum Orkan. Dazu

kommen noch Regen- und Schneeschauer. Die Brücke ist andauernd unter Wasser, und die Wache kann kaum noch etwas sehen, so daß sich der Kommandant zum Unterwassermarsch entschließt. Wir sind froh, als uns endlich auf 80 Meter Tiefe wohltuende Ruhe umgibt.

22. Oktober 1941. Nach dem Mittagessen gibt der Alte den Befehl zum Auftauchen. Der LI steuert die Oberfläche an. Ein Rundblick mit dem Sehrohr. Dann kommt der Befehl: »Anblasen!« Rauschend empfängt uns die See, und die Wache zieht auf. Das Sturmtief ist nach Osten abgezogen. Es wird die kämpfenden Boote östlich von uns einholen, aber wir dürfen sie nicht warnen, denn wir müssen unbedingt Funkstille wahren. Gegen Abend wird es bestialisch kalt.

Flachsenberg meldet einen neuen Geleitzug südlich von uns, aber die Entfernung ist zu groß, um ranzuschließen.

23. Oktober 1941. Endlich stehen wir auf der befohlenen Position. 53 Grad Nord und 55 Grad West. Noch etwa 60 sm bis Labrador. Wir fahren diesel-elektrisch, um Brennstoff zu sparen. Auf der Brücke steht die Wache in dicken Schafspelzen, die beim schnellen Einsteigen sehr hinderlich sind, aber mit Überraschungen aus der Luft rechnen wir hier nicht. Die eisige Luft riecht nach Schnee. Der Horizont ist dunstig verhangen. Es ist alles grau in grau, und die Sicht ist sehr schlecht.

Kein Schiff weit und breit. Nur Möwen, wohin das Auge sieht. Sie segeln meist stumm dahin, ohne aufgeregtes Geschrei wie an unseren Küsten. Seltsame, unheimlich öde Gegend, aber jede Nacht herrliches Nordlicht. Nur die Funkverbindung ist fast abgerissen. Wenn wir hier auf einen Geleitzug stoßen und einen FT abgeben, wird Kernevel uns kaum hören. Wir werden dann allein kämpfen müssen.

24. Oktober 1941. Wir stampfen vor der Belle-Isle-Straße auf und ab. Es wird immer kälter. Auf den Netzabweisern und an der 10,5-Kanone bildet sich ein dicker Eisbelag. Die Funkverbindung ist noch immer sehr schlecht. Wir bekommen auch im Wiederholungsprogramm nicht mehr alle FTs herein, können aber keine Meldung darüber absetzen, weil das die Funkstille durchbrechen würde.

Über der westlichen Kimm brauen sich finstere Wolken zusammen. Ein neues Tief kommt von Labrador. Einige Böen fegen vorweg, dann heult es mit ungeahnter Wucht heran. Eisstücke hageln auf die Brücke nieder, daß es den Männern fast die Gesichter zerfetzt. Unmöglich, noch die Gläser vor den Augen zu halten. Auf einen Befehl des WO werden schnell die Gurte nach oben gegeben. Die Männer haben sie kaum angelegt und die Karabinerhaken in die Halterung des Brückenschanzkleides geschlagen, als die aufgepeitschte See herantobt. Riesige Wellen schlagen gischtend über den Turm und lassen die Männer vor Kälte erstarren. Das Boot holt manchmal über, als wollte es umschlagen.

Der Alte starrt auf seine Gradnetzkarte und gibt Befehl, auf 270 Grad zu drehen. Wir machen nur noch wenig Fahrt, damit die Brücke nicht dauernd unter Wasser ist. Nach einiger Zeit wird es etwas ruhiger, und ich entere schnell auf den Turm. Der Obersteuermann hat die Wache. Bruno Petersen stößt mich an. »Kannst froh sein, daß du kein Seemann geworden bist.« Er muß schreien, damit ich ihn beim Heulen des Windes und dem Krachen der Brecher verstehen kann. Ich nicke nur. »Im nächsten Leben werde ich auch Funker«, schreit er mir in die Ohren. Ich muß lachen. »Aber im Süden«, schreie ich zurück, »da habt ihr euch hier oben gesonnt, und wir haben unten geschmort.«

25. Oktober 1941. Wir sind jetzt dicht unter der Küste. Die See rollt hier nicht mehr so lang, aber die Sicht ist sehr schlecht. Nebelschwaden ziehen über das Wasser. Es riecht nach Land. Jetzt trennen uns nur wenige Meilen von unseren kriegsgefangenen Kameraden in Kanada. Manche sind nun schon zwei Jahre hier, und es ist noch nicht abzusehen, wann sie die Heimat wiedersehen. Möge uns dieses Schicksal erspart bleiben. Lieber mit der Gefahr im Nacken kämpfen, als Jahre in Gefangenschaft.

Die Kälte wird jetzt auch im Boot sehr unangenehm. Bei der kleinen Fahrtstufe mit nur einem Diesel werden die Heizungen überhaupt nicht mehr warm. Der LI hat verboten, die elektrischen Heizkörper mit je 2000 Watt zu benutzen, da die Batterien immer voll geladen sein müssen, falls man uns unter Wasser drückt. Die Männer an den Dieseln lernen jetzt ihren warmen Mief schätzen.

26. Oktober 1941. Nebel, Regen, Eis- und Schneesturm. Wir stampfen wieder auf und ab. Kein Schiff weit und breit. Langsam wird die Funkverbindung in den Nächten besser.

Die Kälte kriecht uns bis in die Knochen. Im Boot ist alles feucht. Das verschimmelte Brot aus den Hängematten können wir wegwerfen. Die Brückenwache steigt fluchend in die feuchtnassen Sachen. Die Männer kriegen in den acht Stunden bis zur nächsten Wache ihre Klamotten nicht mehr trocken.

In der Nacht gerät das Boot in sonderbare Schwingungen und holt stark über, obwohl keine starke Dünung herrscht. Als der Morgen graut, sieht die Wache, daß das Vorschiff stark vereist ist. Aus der Kanone ist ein riesiger Eisblock geworden. Auch am Turm und an der 3,7-cm-Flak hat sich so viel Eis gebildet, daß das Boot toplastig geworden ist. Ich entere auf den Turm, um nach meinen Antennen zu sehen. Oberleutnant zur See Wißmann hat die Wache. Gleich hinter mir kommt der Alte auf die Brücke. Auch er besieht sich die Vereisung.

»Wenn wir das mit Äxten bearbeiten«, meint Bootsmaat Gross, »schlagen wir das halbe Vorschiff kaputt.« Der Alte winkt ab. »Da kann sich ja keiner auf dem Deck halten. Und wenn einer in den Bach fällt, können wir ihn nicht mal fischen.« – »Schlage vor, wir tauchen«, knurrt der I WO aus seinem Eiskragen. Der Alte nickt. »Ja, das ist die einzige Möglichkeit, das Eis loszuwerden. Hoffentlich gehen die Entlüftungen auf.« Wir steigen ein und gehen auf Tauchstation, aber auf das Kommando »Fluten!« geschieht gar nichts. Die Entlüftungen gehen nicht auf. Wenn uns in dieser Situation ein Flugzeug erwischt, können wir nicht tauchen und auch nicht schießen, da die Flak-Mannschaft im Boot ist. Die Männer sehen sich erstaunt an. Mit dieser Lage hat keiner gerechnet. Es gibt also noch Gefahrenmomente, die wir nicht kennen.

Die Entlüftungen können nach einigem Bemühen endlich geöffnet werden. Wir gehen auf 40 Meter. Nach vier Stunden unter Wasser tauchen wir auf. Das Eis ist abgetaut. Es bildet sich aber sofort neues Eis, so daß wir nach vier Stunden erneut tauchen müssen. So geht es weiter; rauf und runter. Und immer wieder Schwierigkeiten mit den Entlüftungen. Der eisige Wind, der vom Festland bläst, läßt alles erstarren. Die Stimmung ist miserabel. Im U-Raum wird viel geflucht. »Nun denkt mal an die Boote, die ständig im Eismeer operieren«, sage ich. »Wir haben doch die Gewißheit, wieder einmal in warmes Wasser zu kommen.« – »Vielleicht zu Weihnachten«, meint Otto Peters. »Hier kommt doch niemals ein Geleitzug lang.«

Wir werden im Boot überhaupt nicht mehr warm, weil wir zu wenig Bewegung haben. Ich habe schon alles angezogen, was ich habe. Das dicke Winterunterzeug, darüber das graue Moleskinpäckchen und dann noch das Lederzeug.

Im U-Raum haben wir zwei Heizkörper zu je 2000 Watt in

Doppelschaltung; einer liegt unter der Back und einer steht neben meiner Koje. Wir sitzen frierend vor ihnen, als Otto Peters aus der Zentrale kommt. »Verdammt«, knurrt er. »Hier isset och nich wärmer als in der Zentrale. Warum macht ihr denn nicht mal den Heizkörper an?« – »Na, Otto, du weißt doch ganz genau, daß der Weber dann an die Decke springt«, sage ich. Otto winkt ab. »Die Batterien sind ganz voll. Das merkt der Weber nicht.« Er kommt zu meiner Koje und schaltet den Heizkörper zweimal zu je 1000 Watt ein. Wir setzen uns alle um den langsam erglühenden Heizkörper und halten die Hände darüber. »So«, sagt Otto, »und jetzt halten wir alle mal hintereinander den Bauch darüber, damit wir erst mal warm werden.« Gesagt, getan, aber der Heizkörper ist zu riechen.

»Mensch, Otto, die Umwälzlüftung ist doch an«, sage ich. Otto lugt durch den Gang zur Zentrale. »Donnerwetter«, sagt er, »hat der Hund eine Nase. Da kommt er schon.« Wir schalten schnell ab und werfen Decken und anderes Zeug über den Heizkörper, so daß seine Form nicht mehr zu erkennen ist. Schnüffelnd kommt der LI in unseren Raum und sieht sich mißtrauisch um. »Haben Sie hier eine elektrische Heizung angehabt?« Otto sitzt auf seiner Koje und schüttelt traurig den Kopf. »Da unter der Back liegt unser Heizkörper. Fühlen Sie mal. Der ist ganz kalt wie wir.« Der LI fühlt tatsächlich nach, dann wirft er noch einen Blick in den Bugraum und schüttelt verwundert den Kopf. »Aber irgendwo war ein Heizkörper an. Ich rieche es ganz genau.« – »Es kann ja auch im Heckraum sein«, sagt Otto ganz treuherzig. Weber läßt noch einen mißtrauischen Blick in die Runde gehen und geht.

Am Nachmittag entschließt sich der Alte, unter Wasser zu bleiben. Die Horchverhältnisse sind ausgezeichnet, so daß wir ein Schiff genauso weit hören müßten, wie es zu sehen ist.

Daß die Stimmung im Boot auf dem Nullpunkt angelangt ist, weiß der Alte. Ganz allein sitzt er im Funkraum und macht Musik von Schallplatten. Alle Räume sind durchgeschaltet. Die Männer liegen auf den Kojen und starren vor sich hin.

Jetzt kommt der Winter, und die Sowjets sind nicht besiegt. Sind unsere Armeen überhaupt für einen russischen Winter ausgerüstet oder sollte sie das gleiche Schicksal treffen wie vor 129 Jahren die französische Armee mit ihren Verbündeten? Ich glaube nicht, daß die Sowjets jemals kapitulieren werden, es sei denn, wir treiben sie bis Wladiwostok.

27. Oktober 1941. Wir bleiben noch einen ganzen Vormittag unter Wasser. Es herrscht Totenstille um uns herum. Der Kommandant läßt durchgeben, daß nach dem Essen aufgetaucht wird. Järschel hat einen wunderbaren Eintopf gekocht. Gerade als wir mit dem Mittagessen beginnen wollen, knallt es in der Ferne fünfmal; einwandfrei Fliegerbomben. Ein Boot muß entdeckt worden sein. Nun wird es mit der Ruhe hier vorbei sein.

Um 12.00 Uhr DGZ wird aufgetaucht. Weiterhin eisiger Wind von Westen, etwas aufgefrischt. Dabei Seegang 5. Unser Standort ist 52 Grad 45 Minuten Nord und 54 Grad 5 Minuten West. Die Sicht verschlechtert sich zusehends. Nebel liegt über dem Wasser, und wieder beginnt die Vereisung.

Gegen 15.00 rasen plötzlich die Alarmklingeln. Schnell geht es in die Tiefe. Die Männer kommen von oben. »Was ist los?« frage ich. »Schwerer Bomber von West nach Ost. War gar nicht hoch. Hat uns sicher gesehen«, sagt Pötter zu mir. Nach dem Auftauchen fahren wir vorsichtig mit kleiner Fahrt durch den Nebel. Gegen Abend reißt es teilweise auf.

Ich bin gerade in der Zentrale, als auf der Brücke Rufe erschallen. Otto Peters stürzt unter das Luk und horcht nach oben. »Sie haben ein U-Boot gesehen«, meldet er dem Kommandanten. Der Alte wirft die Pelzjacke über und jagt nach oben. Dann brummen die Diesel auf, und der Bug dreht auf 80 Grad. Wir jagen hinter dem Boot her und kommen unbemerkt ziemlich nah heran. Es ist U 573, Kapitänleutnant Heinsohn, auf dem Rückmarsch wegen Brennstoffmangel. Sie sind froh, diese unwirtliche Küste verlassen zu können. Bleichrodt läßt noch »glückliche Heimreise« hinüberwinken, dann dreht sich unser Bug wieder nach Westen.

28. Oktober 1941. In der Nacht wurde der Nebel noch dicker. Da oben doch nichts zu sehen war, sind wir wieder unter Wasser gegangen. Nach dem Auftauchen am Vormittag empfangen wir im Wiederholungsprogramm ein FT an U 109. »Neuer Standort: Große Neufundlandbank.«

Der Kommandant gibt Befehl: »Kurs 130 Grad.« Die Diesel hämmern los. Endlich wird die Abgasheizung wieder warm, und bald werden wir wieder im Golfstrom sein.

Ich gehe in die Zentrale. Bruno Petersen zeigt mir auf der Karte den neuen Kurs, den der Alte abgesteckt hat. Vor der Neufundlandbank müssen wir den Kurs vom Geleit Kentrat kreuzen. Darauf will der Alte operieren.

Korvettenkapitän Hoffmann kommt in den FT-Raum, um uns bei der Arbeit zuzusehen, und ich frage ihn, wo er sein EK I erhalten hat. Er lächelt. »Beim OKM für die Ausarbeitung des Kreuzerkrieges. Ich habe mich zur U-Boot-Waffe gemeldet, um es zu verdienen.« Mir verschlägt es die Sprache. Da gibt einer seinen guten Posten auf, um U-Boot-Kommandant zu werden.

29. Oktober 1941. Mit großer Fahrt rauschen wir durch die wenig bewegte See. Kurs 130 Grad. Nur weg von dieser Küste. Die Luft ist immer noch eisig, aber im Boot ist es wieder warm. Die Lüfter laufen auf Hochtouren, um die feuchte Luft aus dem Boot zu saugen.

Beim Prüfungstauchen um die Mittagszeit hören wir in der Ferne mehrere Wabo-Detonationen. Lang rollt der Donner durchs Wasser. Am Nachmittag reicht mir Leibling einen entschlüsselten FT, der an »Gruppe Reißwolf« gerichtet ist. »Bigalk, Schonder, Kentrat usw.: Reißt, ihr Wölfe! BdU.«

Das ist der Befehl zum Angriff. Heute nacht wird es an diesem Geleit also losgehen. Wir werden erst in ca. 48 Stunden auf dem Kurs des Geleites stehen, und der Kommandant ist fest entschlossen, noch mitzumischen.

30. Oktober 1941. Um Mitternacht gratulieren wir unserem II WO, dem Oberleutnant zur See Keller, zum Geburtstag. Ausgerechnet er ist heute mit der Mittelwache von 0.00 bis 4.00 Uhr dran, aber unser Gast, Korvettenkapitän Hoffmann, hat sich bereit erklärt, die Wache für ihn zu übernehmen. Meine Wache beginnt um 2.00 Uhr. So bekomme ich auch ein Glas Sekt ab, den Keller extra mitgenommen hat.

Wir steuern mit neuem Kurs 160 Grad an der Ostküste von Neufundland nach Süden. Um 1.00 Uhr setzt ein wahnsinniger Schneesturm ein. Die Männer auf der Brücke haben die Gläser von den Augen genommen. Sie können keine zwei Meter weit sehen. Wir jagen mit großer Fahrt blind durch die Nacht. Da der Funkverkehr sehr schwach ist, steige ich einige Male auf die Brücke. Es ist eine schaurige Nacht. Vor- und Achterschiff sind völlig der Sicht entzogen. Der Schnee treibt von hinten in die offene Brücke. Auch der Alte kommt öfters besorgt nach oben, aber er läßt mit großer Fahrt weiterlaufen. Wir müssen so schnell wie möglich nach Süden; raus aus dem verdammten Labradorstrom und ran an den Geleitzug.

Grau verhangen kommt der Morgen hoch. Das Schneetreiben hat etwas nachgelassen, und ich höre von oben, daß das Boot wieder zu übersehen ist. Schnell entere ich nach oben.

Das Oberdeck ist von dickem Eis überzogen. Die 10.5-Kanone, Netzabweiser und Turm sind durch eine Eisschicht verbunden. Der Wintergarten mit den Fla-Geschützen ist nicht wiederzuerkennen. Auch die 3,7-Flak auf dem Achterschiff ist unter dem Eis nur noch zu erraten. Der Kommandant entschließt sich zum Unterwassermarsch, um das Eis loszuwerden. Wieder hören wir unter Wasser die Detonationen der Wabos in der Ferne grollen. Sie gelten den Booten am Geleit Kentrat. Unglaublich, wie weit das zu hören ist. Oder gibt es noch ein Geleit südlich von uns?

Um 16.00 tauchen wir auf. Das Eis sind wir los und der Schneefall hat nachgelassen, aber die Sicht ist immer noch schlecht. Der Funkverkehr ist durch die Boote der »Gruppe Reißwolf« stark angeschwollen. Wir haben im FT-Raum viel zu tun, um die fehlenden FTs im Wiederholungsprogramm hereinzuholen.

Um 22.00 Uhr FT vom BdU: »Mordbrenner ran!« Das ist der Befehl für uns. Die Diesel laufen zweimal große Fahrt. Mit fast achterlicher See jagen wir dem westgehenden Geleit entgegen. Kentrat gibt laufend Fühlungshaltermeldungen. Wir stehen am weitesten entfernt; die anderen Boote unserer Gruppe sind näher dran.

31. Oktober 1941. Die See ist nur mäßig bewegt. Es ist nicht mehr so eisig auf der Brücke. Um 3.00 Uhr ein FT an uns. »Bleichrodt von BdU: Nicht auf Geleit Kentrat operieren. Aufstellung 8 sm vor Südspitze Neufundland.« Der Kommandant liest den Funkspruch, kneift die Lippen zusammen und geht zum Kartentisch in der Zentrale. Wortlos reicht er dem Obersteuermann den FT. Dann beugen sich beide über die Seekarte, rechnen Fahrt und Zeit zum befohlenen Standort aus und überprüfen die letzten Fühlungshaltermeldungen von Kentrat. Dann entscheidet der Kommandant: »Wir operieren weiter auf Geleit Kentrat!«

Unermüdlich hämmern die Diesel das Boot nach Süden. Der Alte rechnet damit, am 1. November gegen 4.00 Uhr auf das Geleit zu treffen. Binnen weniger Stunden wird es plötzlich warm. Wir ziehen die Pelze und das dicke Taucherunterzeug aus. Ein befreiendes Lächeln geht über alle Gesichter. Wir sind wieder im Golfstrom.

1. November 1941. Wieder kommt ein trüber Morgen herauf. Der Alte hat berechnet, daß wir um 4.00 Uhr auf 45 Grad 38 Minuten Nord und 47 Grad 49 Minuten West am Rande der großen Neufundlandbank stehen. Hier müßte der von

Kentrat gemeldete Geleitzug vorbeikommen, aber er und die übrigen Boote haben die Fühlung verloren. Das ist ein schwerer Schlag, denn die mit hoher Fahrt durchlaufene Nacht ist vertan, wenn wir den Geleitzug nicht finden.

Im Morgengrauen werden von der Brücke zwei leichte Rauchfahnen im Osten gemeldet. Schnell kommen die Masten über die Kimm, und die Schiffe werden als Bewacher erkannt. Mit Höchstfahrt laufen wir nach Süden ab. Noch schützt uns der dunkle Horizont im Westen. Dann läßt der Kommandant in großen Schlägen wieder nach Norden über den vermeintlichen Kurs des Geleites aufkreuzen. Unermüdlich pressen die Männer auf der Brücke die Gläser in die Augenhöhlen und suchen den Horizont ab. Vergeblich. Kein Schiff weit und breit.

Keller steckt den Kopf in den Funkraum und grinst. »Habe ich nicht gesagt, wenn wir kommen, ist die See wie leer gefegt.« – »Abwarten«, sage ich. »Hier kommt bestimmt was vorbei.« – »Sie Optimist«, brummt Keller. Wir essen in aller Ruhe zu Mittag.

Um 14.45 Uhr ein Ruf von der Brücke. »Mastspitzen in Sicht!« Der Kommandant jagt die Leiter empor. Gleich darauf kommt der Befehl: »Zweimal große Fahrt voraus!« Bald erfahren wir, was sie oben sehen: einen Tanker und einen Passagierfrachter. Beides fette Brocken. Die Männer im Bugraum reiben sich die Hände. Vier Aale werden wir bestimmt verschießen, und dann werden die auf den Flurplatten liegenden Torpedos nachgeladen, und im Bugraum herrschen wieder geregelte Wohnverhältnisse. Die beiden Schiffe gehören bestimmt zu dem von Kentrat gemeldeten Geleit, das versprengt zu sein scheint.

Um 15.00 Uhr rasen die Alarmklingeln im Boot. Leibling starrt mich an. Das Turmluk ist noch nicht zu, als schon die vorderen Entlüftungen aufknallen. Steil neigt sich das Vorschiff nach unten. Etwas zu hart, denke ich und stemme die Füße gegen den Sender. Gurgelnd geht es abwärts. Ich habe ein unangenehmes Gefühl im Magen.

Die Lastigkeit nach vorn wird immer stärker. »Eins!« brüllt der LI. Verdammt, denke ich, so steil sind wir noch nie getaucht. »Entlüftung eins von Hand ziehen!« schreit der LI jetzt in höchster Erregung ins Mikrofon. Aha, die Entlüftung klemmt. Immer stärker neigt sich der Bug nach unten.

Ich habe das Sprachrohr zum Turm geöffnet und höre die Stimme des Kommandanten, der am Sehrohr sitzt. »Verdammt! Der Kerl fliegt uns an mit Lage null. LI! Der Arsch ragt noch aus dem Wasser.« Gleich darauf schreit er zur Zentrale: »LI, warum kommt das Heck nicht unter Wasser? Runter damit, aber schnell!«

Aus der Zentrale höre ich die Stimme des Leitenden: »Entlüftung eins klemmt, Herr Kaleu. Soll ich anblasen?« – »Nein«, brüllt der Kommandant. »Turm wird geräumt. Alle Schotten dicht!« In den vorderen Räumen höre ich es poltern und klirren. Dann geht ein Zittern durch den ganzen Bootsleib. Ein sanfter Stoß. »Angekommen«, schreien die Lords im Bugraum. Das ist die Neufundlandbank. Der Bug geht nicht tiefer und das Heck ragt aus dem Wasser. Verdammter Zustand. Die Schotten vorn zum Bugraum und achtern zum Dieselraum fliegen dicht und werden verriegelt. Der Kommandant sitzt nun im Kugelschott zur Zentrale, das offen geblieben ist. »Kameraden, jetzt Ruhe bewahren. Gleich knallt's«, sagt er beschwörend. Er ist ganz ruhig.

Kalte Schauer rennen mir über den Rücken. Soll es uns hier erwischen, weil die verdammte Entlüftung klemmt? Sieht so das Ende aus? »Totalverlust durch Flibos auf der Neufundlandbank«, heißt es dann später.

Ein Glück nur, daß es hier nur 50 Meter tief ist. Wenn nicht alle Räume absaufen, kann man vielleicht noch mit dem Tauchretter aussteigen. Das Boot kann ja nicht tiefer fallen. Ach, alles Quatsch. Im kalten Wasser hält es keiner lange durch.

Es ist totenstill im Boot. Die Sekunden schleichen dahin. Alle erwarten die tödlichen Detonationen, aber nichts passiert. Erstaunt heben die Männer die Köpfe. Keine Bomben? Es ist nicht faßbar. Und das Heck ragt immer noch aus dem Wasser.

Langsam erhebt sich der Kommandant, steigt die Leiter empor und öffnet das Zentraleluk. Dann ist er im Turm, und ich höre durch mein Sprachrohr, wie er auf seinem Sitz am Sehrohr herumfährt.

Endlich höre ich ihn brummen: »Maschine im Abflug. Seltsam. Schottendichtzustand aufgehoben. Bringen Sie endlich das Heck unter Wasser, LI.« Obermaschinist Winter macht mühselig eine Bergbesteigung nach achtern. Nach einer Weile knallt es endlich im Heck. Die Entlüftung eins ist aufgesprungen. Gurgelnd sinkt das Heck ab. Erleichtert fühlen wir, wie das Boot wieder in die Waagrechte kommt. Dann setzt der Kiel auf dem Grund auf. Die E-Maschinen summen los. Das Boot zittert, bockt und stößt. Wir rutschen über den Grund. Ein Glück, daß hier keine Felsen liegen. Es scheint nur weicher Sand zu sein. »Vordere Tiefenruder aufkommen«, höre ich den LI zischen. Wir rutschen weiter über den Grund. »Aufkommen, aufkommen, habe ich gesagt!« In die Stille sagt Otto Peters in ironischem Tonfall: »Die Untertriebszellen sind noch nicht ausgeblasen, Herr Oberleutnant!« Ich kann den LI nicht sehen, aber ich kann mir sein erregtes Gesicht vorstellen, und ich muß an die Worte des BdU nach der ersten Fahrt denken: »Na, Weber, Sie sind auch immer dabei, wenn Mist gemacht wird.« Verbissen gibt der LI jetzt den Befehl zum Anblasen der Untertriebszellen. Endlich hebt sich das Boot vom Grund und liegt ruhig. Erleichtertes Aufatmen überall.

Järschel, der Koch, war während des Alarmtauchens im Heckraum, um einen gewissen Ort aufzusuchen. Er hat den eisernen Entlüftungsknüppel mitgebracht und sagt, daß drei Mann vergeblich versucht haben, die Entlüftung eins von Hand zu ziehen. Der vollkommen verbogene Eisenknüppel ist der beste Beweis für Järschels Stärke.

Der Zorn des Kommandanten verraucht, als er Järschels muskulöse Arme und den verbogenen Knüppel sieht. Dann sagt er ruhig: »LI, klären Sie, aus welchem Grunde die Entlüftung klemmen konnte. Vereisung gibt es hier nicht mehr.« Es liegt ein gefährlicher Ton in seiner Stimme. Der I WO nickt ernst. »Das hätte uns das Leben kosten können.« Das Boot wird aufgeräumt. Die Entlüftungen werden ständig geöffnet und wieder geschlossen. Der LI ist stark beunruhigt, daß kein Fehler zu finden ist, denn ein nicht konstanter Fehler ist gefährlich.

Um 15.48 Uhr steuern wir die Oberfläche an. Im GHG ist nichts zu hören, aber das hat hier nichts zu sagen. Die Horchverhältnisse sind hier wegen der verschiedenen Wasserschichtungen sehr schlecht. Der Alte macht einen Rundblick mit dem Fliegersehrohr. Dann gibt er den Befehl zum Auftauchen. Rauschend empfängt uns die Oberfläche. Die Diesel werden angeworfen, und während das Boot schon Fahrt aufnimmt, wird mit Dieseln weiter ausgeblasen. Weiter geht die Jagd mit großer Fahrt den beiden Schiffen nach. Der Generalkurs ist uns bekannt.

Gegen 16.40 Uhr werden Rauchfahnen achteraus gemeldet. Was trotz unserer hohen Fahrtstufe von achtern aufkommt, kann nur ein Zerstörer sein. Der Kommandant erhöht die

Fahrt und bleibt über Wasser, aber das Schiff hinter uns kommt langsam über die Kimm. Einige Minuten später müssen wir tauchen. Wieder knallen die Entlüftungen auf. Das Vorschiff neigt sich. Ich bin mit Ferdinand im Horchraum. »Bin ja mal gespannt, wie das Spiel weiter geht«, sagt er sarkastisch, aber die Entlüftung eins geht mühelos auf.

Maureschat kommt am Horchraum vorbei. »Was war los, Ede?« frage ich. Er runzelt die Stirn. »Vierschornschtein-Zerstörer. Der Hund kam ziemlich weit raus«, sagt er verdrossen. Nach kurzer Zeit läßt der Alte wieder anblasen. Er hat es eilig, aber um 17.01 Uhr rasen erneut die Alarmklingeln. Wir müssen abermals vor einem Zerstörer in den Keller gehen.

Lange hält der Kommandant es nicht unter Wasser aus. Noch ist der Zerstörer nicht ganz hinter dem Horizont verschwunden, da läßt er wieder auftauchen. Weiter geht die Jagd nach Westen auf der Suche nach den beiden fetten Brocken. Noch könnten wir sie erreichen, doch sobald sie die Cabotstraße erreicht haben, besteht keine Chance mehr, uns vorzusetzen.

Nach zweistündiger Jagd sind wieder Mastspitzen in Sicht. Um 20.50 Uhr plötzlich ein Zerstörer mit Lage Null genau von vorn, und mit Alarm geht es wieder in den Keller. Der Zerstörer scheint uns bemerkt zu haben. Trotz der schlechten Horchverhältnisse hören wir bald das Zwitschern seiner Schrauben. Er kommt schnell näher und fegt hin und her, ohne uns zu überlaufen. Dann liegt er eine Weile gestoppt. Wir machen Schleichfahrt. Das alte Scheißspiel. Er geht wieder mit der Fahrt an, und der Alte läßt auch höhere Fahrtstufe laufen. Das geht so einige Male; er scheint aber nichts zu hören, denn er läuft plötzlich ab, was aber auch ein Trick sein kann. Noch lange hören wir seine Schrauben. Gegen 22.00 Uhr gibt der Kommandant Befehl zum Auftauchen.

Die Suche nach den beiden Schiffen können wir jetzt aufgeben. Vom Geleit Kentrat wird nichts mehr gemeldet; es scheint sich vor der Neufundlandbank vollkommen aufgelöst zu haben. Im Funkraum sind wir bemüht, alle durch das Tauchen verlorenen FTs wieder hereinzuholen. Im Nord- und Mittelatlantik ist je ein fetter Geleitzug gemeldet. Die Südboote, die sich auf dem Rückmarsch befinden, sollen noch einmal angreifen.

600 sm westlich von Island wurde am 31. 10. der US-Zerstörer *Reuben James* von einem Nazi-U-Boot torpediert, heißt es im amerikanischen Rundfunk. 115 Mann fanden

12/13 Der Erste Offizier der »Calanda« kommt mit den Papieren an Bord. Die vier Mann der Brückenwache beobachten die zugeteilten Sektoren

14 *Die stärkste Waffe des Gegners: Wasserbomben*

dabei den Tod. 45 Mann konnten von anderen Sicherungsfahrzeugen gerettet werden. Auch dieser Zerstörer fuhr Sicherung an einem für England bestimmten Geleit. Wollten wir dem Befehl Hitlers nachkommen, könnten wir schon einpacken.

2. November 1941. Grau wie alle vorherigen Tage kommt der Sonntag herauf. Wir kreuzen vor der Cabotstraße. Der Alte rechnet mit Nachzüglern aus dem aufgelösten Geleitzug, aber der Horizont bleibt wie leergefegt. In Kernevel scheinen sie auch gemerkt zu haben, daß hier nichts mehr los ist. Am Nachmittag kommt ein FT für uns. »An Bleichrodt: Freies Manöver. BdU.«

Das ist so ganz nach unserem Herzen. Endlich kann der Alte tun und lassen, was er will, und daß er es richtig macht, davon sind wir alle überzeugt. Zuerst setzen wir uns zur Dieselreparatur nach Süden ab. Runter von der Neufundlandbank, wo wir keine richtige Tauchtiefe haben. Nach kurzer Fahrt wird es fast unerträglich warm im Boot. Wir müssen die Heizung abstellen. Die Wassertemperatur beträgt auf einmal 22 Grad Celsius. Das tut gut. Jetzt sind wir erst richtig im Golfstrom. Die Stimmung bessert sich sofort. Ich höre wieder Witze und Lachen aus dem Bugraum, obwohl die Aale noch auf den Flurplatten liegen. Es ist einfach herrlich. Wir sitzen in buntkarierten Hemden mit aufgekrempelten Ärmeln an der Back und genießen unser Sonntagsessen. »Hier laßt uns Hütten bauen«, ruft Seidel, als er von der Brücke kommt.

Am Nachmittag meldet Oberleutnant zur See Wißmann, daß die See wieder gröber wird. Ich entere auf den Turm, um noch eine Pfeife zu rauchen. Die See hat schon viele weiße Schaumkämme. Korvettenkapitän Hoffmann ist auch auf der Brücke und betrachtet kritisch den Himmel im Nordwesten. »Ich glaube, das wird einen schönen Sturm geben«, sagt er zum I WO. Es brist zusehends auf, aber noch bleibt die Brücke trocken, denn wir haben achterliche See. Gegen Abend ist der Sturm in voller Stärke da. Kein Waffeneinsatz mehr, heißt es im Kriegstagebuch. Sturm Stärke 10.

Wir gehen unter Wasser, damit Obermaschinist Schewe seine Dieselreparatur in Ruhe durchführen kann.

3. November 1941. Die ganze Nacht unter Wasser marschiert und erst am Vormittag aufgetaucht. Der Sturm hält an. Riesige Wasserberge rollen von Westen heran. Wir machen nur kleine Fahrt. Da die Brücke aber ziemlich trocken ist, steige ich nach oben. Obersteuermann Petersen hat die Wache. Berthold Seidel stößt mich an und raunt mir ins Ohr: »Bruno hat heut Geburtstag.« Der dritte Geburtstag auf dieser Fahrt. Ich gratuliere lachend.

Neuschottland liegt hinter uns. Wir stehen querab New York im Golfstrom. Der Alte will noch weiter nach Süden. Er kennt die alten Dampferrouten.

4. November 1941. Die See hat sich etwas beruhigt. Aber immer noch rollt eine gewaltige Dünung von Westen, und der warme Wind bringt Regenschauer mit. Am Nachmittag ein FT an uns. »An Bleichrodt von BdU. Funkspruch Offizier.« Wir nehmen die erste Entschlüsselung vor und geben dann die Schlüsselmaschine mit dem vorentschlüsselten FT an Keller, der als Nachrichtenoffizier mit einer neuen Einstellung der Maschine den Klartext erstellen soll. Nach einiger Zeit kommt er zu mir und bittet mich, ihm zu helfen, denn er bekommt nichts raus. »Aber Schnauze halten, klar?« – »Selbstverständlich, Herr Oberleutnant!«

Der FT befiehlt uns zu einer Sonderaufgabe. Wir sollen am 10. November 1941 im Seegebiet östlich von Bermuda stehen und dort den norwegischen Frachter *Silvaplana* treffen. Die *Silvaplana* wurde bei den Marshall-Inseln von dem Hilfskreuzer *Atlantis* aufgebracht und mit 15 Mann Prisenbesatzung nach Hause entlassen. Die gesamte norwegische Besatzung befindet sich noch an Bord. Wir sollen das Schiff nach Bordeaux geleiten. Donnerwetter, denke ich. Keine Versenkung von Frachtraum mehr auf dieser Reise. Hauptsache, wir bringen dieses Schiff heil nach Hause. Dafür wird ein kampfkräftiges U-Boot abgestellt. Muß doch sehr wichtig sein, dieses Schiff.

5. November 1941. Wir laufen zunächst mit Kurs 80 Grad. Nur die Offiziere und der Obersteuermann wissen, was anliegt. Meine Funker wissen es natürlich auch, aber ich kann mich auf sie verlassen.

Eduard Maureschat kann seine Neugier kaum zügeln. Immer wieder versucht er mit geschickten Fragen, etwas von mir zu erfahren. – Selbst Otto Peters muß schon lachen. »Mensch, Ede, warte doch ab. Hauptsache, wir fahren nicht wieder nach Norden. Von der kalten Jegend habe ick die Schnauze voll.«

6. November 1941. Leichte Dünung von achtern. Fast taghelle Nacht. Ein warmer Wind weht von Nordwest. Eintönig hämmern die Diesel. Wir sind wieder im alten Trott. Am Tage knallt die lang entbehrte Sonne vom blauen Himmel. Nur vereinzelt sind Wolken zu sehen. Von der Freiwache sind immer mehrere Männer auf dem Wintergarten. Der Alte hat ihnen Sonne verordnet. Es ist herrlich warm, und vor Flugzeugen sind wir hier ziemlich sicher. Das Boot wiegt angenehm in der langen Dünung. O Atlantik – wie kannst du schön sein.

Auch ich genieße so lange wie möglich die Sonne auf dem Wintergarten. Dabei erfahre ich von Maschinenmaat Vetter, daß Obermaschinist Schewe am 29. Oktober auch Geburtstag hatte. »Mein Gott, Walter«, sage ich, »wenn wir an Land gewesen wären hätten wir bestimmt jetzt eine Alkoholvergiftung. So viele Geburtstage hintereinander hält doch keiner aus.«

Das schöne Wetter lockt auch den Torpedomixer Werner Borchardt aus dem vordersten Winkel seiner Torpedorohre nach oben. »Verdammtes Höhlenleben«, brummt er und sieht mich an. »Ich habe die starke Befürchtung, daß wir unsere Aale wieder mit nach Hause bringen. Oder hast du die leiseste Ahnung, wo wir sie noch loswerden können?« Ich muß lachen. »Du willst mir auf den Zahn fühlen. Warte noch vier Tage. Dann wirst du klarer sehen.«

7. November 1941. Vorbei mit dem schönen Wetter. Der Himmel hat sich bezogen. Schwere Regenschauer kommen von Westen. Die Männer auf der Brücke stehen im Ölzeug und dampfen aus allen Knopflöchern. Es herrscht nur schwacher Wind, und trotzdem kommt eine schwere Dünung auf. Der Obersteuermann nimmt an, daß die Dünung von einem Sturmtief kommt, das nördlich von uns nach Osten jagt.

Heute hat der Kommandant der Besatzung über Lautsprecher unsere Sonderaufgabe bekannt gegeben. Die Männer wissen nun, daß wir die *Silvaplana* auf einem bestimmten Punkt im Atlantik treffen sollen, um sie dann auf dem »Weg Anton«, einem international vereinbarten Weg für neutrale Schiffe, vor allen Angriffen aus der Luft und zu Wasser zu schützen.

Otto Peters kratzt sich am Kopf. »Haste dat gehört. Vor allen Angriffen aus der Luft. Wir sind doch keen Flak-Kreuzer.« Korvettenkapitän Hoffmann, der gerade vorbeikommt, muß lachen. »Ja«, sagt er, »diese Formulierung stammt bestimmt von der Seekriegsleitung.«

8. November 1941. Es brist auf. Die schweren Regenschauer kommen jetzt in kurzen Abständen. Sie hüllen das Boot oft wie in Dunst ein. Die Sicht ist denkbar schlecht. Dazu eine lange, schwere Dünung. Kein Schiff weit und breit. Der Atlantik scheint wieder wie ausgestorben. Aber diesmal ist es gut für uns. Wir haben Schießverbot, und der Hilferuf eines torpedierten Dampfers in unserer Gegend könnte die ganze Aktion gefährden.

Am Abend haben wir Windstärke sieben. Auf den Funkwellen herrscht Flaute. Ich bin gespannt, ob wir die *Silvaplana* auf dem genannten Punkt treffen werden. Keiner weiß, ob die Prisenbesatzung nicht von den Norwegern wieder überwältigt worden ist, oder ob der Dampfer vielleicht von feindlichen Kriegsschiffen aufgebracht wurde.

9. November 1941. Wieder ist es Sonntag. Das Tief ist nach Osten abgezogen. Herrliche Sonne am fast wolkenlosen Himmel. Der Wind ist warm. Eine schwere Dünung schiebt uns vor sich her; das erspart Brennstoff. Ich sitze mit einem Teil der Freiwache auf dem Wintergarten. Heute vor einem Jahr machten wir unsere erste Probefahrt mit diesem Boot weserabwärts. Das Boot wurde noch von der Werft gefahren. Damals spürten wir zum erstenmal die starken Diesel unter uns rumoren. Heute ist uns das Dieselgeräusch ein liebgewordenes, vertrautes Lied.

Keller sitzt rauchend neben mir. »Es ist Ihnen doch wohl klar, warum ausgerechnet wir diese Aufgabe bekommen haben?« sagt er zu mir. Er lächelt hintergründig, als ich den Kopf schüttle. »Nun«, sagt er, »dem BdU ist auch schon aufgegangen, daß U 109 das einzige Boot ist, das diesen Ozean überqueren kann, ohne ein anderes Schiff zu treffen.« – »Na ja«, sage ich, »wenn wir das Schiff nur treffen. Wir haben starke Besteckversetzung.« Keller nickt. »Sehen Sie sich nur diese Wellenberge an. Sie sind etwa sechs bis acht Meter hoch und 200 Meter lang, und wir sitzen hier im Trockenen.« Er hat es kaum gesagt, da läuft eine Welle von achtern in den Wintergarten, und wir haben nasse Füße.

10. November 1941. Strahlende Sonne, aber immer noch mächtige See von achtern. Heute um 12.00 Uhr sollen wir die *Silvaplana* treffen. Der Kommandant gibt es über Lautsprecher im Boot bekannt. Die Techniker bezweifeln, daß wir das Schiff jemals finden werden. Der Obersteuermann hat noch einmal alles genau überprüft. Bei dem klaren Wetter müßte auch das Schiff einen genauen Standort errechnen können. Fraglich ist nur, ob es überhaupt noch existiert.

Unaufhörlich suchen die Gläser den Horizont ab. Um 11.45 Uhr haben sie oben Mastspitzen in Sicht. Um 11.50 Uhr rasen die Alarmklingeln durchs Boot. Die Entlüftungen knallen auf, und das Vorschiff neigt sich steil. Noch einige Male rollt die

See über uns hinweg, dann ist es still. »Boot bleibt auf Sehrohrtiefe«, höre ich die Stimme des Kommandanten. Der LI wird wieder Blut und Wasser schwitzen, um bei der schweren See das Boot auf Sehrohrtiefe zu halten. Von der Brückenwache erfahre ich, daß es sich um ein Schiff ohne Rauchfahne handelt. Die Mastspitzen kamen ziemlich schnell über den Horizont. Doch nicht etwa ein Zerstörer, denke ich; dann wäre der Treffpunkt verraten.

Trotz der geringen Tiefe sind die Schraubengeräusche bald im GHG auszumachen. Ferdinand sieht mich an. »Das ist kein Zerstörer. Einwandfrei Dampfer.« Ich nicke. »Kommt aber schnell auf.« Wir melden unsere Beobachtungen an den Turm. Kurz darauf kommt von dort der Befehl: »Auf Gefechtsstationen!«

Der Kommandant fährt ab und zu vorsichtig das Sehrohr aus. Aus der Zentrale höre ich, wie der LI die Tiefenrudergänger anzischt. Er hat es nicht leicht, aber es gelingt ihm, das Boot auf Sehrohrtiefe zu halten. Wieder höre ich den Sehrohrmotor brummen. Noch scheint es dem Alten nicht klar zu sein, ob es sich um unser Schiff handelt. Und wenn es nun nicht die *Silvaplana* ist? Ich glaube, der Alte ist entschlossen, das Schiff abzutakeln.

Jetzt sagt er zum I WO: »Gleich zeigt er seine ganze Breitseite. Aufbauten stimmen. Pfahlmasten, Kanone am Heck, Ladeluken, alles wie angegeben, die Wäsche auf dem Vorschiff. Das muß er sein. An LI: Klarmachen zum Auftauchen. Es bleibt aber alles auf Gefechtsstationen.« Der LI steuert erleichtert die Oberfläche an. Das Sehrohr wird eingefahren, und dann kommt der Befehl: »Anblasen!« Rauschend empfängt uns die See. Die Diesel werden sofort angeworfen. Es muß schnell geblasen werden, damit der Turm nicht unter den Brechern begraben wird. Der Alte öffnet das Turmluk und steigt mit dem I WO auf die Brücke. Einige Augenblicke vergehen in höchster Spannung. Ist er es nun? Oder wird es gleich Alarm geben?

Ein Mann mit Winkflaggen wird auf den Turm gerufen. Es dauert nicht lange, da klickt es in den Lautsprechern: »Wegtreten von Gefechtsstationen. Brückenwache aufziehen. *Silvaplana* an Backbord querab.« Es hat also geklappt. Kapitän zur See Rogge schickt ein Schiff aus der Südsee Tausende von Seemeilen über den Ozean auf einen bestimmten Punkt im Atlantik, und es trifft zur vereinbarten Zeit ein. Das Prisenkommando und die Navigation steigen mächtig in unserer Achtung.

Neuer Kurs 64 Grad, Fahrt 10 sm. Die Freiwache darf auf die

Brücke und sich das Schiff ansehen. Ich war gleich am Anfang oben und habe die *Silvaplana* noch in ihrer ganzen Breitseite gesehen. Ein schöner, moderner Frachter von 4800 BRT. Winksprüche fliegen hin und her; der Prisenoffizier läßt alles Wissenswerte herüberwinken.

Ladung *Silvaplana:* 2000 t Rohgummi, 5000 t Sago, Kaffee und Tee. Außer der norwegischen Besatzung 15 Mann Prisenbesatzung vom Hilfskreuzer *Atlantis* an Bord. Der Kommandant läßt anfragen, wie lange die Männer da drüben schon in See sind. »Zwei Jahre«, lautet die Antwort. Da werden wir ganz klein. Unendlich käme uns diese Zeit auf See vor. Und von den Männern auf den Hilfskreuzern wird nie gesprochen. Allerdings leben sie auf ihren Schiffen unter anderen Bedingungen als wir.

Auf die Frage des Kommandanten, wie sich die Norweger verhalten, kommt die Antwort: »Norwegische Besatzung ruhig. Sind froh, wieder in die Heimat zu kommen.« Vom BdU erhalten wir einen FT: »Vier Condor–Maschinen klären vor Spaniens Küste für Bleichrodt auf.« Man will uns vor Überraschungen aus Gibraltar warnen.

11. November 1941. Weiter Kurs 64 Grad. Immer noch schwere Dünung von achtern. Die *Silvaplana* folgt ca. 800 Meter in unserem Kielwasser. Durch Winkspruch wird folgendes vereinbart: Beim Auftauchen eines feindlichen Kriegsschiffes wird U 109 wegtauchen und die *Silvaplana* soll durch geschicktes Manöver das feindliche Schiff über unsere Tauchstelle ziehen, damit wir zum Schuß kommen.

Wir hoffen, daß dieser Fall nicht eintritt, denn wie die Ausführung in der Praxis aussehen würde, können wir uns alle vorstellen. Den weiten Weg von der Südsee hat die *Silvaplana* unangefochten zurückgelegt. Es wäre schade, wenn das schöne Schiff mit der wertvollen Ladung kurz vor Frankreichs Küste verlorenginge. Der Prisenoffizier, der jetzige Kapitän des Schiffes, muß ein alter Fahrensmann sein. Er läßt herüberwinken, daß er im Ersten Weltkrieg auch auf einem U-Boot gefahren ist. Da wir gegen Mittag sowieso unser Prüfungstauchen machen wollen, fordert der Kommandant ihn auf, unser Alarmtauchen zu beobachten und die Zeit zu stoppen. Der Kommandant wird eine Winkflagge hochhalten, und wenn er sie niederschlägt, wird der Alarm ausgelöst. Von drüben kommt: »Verstanden.«

Um 12.00 Uhr ist es soweit. Natürlich schummeln wir ein wenig. Alle Stationen sind unterrichtet, die Zuluftmasten werden zugedreht, und alles steht auf Alarmstation. Der Alte läßt einen Mann der Wache vorzeitig einsteigen. Es sind mit ihm nur noch vier Mann sprungbereit auf dem Turm. Auf der Brücke des Dampfers sind alle Gläser auf uns gerichtet. Der Alte hebt den Arm, schreit Alarm und läßt die Flagge niedersausen. Die Entlüftungen knallen auf und die Wache springt in den Turm. Kaum schafft es der Kommandant, das Turmluk zuzudrehen, da rauscht schon die See über uns zusammen. Steil geht die Fahrt abwärts. Donnerwetter, denke ich, jetzt haben wir alle Schnelltauchrekorde unterboten, aber dann höre ich die aufgeregte Stimme des LI in der Zentrale: »Aufkommen, aufkommen vorne. Untertriebszellen ausblasen, ausblasen habe ich gesagt.« Ich habe das ungute Gefühl, daß irgend etwas nicht stimmt, und als ich mich in den Horchraum begebe, sehe ich, wie steil das Vorschiff nach unten zeigt. Hümpel hat sich gegen das GHG gestemmt. »Verdammt steile Fahrt«, knurrt er, »meinen Sie nicht auch?« Ich kann nur nicken, denn ich muß mich selbst festhalten und finde dieses Tauchmanöver doch etwas übertrieben. »Ausblasen!« schreit Weber jetzt. Durch das Zentraleluk sehe ich, wie zwei Mann vergeblich an dem großen Ventilrad zum Ausblasen der Untertriebszellen reißen. Dann höre ich Otto Peters rufen: »Ventil klemmt!« Der LI schreit: »Ventilreißer nehmen!« Das ist eine Kralle, mit der man in die Speichen des Rades faßt und die einen langen Hebelarm hat, an dem mehrere Männer zugleich reißen können. »Ventilreißer ist hinter die Kartoffelkiste gefallen«, schreit einer. Verdammt, jetzt wird's gefährlich, denn dort kriegen sie das Ding so schnell nicht raus. 60 Meter gehen durch, und die im Innern des Bootes gelegenen Zellen sollen bei 30 bis 40 Meter ausgeblasen werden, weil sie sonst nach innen platzen könnten. Mit 10 Tonnen Untertrieb gehen wir wie ein Stein auf Tiefe.

»Herr Kaleu, kann Boot nicht halten. Wir müssen anblasen«, schreit Weber jetzt. »Dann blasen Sie«, sagt der Alte resigniert. Otto Peters steht schon an seinem »Tannenbaum« bereit. Auf einen Blick des LI läßt er die Preßluft in die Zellen strömen. Die steile Fahrt in die Tiefe wird gebremst. Bei 100 Meter geht es wieder aufwärts. Nur die verdammte Vorderlastigkeit bleibt und ist nicht zu beheben. Ich habe das Horchgerät eingeschaltet, um zu hören, wo der Dampfer ist. Zugleich ertönt die Stimme des Alten: »Weber, jetzt fehlt nur noch, daß Sie den Dampfer von unten rammen.« Verdammter Mist, unser Aufwärtstrend ist nicht mehr aufzuhalten. Wir kennen das ja von Kap Farewell.

Endlich habe ich die Schrauben der *Silvaplana* im GHG.

»Dampfer ist nach Steuerbord ausgewichen!« schreie ich zur Zentrale. Einige Augenblicke später hören wir das Rauschen der See an der Bordwand und tauchen mit dem Heck voran auf. Das haben wir noch nie fertig gebracht... Der Alte öffnet das Turmluk und steigt auf die Brücke. Dann kommt der Befehl: »Brückenwache aufziehen!« Er verzichtet also auf ein neues Tauchmanöver.

»Anruf vom Dampfer«, meldet der achtere Ausguck. »Ach, sehen Sie doch nicht hin«, sagt der Alte verdrossen. Nach einer Weile wieder der achtere Ausguck: »Er ruft aber unentwegt. Kann ja wichtig sein.« – »Nun gut«, brummt der Alte. »Fragen Sie, was er will.« Ich bin im Turm und höre jedes Wort.

»Das war aber ein schneidiges Tauchen. Habe 25 Sekunden gestoppt. Frage: Wird jetzt immer mit dem Heck zuerst aufgetaucht?« Der Alte winkt ab. »Geben Sie rüber: Nur aus Spaß. Nein, stop. Geben Sie: Das ist eine neue Erfindung meines LIs. So rauf wie runter.« Der ist aber wütend auf den LI, denke ich und habe wieder die Stimme des BdU im Ohr: »Na, Weber, Sie sind auch überall dabei, wo Mist gemacht wird.«

Am Nachmittag ein FT vom BdU: »Luftaufklärung meldet: Unbekanntes U-Boot auf Einlaufkurs Bleichrodt.« Der Alte runzelt die Stirn. »Verdammt, daß muß ein Brite sein«, knurrt er, »denn in Kernevel werden sie doch wissen, wo unsere eigenen Boote stehen.« – »Ja«, sage ich, »das ist anzunehmen. Aber auch ein eigenes Boot könnte uns doch den Dampfer abschießen. Er wird doch in keinem FT erwähnt. Alle FTs sprechen nur von Bleichrodt.« Der Kommandant sieht mich einen Augenblick nachdenklich an. Dann nickt er. »Dagegen sind wir vollkommen machtlos. Aber wir kommen ja auf dem Weg Anton. Da darf eigentlich keiner schießen. Internationale Abmachung.« Dann geht er mit besorgtem Gesicht in die Zentrale zum Kartentisch und ist wohl selbst nicht davon überzeugt, daß keiner auf Weg Anton schießt.

12. November 1941. Der Himmel ist bedeckt. Weiterhin schwere Dünung von achtern. Große Brennstoffersparnis. Wir könnten jetzt mit großer Fahrt nach Hause laufen. Aber das Schiff hinter uns könnte dabei nicht mithalten.

Keine Rauchfahne, keine Mastspitze. Anscheinend sind wir allein auf weiter See mit der *Silvaplana.* Tagsüber marschiert das Schiff 800 bis 1000 Meter hinter uns. Nachts folgen wir in seinem Kielwasser. Wir müssen auch immer damit rechnen, daß die Prisenbesatzung von den Norwegern überwältigt werden kann. Dann müssen wir das Schiff abschießen. Kein schöner Gedanke, aber die Männer drüben wissen es.

Wir können wieder deutschen Rundfunk auf Mittelwelle hören. Gestern wurde in den Nachrichten gesagt, daß der norwegische Frachter *Silvaplana* versenkt wurde. Das ist sicher ein Trick von Dönitz. Am Nachmittag erhalten wir ein FT vom BdU: »Bleichrodt heute 15.00 Uhr in Quadrat BE 95–96 von eigener Luftaufklärung gesichtet worden.« Dem Kommandanten verschlägt es die Sprache, als ich ihm den FT vorlege. Erst schluckt er, dann fragt er zum Offiziersraum hin: »Wer hatte um 15.00 Uhr Wache?« – »Der III WO«, lautet die Antwort. Obersteuermann Petersen wird zum Kommandanten befohlen. Der Alte gibt ihm wortlos den FT. Bruno Petersen liest und zuckt die Achseln. »Was haben Sie dazu zu sagen?« fragt der Alte. Der Obersteuermann legt den FT auf den Tisch des Kommandanten und sagt: »Wer weiß, was die gesehen haben. Wir haben kein Flugzeug bemerkt.« Jetzt wird der Alte scharf. »Ja, das ist es ja eben. Eine Schweinerei, Petersen. Die werden doch nichts melden, wenn sie nichts gesehen haben.« Wütend nimmt der Alte seine Mütze und geht auf die Brücke. Von oben hören wir, daß er mit Winkspruch bei der *Silvaplana* anfragt, ob sie heute gegen 15.00 Uhr ein Flugzeug gesichtet haben.

Der sonst immer ruhige Bruno Petersen ist auch schwer in Fahrt gekommen. Er läßt sich von mir noch einmal den FT geben und steigt durch das Kugelschott in die Zentrale. Dort sehe ich ihn dann über den Kartentisch gebeugt stehen. Es dauert nicht lange, da kommt der Alte wieder von oben. Die Männer von der *Silvaplana* haben auch kein Flugzeug gesehen. »Der von der Condor gemeldete Standort liegt 300 sm voraus, Herr Kaleu«, höre ich den Obersteuermann jetzt ruhig sagen. »Vor uns muß noch ein anderes Schiff marschieren.« – »Hm«, sagt der Alte. »Das könnte die Lösung sein.«

13. November 1941. Kurs jetzt 90 Grad auf Nordküste von Spanien. Weiterhin schwere Dünung von achtern. Standort um 0.00 Uhr war: 45 Grad Nord und 26 Grad West. Die Sicht ist ausgezeichnet. Diesmal regt sich der Alte nicht auf, als am Nachmittag wieder durch FT gemeldet wird, daß wir gesichtet worden sind. Jetzt wissen wir, daß es sich um eine Verwechslung handeln muß. Der Abstand zu unserem heutigen Standort ist der gleiche, 300 sm. Vor uns marschiert ein anderer Heimkehrer, der vielleicht noch weiter im Süden vermutet wird. Die Männer im Flugzeug werden glauben, daß sie das begleitende U-Boot nicht sehen, weil es jedesmal rechtzeitig wegtaucht. »Luftaufklärung für Bleichrodt morgen nur noch bis 15 Grad West«, heißt es weiter in dem FT. Das ist natürlich schlecht. Dadurch gehen uns die 300 sm Aufklärung bis zu dem vorderen Schiff verloren. Dieser Irrtum kann für uns tragisch werden. So entschließt sich der Kommandant trotz der befohlenen Funkstille zu einem Kurzsignal, obwohl ich ihm sage, daß die Briten auch diese Signale schon einpeilen können.

Ausgerechnet dieses Kurzsignal wird aber von der Leitstelle nicht gehört, obwohl wir es in der Nacht abgesetzt haben. Auf einen weiteren Versuch verzichtet der Kommandant.

Ein FT von Kernevel macht uns stutzig. »Italienische Flieger haben vor Marokko einen starken Flottenverband, bestehend aus Schlachtschiffen, einem Flugzeugträger, Kreuzern und Zerstörern gemeldet.« Was soll dieser FT für die Atlantikboote? Das ist doch Mittelmeer...

14. November 1941. Die See hat sich etwas beruhigt. Ein tropischer Regen rauscht von oben. Die Sicht ist denkbar schlecht, was vielleicht gut für uns ist. Unangefochten kommen wir der spanischen Küste Meile um Meile näher. Morgen müßten wir schon nördlich von El Ferrol stehen. Sobald Kap Ortegal gesichtet wird, dürfte der gefährlichste Teil der Reise hinter uns liegen, aber heute und morgen kreuzen wir die Route England–Gibraltar.

Heute nacht habe ich wegen starker atmosphärischer Störungen einen sehr schnell abgegebenen FT von Reschke leider nur verstümmelt aufnehmen können. Demnach hat U 205 im Mittelmeer Treffer auf dem Flugzeugträger *Arc Royal* und einem Schlachtschiff sowie auf einem Zerstörer erzielt. Jetzt wird uns auch der gestrige FT des BdU auf Atlantikwellen klar. Es müssen einige Boote neu ins Mittelmeer eingedrungen sein, die gestern noch auf der Atlantikschaltung standen. Ansonsten ist der Funkverkehr zwischen Atlantik und Mittelmeer getrennt. Ich weiß nur von meinen Besuchen in Kernevel, daß unsere Kameraden von der Ausbildung in der Ostsee, U 75, Ringelmann, und U 79, Kaufmann, jetzt vor Tobruk operieren.

15. November 1941. Es brist wieder auf. Der Wind dreht von Nordwest auf Süd. Trotzdem lange Dünung noch immer von Nordwest. Bei Morgengrauen Winkspruch von der *Silvaplana:* »Rauchwolke in 350°.« Der Kommandant eilt auf die

Brücke und gibt Anweisung, nach Norden auszuweichen. Sie haben auf der *Silvaplana* einen höheren Ausguck; von unserer Brücke war die Rauchwolke noch nicht zu sehen. Das Ausweichmanöver gelingt.

Am Nachmittag fängt es plötzlich stark aus Südosten an zu wehen. Der Wind wird in kurzer Zeit zum Sturm. Jetzt beginnt ein seltsames Schauspiel auf der See. Zuerst noch lange Dünung aus Nordwest. Dann fängt die See an zu schwabbeln. Eine neue Dünung bildet sich in kurzen Seen aus Süden. Sonderbar, daß der Sturm beinahe von Land kommt. Er hält nicht lange an, aber er hat schwarze Wolken herangebracht. Wieder prasseln tropische Regengüsse auf uns nieder. Die Sicht wird immer schlechter, Regenschleier wehen über die See.

Und dann plötzlich ein Schatten Backbord voraus. Ein Segler auf Gegenkurs. Diesmal haben unsere Männer ihn zuerst gesehen. Ganz plötzlich war er da, in dem fast undurchsichtigen Regendunst, aber diesmal läßt der Kommandant den Kurs nicht ändern. Wie ein Schemen zieht der Segler auf 300 Meter Entfernung im Regendunst vorbei. Kein Mensch ist an Oberdeck zu sehen. Keine Nationalität zu erkennen. Ein sonderbares Schiff. Sollte es eine U-Boot-Falle sein? Oder ein deutsches Wetterschiff als Tramp getarnt? Sicher haben sie uns gar nicht bemerkt, aber den hinter uns marschierenden Dampfer mußten sie gesehen haben. Scheinbar verläßt uns unser Ruf, ungesehen über den Atlantik zu kommen. Wir befinden uns jetzt auf der gefährlichsten Strecke der Begleitfahrt.

Die Dunkelheit bricht früh herein. Ich lasse mir in der Zentrale vom Obersteuermann zeigen, wo wir stehen. Er tippt mit dem Bleistift auf die Seekarte. »Mein lieber Funkmaat«, sagt er lächelnd, »in fünf Stunden stehen wir querab Kap Ortegal.« Seine Berechnung stimmt wieder ganz genau. Gegen 23.00 Uhr sind wir im Schutz der spanischen Küste. Die See hat nur noch kurze Brecher. Kap Ortegal wird passiert. Der Kommandant läßt die *Silvaplana* jetzt im spanischen Hoheitsgewässer fahren. Wir halten uns außerhalb der Dreimeilenzone an Backbord des Schiffes. Um 24.00 Uhr ist Cap Estaca in Sicht.

16. November 1941. Mit Kurs 100 Grad in den Golf von Biskaya. Ich habe die Wache von 2.00 bis 8.00 Uhr. Es war in der Nacht sehr ruhig auf den Funkwellen. Gegen Morgen lasse ich Hümpel allein und steige auf die Brücke, um eine

Pfeife zu rauchen. Der Wind hat sich fast ganz gelegt. Die See hat nur kleine kurze Wellen. Und dann bietet sich uns ein herrliches Schauspiel. In leuchtender Röte geht im Osten die Sonne auf und läßt die Felsenküste an Steuerbord wie Blut getaucht erscheinen. Wir starren hinüber. Es sieht so nah aus. Dort liegt nun das schöne Spanien im tiefsten Frieden. Es ist noch gar nicht so lange her, da tobte dort der Bürgerkrieg.

Die Gipfel des Kantabrischen Gebirges tragen Schnee. Wie lange haben wir so etwas nicht gesehen. Mit gierigen Augen trinken wir das herrliche Bild dieser plötzlich aus dem Meer aufsteigenden Berge in uns hinein. Unendlich klein wirkt die an Steuerbord fahrende *Silvaplana* vor den schneebedeckten Bergen. Wie mag der Eindruck erst für die Männer des Prisenkommandos sein. Von den Marshall-Inseln zur Biskaya haben sie zwei Jahre nur Schiffsplanken unter den Füßen gehabt.

Als ich wieder in den Funkraum komme, legt mir Hümpel einen FT vor. Darin wird uns erneut Luftaufklärung für den Raum Gijon–Santander–Bilbao angekündigt. Also ist das andere Schiff wohl inzwischen in Biarritz angekommen und die Luftaufklärung hat ihren fatalen Irrtum bemerkt. Ich informiere den Kommandanten und übergebe die Funkwache an Ferdinand.

Beim Mittagessen sagt Otto Peters: »Jungs, das ist der letzte Sonntag in See. Bald sind wir wieder bei Muttern.« Werner Borchardt wirft ihm einen ironischen Blick zu. »Freu dich nicht zu früh, Otto.« Von der Brücke kommt der Ruf: »Flugzeug im Anflug!« Der Alte jagt nach oben und ich in den Funkraum. Oben schreien sie: »Einwandfrei He 115.« Das ist die Luftaufklärung; eine He 115 war uns gemeldet.

Kurz darauf rasen die Alarmklingeln durchs Boot. Verdammt! Sollte es doch eine feindliche Maschine sein? Steil geht es in die Tiefe. Wir sind noch nicht bei 40 Meter Tiefe angelangt, da knallen drei scharfe Detonationen hinter uns. Junge, Junge, das ist noch einmal gutgegangen. Der Tommy dachte wohl, wir wollten den Dampfer an Steuerbord abtakeln. Von der Brückenwache erfahre ich dann, daß es ganz anders war: Direkter Anflug von Norden durch einwandfrei erkannte He 115. Trotzdem ließ der Kommandant Erkennungssignal schießen. Die Maschine antwortete mit ES. Es waren aber ganz andere Sterne, und die He 115 stürzte sich wie ein Habicht auf uns.

Das Boot ist auf 60 Meter eingesteuert, als der Kommandant mit tiefer Zornesfalte auf der Stirn bei uns im FT-Raum erscheint. Er sieht mich vernichtend an. »Hirschfeld, Sie haben ein falsches ES herausgegeben. Das hätte unser Tod sein können. Prüfen Sie das sofort nach.« Ich fühle direkt, wie ich bleich werde. Sollten wir an diesem Vorfall schuldig sein? Es ist das erstemal, daß der Funk-Hauptgefreite Leibling das ES abgeschrieben hat. Sonst haben das immer Ferdinand oder ich getan. Aber das ist gleichgültig, denn ich trage als Stationsleiter die Verantwortung für meine Männer.

Ich sage gar nichts und sehe Leibling nur an. Der Alte hat sich inzwischen wütend auf seine Koje gegenüber dem Funkraum geworfen. Leibling sucht mit zitternden Fingern den FT mit den ES-Angaben in der Kladde. Dann geht er wortlos in die Zentrale und vergleicht die Abschrift, die er dem Obersteuermann gegeben hat. Sie stimmt mit der Kladde überein. »Und die Entschlüsselung?« frage ich. Er sieht nach dem Datum. »Der Funkspruch ist vernichtet. Er kam vor zwei Tagen«, sagt er resigniert. Laut Befehl des BdU dürfen Funkspruchzettel mit dem Klartext der Entschlüsselung bei Flachwasserunternehmungen und in Nähe von Land nicht länger als 24 Stunden aufbewahrt werden.

Trotzdem blättere ich alle noch vorhandenen FT-Zettel durch. Da, ich traue meinen Augen kaum. Da ist die Entschlüsselung. Jetzt können wir endgültig nachprüfen, ob bei uns ein Fehler vorliegt. Sofort lasse ich den Schlüssel »M« auf das alte Datum einstellen und drücke den FT noch einmal durch. Da steht einwandfrei für den heutigen Tag: »ES fünf.« Wir stoßen beide einen tiefen Seufzer aus. Befreit melde ich dem Kommandanten, daß unser ES richtig ist. Er richtet sich auf der Koje auf. »So«, sagt er gedehnt, »das ist ja interessant. Dann haben die auf dem Fliegerhorst der Maschine ein falsches ES mitgegeben. Na, laß uns mal zu Hause sein. Denen werd ich was erzählen.«

Eine Stunde später tauchen wir auf. Die Maschine ist weg. Mit Höchstfahrt jagen wir hinter der *Silvaplana* her. Schon von weitem morsen sie uns an und fragen, ob wir Hilfe benötigen. »Nein«, läßt der Kommandant mit dem Handscheinwerfer antworten. »Verlassen Sie nicht das spanische Hoheitsgewässer, was auch geschieht.« Die Jungens auf dem Dampfer wissen Bescheid.

Etwas später ein FT: »An Bleichrodt. Falls Schäden durch eigene Fliegerbomben nach Abgebe *Silvaplana* melden. BdU.« Der Alte liest den FT und pfeift durch die Zähne.

»Hm, die haben also schon gemerkt, daß sie Mist gemacht haben. Soll bestimmt nicht im KTB stehen.«

Um 16.50 Uhr wieder ein Flugzeug. Einwandfrei als He 115 erkannt. Wir bleiben oben. Die Maschine fliegt uns nicht an, sondern macht einen großen Bogen um uns und dreht dann ab. Wir stehen querab Santander. Nahe der Küste marschiert unbeirrt das schöne Schiff.

Um 23.00 Uhr sind wir vor San Sebastian. Es ist sehr warm und die Nacht ist stockfinster. Die *Silvaplana* hat friedensmäßig Positionslaternen gesetzt. Plötzlich werden in der Finsternis vier Minensuchboote voraus ausgemacht. Sie haben uns erwartet. Wir versuchen, uns mit der Klappbuchs verständlich zu machen, aber so kleine Lichtsignale kennen sie wohl nicht. Sie reagieren erst, als wir den Handscheinwerfer nehmen. Der Kommandant übergibt mit Morsespruch die Prise in die Obhut der Minensuchboote. Wir fahren im Geleit bis Biarritz mit.

Es ist eine Nacht wie im Sommer. Die Freiwache steht auf der Brücke und auf dem Wintergarten und genießt die herrliche Nacht. Auch ich habe mich über das Brückenschanzkleid gelehnt und starre mit Oberleutnant zur See Keller in das phosphoreszierende Wasser. Es herrscht auf einmal starkes Meeresleuchten; jede Bugwelle, jede Kiellinie der Schiffe ist ein glitzernder Streifen. Die Minensucher morsen mit ihren großen Scheinwerfern durch die Nacht wie im tiefsten Frieden. »Obersteuermann, lassen Sie mal das Achterschiff mit dem Scheinwerfer beleuchten, sonst fährt der uns noch über den Haufen«, ruft der Alte. Ein Minensuchboot ist so dicht aufgefahren, daß wir um unser Heck, das tief im Wasser liegt, fürchten müssen. Als der Handscheinwerfer aufflammt, bleibt das Boot zurück.

»Nun sehen Sie sich diesen Lichtzauber an«, sage ich zu Keller. »Und dabei ist vorhin U-Boot-Gefahr für die gesamte Biskaya gemeldet worden. Wenn hier ein Tommy liegt, der knallt uns alle ab.« Keller zieht an seiner Zigarette und nickt. »Ja, diese Wahnsinnskumpels. Aber das ist typisch Minensuch. Bin bloß gespannt, ob die den Dampfer noch heil nach Bordeaux geleiten.«

Plötzlich packt er meinen Arm und zeigt nach Steuerbord querab, und ich sehe das Entsetzliche, das Unabwendbare in genau 90 Grad. Das Blut gerinnt mir in den Adern und meine Haare sträuben sich. Genau wie Keller, bekomme ich keinen Ton heraus. Es ist auch viel zu spät, denke ich. Drei leuchtende Torpedolaufbahnen ziehen mit unheimlicher Geschwindigkeit auf uns zu. Genau unter dem Turm wird der mittlere Aal treffen. Ein Schrei: »Torpedolaufbahn da, da!« Ich glaube, es ist Walter Gross. »Jetzt ist es aus«, stöhnt neben mir einer gequält. Ein Ausweichen war von vornherein unmöglich. Auch der Alte starrt fassungslos auf den näher kommenden Tod. Gleich muß uns die Detonation zerreißen.

Doch plötzlich, zwei Meter vor der Bordwand, schwenken die Leuchtbahnen ruckartig um 90 Grad und laufen parallel zum Boot genau in Fahrtrichtung. Die Erleuchtung kommt allen zugleich. Delphine! Sprachlos starren wir den Leuchtspuren nach.

»Teufel, das war ein Schreck«, sagt der Alte in die Stille. Die ganze Brückenbesatzung atmet auf. »Das sollte uns eine Warnung sein«, sagt Wißmann. Der Alte nickt. »Wir werden das Geleit verlassen. Dem Schiff können wir nicht mehr helfen. Hoffentlich kriegen sie es mit dieser Leuchtreklame heil nach Hause.«

Noch einmal klappert unser Handscheinwerfer letzte Grüße an die *Silvaplana.* Dann meldet sich der Kommandant beim Führer der Minensucher ab. »Glückliche Heimkehr!« kommt es zurück. Es ist 24.00 Uhr. Wir staffeln vorsichtig aus dem Geleit heraus. Dann fauchen die Diesel los. »Große Fahrt voraus!« Wir haben noch genug Brennstoff.

17. November 1941. Bald haben wir Biarritz und dann Bayonne querab. Um 00.30 Uhr schwenkt der Bug auf Kurs 315 Grad. Wir müssen weit nach Westen ausholen, um nicht in die Ortung der deutschen U-Jagd-Gruppen zu geraten, die seit dem frühen Nachmittag des gestrigen Tages an der französischen Biskayaküste operieren.

Die Diesel röhren und fauchen. Die See wird gröber, je weiter wir nach Westen vorstoßen. Die Brückenwache steht angeschnallt, wie so oft auf dieser Fahrt, und starrt verbissen in die Finsternis. Die Männer fluchen über die hohe Fahrtsufe, weil sie dauernd im Wasser stehen, aber der Alte will so schnell wie möglich durch die Biskaya. Wir haben schon ein Signal abgegeben, daß wir morgen früh um 6.00 Uhr an der Ile de Croix auf Treffpunkt mit Geleit stehen. Der Empfang des Signals wurde von Kernevel bestätigt.

Noch während der Nacht muß der Alte doch mit der Fahrt heruntergehen. Wieder kämpfen wir gegen einen Sturm an. Als der Morgen graut, sehen wir, daß eine wahnwitzige Dünung von Nordwesten heranrollt. Finstere Wolken jagen über uns hinweg und erinnern uns an Labrador.

Für die Biskaya ist dem Alten dieser Sturm aber gerade recht. »Kein Flugwetter«, sagt er lächelnd und läßt die Fahrtstufe wieder erhöhen.

So geht es Stunde um Stunde. Unten im Boot ist es warm und gemütlich, solange die See von vorn kommt. Gegen Abend läßt der Sturm nach, und die See wird etwas ruhiger. Der Obersteuermann meldet dem Kommandanten, daß wir jetzt nach Osten drehen können. Der Alte gibt Befehl zum Kurswechsel. Das Boot schwenkt ein auf Weg Grün, den Einlaufkurs nach Lorient. Letzte Nacht in See.

Die Seemännische Nr. 1, Walter Gross, sammelt die Bootswäsche ein. Järschel sortiert die wertvollsten Lebensmittel, die er dann an die Männer verteilt. »Wir sind doch nicht blöd und geben den Proviant ab, damit die Flottillenhengste sich vollfressen können«, ist sein Kommentar. Ich mache beide Augen zu. Alle Abteilungen sind damit beschäftigt, das Boot zur Abgabe fertig zu machen.

Im Funkraum ordnen wir die Geheimsachen und vernichten die letzten Funkspruchzettel, denn wir kommen auf Flachwasser. Gegen 21.00 Uhr wird es ruhiger im Boot. Der Kommandant liegt auf der Koje und liest in einem Buch. Die Männer der Freiwache dösen vor sich hin. Wahrscheinlich denken sie schon an den Urlaub. Auch ich sitze entspannt im FT-Raum auf der gepolsterten Plattenkiste und träume von glücklicher Heimkehr. Auf den Funkwellen ist es ziemlich ruhig.

Seit 20.00 Uhr steht Oberleutnant zur See Keller mit der zweiten Wache auf dem Turm. Das Boot liegt ziemlich ruhig in der nur noch schwachen Dünung. Vor Flugzeugen schützt uns die Dunkelheit auf diesem kurzen Weg zur Küste. Es kann eigentlich gar nichts mehr passieren. Wenn die Sonne aufgeht, sind wir schon im Schutz der starken Flak von der Ile de Croix.

In dieser Ruhe gellt von der Brücke ein Schrei: »Auf Gefechtsstationen!« Mir läuft es kalt über den Rücken. Der Alte ist mit einem Satz von der Koje hoch und greift nach seiner Lederjacke. »Der Keller ist wohl verrückt geworden«, höre ich ihn noch fluchen. Dann jagt er die Leiter empor auf die Brücke. Alles stürzt auf Gefechtsstationen. Walter Gross steckt den Kopf in den Funkraum. »Was ist los, Wolf?« – »Ich weiß noch gar nichts, Walter.« Fluchend geht er weiter. Ich gebe Ferdinand meinen Kopfhörer und steige durch das Kugelschott in die Zentrale. Der LI hält mich am Arm fest. »Was ist los, Funkmaat?« – »Das will ich ja gerade mal sehen«, sage ich und klettere die Leiter zum Turm hinauf. Der Gefechtsrudergänger, Paul Pötter, der gerade aufgezogen ist, weiß natürlich auch noch nichts, aber jetzt kann ich hören, was auf der Brücke geschrien wird. »Lassen Sie mich schießen, Herr Kaleu«, ruft Keller. »Wir haben ihn jetzt genau voraus!« – »Nein«, brüllt der Alte, »ich sehe nichts!« Es ist sehr finster da oben und die Augen des Alten sind noch nicht an die Dunkelheit gewöhnt. »Herr Kaleu, ich sehe ihn ganz genau. Entfernung 800«, höre ich wieder Keller. »Jetzt müssen wir gleich schießen oder abdrehen.«

Einige Augenblicke höre ich gar nichts. Dann die Stimme des Alten: »Nach Backbord abdrehen. Auf zweimal große Fahrt gehen. Zickzackkurs!« Jetzt entdecke ich Maureschat, der am Vorhaltrechner steht. »Was ist denn los, Ede?« frage ich. »Großes U-Boot voraus. Eben aufgetaucht. Keller meint, daß es ein Tommy ist.« – »Und warum schießen wir nicht?« – »Keine Ahnung. Der Alte will nicht. Hast doch selbst gehört.« – »Schöne Schweinerei«, brumme ich. »Das kannste wohl laut sagen«, ruft Eduard zurück.

Wir jagen wie von Furien gepeitscht wild zackend durch die ruhige See. Alles bleibt auf Gefechtsstationen. Ich steige wieder in die Zentrale und berichte dem LI, was ich erfahren habe. Resigniert starren die Männer auf ihre Armaturen. Keiner weiß, warum der Kommandant diese Chance nicht genutzt hat. Wir hätten eines der Boote vernichten können, die uns hier beim Ein- und Auslaufen ständig auflauern.

Nach zwei Stunden schwenkt der Bug wieder nach Osten auf Weg Grün. »Wegtreten von Gefechtsstationen!« tönt es aus den Lautsprechern. Sonst ändert sich nichts. Die hohe Fahrtstufe wird noch beibehalten. Der Kommandant kommt von der Brücke und sieht in der Zentrale die finsteren Mienen der Männer. Er spürt die Opposition, und er hört sicher auch das unzufriedene Gemurmel. Nachdem er seine Jacke an den Haken gehängt hat, kommt er zum Funkraum. »Was ist hier eigentlich los?« – »Na ja«, sage ich etwas gedehnt, »die meckern alle, weil Sie das U-Boot nicht abgetakelt haben.« – Der Alte streicht sich bedächtig seinen Bart. »Diese Dummen. Wissen gar nicht, was hier los ist.« Dann lächelt er. »Gib mir mal das Mikrofon und schalte durch in alle Räume.« Das ist schnell getan.

»Hier spricht der Kommandant. Jungens, hört mal zu. Es

gibt einen Kommandantenbefehl, daß in diesem Quadrat nicht auf U-Boote geschossen werden darf. Es kann auch ein heimkehrendes italienisches U-Boot gewesen sein. Daß ich diese Verantwortung nicht auf mich nehmen wollte, wird euch wohl klar sein. Ende!« Klick macht es in den Lautsprechern. Daran haben wir natürlich alle nicht gedacht. Die Italiener haben ja auch so große Boote. Eine Verwechslung wäre in der Dunkelheit leicht möglich gewesen.

Ich muß an U 74, Kentrat, denken, der auf diesem Einlaufweg einem Viererfächer ausgewichen ist. Walter Gross hatte damals im Mai bestimmt das Sehrohr des Briten gesehen, aber Korvettenkapitän Fischer glaubte nicht so recht daren und ließ kein Signal absetzen. Die Diesel hämmern das Boot mit hoher Fahrstufe nach Osten. Obersteuermann Bruno Petersen hat wieder einmal mit seinem Spruch recht behalten: »Jungens, freut euch noch nicht. Wir sind noch nicht zu Hause.«

18. November 1941. Um 6.00 Uhr ankern wir an der Ile de Croix. Nebelschwaden ziehen über das Wasser. Langsam wird es hell. Es ist zwar kein Geleit zu sehen, aber wir befinden uns im Schutz der mächtigen Flak-Batterien der Insel. Die See ist ruhig. Kaum Dünung.

Nur ein schemenhafter Schatten an Steuerbord läßt ahnen, wo die Insel ist. Nach einiger Zeit löst sich aus diesem Schatten ein Vorpostenboot und kommt langsam näher. Wie ein witternder Jagdhund umkreist es uns vorsichtig. Der Kommandant läßt mit Winkspruch anfragen, ob sie etwas von unserem Geleit gesehen haben, aber die haben keine Ahnung. Scheinen überhaupt etwas verschlafen zu sein. Unglaublich, daß sie nicht mal von unserem Erscheinen verständigt wurden.

Zögernd bricht sich die Sonne Bahn. Der Nebel löst sich langsam auf, und endlich können wir die Küste erkennen. Aber kein Geleit weit und breit. Es ist bereits 7.30 Uhr. Der Alte ist sehr ärgerlich. Unser FT wurde doch quittiert, also wissen sie, daß wir hier auf dem Präsentierteller liegen. Sonst war das Geleit doch immer pünktlich. Die Sonne scheint vom blauen Himmel, und wir sitzen im Hemd auf dem Wintergarten. Kaum zu glauben, daß wir schon November haben. Es könnte auch ein schöner Spätsommertag sein.

Gegen 9.00 Uhr können wir einen großen Sperrbrecher erkennen, der mit schäumender Bugwelle aus dem Hafen kommt. Das muß unser Geleit sein. So ein großes Schiff mit

Flak gespickt bekamen wir damals vor Cuxhaven, als wir in die Nordsee ausliefen. Er läuft mit großer Fahrt geraden Kurs unbeirrt auf uns zu.

Der Kommandant läßt den Handscheinwerfer auf die Brücke bringen. Karl Will muß ihn anmorsen und fragen, ob er uns Geleit geben kann. Er verneint, hält aber immer noch geraden Kurs auf uns zu. Jetzt ist der Alte wütend. So etwas war noch nicht da. Wir liegen vor dem Hafen und werden nicht reingeholt. Jeden Augenblick können Flugzeuge auftauchen. Wenn sie im Tiefflug angreifen, können uns auch die Batterien der Insel nicht schützen, denn sie stehen zu hoch.

Kapitänleutnant Bleichrodt beißt sich auf die Unterlippe und streicht sich den Bart. Ich kenne das an ihm und weiß, daß er jetzt mit einem Entschluß ringt. Und dann kommt aus seinem Mund der erlösende Befehl: »Anker lichten!« Na endlich. Wir atmen alle auf. Das ist ein Entschluß. Wir werden ohne Geleit einlaufen, wenn es auch gegen alle Befehle ist. Da muß doch irgendeine Schlamperei in der Flottille passiert sein.

Die Ankerwinde springt an. Walter Gross steht am Bug und gibt Zeichen mit der Hand. Rasselnd und polternd läuft die Ankerkette durch die Klüse in den Kettenkasten. Die Diesel werden angeworfen. Ganz langsam nimmt das Boot Fahrt auf. Jetzt hat sich der Anker vom Grund gelöst. Ich sehe immer noch zu dem imposanten Sperrbrecher hinüber, der gerade seinen Kurs ändert, um uns an Backbord zu passieren. Da, was ist das? Vor dem Sperrbrecher steht plötzlich eine haushohe Wassersäule. Vorschiff und Brücke sind nicht mehr zu sehen. Wir halten den Atem an und starren hinüber. Er ist offensichtlich auf eine Mine gelaufen. Sekundenlang steht die Wassersäule in der Luft. Dann bricht sie zusammen, und das Schiff kommt unversehrt wieder zum Vorschein. Er räumt also mit einem Fernräumgerät. Verdammt! Es liegen Minen hier; wahrscheinlich erst heute in der Nacht von Flugzeugen abgeworfen.

Immer noch rasselt unsere Ankerkette. Gleich muß der Anker oben sein, doch der Alte schreit. »Laß fallen Anker!« Wir sind vollkommen einverstanden mit diesem Befehl. Das hätte ins Auge gehen können. In 400 Meter Entfernung rauscht der Sperrbrecher an Backbord vorbei nach See zu. Gespannt starren wir dem davonschäumenden Schiff nach.

Da, wieder steht eine Wassersäule vor ihm. Gleich darauf trifft ein Schlag unser Boot. Der Sperrbrecher hat erneut mit dem FRG eine Mine ausgelöst; diesmal nur ca. 500 Meter von uns entfernt. Und diesen Weg sind wir vor wenigen Stunden gekommen. Mir läuft es wieder einmal kalt über den Rücken. »Junge, Junge«, sagt neben mir der Obersteuermann, »hier scheint es aber richtig zu sein.« – »Ja«, antworte ich, aber diesmal ohne Ironie, »wir sind immer noch nicht zu Hause.« Er nickt mir ernst zu. »Das sage ich euch doch immer.«

Schier endlos dauert der Vormittag. Kein FT an uns, warum wir kein Geleit bekommen. Endlich gegen Mittag kommt ein alter Minensucher aus dem Hafen. Er bewegt sich nur langsam voran. Als er auf gleicher Höhe mit uns ist, schwenkt er herum und umfährt in großem Kreis unseren Ankerplatz. Dann fordert er uns endlich mit Winkspruch auf, in seinem Kielwasser zu folgen.

Die Diesel fauchen los, und wir nehmen langsam Fahrt auf. Der Minensucher fährt außer seinem FRG an beiden Seiten noch zwei Ottern achteraus, um allfällige Standerminen zu kappen. Dicht hinter den Ottern folgen wir in seinem Kielwasser.

Kurz vor der Festung Port Louis treibt tatsächlich eine große Standermine vorbei. Auch die Soldaten auf den Festungswällen haben sie erkannt. Sie winken und zeigen auf die Mine. Um diesen schrägen Vogel wird sich wohl die Hafenschutzflottille kümmern, denke ich. Als wir sie in ungefähr 100 Meter an Steuerbord passieren, eröffnet der Minensucher vor uns plötzlich aus allen Fla-Waffen das Feuer auf die Mine. Unser Alter kommt in Brass.

»Diese hirnverbrannten Idioten«, schreit er. »Die denken wohl, sie haben ein Panzerschiff im Geleit.« Er läßt hinüberwinken: »Sofort Schießen einstellen. Bei Detonation der Mine fliegen unsere Außenbordverschlüsse raus.« Der Signalgast drüben zeigt verstanden, und sofort hört die Knallerei auf. Die Mine dümpelt zufrieden auf die Festung zu. Sollen die da drüben doch ihre Schießkunst zeigen, sobald wir vorbei sind.

Langsam geht es zwischen Kernevel und der Festung hindurch. Wie hat sich das Land verändert. Kein Laub mehr an den Bäumen. – In Rußland soll schon tiefer Winter sein. Die armen Landser. Dann kommt die schwarze *Isère* in Sicht. Der Musikzug des Infantrieregiments 317 der 211. Division spielt wie immer zu unserem Empfang. Auf der Hulk und auf dem Kai stehen die Kameraden der 22. U-Flottille. Als die

Leinen endlich hinüberfliegen, wissen wir, daß wir glücklich gelandet sind. Nur Werner Borchardt sagt zähneknirschend: »Was denkste, wie die Aale sich freuen, daß sie wieder hier sind.«

20. November 1941. Wir haben das Boot geräumt und in die Werft gebracht und haben Bad, Haarschnitt und Rasur hinter uns. Torpedoträger U 109 ist wieder im Hafen von Lorient.

Wir stehen angetreten im Hof der Salzwedelkaserne. Der BdU kommt zur Begrüßung, und der Kommandant meldet U 109 von Feindfahrt zurück. Langsam geht Dönitz auf den rechten Flügel zu und begrüßt zuerst die Offiziere. Dann bleibt er vor dem Obersteuermann stehen. »Ach, Petersen ...« Der BdU lächelt. »Nach der nächsten Fahrt steigst du aus, habe einen Job für dich ...« Er sagt noch etwas, das ich nicht verstehen kann. Im Weitergehen blickt er jedem von uns in die Augen. Dann steht er wieder vor der Front. Er scheint mit uns zufrieden zu sein, denn er beglückwünscht uns zu der gut durchgeführten Sonderaufgabe. Das Einbringen der *Silvaplana* mit ihrer wertvollen Ladung war sehr wichtig. Nun sollen wir aber das Boot so schnell wie möglich wieder klar machen. Die Erfolge in den beiden letzten Monaten waren unbefriedigend. Es ist notwendig, daß wir vor Weihnachten wieder hinaus in den Atlantik gehen. »Na, denn prost«, brummt Otto Peters.

Es werden noch einige Orden verteilt. Ich erhalte das EK II. Außerdem erfahre ich, daß ich Oberfunkmaat geworden bin, was ja nach zwei Jahren als Funkmaat üblich ist. Nach dem Wegtreten sage ich zu Bruno Petersen: »Haben Sie ein Glück, Herr Obersteuermann!« Petersen bleibt stehen und sieht mich an. »Das hätte er nicht sagen sollen«, sagt er völlig ernst. »Aber, Herr Obersteuermann, Sie sollten sich doch freuen.« Petersen klopft mir auf die Schulter. »Es ist nicht gut, wenn man vorher weiß, daß man aussteigen kann. Die letzte Fahrt geht dann meistens schief.« Jetzt muß ich lachen über seine Unkerei. »Aber Berthold Seidel ist doch auch noch an Bord«, sage ich. »Und solange der an Bord ist, saufen wir nicht ab. Das wissen Sie doch.« – »Na ja«, lacht auch er jetzt, »wollen's hoffen.«

Den Funkobergefreiten Hümpel muß ich zum Maatenlehrgang abgeben. Leutnant NT Seidel macht mir klar, daß es nicht anders geht. »Wie soll Friedeburg die Besatzungen für die neuen Boote zusammenbekommen«, sagt er. Eigentlich müßte die halbe Besatzung zur Aufstellung neuer Bootsbesatzungen aussteigen, aber unser Alter hält seine Crew eisern zusammen. Von einer eingefahrenen Besatzung hängt alles ab.

Oberleutnant zur See Volkmar Schwartzkopff ist schon auf dem Kommandantenlehrgang. Bald wird auch er mit einem eigenen Boot im Atlantik erscheinen.

11. Dezember 1941. Nun haben wir den Krieg mit den USA. Überrascht hat uns nur, daß die Japaner ihn ausgelöst haben. Endlich gibt es auch für uns klare Fronten. Wir brauchen nicht mehr auf den Führerbefehl Rücksicht zu nehmen.

Seit dem 3. Dezember sind wir aus dem Urlaub zurück. Mit Ferdinand, Hümpel und noch einigen Kameraden vom Maschinenpersonal war ich wieder in Carnac zur Untersuchung. Marineärztliches Forschungsinstitut für U-Boot-Medizin heißt es jetzt. In Kernevel erfahre ich, daß es kein Italiener war, dem wir beim Einlaufen begegnet sind. Ob die Männer des britischen U-Boots wohl je erfahren werden, an welch seidenem Faden ihr Leben hing? Wenn der Alte das Boot genau erkennen hätte können, hätte er auch geschossen. So aber kam er von unten geblendet auf die Brücke und sah in der Finsternis nichts.

23. Dezember 1941. Das Boot ist fertig. Heute sollten wir auslaufen, aber der Befehl wurde widerrufen. Wie ich von den Kameraden aus Kernevel erfahre, ist vor der Biskaya eine harte Geleitzugschlacht mit einem von Gibraltar kommenden Konvoi im Gang. Durch starke Sicherung sollen fünf Boote schon verlorengegangen sein, darunter auch Endrass. Das ist ein harter Schlag für den BdU. U 751, Bigalk, hat einen Hilfsflugzeugträger versenkt. Ansonsten wurden nur zwei Schiffe und ein Zerstörer versenkt.

Heute ging ein FT an die Boote: »Operation abbrechen. Rückmarsch antreten. BdU.«

Ist das das Ende des Geleitzugkampfes? Haben die Briten neue Abwehrwaffen? Wenn die Bewacher in der Nacht mit Stichfahrt auf die Boote zustoßen, konnten sie dies nur mit Funkmeß tun. Das ist uns Funkern allen klar.

Schleierhaft ist mir nur, daß man es im BdU-Stab noch nicht erkannt hat.

Ferner erfahre ich, daß die *Arc Royal* am 13. November nicht von Reschke, sondern von U 81, Guggenberger, versenkt wurde. Sie müssen beide zur gleichen Zeit angegriffen und geschossen haben. Nur jeder von der anderen Seite. Es wundert mich schon lange, daß bei diesen Nachtangriffen auf ein Geleit von beiden Seiten noch keine Selbstversenkung vorgekommen ist.

Am 25. November hat U 331, Freiherr von Tiesenhausen, vor Tobruk das Schlachtschiff *Barham* mit 31.000 BRT versenkt.

Bei Kapitänleutnant Oesten, U 106, wurde eine ganze Brückenwache über Bord gespült. Die Männer waren bei schwerer See nicht angeschnallt. Man hat ihr Verschwinden in der Zentrale erst nach einiger Zeit bemerkt, weil das Turmluk nicht wieder geöffnet wurde. Oesten hat sofort kehrt gemacht. Sie haben die ganze Nacht gesucht, aber die Wache nicht wiedergefunden.

IV

Das Unternehmen Paukenschlag

27. Dezember 1941. Sonnabend, 15.00 Uhr. Es ist wieder soweit. Wir sind auf dem Oberdeck zur Verabschiedung angetreten. Das Boot liegt mit dem Bug nach Westen an der *Isère*. An der Backbordseite liegt ein neues Boot aus der Heimat, U 130, Korvettenkapitän Kals. Schneidiger Kommandant. Schneidige Besatzung in neuem Lederzeug. Der Flottillenchef kommt von der *Isère* und geht über unser Oberdeck zunächst auf das neue Boot. Meldung von Korvettenkapitän Kals an Korvettenkapitän Schütze. »U 130 klar zur Feindfahrt!«

Wir sehen uns an, wie wir in unserem Räuberzivil dastehen: Ringelhemden aus Beständen der französischen Marine und verwaschenen Kombinationen der »Royal Air Force«. Unser Alter mit den Segeltuchflecken auf dem vergammelten Blauzeug und den ausgebeulten Hosen über den Seestiefeln sieht eher wie ein Seeräuber aus. So wie die auf U 130 sahen wir auch einmal aus, aber wie lange ist das her! »Laß die man erst ein Jahr hier sein«, brummt Maschinenmaat Vetter, »dann sehen die nicht mehr so aus. Wenn sie noch leben.« – »Haben aber auf der Überführungsfahrt schon ein Geleit angegriffen und zwei Dampfer versenkt«, sage ich. »Schneidiger Kommandant, dieser Kals«, sagt Maureschat so laut, daß es auch der Alte hören muß. Der kümmert sich aber nicht darum.

Wir hören von drüben die markigen Worte des Flottillenchefs über die Musik der Wasserbomben. Ich bin gespannt, ob er bei uns auch wieder diesen Rees hält. Drüben schrillt jetzt die Pfeife. »Auf Manöverstationen!« Schütze steigt auf U 109 über. U 130 legt ab.

Der Flottillenchef sieht einen Augenblick schweigend auf unseren vergammelten Haufen. Dann macht er es sehr kurz. Schütze weiß wohl, daß er bei unserem Alten seine Worte sparen kann.

Auf der *Isère* spielt ein Musikzug der 211. Infanteriedivision. Die Leinen fliegen los. Die Kameraden winken und rufen uns »Gute Fahrt und fette Beute« nach. Mit E-Maschinen legen wir ab, doch sobald wir frei von der *Isère* sind, erzittert das Boot; die Diesel springen an.

Wir sehen nicht zurück. Auch Ajax starrt geradeaus, als wir an Kernevel vorbeilaufen. Die Männer der Freiwache werfen die letzten Zigaretten über Bord und kommen vom Oberdeck auf den Turm, um durch das Turmluk einzusteigen. Alle anderen Luken sind bis zum Ende der Fahrt geschlossen.

Vor uns läuft U 130 durch die Enge von Port Louis, aber kurz hinter der Festung geht der Alte mit großer Fahrt am anderen Boot vorbei. »Ihr scheint viel Brennstoff zu haben«, ruft Kals herüber und lacht. Ajax lächelt und läßt sich die Flüstertüte aus dem Turm reichen. »Wir wollen nur schnell durch die verdammte Biskaya. Dann lassen wir uns mehr Zeit.« Kals zeigt »Verstanden.«

Mit rauschender Bugwelle geht es nach Westen. Als die Insel achteraus liegt, läßt der Kommandant die Freiwache auf den Turm kommen. Das hat er noch nie getan.

Wir sind gespannt, was er uns verkünden will. Bedächtig entfaltet der Kommandant ein Papier. Es ist der Operationsbefehl. Wir erfahren, daß wir mit drei anderen Booten als erste den Verkehr an der amerikanischen Ostküste angreifen sollen. Die anderen Boote sind U 123, Hardegen, U 66, Zapp, und U 130, Kals. Wir sind die einzigen Boote für ozeanische Unternehmungen, die dem BdU im Augenblick zur Verfügung stehen. Der Alte ist entschlossen, diesmal bis zur letzten Brennstoffreserve zu fahren. U 66 und U 130 sind Boote vom Typ IX c und können 30 cbm mehr Brennstoff mitnehmen, da ihre Ölbunker bis zum Kiel gezogen sind.

»Kaum zu fassen«, sagt Otto Peters neben mir. »Vier U-Boote gegen die USA. Ich dachte, wir hätten schon ein paar mehr.« Mit großer Fahrt geht es der untergehenden Sonne nach in die Biskaya hinein. Lange noch kann man U 130 sehen; dann verschwindet das Boot in der Dämmerung.

Bei der 200-Meter-Linie machen wir wie immer unseren Tieftauchversuch. Es wird bis auf 180 Meter getaucht. Alles ist dicht. Das Boot ist in Ordnung. Beim Anblasen ertönt plötzlich ein furchtbares Kreischen in der Anblaseleitung. Was ist das? Hat uns die Werft wieder eine Tücke eingebaut? Der Fehler kann nicht gefunden werden.

28. Dezember 1941. Bis zum Hellwerden mit großer Fahrt gelaufen; dann getaucht und den ganzen Tag unter Wasser marschiert. Ich habe von der Propagandakompanie neue

Schallplatten mitbekommen; darunter auch eine Platte mit dem Titel »New York«. Sie fängt mit einem Trompetensolo an. Wir ernennen die Melodie zu unserem Amerikamarsch.

Außer den Fähnrichen Wex und Hengen haben wir diesmal auch einen Oberfähnrich an Bord. Er soll wohl den Obersteuermann, nachdem er von Bord gegangen ist, als Wachoffizier ablösen. Ein etwas arroganter Junge mit müdem Gesichtsausdruck. Wir mögen ihn nicht.

Der blonde Fähnrich Wex macht einen aufgekratzten Eindruck und ist immer zu Scherzen aufgelegt. Den dunkelblonden Fähnrich Hengen, Sohn eines Generals, kann ich mir mit seinen verträumten Augen gar nicht als U-Boot-Kommandant vorstellen. Er hat aber dank seiner netten, kameradschaftlichen Art das beste Verhältnis zu allen Unteroffizieren und Mannschaften und wird sicher mit seiner Besatzung später einmal besser klarkommen als die beiden anderen.

Der Torpedomaat Werner Borchardt trifft die beiden Fähnriche im U-Raum und sagt lächelnd: »Ihr seid ja ganz nette Kerle, solange ihr nichts zu sagen habt. Aber der Oberfähnrich kann uns gefährlich werden, wenn der als Wachoffizier aufzieht.« – »Wieso?« fragt Dieter Wex. »Wir müssen doch alle mal anfangen.« – »Ja«, meint Borchardt, »ihr müßt aber erst eure Eierschalen loswerden, bevor wir euch unser Leben anvertrauen.« – »Ach, was«, sagt Dieter Hengen einlenkend, »bevor ich Kommandant werde, ist dieser Krieg längst zu Ende.«

In der Ferne grollen drei Detonationen von Fliegerbomben. Um 20,00 Uhr läßt der Kommandant auftauchen. Es ist eine taghelle Mondnacht. Mit großer Fahrt und Kurs 270 Grad geht es durch die Biskaya. Wir holen die fehlenden FTs auf Längstwellen herein. U 66 Zapp meldet mit Kurzsignal, daß er 15° West passiert hat. Er ist also vor uns. Hardegen muß noch weiter voraus sein.

Der BdU hat unsere Unternehmung »Paukenschlag« getauft. Hoffentlich wird es kein Schlag ins Wasser.

29. Dezember 1941. Wir sind in der Nacht unbehelligt gut vorangekommen. Auf den Funkwellen ist es ziemlich ruhig. Es sind nur wenige Boote in See. Nach dem Fiasko am letzten Gibraltar-Konvoi hat der BdU wohl vorerst den Geleitzugkampf abgebrochen. Auch ein nagelneues Boot vom Typ IX c, U 131 Fregattenkapitän Arend Baumann, scheint an diesem Geleit verlorengegangen zu sein. Es fehlt uns jetzt bei dieser Fernunternehmung.

Kurzsignal von U 130: »15° West passiert.« Also hat Kals uns überholt. Um 09,00 Uhr getaucht. Unterwassermarsch bis 20,00 Uhr. Um 10,00 Uhr und gegen 14,00 Uhr wieder mehrere Detonationen in der Ferne. Sicher Fliegerbomben. Es sind jeden Tag mehrere Maschinen über der Biskaya. Und keine Abwehr.

30. Dezember 1941. Wieder sind wir die ganze Nacht mit großer Fahrt Kurs West gelaufen. Kein Schiff, kein Flugzeug. Wir sollen ungesehen bis zur amerikanischen Ostküste vordringen und dann schlagartig angreifen. Nur Schiffe über 10.000 BRT dürfen auf dem Anmarsch torpediert werden. Der II WO Siegfried Keller lächelt, als er die FT-Kladde liest. »Ungesehen über den Atlantik. Darin haben wir Übung. Aber kein Schiff unter 10.000 BRT, hm, hm. Ich wette, einen 7000- oder 8000-Tonner legen wir auch um. Man kann sich ja auch verschätzen.« Er klappt die Kladde zu und sagt resigniert: »Aber wir werden unserem Ruf Ehre machen und kein Schiff treffen.«

Um 09,30 Uhr getaucht. Unterwassermarsch bis 20,00 Uhr auf 60 Meter Tiefe. Wir liegen auf den Kojen, lesen und schlafen. Nach dem Auftauchen gibt mir der Obersteuermann unsere Position. Wir können endlich das Kurzsignal absetzen: »15° West passiert. U 109.« Jetzt weiß der BdU, daß auch wir die Biskaya hinter uns haben. Unser Standort: 15° West und 45°15' Nord. Kurs 270°.

31. Dezember 1941. Letzter Tag im alten Jahr. Immer weiter mit großer Fahrt durch die ruhige See nach Westen. Der Wind kommt aus SSO mit Stärke vier. Aber keine lange See. Der Kommandant rechnet damit, daß das Wetter nicht so bleibt und die See uns dann zwingt, langsamer zu fahren. Tiefe Wolken hängen am Himmel. Um 10,00 Uhr DGZ läßt der Alte noch einmal zum Unterwassermarsch tauchen. Am Abend müßten wir dann außerhalb der Reichweite der britischen Luftaufklärung sein.

Um 20,00 Uhr aufgetaucht. Wir haben 20° West passiert. Ich schalte den deutschen Rundfunk in alle Räume durch. Joseph Goebbels spricht zum Ausklang des Jahres. Sieg über Sieg hat es gebracht. Wird es so weitergehen? Oder haben sie sich in Rußland schon festgefahren. Auf dem Atlantik sieht es gar nicht rosig aus. Was sollen wir mit den wenigen Booten gegen die immer stärker werdende Abwehr ausrichten? Dönitz sagt immer wieder, daß der Krieg von unseren Erfolgen abhängt und daß er auf dem Atlantik entschieden wird.

Die Freiwache liegt träumend auf den Kojen. Sie denken an die Lieben in der fernen Heimat. Wie lange werden wir noch fahren müssen? Ich muß an den Film »Morgenrot« mit Rudolf Forster als Kommandant denken. Es war mein erster Eindruck von den U-Booten im Weltkrieg 1914–1918. Viel anders ist es heute auch nicht. Eine Szene ist mir ganz besonders im Gedächtnis geblieben. Das Boot liegt nach Wasserbombentreffer auf dem Grunde der Nordsee. Alle Räume im Vor- und Achterschiff sind abgesoffen. Die letzten Überlebenden sitzen auf den Flurplatten in der Zentrale. Aus den undicht gewordenen Außenbordverschlüssen tropft das Wasser. Da nimmt der Funkmaat seine Uhr ab und wirft sie in die Bilg. »Die brauch ich auch nicht mehr«, meint er. Zum Bootsmaat, der neben ihm sitzt, sagt er: »Glaubst du an Gott?« Der Oberschlesier kneift die Augen zusammen und kratzt sich überlegend am Kopf. »Wenn's hart kummt!« ist seine Antwort. Der Film war verdammt realistisch.

Im Rundfunk läuten die Glocken der Heimat. Es hallt mächtig in uns wider. Wir trinken Punsch, essen Schinkenbrote und denken an die Kameraden in Rußland. Dort soll eisiger Winter sein. Der Kommandant geht durchs Boot, stößt mit allen an und drückt jedem wortlos die Hand.

Es ist warm und gemütlich. Von achtern hört man das gleichmäßige Hämmern der Diesel. Die See ist ziemlich ruhig, und nur leicht wiegt sich das Boot in der länger werdenden Dünung. Die starken Diesel vermitteln ein Gefühl der Sicherheit...

Oben auf dem Turm steht die Brückenwache und starrt in die mondhelle Nacht. Die Männer dort oben hören nur das Rauschen der See und das Fauchen und Gurgeln der Auspuffrohre. Aber auch ihre Gedanken gehen wohl nach Osten in die ferne Heimat. – Ich habe die Wache von 20,00 Uhr bis 02,00 Uhr. Es laufen viele Füllsprüche. Kernevel täuscht regen Funkverkehr vor. Kurz vor Mitternacht wird es jedoch plötzlich ruhig auf den Wellen. Um 00,00 Uhr kommt ein FT über alle Sender:

»Männer der U-Boot-Waffe! Im neuen Jahr wollen wir noch stählerner, noch härter, noch kämpferischer sein. Es lebe der Führer! Befehlshaber der U-Boote.«

1. Januar 1942. Kurz nach Mitternacht kommt ein langer Funkspruch: »Soldaten der Kriegsmarine! Ein Jahr großer Siege unserer Wehrmacht und stolzer Erfolge der Kriegsmarine geht zu Ende. Ein neues beginnt. Es soll uns härter, entschlossener und siegeszuversichtlicher denn je finden. In unerschütterlicher Gefolgschaftstreue zum Führer, im Vertrauen auf Gott und unsere eigene Kraft werden wir kämpfen bis zum sicheren Endsieg. Berlin, den 31. Dezember 1941. Der Oberbefehlshaber der Kriegsmarine, gez. Raeder, Großadmiral.« Diesen FT läßt der Kommandant nicht über die Lautsprecher verlesen.

Um 02,00 Uhr habe ich die Ablösung wecken lassen und bin auf den Turm gegangen, um noch eine Pfeife zu rauchen. Leibling übergibt unten die Wache an Ferdinand Hagen und seinen Funkgasten. Ich habe die Lederjacke übergezogen, denn oben hat sich das Wetter geändert.

Zerrissene Wolken jagen am Mond vorbei. Ab und zu rauscht ein Regenschauer über den Turm. Dann glänzt die See wieder beinahe taghell. Die Dünung ist stärker geworden. »Riecht verdammt nach Sturm«, brummt Oberleutnant zur See Wißmann. Plötzlich ruft Maureschat, der den Sektor 0 bis 90 Grad hat: »Schatten in 30°.« Der I WO fährt mit dem Glas herum und starrt in die angegebene Richtung. »Segler, genau auf Gegenkurs«, brummt er. »Wo kommt der denn auf einmal her?« – »Kam aus der Regenbö«, sagt Maureschat. »Meldung an Kommandant«, ruft Wißmann durchs Luk nach unten. »Segler Steuerbord voraus auf Gegenkurs.«

Der Kommandant kommt auf die Brücke geentert und starrt mit seinem Glas zu dem seltsamen Segler hinüber. »Ohne Positionslaternen«, sagt er. »Ist aber keinen Aal wert.« Maureschat, der Kanonenmaat, meint: »Vielleicht aber einige Schuß Artilleriemunition, Herr Kaleu.« Der Alte schüttelt den Kopf, ohne das Glas abzusetzten. »Wir werden uns hier nicht verplempern. Drüben warten ganz andere Ziele auf uns.« Schweigend starren wir weiter auf den einsamen Segler, den ich jetzt mit bloßem Auge erkennen kann.

»Drehen Sie mal etwas nach Backbord ab«, sagt der Alte. Der I WO beugt sich zum Turmluk. »Backbord zwanzig!« Der Rudergänger wiederholt monoton. Langsam schwoit der Bug nach Süden. »Recht so!« Die See kommt jetzt mehr von Steuerbord. Das Boot fängt an zu rollen. Unten werden sie fluchen. »Drehen Sie noch weiter ab«, hören ich den Alten sagen. Der I WO gibt neue Befehle. Mir ist das Manöver nicht ganz klar. Wir wären doch gut an ihm vorbeigekommen. Nach einigen Minuten knurrt der Kommandant: »Nun seht euch das an. Der Krüppel dreht mit.«

»Beide Diesel große Fahrt voraus«, ruft der I WO nach

unten. Die Diesel laufen schneller. Das Boot rollt jetzt stärker. Die ersten Brecher knallen gegen den Turm. Bald ist der Segler jedoch Steuerbord achteraus. »Jetzt geht er über Stag«, ruft Maureschat. Der Alte nickt grimmig. »Der will was von uns. Und mit dem wollten Sie anbändeln?« – »Na, wenn er eine Falle ist, ist er doch einen Aal wert, Herr Kaleu.« Der Alte nimmt das Glas von den Augen. Ich kann im Mondschein sehen, wie er lächelt. »Und wenn es eine eigene Falle ist, Maureschat?« Eduard starrt ihn ungläubig an. »Gibt es denn so etwas auch?« Der Kommandant nickt lächelnd. »Ja, man kann es kaum glauben, nicht wahr?« Kopfschüttelnd nimmt Maureschat das Glas wieder vor die Augen. Er weiß natürlich nicht, daß vor eigener U-Boot-Falle in diesem Quadrat durch FT gewarnt wurde.

Langsam bleibt der Segler achteraus. Dann ist er plötzlich in einer Regenbö verschwunden, so wie er aufgetaucht ist. »Weg ist er«, sagt der Alte. »Wie der Fliegende Holländer.« Das Boot wird wieder auf den alten Kurs gebracht.

Gegen Morgen wird die See gröber. Lang ziehen die Wogen schon über das Vorschiff und knallen gegen das Schanzkleid. Wir stampfen weiter Kurs 255°. Aber der Wind ist warm geworden. Wir messen 20° Celsius. Die Diesel machen nur noch halbe Fahrt.

2. Januar 1942. Wir stehen auf 44°15' Nord und 23°25' West. Es hat mächtig aufgebrist. Die See geht immer höher. Die Brecher orgeln jetzt schon über den Turm. Rauschend ergießt sich alle Augenblicke ein Schwall Wasser in die Zentrale. Dann singt für kurze Zeit die Lenzpumpe.

Gegen 22,00 Uhr kommt ein FT für uns: »U 109 Südküste Neufundland ansteuern.« Der Kommandant liest und klappt resigniert die Kladde zu. »Kurs 270°«, ruft er in die Zentrale. Dann wirft er sich auf die Koje. Ich ahne, was er jetzt denkt. Wieder dieses verdammte Neufundland. Warum nicht direkt nach New York oder Kap Hatteras; dort ist der Verkehr bestimmt noch friedensmäßig. Was sollen wir wieder vor Kanada, wo es doch im Operationsbefehl hieß, wir sollten einen Paukenschlag vor der amerikanischen Küste führen. Diesmal verstehe ich den BdU nicht mehr. Oder ist es sein Chef des Stabes, der Kapitän zur See Godt, der nachts immer die Befehle des BdU ändert?

3. Januar 1942. Weiter geht der Marsch nach Westen. Die See hat sich etwas beruhigt. Der Atlantik scheint wie ausgestorben. Keine Rauchfahne, kein Schiff. Dabei fahren wir auf den alten Dampferwegen von Europa nach New York, auf dem Großkreis.

Der Oberfähnrich geht seine erste Wache als Wachoffizier auf der Brücke. Der Kommandant befiehlt Prüfungstauchen mit Alarm. Es scheint auch alles gutzugehen, doch als wir unter Wasser sind, höre ich einen Schrei in der Zentrale. Was ist da los? – Mit starker Lastigkeit geht es abwärts. Das Turmluk ist nicht richtig zu. Der Oberfähnrich hat die Knacken vorgedreht, bevor das Luk einschnappte. Unheimlich viel Wasser stürzt in die Zentrale, und noch immer geht die Fahrt steil abwärts. »Aufkommen! Aufkommen!« ruft der LI den Tiefenrudergängern zu. Der Turm muß geräumt werden. Wir halten den Atem an. Endlich schnappt das Luk vom Turm zur Zentrale zu. Otto Peters hat es dicht bekommen. Das Rauschen in der Zentrale hört mit einem Schlage auf. Bei 40 Meter ist das Boot abgefangen. Ich werfe einen Blick durch das Kugelschott in die Zentrale. Neben dem Alten am Kartentisch steht naß wie eine Katze Otto Peters. »Anblasen«, sagt der Kommandant zu ihm. »Verfluchte Schweinerei, wenn uns der Turm absäuft.«

Otto springt an seinen Tannenbaum, und gleich darauf knattert es in den Anblaseleitungen. Erleichtert hören wir die Stimme des Leitenden: »Boot steigt.« Ein Seufzer geht durch das Boot. Der Zentralemaat knurrt vor sich hin: »So ein Blödsinn, diese grünen Jungens an Bord. Machen nur Mist und Scherereien.« Der Oberfähnrich steht zerknirscht vor dem Kommandanten, der ihn mit einem einzigen Blick vernichtet.

»Sie Wahnsinnsmensch! Trampeln hier auf unseren Nerven herum. Das Turmluk zu schließen haben Sie doch wohl gelernt. Wenn die Sehrohre abgesoffen sind, dann gnade Ihnen Gott.« Rauschend durchbricht das Boot die Oberfläche. Der Turm muß erst in die Zentrale entwässert werden. Dann turnt der Kommandant auf die Brücke, und der LI kommt mit dem Zentralemaaten in den Turm.

Der Oberfähnrich hat Schwein gehabt. Die Sehrohre sind klar. Es ist auch kein weiterer Schaden eingetreten, obwohl viel Wasser in den Turm eingedrungen ist. Die Armaturen werden abgetrocknet, dann zieht der Rudergänger wieder in den Turm.

Am Abend melden sich zwei Heizer bei mir. Sie haben Filzläuse und Krätze, wie sie sagen. Ich sehe mir die Sache mit dem Vergrößerungsglas an. Tatsache! Wir haben Filzläuse an Bord.

Der Kommandant ist wütend, als ich ihm melde, welche Gäste wir an Bord haben. »So eine Schweinerei. Wo sind die Kerle?« –

»Hier, Herr Kaleu!« Mit gesenkten Köpfen stehen die beiden vor ihm. »Ihr alten Drecksäcke! Müßt ihr nach der Untersuchung noch immer man in den Puff laufen? Oder wo habt ihr das aufgelesen?« Beide zucken nur die Achseln.

»Hirschfeld«, wendet sich der Alte an mich. »Haben Sie genug Kuprex?« Ich nicke. »Behandeln Sie die beiden Helden. Lassen Sie den vorderen Lokus ausräumen. Die beiden dürfen nicht mehr mit uns den achteren Lokus benutzen.« Verdammt, denke ich. Wenn nur nicht schon mehr Leute angesteckt sind!

4. Januar 1942. Standort 43°39' Nord und 31°09' West. Seegang 7 bis 9. Sturm und Regen. Man könnte sagen: kein Waffeneinsatz. Aber es ist auch kein Schiff da, das wir angreifen könnten. Dauernd läuft die See von achtern in die Brücke. Der Kommandant läßt deshalb Kurs auf 290° wechseln.

Heute ist Sonntag. Es gibt wieder Schinken mit Spargel. Wir sind mitten im Atlantik. Über den Rundfunk hören wir, daß die Japaner Manila besetzt haben. Bei den Lords hat sich herumgesprochen, daß wir wieder nach der Südspitze von Neufundland sollen. Alle sind sehr mißmutig.

Auf den Funkwellen ist nicht viel los. Es sind kaum Boote in See; die Geleitzüge fahren ungehindert über den Atlantik. Für den Krieg mit Amerika fehlen uns die verlorengegangenen großen Boote wie U 110 Lemp, U 111 Kleinschmidt und U 122 Looff, der im Juni 1940 auf dem Weg nach Gibraltar verschollen ist. Er hatte meine schönste Schallplatte mit, die er sich von mir an Bord von T 139 auserbeten hatte. Wir fuhren damals Sicherung für die Tieftauchversuche bei Bornholm. »Wenn die Frühlingsstürme blasen, über schneebedeckte Straßen«, lautet der Text des Liedes.

5. Januar 1942. Immer das gleiche Wetter. Der Sturm dauert mit unverminderter Kraft an. Die See ist höher geworden. Riesige Berge von Wasser rollen heran. Im Boot sieht es zuweilen wüst aus. Jeden Tag geht Geschirr kaputt. Wir kommen kaum voran.

Wenigstens ist es warm. Lufttemperatur 22° Celsius. Wir müssen oft an die Kameraden in Rußland denken. Die Kälte dort wäre nichts für uns; dann doch lieber in einer großdeutschen Tauchröhre zur See fahren.

6. Januar 1942. Standort 43°55' Nord und 34°58' West. Seegang 9 oder 10. Das Boot rollt so stark und holt so weit über, daß wir unter Deck immer wieder den Atem anhalten. So einen Sturm haben wir noch nicht erlebt. Die Männer der

15/16 Die drei gefangenen Briten mit Zentralemaat Peters. Unten der Autor mit Fähnrich zur See Dieter Wax und dem Obermaschinisten Schewe

17 *Sechste Feindfahrt: das Eichenlaub für den Kommandanten*

1 Anlegen
orient,
eten
nach
Wegtreten
es.
lie »Isère«

Brückenwache, die um 12,00 Uhr vollkommen durchnäßt von oben kommen, erzählen, daß sie manchmal mit der Hand Wasser schöpfen konnten. Vom Boot ragte oft nur noch die Oberkante Turm aus dem kochenden Wasser. Da wir kaum noch Fahrt über den Grund machen, befiehlt der Kommandant Unterwassermarsch nach Süden. Später sollen wir dann über Wasser wieder nach Westen aufkreuzen.

In der Nacht flaut der Sturm etwas ab. Gegen 23,00 Uhr können wir auftauchen, um die Batterien nachzuladen. Nach Tagen steige ich zum erstenmal auf die Brücke und pumpe frische Luft in die Lungen. Ein herrliches Bild, diese hochgehende See. Wir machen nur kleine Fahrt. Zuweilen ragt nur der Turm aus dem Wasser.

7. Januar 1942. Blutrot kommt der Morgen hoch. Der Sturm hatte in der Nacht nur einmal den Atem angehalten. Nun braust es erneut heran, und die Wasserberge wachsen zu unheimlicher Größe.

Das ist kein gewöhnlicher Sturm mehr, das ist schwerster Orkan. Gegen 10,00 Uhr entschließt sich der Kommandant wieder zu tauchen, um nicht die Brückenwache durch Ertrinken zu verlieren. Bei diesen hochgehenden Brechern könnten sie stehend auf dem Turm versaufen.

Es pfeift und gurgelt in den Zellen, als wir zu tauchen beginnen. Einige Male sind noch Brecher zu hören, die gegen die Turmverkleidung schlagen, dann umgibt uns unheimliche Stille, aber das Boot hebt und senkt sich weiter. 30 Meter gehen durch. Die Untertriebszellen werden ausgeblasen. 40, 50 Meter gehen durch. Immer noch hebt und senkt sich das Boot. Bei 90 Meter kann der LI das Boot einsteuern.

Eduard Maureschat steht vor dem Funkraum und sieht mich aus entzündeten, salzverkrusteten Augen an. »Mensch, Wolfgang«, sagt er langsam, »so etwas hast du noch nicht gesehen. Da oben ist die Hölle los. Wenn das so weitergeht, sind wir in vier Wochen noch nicht vor Kanada.« Er wischt sich das Salz aus den Wimpern. »Warum mußte der Alte auch diesen nördlichen Kurs fahren«, brummt er verdrossen. Ich muß lachen. »Sparsamste Marschfahrt auf dem nördlichen Kreisbogen ist befohlen«, sage ich. »Ach was, scheiß auf den Befehl. Der Alte in Kernevel weiß ja nicht, was wir für Wetter haben.« Knurrend geht er nach vorn in den U-Raum.

8. Januar 1942. Ja, wenn der BdU wüßte, was wir für Wetter haben. Wir dürfen es nicht melden; die Funkstille darf nicht gebrochen werden. Unter Wasser kommen wir nicht voran. Um 12,30 Uhr läßt der Kommandant die Oberfläche ansteuern. Bei 60 Meter fängt das Boot bereits an zu wiegen.

Der Alte hat Ölzeug angelegt. Die Brückenwache steht bereit. Dann umfängt uns das Rauschen der wilden See. Ein Windstoß fegt durchs Boot, als der Kommandant das Turmluk öffnet. Er geht allein auf die Brücke. Es wird mit Diesel ausgeblasen. Das Boot rollt wie wild. Der Orkan tobt mit unverminderter Kraft. Der Alte bleibt allein auf dem Turm, solange die Batterien aufgeladen werden. Es ist unmöglich, mit Kurs 270° gegen die See zu fahren. Wir machen dabei Fahrt über den Achtersteven. Das Barometer ist um 20 mb gestiegen und der Wind dreht auf Südost, aber er läßt nicht nach. Also gehen wir wieder in die schützende Tiefe.

9. Januar 1942. Also weiter Unterwassermarsch. Alle wachfreien Männer müssen in den Kojen liegen, um Luft zu sparen. Nur die E-Maschine, Zentrale und Horchraum sind ständig besetzt. Ferdinand sitzt im Funkraum und macht leise Schallplattenmusik für alle Räume.

Keiner von uns möchte jetzt auf einem Überwasserschiff sein. Ein U-Boot hat doch seine Vorteile; vor allem so ein großes Boot. Am Nachmittag habe ich die Wache im Horchraum übernommen. Es ist totenstill ringsum – doch plötzlich habe ich ein starkes Rauschen im Kopfhörer. Jetzt ist es im ganzen Boot zu hören, wie wenn 1000 Stecknadeln gegen die Bordwand prickeln. Die Männer fahren aus den Kojen und starren sich an. Was ist das? Der Alte ist an den Horchraum gekommen.

»Hört sich an wie Heringsschwarm«, sage ich in die Stille. Er sieht micht skeptisch an. »Ihre Phantasie in Ehren, aber . . .« Er spricht nicht weiter. Da, ein neues Geräusch am Bug; ein Scheuern und Gleiten. Jetzt ist es mittschiffs und wandert schnell achteraus. Ich muß unwillkürlich an Minenstander denken. Ein Schlag trifft das Boot; es klirrt in den Spinden.

»Auf Sehrohrtiefe gehen«, ruft der Kommandant. Der II WO kommt an den Horchraum und fragt: »Hören Sie noch etwas?«

»Nee, Herr Oberleutnant.« – »Was meinen Sie, was es war?« Ich wiege den Kopf. »Minenstander können hier nicht stehen bei der Tiefe. Aber ein losgerissenes Fischernetz wäre auch möglich.« Seine Augen weiten sich. »Ja, das ist möglich. Verdammte Schweinerei, wenn wir das jetzt in die Schrauben bekommen haben. Dann sind wir geliefert bei dem Orkan da oben.« – »Es kann natürlich auch ein altes Wrack sein«, sage ich. »Habe mal gelesen, daß alte Holzschiffe oft jahrelang in einer bestimmten Tiefe mit dem Strom treiben, ehe sie ganz auf Tiefe gehen.«

Dann meldet der LI: »Sehrohrtiefe.« Das Boot geht auf und nieder. Der Kommandant hat das Sehrohr ausgefahren. »Kann Boot nicht halten«, schreit der LI. »Wir brechen durch!« – »Anblasen!« kommt es aus dem Turm. Otto Peters jagt sofort die Luft durch die Anblaseleitungen. Dann hören wir wieder das Tosen der See gegen das Oberdeck. Gleich darauf geht ein Luftzug durchs Boot. Der Kommandant hat das Luk geöffnet und ist auf den Turm gestiegen.

Dann knackt es in den Lautsprechern. Der Alte spricht aus dem Turm: »Alles herhören! Rund um uns spauten viele Wale. Nehme an, einer dieser Brüder hat sich an uns scheuern wollen und ist dabei der Schraube zu nahe gekommen. Wetterlage wie bisher. Unterwassermarsch wird fortgesetzt. Ende!«

Gleich darauf kommt der Befehl zum Fluten. Das Schlagen der See verstummt. Abwärts geht es in die schützende Tiefe von 80 Meter. Weiter Kurs 270°. Trotz der geringen Fahrt kommen wir unter Wasser besser voran.

10. Januar 1942. Um Mitternacht aufgetaucht, Batterien aufgeladen und die fehlenden FTs hereingeholt. Es ist auch ein Funkspruch an uns dabei: »Bleichrodt – Operationsgebiet Neuschottland. Halifax bis Boston. BdU.« Wir sind alle sehr enttäuscht. Warum dürfen wir nicht nach New York? Wieder getaucht.

Um 12,00 Uhr läßt der Kommandant auftauchen. Der Sturm hat sich gelegt, aber es herrscht weiterhin Seegang 9. Mit langsamer Fahrt versuchen wir nach Westen zu kommen. Ich habe zusätzlich die 600-Meter-Welle, die Internationale Dampferwelle, geschaltet. Leibling nimmt einige SOS-Rufe auf. »SOS – lost rudder, need help, SOS – sinking slowly . . .« Wir stehen von allen SOS-Rufen weit ab. Im Frieden wäre man hingefahren, um zu helfen. Jetzt im Kriege würde man ihnen nur helfen, schneller unter Wasser zu kommen.

Um Mittag hatten wir den hohen Barometerstand von 1045 mb. Gegen 21,00 Uhr sinkt das Barometer plötzlich wieder ganz schnell. Um 23,00 Uhr haben wir wieder Sturm wie gehabt.

11. Januar 1942. Der Orkan kommt jetzt aus West-Nord-West. Die Diesel machen nur kleine Fahrt, denn bei höherer

Fahrtstufe würden uns die haushohen Wogen das Schanzkleid wegschlagen. Gegen 08,00 Uhr läßt der Kommandant wieder tauchen. An der Maschine müssen einige Reparaturen durchgeführt werden. Die Kühlwasserpumpe des Steuerborddiesels ist ausgefallen. Triebwerkskontrolle. Kreiselkompaß läuft nicht mehr richtig.

Als wir vor zwei Monaten hier waren, war das Wetter auch nicht gerade schön, aber so einen Sturm hatten wir doch nicht. Um 13,00 Uhr läßt der Kommandant zum Erfassen der FTs auftauchen. Der B-Dienst hat einige interessante Meldungen für uns. Nördlich von Halifax müssen heute nacht um 4,30 Uhr zwei Geleitzüge bei schwerer See zusammengerasselt sein. Mehrere Dampfer melden Kollison und brauchen dringend Hilfe. Außerdem treibt ein Jugoslawe steuerungsunfähig im Atlantik. Aber auch zu weit weg für uns.

Lüth meldet, daß er auf Rückmarsch einen Geleitzug getroffen hat. Kein Waffeneinsatz!

12. Januar 1942. Endlich hat der Sturm nachgelassen. Die See ist etwas ruhiger geworden. Wir können den Überwassermarsch fortsetzen. Nach Tagen kann Obersteuermann Bruno Petersen das erste Besteck nehmen. Wir stehen auf 44° Nord und 48° West. Kurs 270°.

Ungefähr 100 sm südlich von unserem Standort ging vor 32 Jahren die *Titanic* unter. Es war auf 41°16' Nord und 50°14' West.

In der Zentrale höre ich gegen Mittag lautes Fluchen. Der Kreisel bleibt zeitweise stehen. Oberleutnant Ing. Weber ist sehr aufgeregt. Nicht auszudenken, wenn wir gerade hier, wo auf den Magnetkompaß kein Verlaß ist, ohne Kreiselkompaß fahren müßten.

Auf der 600-Meter-Welle plötzlich ein SSS-Ruf. Dampfer *Cyclops* funkt: »SSS – torpedoed by submarine.« Standort ist querab Halifax. Der Alte flucht. Wer kann da geschossen haben?

13. Januar 1942. Plötzlich ist es kalt geworden. Eisig weht der Wind aus Kanada. Wir müssen wieder die Pelze anziehen. Die See geht immer noch hoch, aber es kommt nicht mehr so viel Wasser über die Brücke. Die Brückenwache kann sich unter dem Ölzeug warm einpacken.

Wo mögen die anderen Boote stehen? Sind sie südlicher marschiert? Haben sie besseres Wetter gehabt? Bisher hat noch keiner gemeldet. Heute soll der »Paukenschlag« beginnen. Der Kommandant hat die Brückenwache zu erhöhter

Aufmerksamkeit ermahnt. Vor allem der Luftsektor muß jetzt scharf beobachtet werden. Überraschungen sind hier leicht möglich.

Am Nachmittag wird die Funkstille von U 130 durchbrochen. Kals meldet, daß er vor dem St.-Lorenz-Strom gesehen wurde und sich nach Süden absetzt. Er kann also nicht vor Halifax geschossen haben. Der Alte liest kopfschüttelnd den FT. »Hat er denn noch weiter nach Norden ausgeholt, daß er schon da ist?«

14. Januar 1942. In der Nacht ist ein neuer Sturm losgebrochen. Es ist noch kälter geworden. Wir halten Kurs 270° und stehen auf 43° Nord und 56° West.

Der Oberfähnrich mußte heute neben dem Obersteuermann sein erstes Besteck machen. Nachdem er eine Stunde gerechnet und die Logarithmentafeln gewälzt hatte, meldete er dem Kommandanten, daß er fertig sei. Der Alte stieg mit dem Ergebnis durch das Kugelschott in die Zentrale, ging zum Kartentisch und verglich die Berechnungen mit der Seekarte. Dann brach er in schallendes Gelächter aus. »Kommen Sie mal her, Sie Saftknabe. Nach Ihrer Berechnung fahren wir in den Straßen von Halifax spazieren. Machen Sie nur so weiter. Dann kann ich dem BdU bald melden, daß wir in Chicago stehen.« Die Männer der Zentrale wieherten vor Vergnügen.

Schnell kommt die Dunkelheit und mit ihr ein rasanter Schneesturm. Bald prasseln der Brückenwache Eisstücke ins Gesicht. Die Nacht ist stockfinster. Keine hundert Meter Sicht. Von oben wird gemeldet, daß der Turm langsam vereist. Die Kanone ist nicht mehr zu erkennen. Der Kommandant läßt aber unbeirrt den Kurs halten.

Wir haben 60° West überschritten. Nach drei Wochen lacht zum ersten Male wieder die Sonne vom blauen Himmel, aber es bleibt eisig kalt. Die See hat sich beruhigt. Im Boot ist es gemütlich warm, denn wir haben bei Überwasserfahrt die Diesel-Abgasheizung angestellt.

Der Sender Breslau ist als einziger deutscher Sender nachts auf Mittelwelle zu hören. Das ist eine kleine Sensation, die wir in unserem FT-Bericht vermerken. Ansonsten sind wir auf die Kurzwellenprogramme der deutschen Welle auf 32 Meter und 25 Meter angewiesen. Die amerikanischen Sender sind auch gut zu hören. Auf den Funkwellen ist nicht viel los. U 552 Kapitänleutnant Topp meldet einen Dampfer bei Kap Race versenkt. War es die *Cyclops?* U 552 ist ein Boot vom Typ VII c. Erstaunlich, daß diese Boote so weit fahren können.

16. Januar 1942. Die Nacht war einigermaßen ruhig, aber am Morgen wird es kaum hell, und dann jagt wieder ein furchtbarer Schneesturm über das Boot. Der Kommandant ist auf dem Turm. Der Schneefall ist so dicht, daß Vor- und Achterschiff nicht mehr zu sehen sind. Der Kommandant entschließt sich zum Unterwassermarsch wegen Kollisionsgefahr mit Schiffen, denn wir sind genau auf dem Dampferweg Halifax – New York.

Wieder einmal gibt uns Kernevel eine vom B-Dienst entzifferte britische Meldung durch: »Ein U-Boot wurde vor Halifax gesichtet.« Wer kann das gewesen sein? U 130, Kals? Oder U 552, Topp. Andere Boote sind nicht hier. U 123, Hardegen, muß schon weiter südlich sein. Um 20,00 Uhr und eine halbe Stunde später hören wir aus der Ferne das Donnern von Wasserbomben.

Gegen 21,00 Uhr läßt der Kommandant auftauchen. Es herrscht immer noch Schneetreiben. Der Wind kommt von Norden mit Stärke 8 bis 9. Dic Sicht beträgt kaum 500 Meter. Nur die Dünung ist nicht mehr so lang. Mit langsamer Fahrt laufen wir Kurs 270° durch das dichte Schneetreiben, um die Batterien aufzuladen.

17. Januar 1942. Wir sind dicht vor Neuschottland. Es ist eine grauenvolle Nacht. Auf der Brücke werden minus 10° Celsius gemessen. Schnee, Regen und Nebelschwaden. Die Sicht ist wieder sehr schlecht. Um 02,00 Uhr läßt der Kommandant wegen der schlechten Sicht wieder tauchen.

Bis jetzt haben wir auf der ganzen Fahrt noch kein Schraubengeräusch gehört, aber gegen 3,00 Uhr haben wir plötzlich ein Dieselgeräusch im GHG. Es liegt achteraus in 95° und entfernt sich schnell. Könnte ein U-Boot sein. Aber wer? Sollte Topp noch weiter nach Süden gekommen sein? Bald darauf ertönen sechs Wabo-Detonationen, und etwas später eine einzelne, scharfe Detonation. Hört sich an wie Torpedotreffer. Dann Stille. Wir sind also nicht allein hier. Jedenfalls ist das Gebiet gewarnt. Gegen 10,00 Uhr aufgetaucht. Die Sicht hat sich etwas gebessert. Die Wolken hängen sehr niederig. So sind wir vor Flugzeugen ziemlich sicher. Der Kommandant läßt Kap Sable, die Südspitze von Neuschottland, ansteuern. Am Oberdeck Eisbildung. Die Kreisanlage ist auch wieder ausgefallen. Der LI sucht den Fehler.

18. Januar 1942. Heute ist Sonntag. Der amerikanische Rundfunk meldet, daß zwei Tanker vor New York gesunken sind.

Bei Morgengrauen läßt der Kommandant tauchen. Er will den ganzen Tag unter Wasser marschieren, um ungesehen Kap Sable zu erreichen. Am Nachmittag hören wir hell zwitschernde Schrauben. Ein Zerstörer oder eine Korvette. Das Schraubengeräusch passiert an Steuerbord. Wir sind nicht bemerkt worden.

Bei Kap Sable kommen wir in flaches Wasser; laut Karte nur noch 150 Meter Tiefe. Der Kommandant gibt mir Anweisung, einmal kurz mit dem Echolot zu loten. Ich gehe in die Zentrale, schalte das Gerät ein und warte, bis die Röhren warm sind. Neben mir steht der Obersteuermann und wartet gespannt, ob seine Navigation trotz defekter Kreiselanlage stimmt. Ich schalte kurz ein und schnell wieder aus, denn das Loten ist weit zu hören. Genau 150 Meter wurden angezeigt. Wir stehen richtig.

19. Januar 1942. Um 1,30 Uhr DGZ bei Dunkelheit aufgetaucht. Die Brückenwache ist gerade aufgezogen, da kommt schon der Ruf von oben: »Licht voraus!« Donnerwetter, die fahren hier wegen der Kollisionsgefahr mit Laternen zur See. Der Kommandant ist sofort auf die Brücke geentert. Es dauert nicht lange, da tönt es aus den Lautsprechern: »Auf Gefechtsstationen! Beide Diesel zweimal große Fahrt voraus! Rohr eins bis vier Mündungsklappen öffnen!« Das Boot erzittert unter den heftig arbeitenden Dieseln. Vorn kurbeln die Mixer an den Mündungsklappen.

Im Funkraum haben wir die 600-Meter-Welle geschaltet, um mitzuhören, wenn der Dampfer um Hilfe ruft. Auf der Dampferwelle ist reger Verkehr. Leitstelle ist Halifax. Zum Teil haben die Schiffe noch alte Löschfunkensender.

Das Boot schäumt durch die ruhige See. Kaum Dünung hier am Kap Sable. Auf einmal ist es soweit. »Rohr eins fertig! Rohr eins los!« Fauchend verläßt der Aal das Rohr. Wir warten gespannt. Viele Augen starren auf die Stoppuhren. Schier endlos verrinnt die Zeit. Dann sehen wir uns enttäuscht an. Von oben kommt ein entsetzlicher Fluch. Vorbei! Dann, nachdem die Zeit längst abgelaufen ist, detoniert der Aal in der Ferne. Wahrscheinlich irgendwo im Dreck. Auch das noch. Eigentlich sollte er lautlos untergehen.

Angespannt kurbele ich die Dampferwelle ab. Nichts. Der Funkverkehr geht ruhig weiter. Auf unserem Dampfer scheinen sie nichts bemerkt zu haben. Schließlich kommt ein FT, der Sender ist so laut, daß ich meinen Empfänger ganz zurückdrehen muß. Es muß unser Schiff sein. Es ruft mit seinem verschlüsselten Namen: *MSAD*. Dann kommt eine Standortmeldung: 43°26' Nord, 65°40' West. Die Leitstelle Halifax quittiert. Ein anderer Dampfer gibt einen FT ab. Ich drehe meine Lautstärke wieder auf. Ganz leise höre ich: »SSS.« Ich drehe auf der Welle etwas nach und höre: »SSS SSS SSS *Empire Kingsfisher* SSS – sinking quickly – SSS –.« Den Standort bekomme ich nicht mit; die anderen Sender stören.

Der zweite Anlauf wird gefahren. »Rohr zwei los!« Es erfolgt keine Detonation. Der Aal geht vorbei. Dann erfolgt der dritte Anlauf: »Rohr drei los!« Wieder vergebliches Warten. Auch dieser Aal geht daneben. Auf der Brücke werden sie nervös, und unten im Boot wird laut geflucht. Mit verbissenen Gesichtern sitzen die Männer auf ihren Stationen und schimpfen auf den I WO, der nicht schießen kann. Beim Überwasserangriff fährt der Kommandant das Boot und der I WO steht am Nachtzielgerät. Armer Wißmann. Wenn er die Lords hören könnte.

Die Fähnriche sitzen verstört da und erleben, wie es bei der U-Boot-Waffe zugeht, wenn nach Meinung der Mannschaft ein Offizier Mist gebaut hat. Ich glaube aber nicht daran, daß Wißmann Mist gemacht hat. Auf der Brücke werden alle Schußunterlagen fieberhaft geprüft. Es wird kein Fehler festgestellt. Unverdrossen beginnt der Kommandant einen neuen Anlauf. Plötzlich werden noch vier andere Dampfer gesichtet.

Der vierte Anlauf beginnt. Von der Brücke bekomme ich Befehl, den Aal mit dem GHG zu verfolgen. Ich gebe zurück, daß der Torpedo bei der hohen Fahrtstufe nur am Anfang der Laufstrecke zu hören ist. Dann ist es wieder soweit. »Rohr vier los!« Plötzlich schweigen die Diesel. Der Kommandant hat stoppen lassen. Ich sitze am GHG, um den Lauf des Torpedos zu verfolgen. Der Aal läuft einwandfrei. Er muß treffen!

Aber da, was ist das? Plötzlich wandert er aus! Wieder vorbei! Ich melde das Horchergebnis zur Brücke. Oben herrscht eisiges Schweigen. Dann plötzlich die Stimme des Alten: »Beide Diesel große Fahrt voraus.« Allen ist klar: Die Aale taugen nichts oder unsere Zieloptik stimmt nicht.

Es ist eine verdammte Schweinerei. Nun stehen wir hier vor Amerika, haben alle Angriffschancen ohne große Abwehr, und die Torpedos laufen nicht, wie sie sollen.

Der Alte ist wild entschlossen, diesen Dampfer umzulegen. Die vorderen Mündungsklappen werden zugedreht. Maat Borchardt geht nach hinten. Also kommen jetzt die Heckrohre dran. Die Diesel hämmern wie wild. In kurzer Zeit haben wir uns vorgesetzt. Es ist stockfinster oben. In nur 500 Meter Entfernung rauschen wir vor dem Bug des Dampfers über dessen Kurs und stehen gleich darauf in Schußposition. Dann heißt es: »Rohr fünf fertig! Rohr fünf los!«

Der erste Heckaal verläßt das Rohr. Die Diesel schweigen, und wir können den Lauf des Torpedos im GHG verfolgen. Alles wie gehabt; er wandert aus. Die Männer starren sich an. Es ist unfaßbar. Fünf Torpedos verschossen. Ohne Erfolg. Haben wir dafür diesen weiten Weg gemacht?

Der vordere Steuerbordausguck meldet: »Küstenfeuer in Sicht.« Der Kommandant gibt Befehl zum Abdrehen. Leise dümpelnd schwingt der Bug nach Südosten. Es ist 08,00 Uhr DGT. Zwischen zwei Schiffen hindurch laufen wir ab in die offene See. Ziele genug und noch kein Aufruhr in der Herde, aber unsere Waffe ist stumpf. Es hat keinen Zweck; wir müssen erst alle Torpedos nachprüfen.

Niedergeschlagen kommt der Alte von der Brücke und wirft sich auf die Koje, während die Diesel das Boot mit großer Fahrt nach Südosten jagen. Wir müssen noch vor Tagesanbruch tiefes Wasser erreichen. Der I WO kommt von oben. Setzt sich müde auf seine Koje.

Der kleine Keller fängt an zu lästern: »Wir hätten ja mitfahren können nach Halifax. Wenn der Dampfer dann an der Pier gelegen hätte, hätten wir ihn bestimmt getroffen.« Wißmann kneift die Lippen zusammen und nickt. »Das glaube ich auch. Aber nur auf Entfernung von 50 Metern.«

Ich melde dem Kommandanten den verstümmelt aufgenommenen SSS-Ruf der *Empire Kingsfisher.* Er schüttelt resigniert den Kopf. »Glaube nicht, daß das einer unserer Aale war. Kann auch Kals gewesen sein.«

20. Januar 1942. Um 12,00 Uhr wird es langsam hell. Wir stehen südlich Kap Sable. Der Kommandant befiehlt Unterwassermarsch bis 24,00 Uhr. Im Bugraum wird schwer geschuftet. Die Mixer prüfen die Aale und laden die Rohre nach. Auch der Heckaal wird nachgeladen. Im Gradanzeiger der Zielsäule wird ein Fehler festgestellt. Ob das alles war?

Endlich kehrt Ruhe im Boot ein, und wir schlafen uns alle aus. In der folgenden Nacht geht es wieder ran an die Küste.

21. Januar 1942. 00,00 Uhr DGZ aufgetaucht. Die Dunkelheit bricht gerade an. Die Diesel fauchen los.

Von weitem dröhnen einige Serien Wabos durchs Wasser. Vielleicht nur ziellose Schreckwürfe.

Wir laufen wieder Kurs Kap Sable. Leibling entschlüsselt die von mir auf Längswelle aufgenommenen FTs. Nach einiger Zeit reicht er mir die Kladde. Drei FTs hat er rot angekreuzt. Hardegen meldet: »53.360 BRT vor New York versenkt.« Und Zapp: »18.000 BRT versenkt.« Dann ein FT vom BdU: »Bleichrodt Erfolg melden.« – Ich reiche dem Kommandanten die Kladde. Der Alte liest mit schmalen Augen, dann gibt er mir sie zurück. Schweigend nimmt er seine Lederjacke vom Haken und steigt auf die Brücke. Um 3,00 Uhr DGZ ist das Küstenfeuer wieder in Sicht. Der Alte ist diesmal noch näher rangegangen. Wir haben nur noch 60 Meter Wasser unterm Kiel. Von hier müßten wir die Schiffe sehen, die das Kap umschiffen.

Aber die Nacht ist schwarz und kein Schiff kommt. Wir liegen wie ein Tiger auf der Lauer. Endlich, gegen 6,00 Uhr, kommt ein Dampfer achteraus in Sicht. Er hat sogar Positionslaternen gesetzt und kommt unwahrscheinlich schnell näher. Die Diesel brummen auf.

»Rohr eins fertig!« Wir laufen hohe Fahrt. »Rohr eins los!« Wieder läuft einer unserer Aale. Als die Diesel verstummen, können wir den Aal gut hören. Es ist alles in Ordnung, doch plötzlich wandert der Dampfer schnell aus. Borchardt knirscht mit den Zähnen. »Verfluchter Mist!« Ich nicke. »Der geht achtern vorbei!«

Ungefähr eine Minute ist es noch still im Boot. Dann sehen sich die Männer bedeutungsvoll an. »Flaschen da oben auf der Brücke«, sagt ein Lord in der Zentrale. Durch das Sprachrohr höre ich, wie Maureschat am Vorhaltrechner im Turm laut flucht.

Von der Brücke kommt der Befehl: »Beide Diesel große Fahrt voraus.« Wir jagen hinter dem Dampfer her. Die See ist nur leicht bewegt. Ideales Angriffswetter. Dann höre ich im Sprachrohr: »Beide Diesel AK voraus!« Das ganze Boot erzittert. Die Umdrehungsanzeiger klettern schnell auf den roten Strich zu. Wir machen Fahrt für 18 sm. Was ist los da oben?

Ich gehe zum Kugelschott und werfe einen Blick in die Zentrale. Otto Peters zieht die Augenbrauen hoch, schlängelt sich am LI vorbei und kommt zu mir ans Schott. »Feiner Paukenschlag, was?« lästert er. »Wenn die da oben so weiter machen, haben wir die Aale bald raus.« Er wirft einen Blick auf den LI. »Dann können wir wenigstens nach Hause fahren.« – »Ja«, sage ich, »und stell dir mal das Gesicht vom BdU dann vor. Warum laufen wir denn jetzt 18 Seemeilen?« Otto winkt ab. »Sie versuchen ihn einzuholen. Haben sich total in der Fahrt verschätzt.«

Ich gehe zurück zu meinem Empfänger mit der 600-Meter-Welle. Es ist alles ruhig. Man hat uns also noch nicht gesehen. Das Boot schäumt durch die See. 30 Minuten, 60 Minuten vergehen. Der Dampfer ist nicht einzuholen. Läuft über 18 sm. Muß ein ganz modernes Schiff sein. Schade. Das einzige Schiff, das in dieser Nacht vorbeikam. Der Kommandant bricht die Verfolgung ab. Wir drehen nach Süden ab. Als gegen 12,30 Uhr DGZ der Morgen hochkommt, wird zum Unterwassermarsch getaucht.

Der Kommandant setzt einen Funkspruch auf und gibt ihn uns zum Verschlüsseln. Ich sage ihm, daß ich den FT aber nicht gleich nach dem Auftauchen, sondern erst um 5,00 Uhr DGZ absetzen werde, da dann die beste Verbindung mit Kernevel besteht. Er nickt: »Gut. Mach, wie du denkst.«

22. Januar 1942. Um 2,00 Uhr DGZ aufgetaucht. Wir haben 66° überschritten und sind im Golf von Maine. Auf der Brücke ist es sehr kalt. Wir stoßen tiefer in den Golf hinein, wo sich die Dampferrouten von Boston, Portsmouth nach Kap Sable kreuzen. Um 5,00 Uhr habe ich den FT abgesetzt. Kernevel quittiert sofort und wiederholt richtig. Beste Verbindung über den Atlantik.

Die Nacht ist etwas heller. Auf der Brücke wird ein Dampfer mit Kurs auf Kap Sable gesichtet. Er fährt abgeblendet; bestimmt ein Brite. Die Jagd beginnt von neuem. Wir haben die Dampferwelle geschaltet und das Horchgerät vorgewärmt.

Da rasen plötzlich die Alarmglocken durchs Boot. Die Brückenwache poltert in die Zentrale. Rauschend geht es abwärts. Dann plötzlich Stille, Berthold Seidel kommt durch das Zentraleluk zum Horchraum. »Was ist los, Berthold?« Er lacht. »Stell dir vor, ein Flugzeug mit Positionslaternen. Direkter Anflug. Kann auch Zufall sein. Glaube kaum, daß er uns sehen konnte.« Wir warten gespannt, aber es fallen keine Bomben.

Routinemäßig drehe ich mit dem Steuerrad des GHG den ganzen Sektor ab. Da, da ist doch was. Ich peile es genau ein. Ein metallisches Zwitschern. »Habt ihr da oben nichts gesehen?« frage ich Berthold. Er schüttelt den Kopf. »Nee, in meinem Sektor nach Westen war es verdammt dunkel.« – »Genau von dort kommt er. Melde mal an Zentrale: Zerstörer in 300°, wird schnell lauter.« Berthold meldet an Zentrale.

Dann höre ich die Stimme des Alten: »Auf 100 Meter gehen.« Er kommt schnell näher. Bald sind die Schrauben im ganzen Boot zu hören. Wir werden überlaufen, und die Männer ziehen die Köpfe ein. Gleich muß es knallen.

Aber nichts geschieht. Waren Flugzeug und Zerstörer nur Zufall? Wir bleiben noch eine Weile im Keller, bis der Feind abgelaufen ist. Der Dampfer ist entkommen, und im weiteren Verlauf der Nacht wird kein Schiff mehr gesichtet.

23. Januar 1942. Bei Tagesanbruch wird wieder getaucht. Unterwassermarsch im Golf von Maine. Mit der Ruhe in diesem Gebiet scheint es aber vorbei zu sein. Den ganzen Tag rollen Wabo- und Fliebo-Detonationen durch das Wasser. Vielleicht haben sie unseren FT eingepeilt und wissen nun, daß hier ein Nazi-U-Boot steht. So nennen sie uns ja im USA-Radio.

Wir machen den dritten Vorstoß auf Kap Sable von Südwesten her. Bei Anbruch der Dunkelheit wird aufgetaucht. Vorsichtig staffeln wir uns heran und stehen bald wieder in flachem Wasser. Im FT-Raum haben wir viel zu tun, um alle fehlenden FTs hereinzuholen.

Gegen 6,00 Uhr klickt es in den Lautsprechern. »Auf Gefechtsstationen!« Die Nacht oben soll pechschwarz sein. Der Dampfer hat keine Laternen gesetzt. Geschätzt wird er auf 5000 bis 6000 BRT. Langsam kommen wir in vorliche Stellung.

Um 7,00 Uhr beginnt der Anlauf. Wir beobachten seit vier Stunden die 600-Meter-Welle. Ich habe sie auf den kleinen Lautsprecher geschaltet. Noch ist alles ruhig. Maureschat hat wieder den Stöpsel aus meinem Sprachrohr im Turm gezogen, so daß ich alles hören kann, was von der Brücke kommt. Um 7,12 Uhr kommt der Befehl: »Rohr fünf los!«

Wieder starren wir auf die Stoppuhren. Die Entfernung beträgt nur 400 Meter. Da Detonationen! »Treffer!« brüllen die Männer. Na, endlich. Und da geht es auch schon auf der Dampferwelle los. »SSS SSS SSS – *Andreas* – Position 43,20 Nord, 66,15 West. SSS SSS SSS – *Andreas*«. Den Namen haben wir also. Ich schlage gleich in Lloyds Register nach. Da steht: *Andreas,* Grieche, 6566 BRT. Ich gebe die Tonnage durch mein Sprachrohr zur Brücke hinauf.

»Dampfer sinkt schnell über Achtersteven«, kommt es von oben. Otto Peters feixt. »Kein Wunder, so ein alter Kasten. Die Griechen haben alle so halb verrottete Schiffe.« Obersteuermann Arnetzberger kommt zu mir ans Funkschap und fragt, was die Küstenstationen machen. Wir haben die Welle noch über den Lautsprecher laufen. »Hören Sie doch«, sage ich, »Halifax hat schon wiederholt und jetzt wiederholen alle Stationen an der Küste.« Es ist, als ob wir in ein Hornissennest gestochen hätten. Nur *Andreas* antwortet auf die Rufe von Halifax nicht mehr. Über ihn rauschen schon die Fluten. Mit großer Fahrt laufen wir nach Osten ab.

Obersteuermann Arnetzberger macht diese Fahrt mit, um anschließend unseren alten Obersteuermann Bruno Petersen abzulösen. Arnetzberger ist klein, drahtig und auch immer freundlich, aber er strahlt nicht die souveräne Ruhe und Sicherheit unseres großen Bruno Petersen aus.

24. Januar 1942. Wir sind den ganzen Tag unter Wasser gewesen. Um 1,00 Uhr aufgetaucht. Ich erwische noch die Programmzeiten auf den Wiederholungswellen und höre die Erfolgsmeldungen der anderen Amerika-Boote, die alle schon den Rückmarsch angetreten haben. Es meldet Zapp, U 66: »Versenkt 50.000 BRT.« Kals, U 130, meldet: »Versenkt 30.000 BRT.« Hardegen hat auf dem Rückmarsch einen Dampfer mit Artillerie versenkt, da die Torpedos bereits verschossen waren.

So sieht es aus. Für den Alten muß es niederschmetternd sein. Wir krebsen um Neuschottland herum und haben erst einen Dampfer versenkt. Dabei wird der Brennstoff immer weniger. Erneut kreuzen wir in den Golf von Maine hinein.

Die Nacht vergeht, ohne daß ein Schiff gesichtet wird. Um 12,00 Uhr, bei Morgengrauen, geht es unter Wasser. Während des Tages werden keine Schraubengeräusche gehört.

25. Januar 1942. Um 1,00 Uhr DGZ aufgetaucht. Der Kommandant gibt Befehl, auf Yarmouth vorzustoßen. Ich steige auf die Brücke, um meine Lungen vollzupumpen. Seit Tagen war ich nicht mehr auf dem Turm. Es ist eine helle Mondnacht. Ich gehe in den FT-Raum zurück, wo mir Leibling einen gerade entschlüsselten Funkspruch gibt. »Vom BdU«, sagt er nur und lächelt. Ich lese: »Bleichrodt steht im Brennpunkt des Verkehrs.« Ich muß lachen. Er sollte mal den Verkehr hier sehen. Auch der Kommandant lächelt nur, als er diesen FT liest.

Die halbe Nacht ist schon herum, da kommt der Ruf von der Brücke: »Schatten an Steuerbord voraus!« Die Jagd beginnt. Ich schalte die Dampferwelle auf Lautsprecher. Daneben hat Leibling die 32 m und die 36 m Kurzwelle über Kopfhörer in Beobachtung, während ich die FTs von der eigenen Atlantikwelle aufnehme. Außerdem hänge ich mit einem Ohr am Sprachrohr zum Turm.

Bald kommen genauere Angaben von oben. Es soll sich um ein Schiff von mindestens 8000 BRT handeln. Es hat Positionslaternen gesetzt. Auf den internationalen Wellen ist alles ruhig. Eine Weile laufen wir parallel zu seinem Kurs, dann klickt es in den Lautsprechern: »Auf Gefechtsstationen!« Die Mündungsklappen werden aufgedreht. Rohre bewässert. Noch einmal wird Kurs und Fahrt des Gegners überprüft. Dann beginnt der Anlauf aus dem Dunkel heraus.

Es kann eigentlich nichts schiefgehen. Das Boot schäumt durch die kaum bewegte See. Hoffentlich ist es nicht zu hell da oben. Gespannt hänge ich mit meinem rechten Ohr am Sprachrohr. Plötzlich höre ich einen Ruf von der Brücke: »Dampfer hat Laternen gelöscht.« Verdammt. Sollte er unsere weiße Bugwelle gesehen haben? Irgend etwas muß ihm aufgefallen sein.

Noch läuft der Angriff planmäßig. Kurs und Fahrt des Dampfers scheinen noch unverändert zu sein. Auf der Brücke ist es seltsam ruhig. Plötzlich höre ich den Alten fluchen. Gleich darauf brüllt er von oben in den Turm: »Ruder hart Steuerbord! Auf 90° gehen!« Pötter, der Rudergänger, wiederholt monoton wie immer.

Was mag da oben wieder los sein? Hat das Schiff den Kurs geändert? Dann höre ich Ede Maureschats Stimme im Sprachrohr: »He, Funkraum!« – »Ja, Ede.« Er spricht gedämpft: »Hinter dem Bug des Dampfers hat sich ein Zerstörer vorgeschoben. Er kommt jetzt mit Lage null.« – »Also sind wir bemerkt?« sage ich. »Ja, klar. Der hat die ganze Zeit nur hinter dem Dampfer gewartet, bis wir anlaufen.« – »Na, denn Prost!« Eduard antwortet nicht mehr.

Ich sehe an der Kompaßtochter, daß wir die Drehung noch nicht beendet haben. 70° gehen durch. Dann 80°. Pötter müßte jetzt Gegenruder legen. Da – die Drehung verlangsamt sich. 90° liegen an. Ein Zittern geht durch das Boot. Die Diesel gehen auf höchste Fahrtstufe. Wir jagen mit 18 Seemeilen nach Osten, hinein in die Dunkelheit.

Auf den internationalen Wellen ist alles ruhig. Der Dampfer muß eine Falle sein, denke ich, sonst hätte er schon längst auf 600 m ein Palaver über ein »German Sub« angefangen.

Wild schäumt die See um das Boot. Werden wir dem Zerstörer entkommen? Zum Glück leuchtet das Wasser hier oben im Norden nicht, denn sonst würde man bestimmt unsere Hecksee sehen. Von der Brücke wird gerufen: »Schatten an Backbord!« – »Wo?« höre ich den Alten fragen. »In zirka 260°! Zerstörer an Backbord!« – »Kurs wird durchgehalten.«

Daß der zweite Zerstörer auch genau auf uns zuhält, gibt mir zu denken. Bestimmt haben sie Funkmeß auf den Zerstörern. Wir jagen weiter mit Höchstfahrt nach Osten. Nach ungefähr 30 Minuten kommt endlich von oben der Befehl: »Beide Diesel halbe Fahrt.« Die Gefahr scheint vorüber. Die beiden Zerstörer haben abgedreht.

Es wird bald dämmern. Also waren wir auch diese Nacht vergeblich im Brennpunkt des Verkehrs. Und der Brennstoff wird immer weniger. Als der Morgen graut, sind wir von Fischkuttern umgeben. Wir können sie nicht umgehen, denn wir müssen unbedingt auf tiefes Wasser kommen, bevor es hell ist.

Die Kutter werden scharf beobachtet, aber sie tauschen keine Signale aus, und auf den internationalen Wellen herrscht weiterhin Ruhe. Ob sie überhaupt erkennen, daß wir ein feindliches U-Boot sind? Bald haben wir sie hinter uns. Um 13,00 Uhr DGZ wird zum Unterwassermarsch getaucht.

26. Januar 1942. Aufgetaucht um 01,00 Uhr DGZ. Im Westen geht die Sonne unter. Den ganzen Tag unter Wasser kein Schraubengeräusch, nur einige Wabo-Detonationen in weiter Ferne. Der Kommandant will noch einmal nach Kap Sable. Dort war doch wenigstens Verkehr. Die See ist nur mäßig bewegt. Der I WO sagt zum Kommandanten: »Ich glaub, das Wetter schlägt bald um«. – »Es sieht ganz nach Sturm aus«, erwidert der Alte, »und es wird Zeit, daß wir hier abhauen.«

Langsam staffeln wir uns an die Küste heran. Mehrmals werden Bewacher gesichtet, aber es gelingt dem Alten, ungesehen an ihnen vorbeizukommen. Dann stehen wir wieder vor Kap Sable. Seltsam ist, daß die Feuer an der Küste wieder brennen. – Immer wieder höre ich den Ruf von der Brücke: »Bewacher voraus! Bewacher an Steuerbord!« Ab und zu müssen sie oben mit Hartruderlage und »Große Fahrt voraus« arbeiten. Es scheint heute nacht von diesen Stinkeputzen zu wimmeln.

Stunde um Stunde vergeht. Kein Schiff, auf das sich ein Angriff lohnen würde. Wir haben knapp 50 Meter Wasser unterm Kiel. Ich bin in der Zentrale, als gegen 08,00 Uhr der Alte verärgert von oben kommt. Sinnend steht er am Kartentisch. Plötzlich fragt er: »Wo ist der Obersteuermann?« Bruno Petersen wird geholt.

»Stecken Sie einen Kurs nach Süden über die Nantucket Bank ab.« – »Herr Kaleu«, unterbricht der LI den Alten: »Melde, daß wir nur noch 85 cbm Brennstoff haben.« Bleichrodt beißt sich auf die Lippen. Einen Augenblick überlegt er, dann sagt er fest entschlossen: »Egal, wir wollen noch einen Abstecher nach New York machen. So fahre ich nicht nach Hause.« Was wir alle verstehen können.

Der Bug schwingt nach Süden. Mit kleiner Fahrt laufen wir ab. Gegen 13,00 Uhr wird es hell, und wir gehen mit Alarm auf Tiefe zum Unterwassermarsch. Noch haben wir kein tiefes Wasser unterm Kiel. Gegen 14,00 Uhr schlagen plötzlich vier Detonationen gegen unseren Druckkörper. Wie mächtiges Donnergrollen rollt es durch die See. Das bekannte Geräusch der Wasserbomben. Wir warten gespannt. Plötzlich sind Zerstörerschrauben aus der Richtung, aus der wir kamen, zu hören. Das Geräusch verliert sich aber bald.

27. Januar 1942. Während des Unterwassermarsches hören wir mehrmals das Grollen der Wabo-Detonationen in der Ferne. Die Bewacher bei Kap Sable scheinen sehr nervös zu sein.

Als wir in der Dunkelheit auftauchen, rast ein starker Nordweststurm über die See. Wir steuern Kurs 190°. Ade, Neuschottland! Die Männer freuen sich, daß der Alte unser Operationsgebiet einfach verläßt. Es wird mir immer unverständlich sein, warum uns der BdU nach Kanada geschickt hat, wo wir doch den Krieg mit Amerika beginnen sollten. Also auf nach New York, wo Hardegen seine Erfolge errungen hat. Ich muß an Funkmaat Rafalski denken, der auf U 123 fährt. Wir Funker kennen uns alle von der Nachrichtenschule Mürwik her.

Unser Brennstoff wird zwar knapp werden, aber der Alte wird uns schon wieder nach Hause bringen. Obermaschinist Schewe hat fünf cbm in Reserve, was der LI gar nicht weiß. Fünf cbm retten uns allerdings nicht auf dem weiten Weg über den Atlantik. Da fällt mir ein Funkspruch ein. Ich schlage in der FT-Kladde nach. Kals, U 130, hat gemeldet, daß er verschossen ist und mit 120 cbm Brennstoff den Rückmarsch antritt. Ich mache den Alten auf diesen FT aufmerksam. Er kommt in den FT-Raum, liest den Funkspruch und streicht sich dabei den Vollbart. »Ja«, sagt er langsam, »wir können es versuchen. Machen Sie FT an BdU: 20 cbm Brennstoff von

Kals erbeten. Dazu Kurs und Standort. Lassen Sie sich vom Obersteuermann geben. Mal sehen. Dann wäre uns geholfen.«

Wir machen den FT fertig und setzen ihn in der günstigen Zeit zwischen 4,00 und 5,00 Uhr DGZ ab. Kaum habe ich die Uhrzeitgruppe gegeben, da unterbricht mich Kernevel: »Lä 5 – K –« – »Ich höre Sie gut mit Lautstärke fünf, bitte kommen.«

28. Januar 1942. Gestern abend standen wir schon querab vom Nantucket-Feuerschiff. Der Sturm flaute merklich ab. Er hat uns gut nach Süden geschoben. Als ich gegen 2,00 Uhr meine Wache antrete, wird es plötzlich warm. Das Thermometer steigt sehr schnell, binnen kurzer Zeit von 1° C auf 19° Celsius. Wir werfen die Pelze ab. Dieser Temperaturwechsel trifft uns wie ein Hammerschlag.

Otto Peters kommt schweißgebadet aus seiner Koje hoch, läuft nach achtern und läßt die Lüftung auf AK laufen. Wir ziehen alles aus, sogar die Unterwäsche, und sitzen im bunten Hemd an der Back. Das Boot macht kurze, unberechenbare Bewegungen. Die See schwabbert durcheinander; der Sturm ist eingeschlafen. Hier im Golfstrom kann man es im Winter aushalten.

Nach dem Frühstück gehe ich auf die Brücke. Es weht ein warmer Südwind. Mit vollen Zügen atme ich die herrliche Luft. Kaum zu glauben, daß es einige Stunden nördlich von hier so kalt ist.

Der BdU hat sein Einverständnis zur Brennstoffübernahme von Kals gegeben. Wir sollen uns am 29. Januar in Marinequadrat CB 4872 treffen. Obermaschinist Schewe trifft sofort alle Vorbereitungen für die Übernahme.

Um 17,25 Uhr ein FT vom BdU an Bleichrodt und Kals: »Falls bis 21,00 Uhr Zusammentreffen nicht gelungen, Bleichrodt Peilzeichen senden gem. Kriegsbefehl 211 Abschnitt 1 a ohne Funksignal auf 852 m.« Wir sollen also nur »v v v« senden. Das ist unauffällig.

29. Januar 1942. Heute soll das Treffen stattfinden. Um 6,30 Uhr kommt ein FT von Kals: »Funkpeiler unklar. Sende wenn nötig Peilzeichen für Bleichrodt am 29. 1. ab 21,00 Uhr auf 852 m.«

In der Nacht hat es mächtig aufgebrist. Besorgt beobachtet der Kommandant das Barometer. Es fällt unaufhörlich. Der Wind wird immer stärker. Wir stampfen mühselig zum Treffpunkt. Gegen Mittag haben wir Orkan 11 bis 12, Seegang 10.

Wir müssen beidrehen und auf der Stelle treten. Irgendwo in unserer Nähe liegt sicher auch U 130 beigedreht und stampft auf der Stelle. An eine Brennstoffübernahme ist bei dieser See nicht zu denken.

Vielleicht liegen wir sogar am Rande eines Hurrikans. Der Himmel ist gelblich fahl. Unheimlich peitschen die Wogen heran. Dabei ist es so warm, daß die Wache im Hemd auf der Brücke steht. Wir haben kein Besteck und wissen nicht, ob unser Standort stimmt. Gegen 13,00 Uhr läßt der Kommandant tauchen, da oben kaum noch etwas zu sehen ist. Wir müssen bis auf 100 Meter gehen, da bei 60 bis 80 Meter noch starke Dünung das Boot ins Schwanken bringt. Es ist unerträglich heiß im Boot. Vielleicht ist Kals auch unter Wasser gegangen. Es sind jedenfalls keine Dieselgeräusche zu hören. Dabei müßte er ganz in der Nähe sein.

»Mann«, sagt Berthold Seidel zu mir, »möchtest du jetzt auf einem Zerstörer sein?« – »Nee«, sage ich, »lieber schwitzen. Ich weiß, wie es auf so einem Kasten bei Sturm ist. Ich bin Torpedoboot gefahren.«

Um 19,00 Uhr läßt der Kommandant die Oberfläche ansteuern. Bei 40 m merken wir, was oben los sein muß. Ein Rundblick mit dem Sehrohr mißlingt, da der LI das Boot nicht auf Sehrohrtiefe halten kann. Der Kommandant läßt anblasen und geht allein auf die Brücke. Dann springen die Diesel an, und es kommen Ruderbefehle von oben. Der Wind muß gedreht haben.

Die Brückenwache steht noch in der Zentrale und wartet auf den Befehl zum Aufziehen, da schreit der Kommandant etwas von oben. Ein Mann unter dem Luk wiederholt: »Brükkenwache warm anziehen. Oben ist Nordwestwind mit Schnee und Hagel.« Ich sehe die erstaunten, fast ungläubigen Augen der Lords. Dann holen sie kopfschüttelnd ihre Pelze hervor. Es herrscht weiterhin Orkan 10 bis 11, aber er hat gedreht und kommt jetzt eisig vom Festland herüber. Eine schwere See steht aus Nordwest. An Brennstoffübernahme ist nicht zu denken. Damit Kals nicht unnötig Peilzeichen sendet, läßt der Alte einen FT abgeben: »An Kals. Keine Peilzeichen senden, warten bis 30. Januar. NW 11, See 9 bis 10, 998 mb, beigedreht. CB 4840 ungenau. – Bleichrodt –«

30. Januar 1942. Von 01,00 bis 13,00 Uhr wieder unter Wasser gegangen. Wetter unverändert. Wind hat um 13,00 Uhr nur wenig abgeflaut. Tief hängende Wolken, schlechte Sicht und eine riesige Dünung aus Nordwest. Wir liegen weiter beigedreht. An eine Brennstoffübernahme ist auch heute nicht zu denken. Wenn es so weitergeht, werden wir immer mehr Brennstoff von Kals brauchen. Der LI meldet heute nur noch 75 cbm. Um 16,00 Uhr läßt der Alte wieder einen FT an Kals abgeben: »Bitte Wetterbesserung abwarten, 75 cbm, CB 48. Bleichrodt.« Auch von U 130 wird ein FT entschlüsselt. Kals macht eine Wettermeldung an den BdU. Außerdem meldet er, daß ein Treffen mit Bleichrodt noch nicht stattgefunden hat. U 130 wird morgen bei Wetterbesserung Peilzeichen senden. Diesen FT halte ich für unnötig, denn der BdU kann ja aus unseren kurzen Meldungen ersehen, was los ist.

Noch immer kein Besteck. Nach Annahme der Steuerei stehen wir jetzt querab Kap Henlopen, dem Eingang zur Delawarebucht, auf 38°31' Nord und 66°59' West. Nach Meinung des Kommandanten sind wir weit genug von der Küste entfernt, um bei der Übernahme vor Überraschungen aus der Luft sicher zu sein. Wir stampfen weiter auf der Stelle gegen die hohe See.

31. Januar 1942. Von 2,00 Uhr bis 13,00 Uhr unter Wasser nach Südost marschiert, da der Kommandant starke Stromversetzung durch den Golfstrom annimmt. Nach dem Auftauchen kann Arnetzberger endlich ein Besteck nehmen. Wir stehen noch 32 sm nordwestlich vom Treffpunkt. Der Sturm hat nachgelassen. Nur noch Nordwest 2 und mäßige Dünung. Dann empfangen wir endlich Peilzeichen von U 130. Wir laufen Kurs Süd und peilen uns heran. U 130 gibt alle halbe Stunde Peilzeichen ohne Zwischensignal für einige Minuten, als wäre es Fühlungshalter am Geleitzug.

Am Nachmittag stehen wir querab Kap Henry auf 38°06' Nord und 66°44' West. Marinequadrat CB 4842. Endlich kommt U 130 in der langen Dünung in Sicht. Auch die Männer drüben haben uns gesehen. Wir fahren aufeinander zu. Es ist 16,20 Uhr, als der Ruf ertönt: »Rauchwolke steuerbord voraus in Sicht.« Auch auf U 130 ist die Wolke gesichtet worden. Wir laufen mit hoher Fahrt bis auf 40 Meter Abstand auf Kals zu.

Die Kommandanten eröffnen den Sprechverkehr mit der Flüstertüte. Kals sagt, daß er leider keinen Aal mehr hat. Erfolg: 37.000 BRT versenkt. Er würde wohl gerne von uns einige Aale übernehmen. Obwohl die Männer auf beiden Booten alles schon für die Brennstoffübernahme vorbereitet hatten, müssen wir uns wieder trennen, um zuerst den gesichteten Dampfer zu jagen. Kapitänleutnant Bleichrodt lächelt verschmitzt und nimmt die Flüstertüte hoch: »Tut mir leid, Herr Kapitän. Ich wollte Sie so lange ja nicht aufhalten.« Korvettenkapitän Kals lacht und ruft zurück: »Versenken Sie den man erst. Ich warte solange.«

Wir drehen hart ab und jagen hinter dem Dampfer her. Es scheint ein schnelles Schiff zu sein. Wir laufen zweimal große Fahrt, aber wir kommen nur langsam auf. Außerdem zackt er sehr stark und unregelmäßig um seinen Generalkurs von 60 bis 80°. Endlich haben wir ihn ausgedampft. Der Kerl läuft 13 sm. Ein verdammt gutes Schiff. Wir versuchen, uns mit 16 sm vorzusetzen. Das Boot erzittert unter der hohen Fahrtstufe, und das Vorschiff bohrt sich tief in die lange Dünung. Ein Glück nur, daß der Wind so abgeflaut hat. So kommt nicht viel Wasser über die Brücke, aber die hohe Fahrt kostet viel Brennstoff.

Um 21,00 Uhr haben wir es geschafft. Wir stehen direkt vor dem Dampfer auf seinem Generalkurs. Er soll noch vor der Dunkelheit fallen, damit wir in der Nacht Brennstoff übernehmen können. Mit Alarm geht es unter Wasser. Der LI pendelt das Boot kurz durch, dann läßt der Kommandant auf Sehrohrtiefe gehen. Es dauert nicht lange, da klickt es in den Lautsprechern: »Auf Gefechtsstationen.« Hoffentlich bricht das Boot bei der langen Dünung nicht durch. Von den Tiefensteuerkünsten unseres LIs bin ich nicht überzeugt. Er ist und bleibt ein Kleinbootfahrer.

Dann ist es soweit. »Rohr eins fertig!« Minuten vergehen. Die Spannung wird fast unerträglich. Aber wir warten vergebens. Der Schuß fällt nicht. Der Dampfer kommt nicht in Schußposition. Wild zackt er herum, als wüßte er, daß der Tod auf ihn lauert. Ich höre den Alten am Sehrohr leise fluchen. Er schätzt den Dampfer auf mindestens 8000 BRT. »Wegtreten von Gefechtsstationen!« Also dieser Anlauf war nichts. Nun müssen wir warten, bis das Schiff weit genug entfernt ist, um uns beim Auftauchen nicht mehr zu sichten. Um 22,15 Uhr geht es nach oben. Erneut jagen wir hinter dem Schiff her. Der Alte gibt mir einen FT zum Verschlüsseln: »An Kals: Jage Dampfer noch. Neuer Treffpunkt Qu. CB 4965 am 1. 2. um 13,00 Uhr Bleichrodt.« Gegen 23,20 Uhr haben wir den Dampfer wieder Backbord voraus.

1. Februar 1942. Heute ist Sonntag, aber wer denkt daran. Wir jagen weiter hinter dem einsamen Schiff her und versuchen, uns auf die mondgünstige Seite vorzusetzen. Um 02,30

Uhr ist der Dampfer querab. Er zackt immer noch um einen Generalkurs von 70°. Vereinzelte Wolken lassen die mondhelle Nacht dunkler werden, so daß wir näher heranstaffeln können. Endlich ist es soweit. Der Dampfer ist achteraus.

Der Anlauf beginnt. Die Mündungsklappen sind geöffnet, die Rohre gewässert. Der Kommandant dreht zum Buganlauf an, aber bevor wir schießen können, zackt der Dampfer ab nach Steuerbord. Sollte er uns gesehen haben? Wieder laufen wir mit Höchstfahrt vor. Dann um 03,20 Uhr erneuter Anlauf. Mit hoher Fahrt dreht der Bug auf den Gegner. »Rohr I, III und IV sind klar.« Wie immer hänge ich mit einem Ohr am Sprachrohr zum Turm, während ich mit dem anderen Ohr die 600-Meter-Welle abhöre. Und dann: »Fächer los!« Vorn im Bugraum zischt es mächtig. Drei Torpedos gehen auf die tödliche Reise. Die Stoppuhren laufen, und Ferdinand sitzt am Horchgerät.

Zwei Minunten sind schon vorbei und weiter läuft der Zeiger. Da ein harter Schlag gegen das Boot. Es ist genau 03,30 Uhr. Gleich darauf noch ein Schlag. »Treffer!« gellt der Schrei durch die Räume. Zwei Torpedos haben getroffen. Dann höre ich aus dem Turm: »Erster Treffer vorn, zweiter Treffer Mitte.« Dann muß der dritte hinten vorbei gegangen sein.

Da geht es auf der 600-Meter-Welle auch schon los. »SSS SSS SSS – *Tacoma Star* – torpedoed. Position 37°33' Nord, 69°21' West. SSS SSS SSS.« Ich schlage im Lloyd nach. Dort steht: »*Tacoma Star* Kühlschiff 7900 BRT.« Ich melde die Angaben zur Brücke. Bald darauf kommt die Meldung an die Zentrale: »Schiff sinkt sehr schnell über Vordersteven.« Und dann: »Dampfer ist weg!« So schnell geht das also.

Die See ist wieder leer. Der große Schatten ist versunken. Und die Männer dieses Schiffes? Langsam geht der Kommandant an die Untergangsstelle heran. Es ist sehr dunkel geworden. Die Wache kann nichts entdecken, doch plötzlich hört sie das Geräusch eines Motorbootes, das sich schnell entfernt. Auch Ferdinand kann es im GHG hören. Also haben sie doch noch Boote zu Wasser bekommen. Es muß eine gut eingespielte Besatzung gewesen sein, wenn sie sogar ein Motorboot zu Wasser bekommen haben.

Unser Bug schwingt zurück auf Kurs Süd. Wir müssen U 130 wiederfinden. Die Diesel laufen kleine Fahrt. Der Standort des Dampfers in der SSS-Meldung war falsch. Versenkt wurde die *Tacoma Star* genau auf 38°46' Nord und

64°17' West. Auf der Brücke werden fünf beleuchtete Rettungsboote backbord querab gesichtet.

Da das Barometer wieder fällt und es stark aufbrist, läßt der Kommandant um 5,00 Uhr einen FT abgeben: »An Kals, soeben *Tacoma Star* versenkt. Bitte schon um 9,00 Uhr Qu. CB 4965 treffen. Bleichrodt.« Um 9,25 Uhr kommt die Antwort von Kals: »Kann erst ab 15,00 Uhr auf Treffpunkt sein.« Der Wind kommt wieder aus Süden und bringt schwere Regenschauer. Die Sicht ist schlecht und eine gewaltige Dünung rollt wieder heran. Um 12,00 Uhr stehen wir auf 37°58' Nord und 64°30' West. An Brennstoffübernahme ist nicht zu denken. In Quadrat CB 4965 wird beigedreht und mit einer Maschine auf der Stelle getreten, denn der Sturm nimmt ständig zu. Um 20,00 Uhr weht er mit Stärke 10 und die Böen sogar bis 12.

Dann kommt ein FT vom BdU an alle: »Wer hat in Quadrat BE 78 einen Dampfer torpediert? Sofort melden. BdU.« Ich zeige dem Obersteuermann Petersen den FT. Er geht damit zur Karte in der Zentrale und zeigt mir die Stelle, nördlich der Azoren. »Das ist ja auf Weg Anton«, sagt er gedehnt. »Auf Weg Anton ist Schießverbot. Da laufen die Schwedenschiffe nach Europa. Hat sich schon einer gemeldet?« – »Nein«, sage ich. »Die schweigen sich alle aus. Vielleicht war es auch ein Tommy.« Bruno Petersen lächelt. »Glaub doch das nicht. Die Tommys stehen vor den Biskaya-Häfen und warten auf uns. Nee, das war ein deutsches U-Boot.«

Kaum bin ich wieder im Funkraum, als mir Leibling neuerlich einen FT reicht. »An alle von BdU: Deutscher Dampfer *Spreewald* funkt SOS in 45°15' Nord, 24°45' West. Um 17 Uhr DGZ wurde torpediert. Brennt und sinkt.« Gleich darauf ein neuer FT vom BdU: Schuch, U 105, und weitere Boote werden zur Untergangsstelle beordert, um Überlebende zu suchen.

Schuch hatte gerade vorher Fühlung an einem Geleitzug gemeldet und wollte die anderen drei Boote heranziehen. Jetzt muß er das Geleit sausen lassen. Gegen 19,00 Uhr kommt dann ein FT von U 333, Kapitänleutnant Erich Cremer:

»Habe in Qu. BE 78 auf Weg Anton einwandfrei feindlichen Dampfer versenkt. Aussehen: Dunkelgrauer Rumpf, weiße Aufbauten, ein Schornstein, zwei schlanke Masten ohne Saling, fünf große Luken, zwei Pfahlmasten vor Brücke, Rundheck, keine Flagge, kein Neutralitätsabzeichen, eine

Kanone am Heck. – Zickzack um Generalkurs 60°. Unterwasserangriff. Ein Treffer 1700 Ato. Schiff stoppt. Lecksicherungsmaßnahmen werden durchgeführt. Dann setzt Schiff Fahrt fort. Zweiter Angriff mit letztem Torpede Eto. 18,00 Uhr Treffer. Detonation im Schiff nach zweitem Treffer. Boote werden ausgesetzt. Letzter Schuß auf 350 m. Nebel. Sinken nicht beobachtet. Cremer.«

Donnerwetter, das war ein langer FT. Auf den U-Boot-Wellen herrscht lähmendes Schweigen. Wahrscheinlich ist Cremer eben erst aufgetaucht und hat den vorangegangenen Funkverkehr noch nicht erfaßt. U 333 war auf Rückmarsch und hatte 33.069 BRT versenkt. Den letzten Wimpel werden sie sich wohl nicht ans Sehrohr heften. Armer Cremer, was hast du nur für einen Mist gemacht. Da kommt auch schon der FT vom BdU: »Cremer, Sie haben den deutschen Dampfer *Spreewald* versenkt.« Weiter nichts. Das übrige wird er in Frankreich hören. Es ist eine Tragödie.

Gegen 23,00 Uhr meldet U 105, daß sie drei Boote und drei Flöße mit 24 Deutschen und 58 Gefangenen gefunden haben. Es fehlt noch ein Boot, in dem sich auch zwei Kapitäne befinden. Neun U-Boote suchen in einem breiten Aufklärungsstreifen. Ein starker FT-Verkehr ist aufgezogen. Der BdU führt sogar ein Funkschlüsselgespräch über Taste mit Schuch. Es klappt sehr gut. Ich muß an Funkmaat Karl Budde auf U 105 denken, den ich schon lange kenne. Wir schreiben das FT-Schlüsselgespräch mit. Die Geretteten sollen nicht erfahren, daß sie von einem deutschen U-Boot torpediert worden sind. Das kann ich verstehen. Aber einmal werden sie es doch erfahren.

Die Suche nach dem letzten Boot ist erfolglos. In einem FT vom BdU heißt es später: »BdU nimmt an, daß Boot mit bester navigatorischer Besatzung spanische Küste ansteuert.« Boote der Suchharke melden einen britischen Zerstörer, der wohl von dem starken FT-Verkehr angelockt wurde. Vielleicht hat er auch das letzte Boot aufgefischt.

2. Februar 1942. Unverändert heult der Südweststurm um den Turm. Starke Regenschauer, schlechte Sicht und haushohe Dünung. Ölübernahme wäre nicht möglich, auch wenn wir Kals schon gefunden hätten. Von U 130 ist oben nichts zu sehen. Unser Besteck ist auch ungenau. Der Alte läßt mich wieder einen FT an Kals abgeben: »Ab 18,00 Uhr bitte Peilzeichen senden. Bleichrodt.« Wie immer habe ich den FT über den vorderen Netzabweiser abgegeben. Bei der Wachübergabe an Ferdinand Hagen mache ich darauf aufmerksam, ja auf die Peilzeichen von Kals zu achten. Dann werfe ich mich in die Koje und schlafe fest, trotz der starken Dünung: einen Arm in der Halteschlaufe und ein Bein durch das Kojengitter geflochten.

Als ich die Wache wieder übernehme, hat Ferdinand gerade die letzte Peilung gemacht. Er gibt mir das Ergebnis und sieht mich stirnrunzelnd an. »Weißt du«, sagt er mißmutig, »ich habe das Empfinden, daß der Peiler abgesoffen ist. Ich kann keine genaue Seite bekommen.« Ich werfe automatisch einen Blick zum Antennensteckbrett. »Mensch, Ferdinand. Hast du ohne Hilfsantenne gepeilt?« Er fährt hoch und wird ganz weiß. »Ach du Scheiße! Natürlich! Ich habe den vorderen Netzabweiser nicht umgesteckt.«

»Geh erst mal essen«, sage ich, »und leg dich schlafen. Ich werd' ja bei der nächsten Peilung sehen, ob die Seite stimmt.« Er beißt sich auf die Lippen. »Ja, verdammt, aber wir fahren schon vier Stunden nach meiner Peilung. Und Bruno Petersen hat schon geflucht und die ganze Peilerei angezweifelt. Wenn meine Peilung stimmt, meint er, müßten wir 90 sm Besteck Versetzung haben. Und das glaubt er nicht. Na, ich sehe schwarz.« Ich auch. Die Navigation von Bruno Petersen war immer haargenau. Und das alles bei unserem knappen Brennstoff! 30 Minuten später empfange ich wieder ein Peilzeichen von U 130. Ich erhalte eine einwandfreie Seite mit dem vorderen Netzabweiser als Hilfsantenne, aber mir sträuben sich die Haare. Ferdinands Peilungen waren um 180° verkehrt; mit jeder Stunde entfernen wir uns mehr von unserer Milchkuh.

Ich gehe zu Bruno Petersen in die Zentrale und das Herz schlägt mir bis zum Halse. Er lehnt über den Kartentisch gebeugt und sieht mich mit seinen treuen Augen an. »Ja, Herr Obersteuermann«, beginne ich, »wir müssen um 180° drehen. Die Seite war von Beginn an falsch.« Einen Augenblick sieht er mich fassungslos an. Dann wirft er zornig den Bleistift auf den Kartentisch. »Das ist aber eine Schweinerei, Hirschfeld. Habe doch gleich zu Hagen gesagt, daß es nicht angehen kann. Und was machen wir nun?«

Ich höre einen Augenblick lang nur die Diesel, die uns mit großer Fahrt immer mehr von U 130 entfernen. »Wir müssen sofort drehen. Jede Minute auf diesem Kurs ist verlorener Brennstoff«, sage ich ganz ruhig. Bruno Petersen kneift die Lippen zusammen und nickt. »Schätze, der Alte wird sehr erfreut von eurer Peilerei sein.« Dann geht er zum Turmluk und ruft die Brücke an. Während er die neue Kursanweisung nach oben gibt, feixt mich Otto Peters an: »Au, verflucht. Möchte nicht in deiner Haut stecken. Der Alte schläft gerade. Wenn wir drehen, wacht er bestimmt auf.« Ich nicke gefaßt. Aus der Ecke, in der die Kompaßmutter steht, sehen mich zwei große Augen erschrocken an. Es ist der kleine Wüsteney.

Endlich schwenkt der Bug herum. Das Boot holt stark über. Brecher knallen gegen den Turm. Bruno Petersen und ich starren durch das Luk nach vorn, wo der grüne Vorhang vor dem Kommandanten-Schap in Schwingungen gerät. Da ertönt schon Bleichrodts Stimme: »Zentrale!« Wüsteney springt ans Luk. »Herr Kaleu?« – »Warum drehen wir?« Wüsteney sieht uns hilflos an, und um Zeit zu gewinnen, sagt er: »Das Boot dreht um 180°, Herr Kaleu.« Einen Augenblick herrscht Schweigen. Dann brüllt der Kommandant: »Obersteuermann zu mir!« Petersen sieht mich vielsagend an. »Kommen Sie gleich mit.« Mir ist nicht ganz wohl, als wir durch das Kugelschott nach vorne steigen. Dann stehen wir vor dem grünen Vorhang und bekommen die Aufforderung, einzutreten. Bruno Petersen versucht dem Alten schonend beizubringen, daß die Peilung in der Nacht sehr schlecht war. Aber Bleichrodt durchschaut uns gleich.

»Verdammte Funkerei! Was macht ihr bloß für einen Mist. Auch wenn Sie schlafen, sind Sie verantwortlich für Ihre Station«, brüllt er mich an. »Jawoll, Herr Kaleu!« – Ich versuche ihm noch klar zu machen, wie der Irrtum entstanden ist, und daß einer der achteren Netzabweiser im letzten Orkan abgesoffen ist. Er wirft mir einen vernichtenden Blick zu und sagt nur: »Unser kostbarer Brennstoff!« Dann bin ich entlassen.

Fünf Stunden hin. Fünf Stunden zurück. Zehn Stunden umsonst verfahren. Wir können Kals heute nicht mehr treffen. Der Kommandant läßt wieder einen FT abgeben: »Bitte uns mit 140° entgegen laufen. Bleichrodt.« Leibling muß lachen, als er den FT durch die Schlüsselmaschine drückt. »Der Alte zieht hier einen eigenen Funkverkehr ohne Leitstelle auf«, sagt er. »Das war auch noch nicht da.«

Obermaschinist Schewe, der alles mitangehört hat, klopft mir mitfühlend auf die Schulter. »Laß man. Die haben da oben schon soviel Brennstoff umsonst verfahren. Da kommt es auf die wenigen Stunden auch nicht an. Und bis zu den Azoren kommen wir immer.« Das ist der alte Rees: Bis zu den

Azoren. Dann Boot versenken und mit dem nächsten Fischdampfer nach Lissabon. Und in der Heimat, in der Heimat, da gibt's ein neues Boot.

3. Februar 1942. Eine sehr dunkle Nacht. Starke Regenschauer verschlechtern die Sicht. Wind und lange Dünung kommen aus Nordwest. Um 3,30 erreicht uns ein FT von Kals: »Jetziges Zusammentreffen aussichtslos. Stehe auf und ab. Sende Peilzeichen 13,00 Uhr.« Wir stehen nördlich der Bermudas.

Mit dem Obersteuermann und Järschel bespreche ich dic Proviantlage. Mit Proviantabgabe von U 130 können wir nicht rechnen. Die Kartoffeln werden schon knapp. Wir haben nur noch Dosenbrot. Die Fleischdosen sich auch schon stark reduziert. Grieß, Reis und Makkaroni sind noch genügend vorhanden. Falls wir noch einmal an die Küste gehen, müssen wir rationieren.

Um 12,00 Uhr stehen wir auf 38°03' Nord und 64°07' West. Obwohl U 130 wahrscheinlich nur noch mit gedrosselter Encrgie sendet, werden die Peilzeichen von Stunde zu Stunde lauter. Kals kann nicht mehr weit weg sein. Der Wind hat auf Nord gedreht und weht mit Stärke 5. Immer wieder Regenschauer. Dazwischen auch mal Sonne. Es ist wieder angenehm warm. Endlich gegen 15,00 Uhr werden die Peilzeichen so laut, daß ich die Lautstärke am Empfänger ganz zurück drehen muß. Ich melde dem Alten, der wegen der schlechten Sicht wieder einen FT an Kals abgeben läßt: »Peile Sie in rw. 175°.«

Um 16,30 Uhr kommt von der Brücke der Ruf: »U 130 in Sicht!« Der Kommandant entert auf die Brücke. Wir kommen langsam näher. Es wird Signalverbindung aufgenommen; an Ölübernahme ist aber nicht zu denken. Es brist schon wieder auf und es steht eine verdammt hohe See. Kapitän Kals zeigt große Geduld. Er will mit uns weiter südwärts marschieren und besseres Wetter abwarten.

Wir können nur mit Winkflaggen mit U 130 verkehren. Es wäre zu gefährlich, näher an das andere Boot heranzugehen, um Sprechverbindung herzustellen. Die Folgen einer Kollision wären nicht auszudenken. So schlingern wir nun gemeinsam mit Kurs Südost durch die tobende See. Ein Glück nur, daß es dabei warm ist.

Wir müssen an die Kameraden in Rußland denken, die bei klirrendem Frost die Front halten. Oder zerbröckelt diese Front schon? Aus den Wehrmachtsberichten kann man nicht viel entnehmen. Die ausländische Presse, die wir über Funk abnehmen, spricht von Auflösungserscheinungen. Was die sagen, kann man freilich nicht immer glauben. Irgendwie scheint es an der Ostfront aber nicht rosig auszusehen.

4. Februar 1942. Regen peitscht heute morgen über die Brücke, als ich mal Luft schnappen will. Die Sicht beträgt nur noch wenige Seemeilen. Der Sturm scheint etwas nachzulassen, aber an Ölübernahme ist nicht zu denken. Der Himmel hat alle Schleusen geöffnet. Regen, Regen, den ganzen Tag Regen. Einige hundert Meter an Steuerbord stampft U 130 treu neben uns her.

Gegen 20,00 Uhr läßt der Regen nach und die Sicht wird zusehends besser, aber der Wind aus Nordwest brist erneut auf. Wir stehen auf 36° Nord und 62° West. U 130 hat sich weiter nach Steuerbord abgesetzt und ist in der hohen Dünung oft ganz verschwunden. Der Alte schlägt mit Winkspruch vor, mit Kurs 180° nach Süden abzulaufen, um aus dem Schlechtwettergebiet herauszukommen. Kals ist einverstanden.

Um 21,22 Uhr Winkspruch von Kals: »Mastspitzen in Sicht!« Donnerwetter. Von unserem Turm waren sie noch nicht zu sehen. Der Alte rast auf die Brücke und läßt sich von U 130 die genaue Richtung angeben. Dann schwenkt unser Bug gegen die See. Kals zeigt Verständnis dafür, daß wir diesen Dampfer umlegen wollen. Die Diesel gehen auf Große Fahrt. Die Männer auf der Brücke müssen sich angurten. Tief wühlt sich der Bug in die anrollende See, und einige Augenblicke später ragt das Vorschiff bis zum Turm frei in die Luft. Tonnenweise stürzt das Wasser durch das Turmluk in die Zentrale. Es muß laufend gelenzt werden. Unten im Boot hört sich das Krachen der Brecher schauerlich an. Die Brükkenwache steht meist bis zum Hals im Wasser.

Das Schiff ist ein Tanker mit hohen Masten im ersten Drittel. Generalkurs 320° bis 330°. Wir versuchen, uns vorzusetzen, aber wir kommen in der hohen See nur langsam voran. Der Alte starrt durch das Glas hinüber zu den Mastspitzen. Wir müssen dieses Schiff kriegen. In der Nacht muß es sinken.

5. Februar 1942. Kurz nach Mitternach stehen wir endlich vor dem Tanker. Der Kommandant läßt auf 170° drehen, und wir laufen auf ihn zu. Schwere Regenschauer prasseln nieder, und das Schiff kommt außer Sicht. Der Alte dreht auf 280°, um seinen Kurs zu schneiden.

Ich habe mein Sitzkiste, in der sich die Schallplatten befinden, zwischen Peiler und Netzgerät festgeklemmt. So kann ich wenigstens sitzen und die Programmzeiten auf den U-Boot-Wellen abnehmen. Das Boot holt stark über, da wir jetzt quer zur Dünung laufen. Die 600-Meter-Welle haben wir wieder auf Lautsprecher geschaltet. Leibling muß sich beim Entschlüsseln der Funksprüche am Kurzwellenempfänger festhalten. Das Boot stöhnt und ächzt in allen Fugen, und immer wieder knallen Brecher gegen den Turm.

Um 1,00 Uhr haben sie auf der Brücke trotz finsterer Nacht und schweren Regenschauern den Tanker Backbord querab wieder in Sicht. Wir stehen genau auf seinem Kurs. »Auf Gefechtsstationen!« tönt es aus den Lautsprechern. Das Boot dreht nach Steuerbord ab, und die Heckrohre werden klar gemacht. Die Diesel laufen nur noch kleine Fahrt. Dann geht alles sehr schnell. »Rohr fünf und Rohr sechs klar!« höre ich aus dem Turm. Es sind die beiden letzten Aale aus dem Heckraum.

»Rohr fünf los!« und 15 Sekunden später: »Rohr sechs los!« Also ein Mehrfachschuß. Wieder laufen die Stoppuhren. Werner Borchardt kommt aus dem Heckraum gelaufen. Nach 90 Sekunden ein scharfer Knall. »Treffer!« Kurz darauf noch ein Schlag. Explosion! Auf der Brücke schreien sie: »Fackel!« Hat auch der zweite Aal getroffen? Oder wurde die Explosion schon vom ersten Treffer ausgelöst? Wir wissen es nicht. Aus dem Funkraum schreit Ferdinand: »Wolf, komm schnell. Er funkt!« Ich stürze hinüber, und dann schreiben wir beide mit: »SSS SSS SSS – VGCY – SSS SSS SSS – 35 Nord – 61 West – SSS SSS SSS.« Er hat seinen Namen nicht offen gefunkt, aber wir schlagen im »Indicative d'Apel« nach. Da steht er: »VGCY = *Montrolite.*« Ich rufe dem Obersteuermann in der Zentrale den Namen zu. Er schlägt im Lloyd nach und liest: »*Montrolite* – Tanker, 11.309 BRT.« Donnerwetter, das ist ein fetter Brokken. Die Männer im Boot schlagen sich auf die Schenkel. Endlich mal einen großen Tanker erwischt. Ja, so ist der Krieg. Die auf dem Tanker rennen nun um ihr Leben ...

Aber das Schiff sinkt nicht sofort. Es dreht nach Backbord ab und liegt dann quer zur See. Boote werden zu Wasser gebracht. Wir stehen und stampfen in der hochgehenden See auf und ab und warten. Von der Brücke kommt die Frage an Zentrale, wo der Tanker gebaut wurde. In Lloyds Register steht: Krupp, Germania-Werft. Dann wird er so schnell nicht sinken; die Schotteneinteilung ist zu gut. Sicher hat er Querschottensystem. Der Kommandant entschließt sich zum Fangschuß.

Wir sind näher an das gestoppt liegende Schiff herangegangen. Um 2,25 Uhr peitscht der dritte Aal aus Rohr eins in die aufgewühlte See. Nach elf Sekunden ein scharfer Knall. »Treffer!« Dann schlägt es wie mit einem Riesenhammer auf das Boot: Die zweite Explosion. Sollte er Benzin geladen haben? Die Funkstation der *Montrolite* schweigt, und die Küstenstationen schweigen sonderbarerweise auch. Hat keiner den Ruf gehört? Auch kein Schiff wiederholt den Ruf. Auf der 600-Meter-Welle ist alles ruhig.

Ich melde das nach oben in den Turm. »Dampfer sinkt steil über Heck«, sagt der Gefechtsrudergänger Pötter durch. Wir liegen weiter beigedreht in der langen Dünung. Langsam hebt und senkt sich das Vorschiff. Im GHG sind jetzt Sinkgeräusche zu hören. Oben suchen sie die See nach den Rettungsbooten ab.

»Ruder hart Backbord«, höre ich von oben. Der Bug schwenkt herum. »Wegtreten von Gefechtsstationen!« Langsam laufen wir ab, Kurs auf U 130. *Montrolite* wurde versenkt in Quadrat CB 9713 auf 35°38' Nord und 60°20' West. Um 05,25 Uhr setzen wir einen FT an den BdU ab: »Wegen Brennstofflage operieren Küste nicht mehr möglich. Seit 3. 2. gemeinsamer, hinhaltender Rückmarsch mit Kals über Qu. CC 80. Bisher wegen Wetter Brennstoffübernahme nicht durchführbar. Soeben Tanker *Montrolite* versenkt. 2 Etos, 58 cbm, Qu. CB 9713. – An Kals: Bitte ab 11,00 Uhr Peilzeichen senden. Bleichrodt.«

Mit kleiner Fahrt laufen wir nach Süden. Langsam kommt der Morgen herauf. Kals sendet pünktlich wieder Peilzeichen. Unglaublich, daß die amerikanischen Stationen noch nichts gehört haben. Von unserer Anwesenheit etwas nördlich von Bermudas scheint niemand etwas zu ahnen. Um 12,00 Uhr stehen wir auf 35°19' Nord und 60°09' West. Immer wieder Regenschauer und weiterhin hohe Dünung aus Nordwest. Die Peilzeichen werden sehr laut. Um 12,20 Uhr ist U 130 endlich in Sicht.

Der Sturm hat zwar etwas nachgelassen, aber an Ölübernahme ist noch immer nicht zu denken. Kals freut sich mit uns über unseren Erfolg, der ohne seine Anwesenheit nicht möglich gewesen wäre. Die beiden Kommandanten vereinbaren gemeinsamen Marsch nach Osten mit geringer Fahrt. Wir haben immer noch Westwind 8, Seegang 7. Der Wind scheint aber abzuflauen, so daß wir in der Nacht vielleicht mit der Ölübernahme beginnen können.

Um 20,25 Uhr kommt Backbord achteraus eine Rauchwolke in Sicht. Ajax Bleichrodt greift zum Megaphon: »Tut mir leid, Herr Kapitän, aber ich muß ihn abtakeln«, ruft er. Kals winkt lachend zurück. »Macht nichts. Ich warte auf Sie!

Obermaschinist Schewe steckt den Kopf in den Funkraum und streicht seinen roten Bart. »Wenn noch mehr Dampfer kommen, müssen wir auf U 130 nach Hause fahren.« Ich muß lachen. »Wir haben nur noch zwei Aale«, sage ich. »Das ist beruhigend«, grinst er.

Da die See nicht mehr so hoch geht, dauert es nicht lange, bis Kurs und Fahrt des Schiffes ausgedampft sind. Es macht höchstens zehn Seemeilen. Zwei Masten und ein dicker, hoher Schornstein sind zu sehen. Mit großer Fahrt setzen wir uns vor. Um 23,00 Uhr wird zum Unterwasserangriff getaucht.

»Auf Gefechtsstationen!« Ich höre den Sehrohrmotor leise summen. Sehrohr aus. Sehrohr ein. Dem LI steht der Schweiß auf der Stirn. Es ist nicht leicht bei dieser Dünung, das Boot auf Sehrohrtiefe zu halten. Der Kommandant ruft mich im Horchraum an. Ich soll die Umdrehungen des Dampfers zählen. Das ist auf Sehrohrtiefe, wo die See manchmal stark rauscht, nicht leicht. Wir zählen dreimal hintereinander. Keller sitzt mit der Stoppuhr neben mir. Wir kommen überein, daß der Dampfer nur 8 Seemeilen läuft und hören, daß der Kommandant das Schiff auf 6000 BRT schätzt.

Dann geht alles sehr schnell. »Sehrohr aus! Rohr eins los!« Wir starren auf die Stoppuhr in Kellers Hand. Ich peile laufend Torpedo und Schiff deckend. »Der muß treffen«, sage ich. Die Uhren laufen, aber es erfolgt keine Detonation. Entfernung war 2000 Meter. Nichts. Der Aal wird zehn Minuten lang gehört. Das Schraubengeräusch des Dampfers ist längst ausgewandert. Keller sieht mich resigniert an. »Unterschossen«, sage ich. »Aber er war nur auf drei Meter Tiefe eingestellt.« Keller kratzt sich am Kopf und verzieht das Gesicht. »Verdammt, jetzt haben wir nur noch einen Aal!«

Im Turm fährt der Kommandant fluchend das Sehrohr ein und kommt in die Zentrale. Er ruft Wißmann, Keller und den Obersteuermann Petersen in die Offiziersmesse. Sie machen eine kurze Lagebesprechung und beschließen, die Dunkelheit abzuwarten, um dann im Überwasserangriff ranzugehen.

6. Februar 1942. Um 00,30 Uhr wird aufgetaucht und die Verfolgung aufgenommen. Wir laufen an seiner Backbordseite mit gleichem Kurs. Noch einmal wird die Fahrt des Dampfers genau überprüft. Er läuft 8,5 sm. Dann tönt es aus den Lautsprechern: »Auf Gefechtsstationen!«

Die Diesel röhren auf. Der Angriff läuft. Aus dem Lautsprecher tönt das Zirpen und Krächzen der Schiffssender. Ferdinand hockt auf der Schwelle zum FT-Raum, um den Hilferuf des Schiffes mitzuschreiben. Leibling sitzt am Kurzwellenempfänger und nimmt die FTs der U-Boot-Schaltung auf. Es ist finstere Nacht.

Um 02,40 Uhr verläßt der letzte Torpedo dieser Reise zischend Rohr IV. Oberleutnant zur See Keller sitzt mit der Stoppuhr in der Hand am Horchgerät. Die Spannung wächst ins Ungeheure. Werner Borchardt kommt von vorn und bleibt am Horchraum stehen. »So, ick bin fertig«, sagt er lachend. »Ick kann in Urlaub gehen.« Keller nickt mit sorgenvollem Gesicht. »Steig doch gleich aus«, sage ich. Schier endlos laufen die Minuten. Die Zeit ist längst verstrichen. Keine Detonation. Nichts. Aus. Vorbei. Wir laufen immer noch große Fahrt. Auf der Brücke ist es unheimlich ruhig. Auch auf der 600-Meter-Welle rührt sich nichts. Keine U-Boot-Warnmeldung. Wir sind also unbemerkt geblieben.

Dann kommt Kapitänleutnant Bleichrodt von oben. Wie im Traum steigt er durch das Kugelschott der Zentrale. Einen Augenblick bleibt er vor dem Funkraum stehen und starrt sinnend auf die hellen Tische. Er sieht müde aus. Langsam streicht er sich den Bart und fragt: »Hat er gefunkt?« – »Nein, Herr Kaleu. Alles ruhig auf der internationalen Welle.« – Er nickt, wendet sich ab und zieht den grünen Vorhang zu. Ich höre, wie er sich auf seine Koje wirft. Es muß für ihn eine schwere Enttäuschung sein, daß die letzten beiden Aale nicht getroffen haben.

Eduard Maureschat kommt zum Funkraum und sagt: »Verdammt, Wolfgang! Den haben sie wieder unterschossen! Entweder ist der Hund so flach oder die Aale laufen zu tief.« Ich zucke die Schultern, zeige auf den grünen Vorhang und frage: »Und was wird nun?« Eduard raunt mir zu: »Jetzt will er ihn sausen lassen. Ich habe ihm gesagt, ich werde ihn mit der Kanone umlegen.« – »Na und?« frage ich. »Ich soll an die *City of Auckland* denken, hat er gesagt.« Ich nicke. »Es ist ja auch immer eine dumme Sache, Ede. Es laufen zu viele Fallen in der Gegend umher.« Eduard winkt ab. »Ach was, die Nacht ist stockdunkel. Wir müssen nur nah genug ran.« Er wendet sich resigniert ab. »Na, dann werde ich mal schlafen gehen.«

Etwas später steckt der lange Oberleutnant zur See Wißmann seinen blonden Kopf in den Funkraum. »Wo ist der

Kommandant?« fragt er. Ich zeige auf den grünen Vorhang und sage gedämpft: »Liegt auf seiner Koje.« Der I WO nickt und zieht seinen Kopf zurück. Ich sehe, wie er vor dem Vorhang tief Luft holt. Dann höre ich seine Stimme, und mir fällt fast der Hörer vom Kopf. »Herr Kaleu!« sagt Wißmann. »Wir können diesen Dampfer nicht fahren lassen. Das wird uns der BdU nie vergessen!«

Der Alte reißt den Vorhang beiseite. »Ihr seid ja alle verrückt!« Erregt stehen sich die beiden gegenüber... Der große Wißmann weicht keinen Schritt zurück. »Nun gut«, brüllt der Kommandant. »Wenn ihr es so haben wollt. An Zentrale: Klar zum Artilleriegefecht!«

Dann wendet er sich an Wißmann und sagt ganz ruhig: »Unser Blut komme auf euer Haupt, I WO.« Wißmann lächelt: »Wenn ich vorschlagen darf, auch mit allen Fla-Waffen, Herr Kaleu.« Der Alte zieht sich schon die Lederjacke an. »Meinetwegen mit allen verfügbaren Rohren. Nehmen Sie auch die MGs mit nach oben.« Der I WO nickt und steigt durch das Luk in die Zentrale, um alle Vorbereitungen für den Feuerüberfall zu treffen.

Die Geschützbedienung stampft am Funkraum vorbei. Ich halte Ede Maureschat am Arm fest. »Ede, denk an den Mündungspropfen!« Er lacht. »Worauf du dich verlassen kannst, Wolfgang!« Dann sind sie vorbei. In der Zentrale werden die Flurplatten hochgenommen, um an die Munition darunter zu kommen.

Berthold Seidel hat mit zwei Mann die 3,7-cm-Flak an Oberdeck hinter dem Turm besetzt. Walter Groß und noch ein Mann stehen an den beiden 2-cm-Flakwaffen auf dem Wintergarten. Geschützführer Eduard Maureschat meldet die 10,5-cm-Kanone klar zum Gefecht. Auch die doppelläufigen MGs sind auf dem Turm montiert.

Ferdinand sitzt bei mir auf der Schwelle. Langsam schieben wir uns näher an den Dampfer heran. Es soll sehr dunkel oben sein. Der Kommandant will warten, bis der Mond aufgegangen ist.

Ferdinand ist nervös, streicht dauernd seinen Bart, kratzt sich hinterm Ohr und sagt: »Ich möchte bloß wissen, ob die Sache klar geht oder ob der Alte recht behält.« Ich nicke. »Das werden wir frühestens nach den ersten Salven merken. Wenn das eine Falle ist, putzen sie uns die Seeleute da oben weg. Dann kann Maschine und Funkerei das Boot nach Hause fahren.« Ferdinand fährt sich nervös durch die Haare. »Wenn noch was übrig bleibt zum Fahren. Denk an Kleinschmitt, U 111. Den sollen sie über Wasser fertiggemacht haben.«

Es ist genau 5,30 Uhr, als ich die Stimme des Alten von oben höre: »Für alle Waffen! Feuer frei!« Ein furchtbarer Schlag dröhnt durch das Vorschiff. Die erste 10,5-Granate hat das Rohr verlassen. Nun hören wir auch die Maschinenwaffen hämmern. Ferdinand stößt mich an: Auf der 600-Meter-Welle geht es los.

Trotz des Dröhnens der 10,5-Kanone versuchen wir den Hilferuf mitzuschreiben. Der Funker scheint völlig aus der Fassung geraten zu sein. Er hackt auf der Taste herum wie ein Holzfäller, und wir bekommen den Namen nicht zusammen. »RRR – RRR – hal cy on RRR RRR RRR.« – »Was soll das heißen?« sage ich. »Der gibt ja gar nicht SSS. Der gibt RRR.« – Fassungslos starren wir uns einen Augenblick an, dann schlagen wir uns lachend auf die Schenkel. RRR heißt Raider. »Er hält uns für einen Hilfskreuzer.« Ich stürme zur Brücke.

»Frage: Funkmaat auf Brücke?« – »Ja, kommen Sie, Hirschfeld«, sagt der Alte. Ich entere nach oben und berichte dem Kommandanten, daß die uns da drüben für einen Hilfskreuzer halten. Der Dampfer brennt bereits. Deutlich zeichnet sich am Heck seine Kanone ab.

»Funkt er immer noch?« fragt der Kommandant. »Jawoll, ohne Unterbrechung, Herr Kaleu.« Der Alte steigt auf die Fußrasten, legt die Hände als Trichter vor den Mund und beugt sich nach vorn über das Schanzkleid: »Maureschat!« – »Herr Kaleu!« brüllt Ede von unten zurück. Seine gewaltige Stimme ist sogar im Hämmern der Fla-Waffen zu hören. Der Kommandant beugt sich weiter vor. »Die Funkenbude muß weg. Steht gleich hinter der Brücke.« – »Wird gemacht!« brüllt Maureschat.

Er richtet das Geschütz, und dann donnert der nächste Schuß hinaus. Ich sehe im Schein des Feuers am Achterschiff, wie die Brücke zersplittert. Dann donnert es neuerlich und die Funkenbude ist weg. Der Kommandant läßt das Feuer der Fla-Waffen einstellen. Wir brauchen vielleicht die Munition, falls wir aus der Luft angegriffen werden und nicht mehr tauchen können.

Ich steige wieder nach unten, wo mir Ferdinand sagt: »Wir haben richtig gehört. Er heißt *Halcyon* und hat noch gefunkt: RRR RRR RRR – Bombarded by Position 34°20' Nord, 59°16' West RRR RRR RRR *Halcyon* bombarded from . . .« Ich gehe in die Zentrale und vergleiche mit Arnetzberger den

Standort. Stimmt ziemlich genau; wir stehen nicht weit von Bermudas. – »Was machen die Küstenstationen?« frage ich Ferdinand.

»Der Ruf ist aufgenommen worden. Die ganze Küste ist in Aufregung. Hör es dir selbst mal an. Sie wiederholen ständig das RRR. Es muß sie ganz verrückt machen, daß hier ein deutsches Überwasserschiff operieren soll.« Über uns dröhnt gleichmäßig im Salventakt die 10,5-Kanone. Die 3,7 cm auf dem Achterdeck schweigt. – Um 06,30 Uhr sind 100 Granaten verschossen, und der Dampfer schwimmt immer noch. Plötzlich wird es ruhig oben. Der Kommandant hat das Feuer einstellen lassen und fährt noch näher heran. Der Dampfer scheint völlig verlassen; an Gegenwehr ist nicht mehr zu denken. Das ganze Achterschiff steht in Flammen, so daß niemand mehr an die Kanone heran kann. Auf eine Entfernung von 400 Metern läßt der Alte das Feuer wieder eröffnen. Der Dampfer muß weg.

Bei dem Krach, den die 10,5 über uns macht, ist es nicht leicht, die fehlenden FTs hereinzuholen. Ferdinand beobachtet die internationalen Wellen, während ich die FTs auf Längstwelle abnehme. Leibling kommt mit der Entschlüsselung kaum mit. Auf einmal reicht er mir grinsend einen entschlüsselten FT herüber. Ich lese: »B-Dienst meldet: In Quadrat DD 3145 funkt Dampfer *Halcyon:* Werde von feindlichem Handelsstörer angegriffen. Amerikanische Einheit zu Hilfeleistung aus Bermudas ausgelaufen. BdU.«

Ich gebe Leibling meinen Kopfhörer und entere auf die Brücke. Oben graut schon der Morgen. Der Kommandant hat gerade das Feuer wieder einstellen lassen, und wir fahren um das Heck herum auf die andere Seite. Hellauf schlagen die Flammen aus dem Schiff, das eine Schlagseite von 30 bis 40 Grad hat.

Als ich dem Alten über den FT des BdU berichte, beißt er sich verärgert auf die Lippen. »Verdammt, das Biest säuft nicht ab. Wenn wir jetzt ablaufen, können wir ihn nicht als versenkt melden.« Er steigt auf die Fußrasten und beugt sich nach vorn über das Schanzkleid. »Maureschat, wieviel haben Sie noch?« – »Zwanzig Granaten noch, Herr Kaleu!« – »Paß auf, Maureschat. Ich gehe jetzt ganz nah heran, und dann haust du ihm den letzten Rest hinein.« Der Alte geht auf den Wintergarten und ruft zu Bootsmaat Seidel, der an der 3,7-cm-Flak steht: »Berthold, ich gehe jetzt ganz nah heran. Punktfeuer auf die Wasserlinie.«

Ein ungeheurer Aufwand für so ein kleines Schiff. Wir wissen jetzt, warum die Torpedos unter dem Dampfer durchliefen. Er hat nur 3531 BRT und war nicht beladen. Schuß auf Schuß jagen sie nun in die Wasserlinie des Dampfers *Halcyon,* der ein so zähes Leben hat. In beiden Bordwänden klaffen Löcher, daß man mit einem Autobus durchfahren könnte. Aber das Schiff will nicht sterben. Plötzlich schweigt das Geschütz. Leibling sieht mich an. »Ja«, sage ich, »die Munition ist alle, und der Dampfer schwimmt immer noch.« Leibling schüttelt den Kopf. »Wo ist die Besatzung denn geblieben?« – »Ich weiß es nicht. Vielleicht sind sie während der Dunkelheit abgehauen. Jedenfalls sind eine weggefierte Jacobsleiter und Bootstaljen an der Bordwand zu sehen.«

Ich gehe noch einmal auf die Brücke. Auf dem Vorschiff sammelt die Geschützmannschaft die leeren Hülsen der 10,5 zusammen. Ich höre Maureschat schimpfen: »Laßt mir nur keine Hülse über Bord gehen. Die Affen in Lorient sind stur wie die Böcke und verlangen von mir über jeder verlorene Hülse eine Verlustverhandlung.«

Es ist jetzt taghell. Alle starren zu dem lichterloh brennenden Schiff hinüber. Langsam dreht sich der Alte zu mir. »Hat der BdU noch etwas gemeldet, Hirschfeld?« – »Nein, Herr Kaleu.« Bleichrodt nickt. »Es nützt nichts. Wir müssen jetzt ablaufen. Der Bursche aus Bermudas muß bald hier sein. An Bootsmaat Seidel: Feuer einstellen.« Dann beugt er sich zum Luk und gibt Kurs- und Fahrtanweisung. Die Diesel fauchen aus den Abgasklappen. Langsam nimmt das Boot Fahrt auf. Das Vorschiff schwenkt nach Osten, Kurs U 130. Ich steige wieder hinunter. Was machen wir nur mit diesem Schiff? Niemand wird es mehr nach Bermuda einschleppen können, aber wir haben es schwimmend verlassen, und der BdU verlangt von uns: Sinken beobachten.

Mit großer Fahrt laufen wir ab. Eduard kommt mit pulvergeschwärztem Gesicht aus der Zentrale. Wie üblich bleibt er am FT-Raum stehen, um die neuesten Nachrichten zu hören. Ich frage ihn: »Gibt es gar keine Überlebenden?« – »Doch. Zwei Mann schippern in einem kleinen Boot herum, sind aber bei der Schießerei aus Sicht gekommen.« Er holt tief Luft. »Stell dir vor, Wolfgang, ich muß das Großboot mit der ganzen Besatzung vernichtet haben.« – »Wieso das denn«, frage ich. – »Es war noch während der Dunkelheit. Gerade wie ich abziehe, sehe ich das Boot an der Bordwand, genau im Fadenkreuz.« – »Hat es schon abgelegt gehabt«, frage ich. Er schüttelt den Kopf. »Nee, sie müssen es gerade zu Wasser gelassen haben. Ich glaube, es war voll besetzt.« Es trifft ihn schwer, und er wird noch lange daran zu tragen haben. »Die armen Kerle tun mir leid«, brummt er. »Ja, Ede«, sage ich. »Das ist der Krieg! Wenn sie an ihre Kanone gekommen wären, hätten sie uns fertiggemacht.«

Gerade als Maureschat gehen will, kommt von oben der Ruf: »Dampfer sinkt über Achtersteven!« – »Gott sei Dank«, röhrt Eduard, »dann kann ich ja beruhigt schlafen gehen.« Es dauert noch einige Minuten, bis die Wellen für immer über der *Halcyon* zusammenschlagen. Zweihundert Granaten 10,5 cm hat Eduard verschossen, um dieses Schiff schrottreif zu machen. Dazu kommen noch an die 100 3,7-cm-Geschosse.

Mit hoher Fahrt und Kurs 90° versuchen wir U 130 wieder einzuholen. Wir müssen annehmen, daß Kals die Warnung des BdU vor der US-Einheit empfangen hat. Auch mit Aufklärung aus der Luft ist zu rechnen. Bermudas ist noch zu nahe.

Die Sicht ist ausgezeichnet. Vom blauen Himmel strahlt die Sonne. Die See ist nur mäßig bewegt. Gegen Mittag plötzlich ein Ruf von der Brücke: »Gefechtsmarsch achteraus in Sicht!« Der Alte jagt nach oben. Gleich darauf rasen die Alarmklingeln durchs Boot. Wir verschwinden von der Wasseroberfläche. Der Kommandant läßt das Boot auf Sehrohrtiefe einsteuern. Allen ist klar, daß es sich um ein Kriegsschiff handelt.

Das Schiff scheint hohe Fahrt zu laufen, denn es kommt schnell auf, und bald hat Ferdinand die Schraubengeräusche im GHG. Ich höre den Alten im Turm leise fluchen: »Junge, Junge! Ein Kreuzer, vielleicht 9000 Tonnen. Ganz allein und wir haben keinen Aal mehr.« – »Der sucht den Hilfskreuzer, der nicht da ist«, sagt Keller neben mir. Nachdem der Kreuzer hinter der Kimm verschwunden ist, tauchen wir auf und setzen unseren Marsch nach Osten fort.

Am späten Nachmittag haben wir wieder Peilzeichen von Kals. Er hat sich weit nach Osten abgesetzt. Bei Anbruch der Dunkelheit kommt von oben: »U-Boot voraus!« Wir haben uns herangepeilt. U 130 verringert die Fahrt. Heftiges Winken von beiden Seiten. Kals beglückwünscht zum Erfolg und schlägt vor, sofort mit der Übernahme zu beginnen, da man nie weiß, wie lange das gute Wetter anhält. Bleichrodt ist einverstanden. Wir gehen so dicht wie möglich bei U 130 längsseit. Mit Wurfleinen werden die Schläuche herübergegeben. Dann drehen beide Boote in den Wind. U 130 fährt mit beiden Maschinen »kleine Fahrt voraus«, und wir bleiben Backbord achteraus gestaffelt zurück, so daß die Schläuche nicht steif kommen. Die Übernahme kann beginnen.

Leise wiegen die beiden Boote in der langen Dünung auf und ab. Scharf beobachten die Brückenwachen Horizont und Himmel. Wir dürfen jetzt nicht überrascht werden.

7. Februar 1942. Um 01,00 Uhr haben wir es geschafft. Die Schläuche werden abgeschlagen. »Leinen los!« Dank Korvettenkapitän Kals haben wir 64 cbm Dieselöl. Die Boote trennen sich und gehen auf 60° Heimatkurs. U 130 läuft voraus. Es ist eine dunkle Nacht. Bald ist das Boot vor uns nur noch ein winziger Schatten.

Um 05,20 Uhr geben wir einen FT an den BdU ab. »Soeben in Qu. CB 9937 Brennst.-Übern. durchgeführt. – 6. 2. *Halcyon* in Qu. DD 3174 nach zwei Fehlschüssen mit Artillerie vernichtet. Gegnerkurs 320°. Insgesamt vier Dampfer mit 29.330 BRT. Artillerie und Torpedos verschossen. Rückmarsch, NO 2 See 1, leichte Dünung, 1024 mb, 64 cbm, Qu. CB 9937. Bleichrodt.«

8. Februar 1942. Mit einer Maschine langsame Fahrt geht es langsam nach Osten, Kurs 77°, um nicht zu früh in nördliche Schlechtwetterzonen zu kommen. Herrlich scheint die Sonne vom wolkenlosen Himmel. Wenn wir nur noch genug Proviant hätten.

Der Kommandant schärft der Wache ein, aufmerksam zu bleiben. Das schöne Wetter könnte zum Leichtsinn verleiten. Auch Obersteuermann Petersen sagt: »Jungs, wir sind noch lange nicht zu Hause!« Wie recht beide haben, zeigt sich bald. Gegen 20,00 Uhr rasen die Alarmklingeln durchs Boot. Steil geht es in die Tiefe. Backbord achteraus wurde ein Zerstörer gesichtet. Wir sind noch unbemerkt unter Wasser gekommen. Diesmal geht der Alte auf 60 Meter.

9. Februar 1942. Mit Sonnenschein, achterlichem Wind und achterlicher See schippern wir ostwärts. Keine Rauchfahne, keine Mastspitze. Unsere Gedanken sind schon in der fernen Heimat. Die Männer der Brückenwache suchen unentwegt mit den Gläsern den Horizont ab. Wenn Frieden wäre, könnten wir die Azoren anlaufen und Frischgemüse einkaufen. Der Proviant ist verdammt knapp geworden. Die Kartoffeln sind längst alle, obwohl wir immer Pellkartoffeln gegessen haben, damit die Backschafter nicht zuviel wegschälen. Jetzt ist auch kein Reis mehr da.

Dafür haben wir rund 30.000 BRT versenkt. Wenn die Aale

alle getroffen hätten, wären es über 50.000 BRT gewesen. – Wenn bei den anderen auch alle Aale getroffen hätten, dann gäbe es kaum noch eine britische Flotte. Werner Borchardt hat recht, wenn er sagt, daß die Torpedoinspektion 20 Jahre lang geschlafen hat.

Immer wieder melden sich bei mir Männer mit Filzläusen. Der ganze Heckraum scheint jetzt verlaust zu sein. Wir im Vorschiff sind noch nicht befallen. Meine große Kuprex-Flasche geht zur Neige. Da die Männer achtern in Wechselkojen schlafen, haben wir schon mehrere Decken über Bord geworfen, aber es hat alles nichts geholfen. Einer steckt den anderen an.

10. Februar 1942. Immer weiter nach Osten mit Kurs 75°. Um 12,00 Uhr stehen wir auf 38°30' Nord und 44°11' West. Wir werden nördlich der Azoren die Biskaya ansteuern. Um 16,45 Uhr ein FT vom BdU an Zahn und Folkers: »Ab sofort absolute Funkstille im Umkreis von 400 sm um Treffpunkt, CE 4184.« Wir stehen in diesem Gebiet.

Die Gespräche im Unteroffiziersraum und im Bugraum drehen sich nur noch um das Einlaufen. »Und dann werden wir fressen. Und dann werden wir saufen.« Wenn Bruno Petersen zuhört, schüttelt er besorgt den Kopf: »Jungens, wir sind noch lange nicht zu Hause.«

Obermaschinist Schewe kommt bei der Brennstoffberechnung zu dem Resultat, daß wir etwas schneller marschieren könnten. Es stellt sich heraus, daß wir fünf cbm Brennstoff mehr von U 130 übernommen haben, als wir sollten.

11. Februar 1942. Der Wind hat gedreht. Es brist auf und das Barometer fällt. Eine starke Dünung rollt uns entgegen. Der Alte ändert den Kurs auf 63°. Vorbei mit der Sommerfrische.

Der Proviant wird jetzt so knapp, daß wir strikt rationieren müssen. Järschel macht ein sorgenvolles Gesicht. Wir halten eine Besprechung mit dem Menageoffizier Obersteuermann Petersen ab. Die Lords sind wohlgemut, auch wenn sie den Riemen enger schnallen müssen. Sie wissen, daß es nach Hause geht.

Nur die Filzläuse im Heckraum machen uns viel Ärger. Der kleine Maschinenmaat Vetter flucht den ganzen Tag, denn jetzt haben auch ihn die Tiere erwischt.

12. Februar 1942. In der Nacht hat es aufgebrist. Der Wind kommt aus Westsüdwest mit Stärke fünf. Das Boot läuft neun Seemeilen mit einer Maschine halbe Fahrt.

Am Abend erhalten wir einen FT, den der Kommandant über die Lautsprecheranlage bekanntgibt: »*Gneisenau, Scharnhorst* und *Prinz Eugen* sind aus Brest ausgebrochen und durch den Kanal nach Hause marschiert. 46 britische Torpedoflugzeuge sind dabei abgeschossen worden. Sieben eigene Maschinen verloren.«

13. Februar 1942. Freitag, der 13. Wer heute Auslaufbefehl hat, dem geht der Hut hoch. Der alte Aberglaube der Seefahrer lebt immer noch. Um 12,00 Uhr stehen wir auf 42°19' Nord und 31°58' West. Qu. CE 1369. Am Nachmittag brist es stärker auf. Eine schwere Dünung rollt jetzt von Steuerbord achteraus. Um schneller voranzukommen, läßt der Kommandant um 16,00 Uhr beide Maschinen auf halbe Fahrt gehen.

Wir messen 18° Celsius. Kaum zu glauben, daß in Deutschland jetzt hoher Schnee liegt.

Weit und breit kein Schiff, keine Rauchfahne. Der Atlantik ist wie ausgestorben. Kapitänleutnant Siegfried Rollmann, U 82, meldet sich trotz mehrmaliger Aufforderung nicht. Er hat zuletzt am 6. Februar einige Tagereisen voraus, genau auf unserem Kurs, einen schwach gesicherten Geleitzug gemeldet. Der BdU gab ihm Befehl, Fühlung zu halten. Seitdem ist er verschollen.

Der Kommandant hat nach Vorlage dieses FTs die Karte studiert und ist sehr nachdenklich geworden. Er läßt aber auf dem alten Kurs weiterlaufen.

14. Februar 1942. Schier endlos dieser Rückmarsch. Immer Kurs 63°. Wenn wir nur mehr Fahrt machen könnten. Heute sind wir sieben Wochen in See. Der Wind wird stärker und dreht auf Süd. Wir müssen mit der Fahrt wieder heruntergehen, da der Brennstoffverbrauch im Verhältnis zur Fahrt über den Grund viel zu hoch ist.

Gegen 15,00 Uhr kommt ein Dampfer in Sicht, aber die Diesel brummen nicht auf wie sonst. Es kommt auch kein Befehl: »Auf Gefechtsstationen!« Mit langsamer Fahrt weichen wir auf 75° aus. Fast sehnsüchtig verfolgt die Brückenwache die schöne Rauchfahne.

Wir hören deutsche Sender auf Langwelle. Die Musik wird in alle Räume durchgeschaltet; das hebt die Stimmung, und die Lords ziehen trotz knurrendem Magen summend auf Wache.

Der BdU scheint jetzt mehr Boote vor der amerikanischen Küste angesetzt zu haben. Einige große Boote steuern sogar die Karibik an. Ein FT wird den Löwen in Kernevel wenig erfreuen. Suhren, U 564, hat in der Nacht vom 13. zum 14. Februar 1942 vor der amerikanischen Küste Gelhaus, U 107, gerammt. Beide Boote sind so schwer beschädigt, daß sie den Rückmarsch antreten müssen.

15. Februar 1942. Es brist langsam zum Sturm auf. Gegen Mittag wird es so schlimm, daß sich der Kommandant entschließt, unter Wasser zu gehen.

Heute ist Sonntag. Aber kein Schinken mit Spargel steht auf der Back. Es gibt nur Eintopf wie jeden Tag. Eigentlich ist es mir unverständlich, daß der Proviant nicht reicht. Wir waren doch für mindestens 10 Wochen ausgerüstet und haben nicht üppig gelebt. Oder sollten die Leute in der Verwaltung von unserem Proviant etwas abgezweigt haben?

Otto Peters macht den Vorschlag, alle unnötigen Fresser über Bord zu werfen. Wir stimmen ab, wer unnötig ist. Die Torpedomixer brauchen wir nicht mehr. Dann kommen die beiden Fähnriche und der Oberfähnrich dran. Den Arnetzberger können wir auch entbehren.

Gegen 21,00 Uhr tauchen wir auf. Der Sturm hat etwas nachgelassen. Es wird merklich kühler. Wir stehen auf 44°17' Nord und 23°19' West, neuer Kurs 85°. Aus diesem Gebiet kam die letzte Meldung von U 82, Rollmann; hier hat er ein Geleit getroffen.

16. Februar 1942. Weiterhin hohe Dünung aus Süd. Der BdU fordert wiederholt U 581, Kapitänleutnant Werner Pfeifer, zur Standortmeldung auf, aber das Boot antwortet nicht.

Bleichrodt ist sehr nachdenklich, als er mir die FT-Kladde zurückgibt. »Was meinen Sie, Hirschfeld, können die unsere FTs genau einpeilen?« – »Aber ja, Herr Kaleu. Ich war 1936/37 selbst im B-Dienst. Damals brauchte man für Kurzwellenpeilungen noch sehr große Antennenanlagen. Ich bin aber fest davon überzeugt, daß sie heute schon von Bord der Zerstörer Kurzwelle peilen können. Aber . . .« – »Was aber?« – »Kapitän Meckel glaubt nicht daran, habe ich von Seidel gehört. Und Meckels Meinung ist maßgebend in der FT.« Der Alte nickt und wendet sich ab. Sinnend sitzt er dann auf seiner Koje gegenüber dem FT-Raum und starrt auf das Bild seiner Frau, das an der Trennwand zum Durchgang hängt. Wenn er auf der Brücke ist, werfen Ferdinand und ich oft einen Blick auf dieses Foto. Man könnte vor ihm in Andacht versinken. Es zeigt eine wunderschöne Frau. Ferdinand hat mir erzählt, daß sie Ärztin in Lünen ist. Er muß es wissen, denn er ist aus Dortmund. Otto Peters, der sich das Bild auch schon oft angesehen hat, sagt kopfschüttelnd: »Das vasteh ick nicht. Soo ne schöne Frau. Wie kann die nur soon verdorbenen Seemann heiraten.«

Der Oberfähnrich geht heute wieder einmal probeweise als Wachoffizier. Die See hat sich wieder beruhigt. Nach der Wachablösung entere ich auf den Turm, um eine Pfeife zu rauchen. Neben mir sitzt Berthold Seidel und zieht an seiner Zigarette. Der Horizont ist nicht ganz klar. Ab und zu wirft Berthold einen besorgten Blick in die Ferne. »Donnerwetter«, sagt er zu dem Matrosengefreiten Zank, der als achterer Ausguck steht. »Ist dem Alten schon gemeldet worden, daß die Sicht laufend schlechter wird?« Zank schüttelt nur grinsend den Kopf. Da springt Berthold auf und ruft dem Oberfähnrich zu, daß er dem Kommandanten sofort Meldung über die Sichtverschlechterung machen soll.

Gegen 09,00 Uhr kommt dicker Nebel auf, und um 12,00 Uhr ist nur noch 400 Meter Sicht. Der Alte wird unruhig. Er zieht die Lederjacke an, hängt sein Glas um und verschwindet durch das Kugelschott in die Zentrale. »Ferdinand«, sage ich, »sein sechster Sinn treibt ihn auf die Brücke. In dieser Gegend ist Nebel ja auch was Seltenes.«

Um 15,00 Uhr kommt ein Ruf von der Brücke: »Schatten voraus!« Der Nebel ist so dick geworden, daß man gerade noch das Vorschiff erkennen kann. »Ruder hart Backbord! Steuerbordmaschine große Fahrt voraus!« rufen sie auf der Brücke. Da oben wächst die riesige Bordwand eines Dampfers aus dem Nebel. Langsam dreht das Boot. Wir laufen parallel mit dem Dampfer und drehen weiter nach Backbord, um von ihm frei zu kommen. Da kommt plötzlich von oben der Befehl: »Hart Steuerbord!« Vom Rudergänger höre ich, daß wir beinahe eine Korvette gerammt hätten. Sind wir in einen Geleitzug geraten?

Ferdinand erscheint im Funkraum. Ich erkläre ihm die Situation. Er geht in den Horchraum und schaltet das GHG ein, um auf Asdic zu achten. Die Nerven sind zum Zerreißen gespannt. Wir jagen jetzt an der dunklen Bordwand des Dampfers entlang, um vorne an ihm vorbeizukommen. Kaum scheinen wir es geschafft zu haben, höre ich von oben: »Korvette an Steuerbord!« Wir sind tatsächlich mitten in einem Geleit. Ferdinand meldet, daß er trotz der hohen Fahrtstufe überall Asdic-Geräusche hört.

Ich jage zur Brücke hoch und melde es dem Alten, der sagt: »Das dachte ich mir. Wegtauchen können wir nicht. Dann haben sie uns sofort. Wir müssen über Wasser durch.« Ich gehe wieder nach unten.

Die Korvette an Steuerbord scheint der vordere Feger zu sein, denn sie hat wieder nach Steuerbord weggedreht. Der Alte jagt hinterher, und wir geraten auf die andere Seite des Dampfers. Es ist ein Schiff mit hoher Back, Klippersteven, kurzem Schornstein und hoher Brücke. Beim Weiterdrehen nach Steuerbord taucht wieder eine dunkle Bordwand aus dem Nebel auf.

»Beide Diesel langsame Fahrt!« Aha, der Alte läßt sich durchsacken. Die Schiffe fahren in ziemlich enger Formation, was bei dem Nebel erstaunlich ist. Sie haben aber sicher UKW-Verbindung untereinander. Die Maschinenfahrt- und Ruderlagenbefehle wechseln ständig. Dann hören wir wieder den Ruf: »Korvette!« Wenn wir Glück haben, ist das der Achterfeger. Er läuft direkt durch unser Kielwasser nach Osten und hat uns nicht bemerkt. Wieder läßt der Kommandant das Boot mit langsamer Fahrt durchsacken. Alles wartet gespannt, aber es kommt kein neuer Schatten von achtern auf. Wir sind durch und laufen mit großer Fahrt nach Süden ab.

17. Februar 1942. In der Nacht ist Sturm aus Südost aufgekommen. Seit dem gestrigen Zwischenfall marschieren wir mit Kurs 93°. Der Sturm läßt uns um jede Meile kämpfen. Wir kommen kaum von der Stelle, und die Brennstofflage wird wieder bedenklich.

Der Kommandant hat sich noch einmal die alten Meldungen von Rollmann, U 82, durchgelesen. »Das war genau hier, wo wir das Geleit getroffen haben«, sagt er. »Eigentlich hätten wir ja eine Fühlungshaltermeldung abgeben müssen«, sage ich. Er sieht mich beinahe mitleidig an. »Wem tun wir damit einen Gefallen? Nein, wir funken nicht.« Ich hatte auch nichts anderes erwartet.

Von heute an marschieren wir am Tage unter Wasser. Von weitem sind schon die ersten Wabo-Detonationen zu hören. Die Biskaya kommt immer näher. Dort knallt es den ganzen Tag. Die britischen Flieger werfen auf jede Konservendose ihre Wabos und Bomben. Um 12,00 Uhr stehen wir auf 45°11' Nord und 16°05' West. – Heute haben wir die letzten Makkaroni gegessen.

18. Februar 1942. Den ganzen Tag Unterwassermarsch. In der Ferne rollt der Donner von Wabo-Serien. Es müssen Überwasserstreitkräfte am Werk sein. Flugzeuge können nicht dauernd Serien werfen.

Um 21,00 Uhr läßt der Kommandant auftauchen. Oben ist immer noch Sturm. Die Männer fluchen, weil wir nicht vorankommen, und Obersteuermann Petersen wiegt bedenklich sein Haupt. Ich weiß, was er denkt.

Die kurzen Brecher aus der Biskaya orgeln über den Turm. Wir machen nur noch vier Seemeilen über den Grund.

19. Februar 1942. Wir haben keinen genauen Standort mehr. Keine Sonne und keine Sterne zu sehen. Es wird nur noch auf der Seekarte gekoppelt. Bei Anbruch des Tages wird es kaum hell. Schwarze Wolken jagen am Himmel dahin. Der Alte läßt genau 90° steuern. Irgendwo im Osten muß Frankreich liegen.

Um 09,00 Uhr getaucht zum Unterwassermarsch, um ungesehen durch die Biskaya zu kommen. Auch unter Wasser müssen wird allerdings mit Angriffen rechnen. Neuerdings sind U-Jagdgruppen, die sogenannten Killer-Groups, unterwegs. Sie suchen mit Unterwasserortungen die See ab und haben meist einen Hilfsflugzeugträger bei sich. Wenn man von einer solchen Gruppe erfaßt wird, gibt es kaum ein Entkommen.

Während der langen Unterwasserfahrt ist es jetzt totenstill im Boot. Keine Musik, keine laute Unterhaltung mehr. Gegen 15,00 Uhr rollen wieder Wabo-Serien durchs Wasser; näher als gestern.

Wir essen Grieß, mit Dosenmilch gekocht. Ich habe Järschel gesagt, er solle doch die Pampelmusen ausgeben, aber er schüttelte den Kopf. »Hab' ich schon versucht, aber die fressen sie nicht. Wollen lieber die wenigen Tage durchhalten oder verrecken.«

Um 21,00 Uhr läßt der Kommandant auftauchen. Das gleiche Wetter wie vor dem Tauchen. Der Alte flucht leise vor sich hin. Er läßt auf »Beide Maschinen langsame Fahrt« gehen, obwohl dabei viel Wasser über die Brücke kommt. Wir kommen sonst nicht voran.

20. Februar 1942. Es ist eine Höllennacht. Der Sturm scheint noch zuzunehmen. Im Turm sitzt ein Mann, der die heruntergereichten Nachtgläser trockenwischt.

Die Wolkendecke reißt teilweise auf, und es gelingt dem Obersteuermann Petersen einige Sterne zu schießen. Wir haben also endlich wieder einen genauen Standort, um den Einlaufweg ansteuern zu können. 46°03' Nord und 08°54' West. Kurs weiterhin 90°. Wir haben noch 13 cbm Brennstoff. Wenn der Sturm uns noch länger so wenig vorankommen läßt, werden sie uns am Schluß noch einschleppen müssen.

Um 09,00 Uhr getaucht zum Unterwassermarsch. Um 09,30 Uhr werden mehrere Fliegerbomben gehört. Also fliegen die Hunde auch bei diesem Wetter. Wem haben die Bomben gegolten? War es Kals oder ein ausmarschierendes Boot? Die Biskaya hat es in sich. Hier kann es passieren, daß man noch kurz vor der Haustür zu seinen Ahnen versammelt wird.

21. Februar 1942. Wir sind gestern um 20,30 Uhr aufgetaucht. Es scheint jetzt ein Orkan zu toben. Das hat uns noch gefehlt. Die Brückenwache steht bis zum Hals im Wasser.

Wir sind gespannt, wie lange dieser Kuhsturm noch anhalten wird, und schnallen den Gürtel immer enger. Büchsenbrot und Ölsardinen haben wir noch. Heute ist der 56. Tag unserer Reise.

Um 09,00 Uhr wird zum Unterwassermarsch getaucht. Das Boot fällt gleich durch bis auf 60 Meter. Überall rauscht es in den Leitungen. Was ist los? Das Boot ist zu schwer; hat der Sturm etwas zerschlagen? Die Lenzpumpen laufen wie verrückt. Dem LI steht der Schweiß auf der Stirn. Die Untertriebszellen wurden rechtzeitig ausgeblasen, und trotzdem ist das Boot zu schwer.

Mit zusammengepreßten Lippen beobachtet der Kommandant den LI. Langsam werden auch die Lords in den Räumen unruhig. Das Boot ist nicht mehr in Ordnung. Ausgerechnet hier in der Biskaya, wo jedes Auftauchen und jede Panne den Tod bedeuten können.

Erst nachdem der Zentralemaat Peters sechs Tonnen gelenzt hat, steigt das Boot, aber die Untertriebszellen laufen immer wieder voll.

Als wir um 20,30 Uhr zum Nachtmarsch auftauchen, höre ich am Knallen der Brecher gegen den Turm, daß sich das Wetter noch nicht gebessert hat. Noch immer rast der Oststurm. Es ist, als sollten wir Frankreich nie erreichen. Um 22,00 Uhr läßt der Kommandant das Signal absetzen: »Stehe 36 Stunden vor Treffpunkt mit Geleit. U 109.«

22. Februar 1942. Gegen Morgen kommt Obermaschinist Schewe in den Funkraum. »Wann sollen wir auf Treffpunkt stehen?« Er macht ein sehr ernstes Gesicht. »Morgen um 10,00 Uhr«, sage ich. Schewe kratzt sich bedenklich den Kopf. »Verdammter Sturm. Damit hat ja keiner gerechnet.« Brummend zieht er ab. Sein Benehmen gibt mir zu denken. Werden wir die letzten Seemeilen nicht mehr schaffen?

Es ist schon hell, als der Kommandant früher als sonst,

nämlich um 8,20 Uhr, tauchen läßt. Wir sind auf 60 Meter angelangt, als es um 8,30 Uhr mächtig knallt. Vier Detonationen ganz in unserer Nähe. Fliegerbomben.

Ansonsten ist es den ganzen Tag totenstill. Keine Wabos zu hören. Als wir bei Dunkelheit endlich auftauchen, ist es seltsam ruhig. Keine Brecher gegen den Turm; die See ist kaum bewegt. Wir haben die 200-Meter-Grenze erreicht. Es riecht nach Land. Die letzte Nacht vor dem Hafen. Wenn alles gutgeht, können wir uns morgen satt essen.

23. Februar 1942. Auch diese lange Nacht geht endlich zu Ende. Es ist noch dunkel, als wir um 07,00 Uhr auf Treffpunkt mit Geleit stehen. Der Kommandant will bis 10,00 Uhr das Boot auf Grund legen, um vor Angriffen aus der Luft sicher zu sein.

Zum letzten Mal auf dieser Fahrt rasen die Alarmglocken durchs Boot. Die Entlüftungen knallen auf. Obwohl wir nur mit geringer Vorlastigkeit tauchen, fallen wir wieder viel zu schnell. Wir steuern Grund an, und bei 40 Meter setzt der LI etwas zu hart auf. Ich glaube, daß er das Boot nicht mehr richtig im Griff hat. –

Dann läßt er fünf Tonnen fluten, und endlich liegen wir ruhig. Alles wirft sich auf die Kojen. Die letzten drei Stunden werden wir auch noch durchstehen. Die Ruhe dauert aber nur kurze Zeit. Das Boot beginnt um die Längsachse zu schwanken. Es knirscht und kracht. Viele Steine hier auf dem Grund und eine gräßliche Strömung herrscht. Oder sind es die Gezeiten? An Schlafen ist nicht zu denken. Das Boot schwankt manchmal so stark, daß man sich festhalten muß. Als der LI nochmals fünf Tonnen fluten läßt, wird es auch nicht besser.

Der Kommandant denkt aber nicht daran, aufzutauchen. Es besteht die Gefahr, von einem britischen U-Boot torpediert oder aus der Luft angegriffen zu werden.

Um 10,00 Uhr wird endlich angeblasen. Wir tauchen auf. Das Geleit ist da. Mit E-Maschinen schwenken wir lautlos in sein Kielwasser ein. Die Diesel schweigen. Wir haben keinen Tropfen Brennstoff mehr. Langsam geht es durch die Enge von Kernevel und Port Louis. Vor der BdU-Villa stehen einige Offiziere und winken. Schließlich sehen wir die *Isère.* Musik klingt auf. Korvettenkapitän Schütze steht mit den Kameraden der 2. U-Flottille auf der schwarzen Hulk. Es wird für die Wochenschau gefilmt.

Ein ungeheures Glücksgefühl zersprengt fast die Brust. Wir sind wieder davongekommen und haben den sicheren Hafen erreicht. Dann fliegen die Leinen herüber. Noch einmal wirbeln die Schrauben. Boot hat festgemacht. Es ist kalt in Frankreich.

26. Februar 1942. Im Hafen. Ausgeräumt und still liegt das Boot im Bunker von Keroman. Man möchte es streicheln wie ein treues Tier. Es hat uns sicher durch die Weiten des Ozeans getragen, hat unter den Detonationen der Wasserbomben gezittert und geschwankt, aber es blieb dicht und intakt.

Im frei flutenden Oberdeck fehlen einige Planken. Die Diesel schweigen. Keine Lüfter laufen. Viele geschäftige Hände sind dabei, die Schäden zu beheben. Überall Kabel und geöffnete Verkleidungen. Ein furchtbares Durcheinander.

Heute kommt ganz unerwartet der BdU zu uns. Er läßt uns antreten, wie wir sind; unrasiert und im Arbeitszeug. Mit mehreren anderen Besatzungen stehen wir im Hof der Salzwedelkaserne im Halbkreis um den Admiral, der uns sagt, daß eine neue Welle von U-Booten vor der amerikanischen Küste steht und eine andere Gruppe in der Karibischen See operiert. Wir hätten mit unseren Booten die amerikanische Atlantikflotte gebunden und somit Japan freie Bahn für Operationen im Pazifik geschaffen. Das mag sein, aber mir leuchtet nicht ein, warum die Japaner nicht die Russen angreifen.

»Wenn die Abwehr an der amerikanischen Küste zu stark wird«, sagt der BdU, »werden wir uns wieder in die Weiten des Atlantiks zurückziehen und den Geleitzugkampf verstärkt aufnehmen. Von euren Erfolgen hängt die Entscheidung dieses Krieges ab.« Mir läuft es kalt über den Rücken. Mit diesen Booten sollen wir den Krieg entscheiden? Sie sind doch viel zu langsam. Weiß er das nicht? Wir müssen andere Boote und andere Torpedos haben.

Nach dem Wegtreten stößt mich Otto Peters an. »Wenn die da oben glauben, daß sie mit diesen Booten den Krieg entscheiden können, sehe ick schwarz für Deutschland.«

Im Speisesaal unter der Kantine findet ein Bootsabend mit großem Fressen statt. Es gibt Putenbraten, Becksbier und auch harte Getränke. Während des Essens herrscht noch tiefes Schweigen. Dann beginnen langsam die Alkoholgetränke zu wirken.

Der Matrosengefreite Wagenhofer aus der Ostmark steht auf und will mit einigen Kameraden ein Lied vortragen. Auch Eduard Maureschat eilt zu ihnen, und dann singen sie: »Mamatschi, schenk mir ein Pferdchen, ein Pferdchen wär mein

Paradies...« Ferdinand stößt mich an. »Ist es nicht zum Kotzen? Gleich fangen wir alle an zu heulen.« Der Kommandant, der mir gegenübersitzt, fragt laut: »Seit wann ist der Masure denn aus Österreich?« Maureschat scheint es aber nicht gehört zu haben. Als sie zur dritten Strophe ansetzen, springt der Alte auf: »Schluß mit dem Jammerlied. Kameraden, wir lassen uns nicht verarschen. Wir bleiben hart!«

»›Wir bleiben, was wir immer waren,
der Schrecken der Barbaren.
Scheißkerle war'n wir nie.
Der Esel pupt, die Katze scheißt!
Es lebe der alte U-Boot-Geist!‹ Prost!«

Wir springen begeistert auf. Ein Schrei brandet durch den Saal: »Prost Ajax!«

Für die Überholung der FT-Anlage haben wir einen neuen Werkmeister aus Wilhelmshaven bekommen. Er heißt Kurt Wunderlich, und ich glaube, daß wir uns auf ihn verlassen können. In Kernevel erfahre ich, daß wir laut B-Dienst die *Empire Kingsfisher,* 6082 BRT, in Quadrat BA 9965 versenkt haben. Es war kein anderes Boot in der Nähe, aber wir hatten geglaubt, der vorbeigeschossene Torpedo sei im Dreck detoniert.

V

Kampf vor Floridas Küste

Heute um 05,00 Uhr bei strömendem Regen und milder Luft wieder in Lorient angekommen. Der Urlaub in der Heimat war schön, trotz eisiger Kälte.

Viele Bekannte in Hamburg konnten kaum ihr Erstaunen verbergen, mich wiederzusehen. Einer sagte ganz unverhohlen: »Nanu, ich denke, du bist in Gefangenschaft.« Auf meine Frage, woher er diese Nachricht habe, vertraute er mir unter dem Siegel der Verschwiegenheit an: »Vom Londoner Rundfunk. Da wurde U 109 als versenkt gemeldet, und die gefangene Besatzung wurde namentlich verlesen.«

»Da siehst du, was das für ein Schwindel ist«, konnte ich nur sagen. »Und wie viele Leute den Londoner Rundfunk hören und den Mist auch noch glauben.«

Wie immer, wenn ich nach Hamburg kam, besuchte ich im Auftrag des Kommandanten den Stammtisch der »Hanseaten« auf St. Pauli und überbrachte Grüße von Kapitänleutnant Heinrich Bleichrodt. Es sind alte Kapitäne der Handelsmarine, die sich an jedem Sonntagmorgen an diesem Stammtisch treffen. Sie kennen Heinrich Bleichrodt von der *Pamir* und der *Peking,* auf denen er 1926 gefahren ist. Ich muß den alten Herren immer über unsere Feindfahrten berichten, und wenn ich von den überstandenen Stürmen erzähle, nicken sie verständnisvoll. Das haben sie alles erlebt.

Am 10. März hat Kapitänleutnant Bleichrodt im Rundfunk gesprochen, und am 14. März war unser Einlaufen in Lorient in der Wochenschau zu sehen. Dazu sagte der Sprecher: »Der vom britischen Rundfunk als versenkt gemeldete Kapitänleutnant Bleichrodt kehrt nach erfolgreicher Feindfahrt von der Ostküste der USA zurück.«

21. März 1942. Der I WO, Oberleutnant zur See Friedrich Wilhelm Wißmann, ist zum Kommandantenlehrgang ausgestiegen. Er wird dann bald ein eigenes Boot bekommen. Der alte Kämpe Stabsobersteuermann Bruno Petersen hat uns auch verlassen, um Offizier zu werden. Der BdU hat sein Versprechen nicht vergessen. Oberleutnant Ing. Martin Weber ist Kapitänleutnant Ing. geworden. Maschinenobermaat Mathias Breuer wurde zum Obermaschinistenlehrgang abkommandiert. Oberbootsmaat Walter Groß soll unter Beförderung zum Bootsmann die Nr. 1 auf einem der neuen U-Boot-Versorger werden. »Wenn ich euch mal versorgen muß, werdet ihr mich nicht bescheißen können wie den Kals. Den Trick von Schewe kenne ich ja nun«, sind seine letzten Worte an uns.

Auch der Fähnrich zur See Wex hat abgemustert, um Offizier und Wachoffizier zu werden. Fähnrich Hengen muß weiter mit uns fahren. Hat noch nicht die nötige Reife, sagt der Alte. Von den Mannschaften der ersten Stunde sind nur noch wenige an Bord: Härschel, Zank, Will, Paul Pötter, Herbert Goldbeck und Alois Wagenhofer. Verdammt komisches Gefühl, wenn so viele Männer das Boot verlassen.

Neuer I WO ist Oberleutnant zur See Werner Witte, Crew 1935. Als wir uns das erstemal sehen, sind wir beide sehr erstaunt. »Wir kennen uns doch«, sagt Witte, »aber woher?« – Wie ein Blitz kommt mir die Erinnerung. »Herr Oberleutnant«, sage ich, »das war bei der 19. Minensuch in der Werft in Kiel. Ich besuchte meinen alten Freund, den Obersteuermann Wolfgang Fromme, der bei Ihnen als I WO fuhr.« Witte kneift ein Auge zu. »Richtig. Das war im Herbst 39. Mein Gott, waren wir besoffen. Wie sind Sie eigentlich zu Ihrem Torpedoboot zurückgekommen?« – »Mit Ihrer Kommandantenpinasse, nachdem wir Sie in die Koje geworfen hatten.« Er lacht. »Ja, das war noch ein lustiger Krieg, 1939. Und den abgebrochenen Oberfähnrich Fromme, genannt Pius, haben wir noch zum Offizier gemacht.«

Eduard Maureschat hat natürlich sofort mitgekriegt, daß ich den neuen I WO kenne. »Wie ist er denn?« will er wissen. »Mit dem kannst du Pferde stehlen«, sage ich. »Na denn«, brummt Ede. Als überzähliger Gast ist Leutnant Ing. Albert Heyer, 21 Jahre alt, eingestiegen. Er soll wohl demnächst LI auf einem Boot werden. Die nachrückenden Offiziere werden immer jünger. Man könnte das kalte Grausen kriegen.

23. März 1942. Mehrere Male hatten wir jetzt in Lorient Fliegeralarm. Vorgestern nacht kam ein Tommy im Tiefflug und feuerte aus allen Rohren. Die OT hat im Hof der Salzwedelkaserne zwei große Bunker gebaut, in die wir bei Alarm stürzen. Meist im Schlafanzug und mit einer Decke unter dem

Arm. Kojen sind auch im Bunker. Man kann gleich weiterschlafen.

Es wird verdammt ungemütlich im Hafen. Vielleicht kommen wir eines Tages von der Feindfahrt zurück, und Lorient ist nur noch ein rauchender Trümmerhaufen.

Mit anderen alten Kameraden mußte ich wieder zur Untersuchung nach Carnac ins »Marineärztliche Forschungsinstitut für U-Boot-Medizin«. Lernte dort Flottenarzt Dr. Lepel kennen. Er fragte mich, seit wann ich die roten Punkte an den Armen habe. »Auf der letzten Fahrt bekommen«, sage ich. »Nun, wir werden uns nach der nächsten Fahrt wiedersehen«, sagt er sinnend. »Es muß ein Pilz sein.«

Dann muß ich mit Ferdinand zum Flottillenarzt Dr. Ziemke. Wir erhalten Informationen über die neuesten Tabletten gegen Gonorrhöe. Sie heißen »Albucid« und »Globucid«. »Und was machen wir bei Syphilis?« frage ich den Stabsarzt. »Leider auch schon vorgekommen«, sagt er. »Streng isolieren. Mehr könnt ihr nicht tun.« Er klopft mir lächelnd auf die Schulter. »Aber denkt an die tägliche Vitaminausgabe. Vor allem Vitamin A für die Brückenwache. Sonst werden die Kerle nachtblind.«

Anschließend fahren wir mit der FT-Mannschaft nach Kernevel zur letzten Information. Die neuen Befehle lauten: Getrennte Wellenbereiche der Seegebiete. Getrennte Schlüsselmittel. Keine Interessenschaltung anderer Seegebiete mehr. Ich bin froh über diese Befehle, denn der Alte verlangte von uns immer, die anderen Seegebiete mitzuschalten, was eine große Mehrarbeit war. Im Schlüsselraum von Kernevel zeigt uns der wachhabende Maat den neuesten FT von U 124, Kapitänleutnant Mohr:

»Waidmannsdank für freie Jagd,
In der Gewitter-Vollmondnacht
War bei Lookout die Tankerschlacht.
Der arme Roosevelt verlor
fünfzigtausend Tonnen – Mohr –.«

25. März 1942. Nun wird es Frühling in Frankreich, aber wir müssen wieder fahren. Wochenlang nur salzige Luft und Dieselgestank. Kein Erdgeruch.

Nach kurzer Verabschiedung durch den Flottillenchef Victor Schütze fliegen um 19,30 Uhr die Leinen los. Der Bug wird vorne abgedrückt. Die E-Maschinen summen. Langsam löst sich der graue U-Boot-Leib von der schwarzen *Isère* und wir nehmen Fahrt auf. Oben auf der Hulk spielt die Musik, die

Kameraden der 2. U-Flottille winken, und die Offiziere rufen: »Ajax, gute Fahrt und fette Beute!« Aber Ajax winkt nicht zurück. Er steht auf dem Turm, starrt gerade aus, und keiner darf ihn anquatschen.

Die Diesel springen an. Der graue Bootsleib erzittert. Mit schäumender Bugwelle ziehen wir durch das äußere Hafenbecken.

Hinter uns hat U 201, Kommandant der Ritterkreuzträger Adalbert Schnee, abgelegt. Vor der Enge Kernevel – Port Louis wartet ein dicker Sperrbrecher auf uns. In seinem Kielwasser geht es hinaus in die freie See. Ein letztes Winken zur Villa des BdU hinüber. Dann wenden wir uns ab. Um 21,00 Uhr wird der Sperrbrecher entlassen. Noch ist U 201 hinter uns zu sehen.

26. März 1942. Trotz heller Mondnacht haben wir U 201 aus den Augen verloren. Vielleicht hat Schnee bei der 200-Meter-Linie seinen Tieftauchversuch gemacht. Es war auch nicht beabsichtigt, gemeinsam durch die Biskaya zu marschieren. Um 07,15 Uhr läßt der Kommandant die Brückenwache zum Prüfungstauchen einsteigen.

Langsam gehen wir tiefer. 100 Meter gehen durch. Es scheint alles dicht zu sein, aber bei 130 Meter spritzt Wasser in den Dieselraum. Der Flansch zwischen oberem und unterem Teil des Abgasklappengehäuses ist undicht. Die Schrauben lassen sich nicht nachziehen. Der Kommandant läßt aber nicht auftauchen, da es oben schon hell ist.

Aus der Ferne hören wir das Grollen der Wasserbomben. Das ist die Biskaya; ohne den Donner der Wabos nicht mehr vorstellbar. Mit Kurs 225° marschieren wir den ganzen Tag auf 80 Meter Tiefe. Um 21,00 Uhr, kurz vor dem Auftauchen, kommt der Kommandant zu mir. »Leg die Platte New York auf. Dann gebe ich das Ziel bekannt.« Als die Musik erklingt, heben die Lords die Köpfe. Sie wissen, was sie bedeuten soll. »Auf nach Amerika!« Diesmal wird es die Küste von Florida sein.

Beim Auftauchen um 21,30 Uhr ist ein starkes Zischen an Steuerbord zu hören. Es wird ein Riß zwischen Abgasleitung und Anblaseverteiler in der Anblaseleitung festgestellt. Die Fahrt fängt ja gut an. Mir ist unklar, wie Schewe das reparieren will.

27. März 1942. Eine helle Nacht mit guter Sicht. Um 00,00 Uhr ist der Kommandant auf Kurs 259° gegangen. Als wir um 07,30 Uhr zum Unterwassermarsch tauchen, haben wir 9°

West passiert. Kaum unter Wasser, hören wir das Donnergrollen der Wasserbomben, nicht weit entfernt von uns. Es sind ganze Serien, die geworfen werden.

So geht es den ganzen Tag über. An Schlaf ist nicht zu denken. Manchmal sind die Detonationen so nah, daß sich die Männer besorgt ansehen. Der Kommandant fragt nach Asdic-Geräuschen, aber wir können keine feststellen. Zu den Längstwellen-Programmzeiten gehen wir auf Sehrohrtiefe. Wir erhalten einen FT von Kernevel, der die Wabo-Serien vielleicht erklärt. Etwas nördlich von uns hat eines unserer Boote drei Zerstörer und 10 Schnellboote mit Kurs Südost gesichtet. Der Kurs zeigt in die Bucht von St. Nazaire.

28. März 1942. Weiter mit großer Fahrt nach Westen. Meine Wache mit Leibling beginnt um 02,00 Uhr. Unter den eingehenden FTs ist ein Spruch für U 124: Kapitänleutnant Jochen Mohr hat das Ritterkreuz erhalten.

Um 03,50 Uhr reicht mir Leibling einen anderen FT. »Von BdU: Alle Boote ostwärts 29° West mit Höchstfahrt Qu. BF 6510 ansteuern.« Gleich darauf ein neuer FT vom BdU: »Engländer heute nacht bei St. Nazaire gelandet.« – Der Alte liest die FTs und gibt mir die Kladde zurück. »Ich glaube nicht, daß das eine größere Aktion ist. Wir laufen erst mal weiter.« – »Aber der BdU weiß, daß wir 15° noch nicht passiert haben«, sage ich. Bleichrodt lächelt amüsiert. »Ach, Hirschfeld, wenn es eine richtige Invasion ist, kommen wir immer noch zurecht.« Er klopft mir väterlich auf die Schulter. »Sie werden sehen, der Gegenbefehl kommt bald.« – Ich glaube auch, daß da einer im Operationszimmer durchgedreht hat. Es waren doch nur leichte Streitkräfte gemeldet; für eine Invasion braucht man aber eine Armada. Und wie kann man nach Westen marschierende Boote zurückrufen, die auf jeden Tropfen Brennstoff angewiesen sind. Von Dönitz war dieser FT bestimmt nicht.

Wir marschieren mit langsamer Fahrt weiter nach Westen. Der Alte liegt auf seiner Koje und liest. Kein Gegenbefehl und auch keine klärenden Funksprüche. Sollte es doch ernster sein, als wir annehmen? – Um 06,45 Uhr läßt der Alte ein Kurzsignal abgeben: »Mein Standort ist Qu. BF 71. U 109.« Das Signal wird bestätigt; es erfolgt aber keine Reaktion. Schließlich befiehlt der Kommandant schweren Herzens Kursänderung um 180°. Mit einer Maschine Langsame Fahrt schlingern wir nach Osten. Um 07,43 Uhr Eingang FT 0655/28 von BdU: »Englischer Angriff auf St. Nazaire, von Zerstörern und Schnellbooten durchgeführt, ist abgeschlagen. Ab Hellwerden Luftaufklärung. Nach Ergebnis Aufklärung erfolgt weiterer Befehl.« Der Alte läßt das Boot auf der Stelle treten.

Um 08,00 Uhr werde ich von Ferdinand abgelöst. Ich erkläre ihm die Lage und das vergebliche Warten auf den Gegenbefehl. Im U-Raum treffe ich die anderen Maaten der Freiwache zum Frühstück. »Man muß sich wundern«, sagt Werner Borchardt, »daß der BdU noch in Kernevel so nahe am Meer sitzt. Was denkt ihr, wenn sie uns den mal mit einem Kommandounternehmen klauen?« Wir müssen alle lachen; aber recht hat Borchardt. Um 09,45 Uhr endlich der ersehnte FT: »Boote Westmarsch fortsetzen. Befehl für Ansteuerung BF 6510 ist aufgehoben.« Das Vorschiff schwingt herum. Kurs 258°. Die Diesel laufen nur dreißig Minuten »Große Fahrt«, dann läßt der Alte tauchen. Wir marschieren auf 120 Meter Tiefe.

Als der Kommandant um 22,00 Uhr die Oberfläche ansteuern läßt, knallt es in unmittelbarer Nähe dreimal. Fliegerbomben. Wir bleiben getaucht bis 22,00 Uhr. Dann aufgetaucht. Es weht ein warmer Westsüdwestwind Stärke drei. Leichte Dünung, bedeckter Himmel und mittlere Sicht.

29. März 1942. Um 00,50 Uhr in Quadrat BF 7138 Backbord voraus ein U-Boot auf Gegenkurs in Sicht. Der Kommandant läßt nach Süden ausweichen. Einwandfrei ein deutsches Boot vom Typ IX, das uns nicht bemerkt hat. – Um 06,40 Uhr in Qu. BE 9363 Steuerbord voraus wieder ein deutsches U-Boot vom Typ IX mit östlichem Kurs. Auch dieses Boot bemerkt unser Ausweichmanöver nicht. Die müssen nachtblind sein, was dem Kommandanten Anlaß gibt, mich an die Vitamin-A-Kugeln zu erinnern. Ich beginne sofort mit der Ausgabe an die Brückenwache.

Endlich erfahren wir etwas über den Angriff auf St. Nazaire. Die Briten haben einen Zerstörer, neun Schnellboote und vier Torpedoboote verloren und blutige Verluste an Mannschaften erlitten. 100 Mann wurden gefangen. Auf deutscher Seite angeblich keine Verluste. Das dürfte eine Zwecklüge sein, aber die Briten lügen noch viel mehr.

Kapitänleutnant Bleichrodt gibt mir nachdenklich die FT-Kladde zurück. »Komisch«, sagt er zum I WO, »sie müssen doch einen Zweck verfolgt haben. Sicher wollten sie die Schleusen zerstören. Aber dafür dieser Aufwand. Wäre doch aus der Luft viel einfacher gewesen.«

30. März 1942. Weiter Kurs 259°. Es wird langsam warm. In

der Nacht Temperatur + 18° Celsius. Die Männer stehen im leichten Arbeitszeug auf der Brücke. Der Wind kommt mit Stärke vier aus Westsüdwest. Das Boot wiegt sich in der langen Dünung.

Otto Peters hat beim Antreten der Brückenwache in der Zentrale beobachtet, wie zwei Männer die Vitamin-A-Kugeln hinter sich in die Bilg fallen lassen. Zugegeben, die Kugeln sind etwas zu groß zum Schlucken, aber unser aller Leben hängt von den guten Augen der Brückenwache ab. Ich entere also auf den Turm und melde es dem I WO. Dabei habe ich zwei neue Kugeln mit, und Maureschat überwacht die Einnahme.

»Ihr verdammten Himmelhunde«, brüllt er mit seiner mächtigen Stimme. »Habt ihr nicht die beiden Boote letzte Nacht gesehen? Die hätten wir leicht abknallen können. Wahrscheinlich haben sie auch kein Vitamin A gefressen!« Von nun an müssen alle die Kugeln vor meinen Augen schlucken.

Um 09,00 Uhr Alarmtauchen zur Übung. Wie ein fernes Gewitter hören wir das Rummeln der Wabos. Da die Sicht sehr schlecht ist, entschließt sich der Kommandant noch einmal zum Unterwassermarsch auf 120 Meter Tiefe bis 22,00 Uhr.

31. März 1942. Helle Nacht, aber nur mittlere Sicht. Es brist langsam auf. Wir haben Südsüdwest fünf. Die Dünung wird länger und höher. Die ersten Wogen rollen über das Vorschiff und knallen gegen den Turm. Um 02,20 Uhr habe ich das erste Kurzsignal dieser Fahrt abgegeben: »Habe 16° West überschritten. Bleichrodt.«

Es wird Zeit, die neuen Männer einzuarbeiten. Den ganzen Tag üben wir Alarmtauchen und unter Wasser Ausfälle durch Wabos.

Der Wind dreht auf Westnordwest. Wolken jagen am Himmel dahin. Manchmal ist noch ein Stück blauer Himmel zu sehen. Während der Mittagsgefechtspause will Bootsmaat Seidel auf die Brücke gehen, um eine Zigarette zu rauchen. Gerade als er im Turmluk fragt: »Ein Mann Brücke?«, sieht er über uns eine Maschine aus einem Wolkenloch stürzen. Er schreit: »Flieger!« und läßt sich nach unten fallen. Oberleutnant zur See Witte, der an eine Übung glaubt, jagt seine Wache durchs Turmluk und springt selbst hinterher, während das Vorschiff schon unterschneidet. Mit steiler Fahrt geht es abwärts. Der LI weiß von Seidel, was anliegt, und läßt das

Boot durchfallen. Noch glauben alle an eine Übung, als es hinter uns mächtig knallt. Die Männer sehen sich erstaunt an. Rumms, noch einmal und das war diesmal unter uns. Das sind keine Fliegerbomben. Ich springe von meiner Koje hoch und stürze zum Horchraum. Berthold Seidel steht am Funkraum. »Das sind Wasserbomben«, sage ich. Er nickt und sagt seelenruhig: »Ist aber ein Flugzeug.« – »Wie schön«, erwidere ich. »Jetzt kommen die auch schon mit diesen Koffern.«

Der I WO kommt durchs Kugelschott gestiegen. »Mein Gott, Seidel, das war um Haaresbreite.« Berthold nickt. »Meine 13. Fahrt. Aber wir kommen auch diesmal nach Hause.«

Das Boot ist auf 100 Meter eingependelt. Aus den einzelnen Abteilungen laufen die Meldungen ein. Nur in der E-Maschine sind einige Sicherungen rausgeflogen. Alle Außenbordverschlüsse sind dicht. Ein Glück, daß die Bomben nicht seitlich lagen.

1. April 1942. Wir stehen in Quadrat BE 7937. In der Nacht hat es zum Sturm aufgebrist. Als ich im Morgengrauen auf die Brücke gehe, sehe ich die riesigen Wasserberge, die uns entgegenrollen. Jetzt werden die neuen Männer endlich Seebeine kriegen. Einige laufen mit grünen Gesichtern durch die Räume und suchen mit stierem Blick eine Ölpütz, um sich die Galle aus dem Leib zu kotzen. Nach einer Woche Sturm werden sie es überstanden haben.

Am Nachmittag steht die See haushoch von Nordwest, so daß wir nicht vorankommen und wieder unter Wasser marschieren. Am Abend Eingang FT 1908/1 von BdU: »Bleichrodt am 2. 4. 08,00 Uhr Grönland schalten.«

2. April 1942. Wir sind aufgetaucht. Das Tief ist nach Osten abgezogen. Der Seegang ist noch gewaltig, aber der Wind hat etwas abgeflaut. Er kommt aus Südsüdwest. Das Boot liegt vorn sehr tief in der See und nimmt viel Wasser über. Wir marschieren diesel-elektrisch. Die Brückenwache ist angeschnallt. Ich notiere in der Zentrale die Position: 43°11' Nord, 24°17' West, Kurs 259°, Temperatur + 20° C.

Als ich am Morgen auf die Brücke komme, stößt mich Maureschat an und zeigt nach achtern. » Da ist wieder einer.« Hinter uns marschiert ein einzelner Hai. Järschel kommt mit leeren Konservendosen auf die Brücke, die aufgeschnitten sind, damit sie schnell versinken. Wir erzählen dem I WO, daß ein Hai, der uns folgt, den Alten nervös macht, und Witte gibt die Erlaubnis, daß Järschel das Tier mit leeren Konservendosen füttert. Bald zieht der Hai eine Blutspur hinter sich her, aber der Appetit scheint ihm nicht vergangen zu sein. Werner Borchardt, der auch auf der Brücke erschienen ist, schlägt dem I WO vor, den Hai mit Handgranaten zu füttern. Witte lehnt lachend ab. »Dann wacht der Alte auf und macht mir einen Tanz. Die Handgranaten hört man doch meilenweit unter Wasser.« Womit er recht haben dürfte.

Am Nachmittag ist der Hai nicht mehr da. Vielleicht haben sich seine Kameraden seiner angenommen. Am Abend Eingang FT 2131/2 von BdU: »Bleichrodt am 3. 4. zwischen 01,00 und 05,00 h Wetter nach Wetterkurzschlüssel melden.«

3. April 1942. Heute ist Karfreitag. Für uns ein Tag wie jeder andere. Um 02,08 Uhr Kurzwetter abgegeben und von Kernevel sofort verstanden. Weiterhin mit Kurs 259° nördlich der Azoren nach Westen. Wir machen Alarmtauchen zur Übung und unter Wasser Ausfälle- und Störungsexerzieren. Das Barometer fällt.

Ein neues Tief braust heran. Wir treten auf der Stelle. Am Nachmittag entschließt sich der Kommandant, den Marsch unter Wasser fortzusetzen, um Brennstoff zu sparen. Wir gehen auf 80 Meter Tiefe, da die Dünung bei 60 Meter noch zu spüren ist. Die Männer liegen auf den Kojen, und wir machen im Funkraum leise Musik von Schallplatten für alle Räume. Der junge Leutnant Ing. Heyer hat zur Übung die Tiefensteuerleitung in der Zentrale. Das GHG ist besetzt, aber in der Tiefe des Atlantiks ist es totenstill. Kein Donner der Wasserbomben, der an den Nerven zerrt.

Um 22,35 Uhr läßt der Kommandant auftauchen, um die Batterien nachzuladen und die fehlenden FTs auf Längswelle hereinzuholen. Das Wetter ist unverändert.

4. April 1942. Wir stehen in Quadrat CE 3127. Südsüdwest 8, See 7 bis 8. Schlechte Sicht. Eine schwere, steile See rollt heran. Wir stampfen fast auf der Stelle.

In den Morgenstunden wird festgestellt, daß sich Tauchzelle acht selbständig entlüftet. Der Fehler kann nicht gefunden werden und die Zelle muß alle 30 Minuten nachgeblasen werden. Um 10,30 Uhr donnert es im Turmbau unter der Brücke. Die Acetylenflaschen sind aus der Halterung geschlagen und werden von Schewe und seinen Männern, die meist bis zum Hals im Wasser stehen, in mühevoller Arbeit wieder angeschraubt. Um 14,00 Uhr haben sie sich neuerlich losgerissen. Das Gas wird abgeblasen und die leeren Flaschen werden ins Boot genommen.

Durch FT erfahren wir, daß U 459, der erste U-Tanker unter Führung von Korvettenkapitän Wilamowitz-Möllendorff, im Atlantik im Einsatz ist. Dieses Boot vom Typ XIV kann 700 cbm Brennstoff fassen und ist mit zwei 3,7-cm-Flak bewaffnet. Noch in diesem Monat sollen drei weitere U-Tanker folgen.

5. April 1942. Heute ist Ostern, und wir kämpfen weiter gegen den Sturm. Nicht einmal ein Festessen kann der Koch zubereiten: Järschel hat nur eine Suppe gekocht, die wir aus Dosen und Schöpfkellen essen, um unser Geschirr zu schonen.

Um 12,00 Uhr DGZ stehen wir auf 42°07' Nord und 30°50' West. Neuer Kurs ist 245°.

Der Maschinengefreite Gerstner meldet sich mit Tripper bei mir. Er behauptet, ihn erst jetzt bemerkt zu haben. Ich muß dem Kommandanten Meldung machen, der das Blaue vom Himmel flucht. »Wir sind elf Tage in See und Sie merken erst jetzt, daß Sie einen Tripper mitgebracht haben?« brüllt er Gerstner an, der schuldbewußt das Haupt senkt. – Wir legen ihn im Heckraum flach und beginnen mit einer Albucidkur. Er ist von jedem Dienst befreit.

6. April 1942. Heute vormittag flaut der Sturm plötzlich ab. Die See beruhigt sich schnell. Das Gewölk zerreißt. Strahlend kommt die Sonne hervor. Wie Höhlenmenschen steigen wir blaß und lichthungrig nach oben und sonnen uns auf dem Wintergarten. Blau ist der Himmel und blau ist die See. Unzählige Segelquallen kommen uns entgegen, die in allen Regenbogenfarben schillern. Er ist so friedlich nach diesem Sturm. Man mag gar nicht an Krieg denken.

Am Nachmittag ziehen aber wieder dunkle Wolken von Westen heran. Der Horizont wird fast schwarz, und dann öffnet der Himmel seine Schleusen. Strömender Regen; tropisch warm. Ich habe Karl Will, der jetzt Ältester im Achterschiff ist, beauftragt, zu überwachen, daß Gerstner tatsächlich seine Tabletten nimmt.

7. April 1942. Wir sind nun westlich der Azoren. Die See ist ruhiger geworden, und wir machen diesel-elektrisch mit 7 sm gute Fahrt.

Hardegen meldet mit FT, daß er vor der amerikanischen Küste an eine U-Boot-Falle geraten ist. Er hat das Schiff von 3000 BRT niedergekämpft und versenkt, wobei leider ein Fähnrich gefallen ist. Außerdem hat das Boot einen Treffer im Oberdeck erhalten, doch ist der Druckkörper unbeschädigt geblieben. U 123 hat nochmal Glück gehabt.

In den Abendstunden hören wir jetzt oft die Sendungen der

BBC in deutscher Sprache ab. Es ist zwar streng verboten, diese Sendungen zu hören, aber auf den U-Booten lacht man nur über dieses Verbot. Ich bin fest davon überzeugt, daß Dönitz das auch weiß. Dabei ist es direkt albern, mit welchen Lügen die Engländer uns verunsichern wollen. Am amüsantesten ist der sogenannte »Geheimsender Nr. 1.« Wenn wir ihn abhören, kommt sogar der Kommandant in den Funkraum. Die Sendung beginnt immer mit den gleichen Worten: »Achtung! Achtung! Hier ist Gustav-Siegfried Eins. Es spricht der Chef!« Der Chef spricht mit markiger Stimme und spielt den alten SA-Führer. Er meckert über Fehlleistungen der Parteibonzen und schimpft auf die SS. Den Führer beleidigt er niemals. Über einige Vorkommnisse ist er erstaunlich gut informiert und schlachtet sie gehörig aus. Einmal erzählt er eine wüste Pornogeschichte über Bömker, den Oberbürgermeister von Bremen, der sich angeblich dralle Polenweiber aus der Fischfabrik holt und mit ihnen in seinem Keller Unzucht treibt. Das malt er dann im Detail aus. Zum Schluß sagt er immer: »Volksgenossen, laßt euch das nicht gefallen. Wendet euch an den Minister Dr. Lammers in Berlin. Er wird euch helfen.«

Der Chef behauptet, daß er von einer fahrbaren Station auf dem Festland spricht, was aber gelogen ist. Von meinen Freunden beim B-Dienst, die den Sender gepeilt haben, weiß ich, daß die Sendungen aus England kommen.

Heute kann zum erstenmal an Oberdeck gearbeitet werden, und dabei wird die Ursache der dauernden Nachentlüftung von Tauchzelle acht gefunden. Ein Nietenkopf an der Außenhaut Backbordseite ist losgesprungen und durch das Nietloch konnte die Luft entweichen. Das Leck wird mit Schraube und Dichtungsmaterial dichtgesetzt. Am Abend wieder Alarmtauchen zur Übung. Torpedo-Feuerleit- und Tiefensteuer-Übungen.

8. April 1942. Wir stehen in Quadrat CD 5619, Kurs Bermudas. Es brist schon wieder auf. Das Barometer fällt. Allen Anzeichen nach bekommen wir wieder Sturm.

Heute kam ein FT vom BdU an alle Boote: »Italienische Dampfer *Saturnia* und *Vulkania* fahren nach Übereinkommen England–Achse über Gibraltar, Kanaren, Kap Verden, Kapstadt nach Ostafrika zum Gefangenenaustausch. Fahrt 19 sm.« Sonderbar dieser weite Weg. Es wäre doch auch übers Mittelmeer gegangen. So werden die Briten diesen Schiffen sogar Brennstoff liefern müssen.

9. April 1942. Heute nacht haben wir 40° West überschritten. Grau in grau kommt der Morgen herauf, und wieder orgeln die Brecher über den Turm. Wir kommen kaum von der Stelle. Die Brückenwache ist angeschnallt und steht oft bis zum Hals im Wasser. Der Sturm scheint immer stärker zu werden. Tauchzelle acht hält dicht und braucht nicht mehr nachgeblasen zu werden. Am Nachmittag entschließt sich der Kommandant zum Unterwassermarsch, da wir kaum noch Fahrt über Grund machen.

Um 22,00 Uhr zur Programmzeit aufgetaucht. Der Alte geht allein auf die Brücke. Der Sturm rast mit unverminderter Stärke. Die Brückenwache braucht nicht aufzuziehen. Es ist kein Waffeneinsatz möglich. Wir versuchen die fehlenden FTs hereinzuholen, während die Batterien aufgeladen werden. Nachdem wir das erledigt haben, knallen die Entlüftungen wieder auf. Nichts wie runter in die schützende Tiefe.

10. April 1942. Um 13,00 Uhr müssen wir an die Oberfläche, um die Batterien nachzuladen. Ein Windstoß fegt duch das Boot, als der Alte das Turmluk öffnet und auf die Brücke steigt. Der Südweststurm ist zum Orkan geworden. Das Boot macht nur 1,5 sm über den Grund. Während die Batterien aufgeladen werden, holen wir die fehlenden FTs herein. Dann geht es wieder auf 120 Meter Tiefe hinab.

Unter den FTs ist auch ein Spruch an uns: »Bleichrodt gelegentlich melden, ob sich neuer Antrieb Kühlwasserpumpen bewährt. KWP ja oder nein. BdU.« Um 22,00 Uhr wieder aufgetaucht und zur Programmzeit beigedreht, da Wetter unverändert. Eingang FT 2220/10 von BdU: »U 109 zwischen 01,00 und 05,00 Wetter hergeben.«

11. April 1942. Um 01,40 Uhr Kurzwetter abgegeben und nach Bestätigung durch Kernevel wieder unter Wasser gegangen auf 120 m. Gekoppelter Standort 37°50' Nord, 44°50' West, Kurs 280°. Orkan 10 bis 11. – Längstwellenempfang ist unter Wasser nicht möglich, da das Boot bei 15 bis 18 Meter Tiefe glatt aus dem Wasser geworfen wird. Also wird um 13,00 Uhr wieder zur Programmzeit aufgetaucht. Das Wetter ist wie gehabt. Durch FT erfahren wir, daß Kapitänleutnant Topp, U 552, das Eichenlaub zum Ritterkreuz erhalten hat.

Ich untersuche unseren tripperkranken Gerstner und muß feststellen, daß die Albucidkur gar nicht angeschlagen hat. Ich beginne mit einer zweiten Kur und mache dem Alten Meldung. »Sonderbar«, sagt er, »das Mittel ist doch erprobt.«

12. April 1942. Heute ist Sonntag. Wir kommen kaum von

der Stelle. Nur 3 sm Fahrt über Grund. Immer noch jagt der Sturm über uns hinweg. Die Stimmung im Boot ist schlecht. Obwohl Järschel heute wieder Holsteiner Katenschinken mit Spargel serviert und wir leise Musik in die Räume geschaltet haben, sind die Männer verbittert über das untätige Herumliegen auf den Kojen.

Der Kommandant hat während der Programmzeit die Brükkenwache aufziehen lassen. Durch das Turmluk ergossen sich ganze Sturzseen, und in der Zentrale mußte andauernd die Lenzpumpe laufen. Es hatte keinen Zweck, oben zu bleiben. Also wieder Unterwassermarsch, diesmal auf 140 Meter.

Goldbeck kommt zu mir und klagt über Schmerzen im Unterleib rechts. Wir messen 39° Fieber. Offensichtlich Blinddarmreizung. Das hat uns noch gefehlt. Nach Beratung mit dem Kommandanten erhält Goldbeck einen Eisbeutel auf den Unterleib. Herrgott, laß ihn gesund werden, damit wir nicht operieren müssen.

In der Nacht muß ich für den Kommandanten das handgeschriebene Kriegstagebuch mit der Maschine abschreiben. Sicher eine Anordnung vom BdU-Stab, damit sie das DTB schneller lesen können.

13. April 1942. Bald sind es drei Wochen her, daß wir Frankreich hinter uns versinken sahen, und wir haben noch kein Schiff gesehen. Während der langen Unterwasserfahrten war auch kein Schraubengeräusch zu hören. Der Kommandant blickt finster drein und ist bei schlechter Laune.

Um 13,00 Uhr aufgetaucht. Wind hat abgeflaut. Dafür regnet es in Strömen, so daß die Sicht nur wenige hundert Meter beträgt.

14. April 1942. Der Sturm hat wirklich nachgelassen. Der Kommandant hält es nicht mehr unter Wasser aus, er läßt auftauchen und die Brückenwache aufziehen.

Von Hardegen geht ein FT ein. Er hat 74.837 BRT versenkt; zehn Schiffe, darunter acht Tanker, einen Passagierfrachter und eine U-Boot-Falle. Zweimal Wabo-Verfolgung auf 20 Meter Wasser. Daß er dabei entkommen konnte, verdankt er sicher nur der Unerfahrenheit der Amerikaner.

Der Kommandant gibt mir die Kladde zurück und nickt. »Genau unser Operationsgebiet. Wenn wir hinkommen, ist der ganze Verkehr gestoppt, oder sie liegen auf der Lauer.«

Gegen Abend hat der Sturm sehr nachgelassen. Wir können aber noch keine höhere Fahrtstufe laufen, denn es steht noch immer eine haushohe See. Das Barometer steigt aber.

15. April 1942. Um 04,00 Ausgang FT an BdU: »Stehe Qu. CC 75, 128 cbm, NW 4, See 3, 1033 mb. Dunkle, klare Nacht. Beabsichtige Qu. DB 60. KWP ja. Bleichrodt.« Strahlend kommt der Morgen hoch. Die See wird glatt und die Sonne scheint vom wolkenlosen Himmel. Endlich kann Obersteuermann Arnetzberger wieder ein Besteck nehmen.

Gegen 11,00 Uhr ein FT vom BdU: »An U 109, mit Absicht einverstanden.« Um 24,00 Uhr, kurz vor Sonnenuntergang, werden die Maschinenwaffen eingeschossen. Wir kommen in die Nähe der Bermudas und müssen mit Überraschungen aus der Luft rechnen. Andere Boote haben kleine Luftschiffe, Blimps genannt, gemeldet, die weit vor der Küste Aufklärung fliegen. Man müßte sie eigentlich gut treffen können.

16. April 1942. Wir stehen nordöstlich von Bermuda. Um 04,20 Ausgang FT an BdU auf Abweichfrequenz Norddeich. »Bei Gonorrhöekrankem zweite Albucidkur nicht angeschlagen. Erbitte Anweisung für Treffpunkt mit Heimkehrer zwecks Abgabe. NNW 1, lange flache Dünung, dunkle Nacht, klare Sicht, 1040 mb, gleichbleibend, Qu. CB 99. Bleichrodt.« Weiterhin Sonne am blauen Himmel. Das Boot wiegt sich in der leichten Dünung. Nun ist es nicht mehr weit zur amerikanischen Küste.

Gegen Mittag ein Ruf von der Brücke: »Mastspitzen in Sicht.« Es geht also los. Das Schiff fährt mit Kurs 90°. Es ist nicht groß, aber immerhin einen Torpedo wert. Mit hoher Fahrt setzen wir uns vor. Nur seltsam, daß der Dampfer nicht zackt.

Um 17,00 Uhr stehen wir auf seinem Kurs, und mit Alarm geht es unter Wasser. Das Boot wird eingesteuert und bleibt auf Sehrohrtiefe. Die vorderen Rohre sind gewässert und die Mündungsklappen aufgedreht, aber dann höre ich den Alten fluchen. Es ist ein Neutraler. Um 18,45 Uhr DGZ gibt der Kommandant den Befehl zum Auftauchen. Alle sehen sich erstaunt an, und ich frage schnell bei Eduard im Turm an. »Dampfer zeigt Schweizer Flagge«, sagt er nur kurz und verschließt das Sprachrohr, denn er muß mit der Artilleriemannschaft an Oberdeck. Rauschend brechen wir durch die Oberfläche. Das Turmluk fliegt auf. Hinter dem Alten hastet die Artilleriemannschaft nach oben. Die Brückenwache folgt nach.

»Handscheinwerfer auf die Brücke!« Also Anhalten nach Prisenordnung. Was der Alte da macht, hat es wohl seit zwei Jahren nicht mehr gegeben. Wir stehen ca. 1000 Meter Steuerbord hinter dem Schiff, das durch Morsespruch Befehl erhielt, sofort zu stoppen. Es spricht sich schnell im Boot herum, was da oben gespielt wird. »Dampfer hat gestoppt«, hören wir von oben. Dann wird ein Boot mit Schiffspapieren angefordert. Auch diesem Befehl wird Folge geleistet. Schließlich hören wir von oben: »Dampfer nimmt wieder Fahrt auf und dreht auf uns zu.« Will er uns rammen? Der Alte läßt zwei Schuß aus dem MG C 30 vor den Bug setzen. Der Dampfer stoppt sofort und dreht wieder bei. Erst jetzt wird das Boot zu Wasser gelassen. Es dauert eine Stunde, bis es längsseits kommt.

Ich habe gleich nach dem Auftauchen die internationalen Wellen besetzen lassen, falls sie da drüben auf die Taste drücken sollten. Auch die Geschützmannschaft bleibt gefechtsklar, aber es sieht nicht danach aus, als wäre dieses Schiff eine Falle. Als das Boot längsseits kommt, entere ich schnell auf den Turm, um mir ein Schauspiel anzusehen, das es in diesem Krieg wohl kaum mehr geben wird. Ich komme gerade zurecht, wie der Erste Offizier die Leiter zum Wintergarten emporklettert und sich bei Kapitänleutnant Bleichrodt meldet. Er sieht etwas verlaust aus; nicht gerade wie ein Schweizer. Der Alte wirft ihm einen durchdringenden Blick zu, ehe er in die Schiffspapiere sieht. Dann liest er laut vor: »Schweizer Dampfer *Calanda* mit 6420 Tonnen Weizen in Säcken und lose an Bord von New York nach Genua usw. –« Ich schreibe die Angaben für das KTB mit. Die *Calanda* wird von einem holländischen Kapitän und holländischen Seeleuten geführt. Die 33 Mann starke Besatzung ist ein buntes Völkergemisch von Portugiesen, Finnen, Polen, Esten usw.

»Sind das auch die echten Papiere?« fragt der Alte. »Oder sollen wir Ihr Schiff durchsuchen?« Der Schweizer beteuert, daß er nach Genua fährt. »Gut«, sagt Bleichrodt. »Wenn Sie auf einem anderen Kurs angetroffen werden, ist Ihr Schiff verloren.«

»Der Bursche lügt doch«, sagt Witte, nachdem das Boot abgelegt hat. »Das denke ich auch«, meint der Alte. »Aber es ist mir zu gefährlich, Leute hinüberzuschicken, wo wir jeden Augenblick von der Luftaufklärung erfaßt werden können.«

17. April 1942. Weiter nach Westen. Es hat aufgebrist. Die Bermudas liegen jetzt querab, und wir hören wieder die amerikanischen Rundfunkstationen, die behaupten, daß bei Kap Hatteras ein deutsches U-Boot versenkt wurde.

Da unser FT vom 16. April bis jetzt nicht bestätigt wurde,

setzt der Kommandant einen neuen Funkspruch auf, den wir um 01,50 Uhr auf der Abweichfrequenz Norddeich abgeben. »An BdU: Erstens, 16.4. 19,00 h in Qu. CB 9864 Schweizer *Calanda* angehalten, mit Getreide von New York nach Genua, Kurs 90°, 7 sm. Zweitens, bei Gonorrhöekrankem zweite Albucidkur nicht angeschlagen. Wenn ärztlicherseits Abgabe für notwendig befunden, erbitte Anweisung für Treffpunkt mit Heimkehrer. Drittens, kann mit späterer Brennstoffversorgung gerechnet werden? Viertens, SW 4, 1030 mb, fallend, klare Sicht, Qu. CB 9854. Bleichrodt.«

Jetzt wissen alle Boote über die *Calanda* Bescheid. Diesmal läßt die Antwort vom BdU nicht lang auf sich warten. Um 05,52 Uhr Eingang FT 0442/17. »An Bleichrodt: Erstens, Krankenabgabe nicht möglich. Arzt verordnet Bettruhe und Wiederholung Albucidkur nach einer Woche. Zweitens, mit Brennstoffversorgung kann nicht gerechnet werden. BdU.«

Der Kommandant ist sehr verärgert und schreibt ins KTB: »So stehen mir für die Zeit an der Küste nur noch etwa 20 bis 28 cbm zur Verfügung, die schnell verfahren sind, ohne dafür große Gebiete absuchen zu können. So kann es kommen, daß ich die Torpedos wieder mit nach Hause schleppen muß. Ein etwas unproduktives Unternehmen.«

Hardegen ist verschossen und auf Rückmarsch. Es knallt jetzt an der gesamten Ostküste von Halifax bis Florida. Es scheinen endlich auch mehr Boote aus der Heimat zu kommen, denn immer neue Namen tauchen auf den Funkwellen auf. Der Atlantik wird in diverse Funkschaltungen aufgeteilt; Leitstelle ist Paris.

18. April 1942. Kurz nach Mitternacht kommt Eduard Maureschat zu mir an den Funkraum. »Du verstehst doch etwas von Fischen, Wolf«, sagt er langsam und grinst dabei. Ich nicke. »Kann man Fliegende Fische essen?« – »Aber klar, Ede, die schmecken ganz ausgezeichnet«, sage ich. »Gut«, sagt er lachend, »ich besorge die Fische und du machst sie fertig.« Schon ist er weg. Ich glaube nicht, daß er welche fangen wird, aber kurze Zeit später steht er wieder am FT-Raum und zeigt mir grinsend eine ganze Pütz voll zappelnder Fische. Leibling und mir gehen die Augen über. »Mensch, Ede«, sage ich, »wie hast du das gemacht?« Er lacht. »Die knallen laufend gegen den Turm. Man braucht sie nur aufzusammeln.« Ich mache mich sofort in der Kombüse an die Arbeit, ohne Järschel zu wecken.

Als wir dann eifrig beim Schmausen sind, erscheint der Alte

in der Kombüse und fragt: »Was habt ihr denn da? Fische?« – »Fliegende Fische, Herr Kaleu«, sagt Eduard lachend. »Wenn wir Ihnen auch einige servieren dürfen?« Der Alte streicht sich lächelnd den Bart. »Da kann ich nicht nein sagen.«

Unser Standort ist 34°57' Nord und 63°51' West, Kurs 259°. »Übermorgen hat Adolf Geburtstag«, sagt Otto Peters beim Mittagessen, »und wir haben noch kein Schiff versenkt. Hätten ruhig den Schweizer versenken sollen. Keiner hätte es gemerkt, und den Krieg erklären die uns nicht.« So sind Ottos Späße.

19. April 1942. Sonntag und es gibt wie immer Schinken mit Spargel. Otto Peters sagt mir, daß Järschel in der Kombüse meckert, weil jeder eine kleine Dose Spargel bekommt. Ich lasse ihn kommen und stelle ihn zur Rede. »Herr Obermaat«, sagt er erregt, »wenn wir so weitermachen, reichen wir keine 12 Wochen mit dem Proviant.« – »Aber Järschel«, sage ich. »Machen Sie sich doch keine Sorgen. Wir müssen in wenigen Tagen unsere Aale verschossen haben. Eine Brennstoffversorgung ist für uns nicht vorgesehen, und dann geht es zurück.« Beruhigt zieht er ab.

Wir erhalten einen FT, der uns in Erstaunen setzt. »An alle von BdU: Italienische Tanker *Arcola* und *Taigete* fahren mit Einverständnis Feindmächte nach Curaçao. Nicht angreifen.« Höchst sonderbar. Der BdU fordert außerdem dringend Erfolgsmeldungen an. Offensichtlich will er am 20. April eine Sondermeldung herausgeben. Auch wir werden namentlich aufgefordert, sofort Erfolge zu melden. In Paris nehmen sie wohl an, daß wir schon im Operationsgebiet stehen. Der Alte klappt verärgert die Kladde zu.

20. April 1942. Wir stehen 200 Seemeilen nördlich von Bermuda. Um 00,00 DGZ kramt der Alte aus seiner Kiste unter der Koje eine Flasche Rum hervor. Alle Kommandanten haben einige Flaschen Rum mit. Er soll gegen die Neufundlandkrankheit helfen. Erfahrung von Kapitän Rose aus dem Ersten Weltkrieg.

Der Alte kommt mit drei kleinen Gläsern in der Hand in den Funkraum. »Heute ist Führers Geburtstag«, sagt er lächelnd. »Da müssen wir doch mal anstoßen.« Er reicht Leibling und mir je ein Glas und füllt sie bis zum Rand. »Erfolge können wir nicht melden. Aber deswegen wollen wir uns nicht ärgern, Hirschfeld. Prost!«

»Herr Kaleu«, sage ich scherzend, »bis 07,00 Uhr können wir noch melden. Die Sondermeldung geht erst um 12,00 Uhr

2/23 *Indienststellung von U 234 am 2. März 1944*

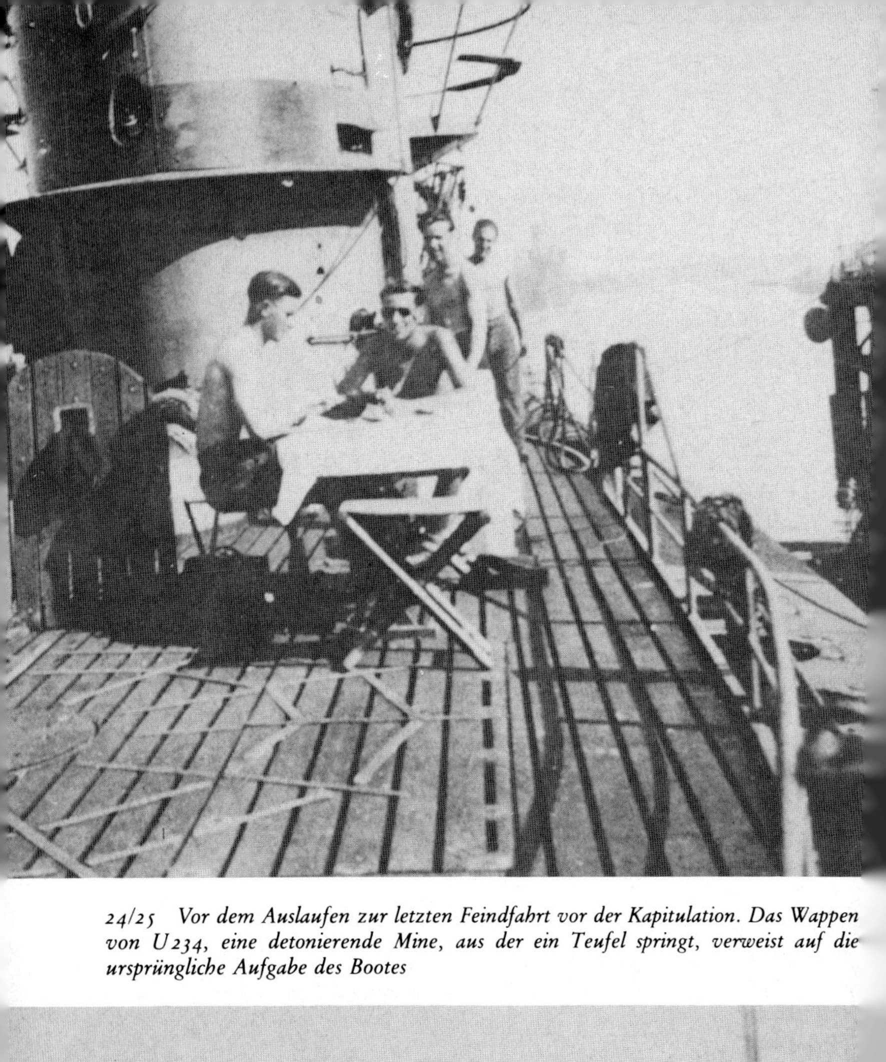

24/25 Vor dem Auslaufen zur letzten Feindfahrt vor der Kapitulation. Das Wappen von U234, eine detonierende Mine, aus der ein Teufel springt, verweist auf die ursprüngliche Aufgabe des Bootes

raus.« Er schiebt die Unterlippe vor und winkt ab. »Hier fährt kein Schiff. Die halten sich jetzt alle eng an der Küste.« Die Flasche unter den Arm geklemmt, geht er nach vorne, um mit den Unteroffizieren anzustoßen.

Um 00,30 Uhr kommt ein Ruf von der Brücke: »Rauchfahne Backbord voraus!« Der Kommandant kommt von vorn, verstaut die Rumflasche unter seiner Koje und zwinkert mir zu. »Wenn es der Teufel will, bekommen Sie doch noch recht, Hirschfeld. Schalten Sie gleich die 600-Meter-Welle.« – »Jawoll, Herr Kaleu, wenn es nur kein Schweizer ist!«

Kaum ist der Kommandant auf der Brücke, schnarren schon die Maschinentelegraphen. Die Diesel legen los. Ein Zittern geht durch das Boot. Seit dem Treffen mit der *Calanda* laufen wir erstmals wieder hohe Fahrt. In 90 Minuten, wenn die Nacht hereinbricht, geht es los.

Die Nacht bricht schnell herein, und wir müssen mit Höchstfahrt heranstaffeln, um den Dampfer nicht zu verlieren. Plötzlich höre ich durchs Sprachrohr zum Turm den I WO fluchen: »Herr Kaleu, er ist weg!« Einen Augenblick herrscht Stille, dann sagt der Alte: »Nur Ruhe bewahren. Weg kann er nicht sein.« – Oben versuchen sie mit den starken Zeissgläsern die Finsternis zu durchdringen. Leibling sieht auf die Uhr. »Wird wohl nichts mehr mit der Sondermeldung.« – »Abwarten«, sage ich. »Wir können ja noch tauchen. Dann hören wir ihn bestimmt.« Die Minuten verrinnen. Auf der Brücke ist es ganz still. Auf einmal höre ich Seidels Stimme: »Da ist er. In genau 30°.« – »Wo denn?« fragt der I WO. »Sehen Sie ihn, Herr Kaleu?« – »Nein! Verdammte Finsternis! Haben Sie ihn noch, Seidel?«

»Nee, habe nur gesehen, wie eine Tür aufging und ein Mann in weißer Jacke herauskam. Das war in 30°.« Der Alte läßt das Boot in die angegebene Richtung drehen. Mit halber Fahrt laufen wir weiter.

Endlich haben sie den schwarzen Schatten wieder entdeckt. Sofort wird die Fahrtstufe erhöht. »Witte, ich gehe jetzt so nah wie möglich heran. Der soll uns nicht noch einmal entkommen«, sagt der Alte. Kurs und Fahrt des Gegners werden ausgedampft; dann tönt es in den Lautsprechern: »Auf Gefechtsstationen!« Im Bugraum werden die Mündungsklappen aufgedreht. Inzwischen ist der Mond aufgegangen, aber wir stehen auf der mondgünstigen Seite, als der Anlauf beginnt. Gespannt sitzen wir auf unseren Stationen, die Stoppuhren in der Hand. Von oben höre ich laufend die Entfernung. »800

Meter. 600 Meter. Fächer fertig!« Otto Peters ruft mich vom Kugelschott an. »Versenkung erfolgt heute durch Rammstoß.« – Dann heißt es: »Fächer los!« Zischend verlassen drei Aale die vorderen Rohre. »Die kriegen es fertig und schießen auf diese Entfernung noch vorbei«, lästert Otto. Der LI wirft ihm einen strafenden Blick zu.

Die Zeit verläuft. Auf der Brücke ist es ganz still. Dann höre ich Eduards tiefe Stimme gedämpft am Sprachrohr: »Du, Wolf, die sind vorbei. Das hat in der deutschen U-Boot-Waffe auf diese Entfernung noch keiner fertig gebracht.« – »Was ist, Wolf?« ruft Otto Peters vom Zentraleluk. »Vorbei«, sage ich nur. »Ha, hab ich's nicht gesagt. Wieder 75.000 RM im Arsch.« Arnetzberger kommt von oben in die Zentrale. Ich gehe zu ihm. »Wie ist das bloß möglich, Herr Obersteuermann?« Er sieht mich an. »Unglaublich, was? Wahrscheinlich stimmte die Entfernung nicht. Die Aale müssen den Dampfer unterlaufen haben.« – »Und was nun?« Er lächelt. »Neuer Anlauf mit Heckrohren.«

Wieder gehen die Diesel auf hohe Fahrtstufe. Ich sehe auf die Uhr. 04.00 Uhr DGZ vorbei. Daß uns der Dampfer noch nicht bemerkt hat, ist fast unglaublich. Unsere Hecksee muß bei der hohen Fahrt doch zu sehen sein. Vergeblich kurbeln wir die internationalen Wellen ab. Kein Warnruf. Alles ist ruhig.

Um 05,25 Uhr ist es wieder soweit. Wir haben uns vorgesetzt. Als der Anlauf beginnt, versteckt sich der Mond hinter dicken Wolken. Es ist ziemlich dunkel, aber plötzlich setzt starkes Meeresleuchten ein. Wir machen nur kleine Fahrt, um wenig Hecksee zu haben. Entfernung ist diesmal 1000 Meter, als zwei Aale die Heckrohre verlassen und ihre todbringende Bahn ziehen. Wir haben auch das GHG besetzt.

Von der Brücke kommt der Ruf: »Die Aale leuchten!« Verdammt, auch das noch. Wie damals vor Biarritz. Wenn sie drüben auf dem Dampfer die Torpedos sehen und schnell reagieren, können sie dem Tod noch ausweichen. Die Spannung ist fast unerträglich. Nach 28 Sekunden eine scharfe Detonation. »Treffer!« schreien sie oben. Fünf Sekunden später der zweite Treffer.

Wir legen die Stoppuhren weg, als uns unvermutet ein Schlag trifft, der mich von meiner Plattenkiste schleudert. Mein erster Gedanke ist: Torpedotreffer! Hat etwa ein anderes Boot von der anderen Seite auf den Dampfer geschossen? Dann ist es aus. Rasselnd und fluchend fällt die Bückenwache in die Zentrale. »Runter! Runter!« höre ich den Alten rufen. Detonation auf Detonation folgt. Wir sehen uns mit großen Augen an. Werden wir beschossen? Was ist los da oben?

Das steht Maureschat bei mir am Funkraum. »Furchtbar, Wolf. Den Dampfer zerreißt es in seine Einzelteile. Die Brocken fliegen nur so.«

»Wo ist Witte?« ruft der Alte. »Hat er was abgekriegt?« Der I WO meldet sich: »Sitze unter dem Sehrohrbock. Muß gleich zu Ende sein. Vom Dampfer nichts mehr zu sehen.« Ich gehe in den Horchraum. Ferdinand reicht mir schweigend den zweiten Kopfhörer. Ein furchtbares Knirschen und Bersten ist zu hören. Ich muß an den britischen Dampfer *Marconi* denken, den wir am 20. Mai 1941 vor Grönland versenkten. Auch er ging unter heftigen Detonationen unter.

Immer noch knallen einzelne Splitter auf das Oberdeck. Erst Minuten später hört es endlich auf. Die Brückenwache steigt nach oben; ich turne hinterher. Die Nacht ist pechschwarz. Nicht weit von uns treiben zwei Kalzium-Leuchtrettungsbojen. Das ist alles, was von dem schnellen Schiff übrigblieb.

»Möchte wissen, was der geladen hatte«, knurrt der Alte. Er starrt auf die Untergangsstelle. »Hat er noch gefunkt?« fragt er mich. »Nein, Herr Kaleu. Kein Piep.« Kommandant und I WO suchen mit ihren Gläsern immer wieder die Gegend um die Brandbojen ab. »Nach Überlebenden zu suchen, erübrigt sich wohl, Witte. Von den armen Schweinen lebt keiner mehr.« Witte setzt das Glas ab und nickt. »Die sind buchstäblich aufwärts in den Himmel gefahren. Der Dampfer war in zwei Minuten weg.« Wir liegen noch einige Minuten gestoppt und horchen in die Nacht, aber nur das Rauschen der See durch das Oberdeck ist zu hören.

Der Kommandant wendet sich wieder zu mir. »Machen Sie Funkspruch fertig: Soeben 10.000-Tonner versenkt in Quadrat usw. Lassen Sie sich die Position vom Obersteuermann geben.« – »Jawoll, Herr Kaleu.« – »Schätze aber, daß er größer war, Herr Kaleu«, wendet Witte ein. »Mag sein«, knurrt der Alte. »Aber wir haben keinen Namen. Also geben wir nicht mehr an.« Ich rutsche abwärts in die Zentrale und lasse mir den Standort geben. Leibling kann sofort mit dem Verschlüsseln beginnen, während ich die günstigste Welle aussuche. Die Afrikaschaltung scheint am besten zu sein, aber die Welle ist nicht frei. Ich muß warten.

Inzwischen entschlüsselt Leibling die eingegangenen FTs.

Darunter sind drei Funksprüche von anderen Booten mit fast dem gleichen Wortlaut: »Soeben 10.000-Tonner versenkt in Quadrat... usw.« Oder : »In Quadrat... soeben 10.000-Tonner versenkt.« Ein anderer: »Habe 10.000-Tonner nach langer Jagd versenkt in Quadrat... usw. Unterschrift. – Donnerwetter, denke ich noch, das war je eine erfolgreiche Nacht. Ich sehe Leibling an. Er grinst über das ganze Gesicht. »Aber hier, Herr Obermaat. Lesen Sie den mal.« – »An alle Boote von BdU: Beim Schätzen von Dampfern darf nicht der Wunsch der Vater des Gedankens sein. Wir sind eine solide Firma. Genaueste Angaben bei Erfolgsmeldungen über Standort, Kurs und Fahrt des Gegners.«

Das ist typisch für Dönitz, denke ich noch, als der Kommandant am Funkraum erscheint. »Funkspruch schon raus, Hirschfeld?« – »Nein, Herr Kaleu. Welle ist noch nicht frei.« Ich reiche ihm die letzten FTs. Er überfliegt sie und beißt sich auf die Lippen. »Ändern Sie sofort unseren FT. Schreiben Sie 7500 Tonnen.« Ich versuche zu protestieren. »Aber, Herr Kaleu. Er hatte doch sogar mehr als 10.000 Tonnen.« Er winkt lächelnd ab. »In so einer finsteren Nacht wirkt alles größer. Ist doch auch egal, Hirschfeld. Bis wir zu Hause sind, weiß der BdU schon längst, welches Schiff wir versenkt haben. Dann bekommen wir die Tonnage sowieso gutgeschrieben. Besser, als wenn er uns Tonnage abziehen muß.«

Kurz vor 07,00 Uhr kann ich endlich oben FT abgeben. FT 0531/20 an BdU: »DC 3233 Munitionsfrachter 7500 BRT versenkt. Generalkurs 100°. NW 2. 1022 mb. Bleichrodt.« Die Verständigung ist ausgezeichnet, Paris quittiert sofort. Der Dampfer hatte fünf oder sechs Ladeluken und war bewaffnet.

Die deutschen Mittelwellensender sind nicht mehr zu empfangen; selbst der starke Sender Breslau ist zwischen 00,00 und 01,00 Uhr nur noch schwach und verzerrt zu hören. Die Sondermeldung von mehr als 100.000 BRT versenkter Tonnage hören wir über den Kurzwellendienst für Ostasien.

21. April 1942. Wir sind nordwestlich der Bermudas. Unser Standort um 12,00 Uhr 34°11' Nord und 71°38' West. Kurs Jacksonville. Ruhige See. Sommerlich warme Luft. Kein Schiff weit und breit. Daß wir den Dampfer gestern erwischt haben, war wohl reiner Zufall. Vielleicht hätten wir ihn in der Finsternis gar nicht wieder gefunden, wenn der eine Mann die automatische Ausklinkvorrichtung eingeschaltet hätte, bevor er die Tür geöffnet und das Oberdeck betreten hatte. Eine kleine Unvorsichtigkeit, und ein Schiff geht mit Mann und Maus verloren.

Die Torpedomixer überholen die Aale, und Eduard schmiert die Fla-Waffen. Aus den Meldungen der anderen Boote ist zu ersehen, daß mit starker Luftüberwachung gerechnet werden muß. Wir sind gespannt, was uns vor Florida erwartet.

Etwas nördlich von uns, ungefähr 500 sm nordostwärts der Bermudas, soll morgen U 108 die erste Versorgung aus einem U-Tanker erhalten.

22. April 1942. Wir haben Quadrat DC 1633 erreicht und halten Kurs auf Kap Hatteras. Nach dem Prüfungstauchen um 12,00 Uhr stellt der I WO fest, daß wir eine Ölspur haben. Der LI und Obermaschinist Schewe eilen auf die Brücke. Sie wollen es erst nicht glauben, dann sehen sie es aber selbst. Mit einer Ölspur ins Operationsgebiet, das kann tödlich werden.

Ich bin in der Zentrale, als Schewe von oben kommt. »Nicht bloß das Loch im Oberdeck von der großen Eisenplatte, die da reingeflogen ist«, knurrt er. »Auch noch irgendwo eine gerissene Naht im Boot. Alles von diesem verdammten Dampfer.«

Da wir schon einige Zellen leergefahren haben, können wir das Öl umpumpten. Der LI läßt sofort damit beginnen. Dann werden die leeren Zellen ausgespült, aber alle Mühe ist vergeblich. Die Ölspur verläßt uns nicht. Wir fahren mehrere Stunden unter Wasser, fluten alle leeren Zellen und blasen beim Auftauchen alle wieder aus. Das scheint geholfen zu haben. Am Nachmittag ist die Ölspur endlich verschwunden.

Wir atmen auf, aber die Freude war zu früh. Am Abend schillert es wieder in unserem Kielwasser. Kapitänleutnant Ing. Weger ist am Verzweifeln. Er muß dem Alten melden, daß der Fehler nicht zu finden ist. Auch Otto Peters ist mit seinem Latein am Ende. Resigniert sitzt er mir beim Abendessen gegenüber. »Es muß irgendwo eine Naht gerissen sein«, sagt er sinnend. »Wahrscheinlich nur ein winziger Riß.« – »Otto, unsere Ölspur damals vor Gibraltar war doch viel schlimmer«, sage ich. Er rollt mit den Augen und schluckt erst einmal den Bissen runter. »Da war die See auch mehr bewegt. Mann, wir haben ja noch Glück gehabt. Wat denkste denn, wenn die drei ersten Aale jetroffen hätten, als wir noch näher dran waren. Dat hätte uns die Zellen nur so zerrissen.« – »Ach was, Otto«, sagt der Mixermaat, »bis zu den Bahamas hätten wir es immer noch geschafft. Da ist ein toller Strand. Wäre vielleicht gar nicht so schlecht gewesen.« – Gegen 23,00 Uhr werden Backbord voraus zwei Flugzeuge gesichtet. Es sind Landmaschinen. Wir warten auf Alarm, aber die beiden Flugzeuge verschwinden hinter der Kimm.

23. April 1942. Wir sind nun im luftüberwachten Gebiet. Die Diesel treiben uns mit großer Fahrt auf die Küste zu. Wir stoßen vor auf Kap Lookout.

Bald bricht die Nacht herein. Es ist eine taghelle Mondnacht, in der die See um das Boot wie Silber schäumt.

Gegen 08,00 Uhr DGZ steigt Steuerbord voraus ein weißer Stern in den nächtlichen Himmel. Wir halten darauf zu, finden aber nichts. Gegen 09,00 Uhr kommt die Umsteuerungsboje von Kap Lookout in Sicht. Wir legen uns auf die Lauer.

In dieser Gegend haben Mohr und Hardegen fast 100.000 BRT versenkt. Aber wir warten in dieser Nacht vergeblich. Kein Schiff. Nicht die Spur eines Schattens. Unglaublich. Sollte der gesamte Verkehr gestoppt sein? Gegen 12,00 Uhr laufen wir nach Süden ab, um tagsüber auf tiefem Wasser zu sein. Wegen der Ölspur will sich der Kommandant auf flachem Wasser nicht auf Grund legen. Als die Sonne hochkommt, wird getaucht zum Unterwassermarsch.

Goldbecks Blinddarmentzündung haben wir mit den Eisbeuteln wieder zum Abklingen gebracht. Morgen soll Gerstner mit der dritten Albucidkur beginnen. Der Junge macht uns Sorgen.

Um 19,40 Uhr aufgetaucht und mit Kurs West wieder auf die Küste zugehalten. Es weht ein leichter Nordostwind. Die See ist nur mäßig bewegt. Um 21,42 Uhr plötzlich Alarm wegen einer großen Landmaschine. Nach kurzer Zeit wieder aufgetaucht.

24. April 1942. Die Luftüberwachung ist sehr stark. Dreimal mußten wir vor Anbruch der Dunkelheit mit Alarm in den Keller; jedesmal direkter Anflug von großen Maschinen. Es fielen aber keine Bomben. Vielleicht sind es Schulmaschinen. Der Kommandant ist bis zur Dämmerung unter Wasser geblieben.

Die Hitze im Boot ist fast unerträglich. Wir messen vorne 45° und bei den Dieseln 52°. Die Außenwassertemperatur beträgt bei 60 Meter Tiefe noch 27° – 30° C. So heiß war es unter Wasser nicht einmal vor der afrikanischen Küste. Der Golfstrom macht sich hier sehr bemerkbar.

Um 02,00 Uhr bei Sonnenuntergang endlich aufgetaucht.

Die Lüfter laufen auf Hochtouren, aber es kommt keine Kühlung ins Boot. Wieder auf die Küste in Richtung *Frying Pan* vorgestoßen, bis wir nur noch 20 Meter Wasser unterm Kiel haben. Von Kap Lookout bis Kap Fear fahren wir auf der 20-Meter-Linie, aber kein Schiff weit und breit.

»Da haben wir wieder das richtige Operationsgebiet«, knurrt der Alte. »Und dann heißt es: Bleichrodt steht im Brennpunkt des Verkehrs. Zum Lachen!« Um 06,50 Uhr DGZ kommt endlich ein Ruf von der Brücke. »Ein schmaler Schatten in Sicht!« Wir halten drauf zu, doch dann wird hart abgedreht und nach See zu ausgewichen. Plötzlich verstummen die Diesel.

Ich schwinge mich durch das Kugelschott in die Zentrale. Arnetzberger lehnt am Kartentisch. »Nur ein Zerstörer«, sagt er feixend. »Er läuft auf der 20-Meter-Linie mit Gegenkurs.« – »Und warum laufen die Diesel nicht mehr?« – »Es ist eine stille Nacht da oben. Man muß sie meilenweit hören. Sicher hat er sein Horchgerät eingeschaltet.« Ich turne zurück zum Horchraum und schalte das GHG ein. Verdammt, der ist ja gar nicht weit weg. Ich kann ihn gut hören. Einsam zieht er seine Bahn. Er bleibt das einzige Schiff in dieser Nacht. Um 12,00 Uhr laufen wir unter Wasser mit Kurs 130° von der Küste ab. Wir bleiben bis 20,00 Uhr auf diesem Kurs, um dann wieder auf die Küste zuzudrehen.

25. April 1942. Den ganzen Tag herrschte unter Wasser Totenstille. Kein Schraubengeräusch, kein Grummeln von fernen Wasserbomben. Es ist wie im tiefsten Frieden. Der Alte ist sehr nachdenklich. Der Verkehr scheint wirklich gestoppt zu sein.

Ich habe bemerkt, daß Otto Peters immer etwas schummelt, wenn er den Sauerstoffgehalt in den Räumen mißt. Kaum hat er die Ampulle mit dem Methylalkohol abgesägt, hält er den Finger drauf. »Ist ja noch genug«, sagt er dann beruhigend, wenn ihn einer beobachtet. »Wird ja nur schwach rot.« Er will natürlich keinen Sauerstoff zusetzen, um ihn für schlimmere Situationen aufzusparen. Druckluft können wir selbst erzeugen, aber keinen Sauerstoff.

Um 02,00 Uhr, bei Anbruch der Dunkelheit, wieder aufgetaucht und auf die Küste zugelaufen. Die Nacht ist wieder sehr hell. Kein Schiff weit und breit, kein Ziel für unsere Rohre, und der Brennstoff nimmt ständig ab. Vielleicht stellen sie jetzt Geleitzüge wegen der großen Verluste zusammen. Mit sparsamster Marschfahrt laufen wir nach Süden, immer nur mit 25 Meter Wasser unter Kiel. Feuerschiff *Frying Pan* liegt nicht mehr aus und ist durch eine Leuchttonne ersetzt. Die beiden 9-Meter-Stellen bei Cap Fear sind durch zwei Leuchttonnen mit roten Blitzen markiert.

Von der Brücke hören wir, daß der Zerstörer vom Dienst gestoppt auf der Lauer liegt. Wahrscheinlich bewacht er die Umsteuerungstonne. Wir haben etwas nach See ausgeholt und laufen mit Diesel weiter. Auf der Brücke sind sie jetzt aggressiv und meinen, man müßte den Zerstörer umlegen. Witte ist sehr dafür. Auch der Kommandant scheint einen Augenblick lang mit dem Gedanken zu spielen, aber dann lehnt er ab. In dieser hellen Mondnacht kommen wir höchstens auf 4000 Meter heran, ohne bemerkt zu werden. Wenn dann die Aale laufen, geht er mit den Maschinen an, denn er hat unsere Diesel längst gehört und wartet nur darauf, daß wir näher kommen.

Als der Morgten graut, haben wir 60 Meter Wasser unter dem Kiel. Das Boot wird zum Unterwassermarsch klar gemacht. Langsam dreht der Bug nach Osten. Die Diesel werden abgestellt, und die Lüfter laufen auf Hochtouren, um etwas Kühlung ins Boot zu holen. Es nützt nur nicht viel. Die Außentemperatur beträgt 23°.

Plötzlich rasen die Alarmklingeln durchs Boot, und Sekunden später sind wir schon auf 20 Meter. Die hintere Entlüftung knallt auf. Gleich darauf höre ich den LI einen Befehl wiederholen: »Auf Sehrohrtiefe gehen!« Noch wissen wir nicht, was oben los ist. Endlich erwische ich den Matrosengefreiten Zank, der auf der Brücke war, und frage ihn: »Was ist los, Zank?« – »Zerstörer mit Lage null. Es ist sicher der von der Umsteuerungstonne. Witte glaubt, daß er auf unserer Ölspur gelaufen kommt. Denke aber nicht, daß er uns gesehen hat.«

Ich öffne das Sprachrohr zum Turm und horche nach oben, während Leibling das GHG besetzt. »Sehrohr kommt frei. Genaue Tiefe steuern«, höre ich den Alten sagen. Dann ist es wieder still. In der Zentrale halten sie den Atem an. Will sich der Altc mit dem Zerstörer einlassen? »Junge, Junge«, sagt der Alte. »Der läuft uns direkt vor die Rohre. Den können wir einfach nicht fahren lassen. LI, das Sehrohr schneidet unter. Steuern Sie genaue Tiefe! Gegner steuert 200 bis 210°. Schätze Fahrt 14 Seemeilen.« Dann wird es still. »Jetzt sind Brücke, Schornsteine und Geschütze zu sehen. Kommt schnell näher. Typ *Flusser.* Verdammte Tiefensteuerei.« Im Boot ist es totenstill. Dann kommt der Befehl aus dem Turm: »Auf Gefechtsstationen!« Witte wiederholt ihn durch die Lautsprecheranlagen.

Torpedomaat Borchardt jagt am FT-Raum vorbei nach achtern. »Horch die Aale ab!« ruft er mir zu. Ich gehe hinüber in den Horchraum; Leibling rückt zur Seite und gibt mir den zweiten Kopfhörer. »Hier ist er, auf 230°.« Ich höre das bekannte Geräusch der zwitschernden Zerstörerschrauben. »Verdammt nahe, was?« Leibling nickt. »Und verdammt hohe Fahrt«, sagt er und kneift die Lippen zusammen. »Wenn das nur gutgeht!« Ich öffne das Sprachrohr zum Turm und höre, wie Eduard Maureschat die Einstellungen am Vorhaltrechner wiederholt. »Entfernung noch 2000 Meter. Es folgt ein Fächer.« Etwas später verbessert sich der Kommandant. »Nein, es folgen zwei verbundene Einzelschüsse aus Rohr fünf und Rohr sechs.« Die Entfernung nimmt schnell ab.

»Rohr fünf bei Gegnerlage 85°, Bug links, Entfernung 800 Meter, Tiefe zwei Meter. Rohr sechs bei Gegnerlage 105°, Tiefe drei Meter.« Obwohl ich mir der Gefahr bewußt bin, glaube ich, da bei dieser Entfernung nichts schiefgehen kann. Horchen kann er die Torpedos bei seiner hohen Fahrtstufe nicht. Er läuft direkt ins offene Messer.

»Rohr fünf los!« Und etwas später: »Rohr sechs los!« Unsere Uhren laufen. Plötzlich höre ich den Alten im Turm fluchen. »Sehrohr schneidet unter, LI. Was ist los?« – »Wir sind auf 18 Meter, Herr Kaleu«, ruft der LI nach oben. »Verdammter Mist. Wer hat das befohlen? Sie haben das Boot zu früh angekippt. Sehrohr frei, aber sofort, LI!« – »Jawohl, Boot steigt«, kommt es kleinlaut aus der Zentrale. Leibling sieht mich vielsagend an. Auch ich habe das ungute Gefühl, daß der LI einen entscheidenden Fehler gemacht hat. Wenn er das Boot nach dem ersten Schuß zu früh angekippt hat, ist der zweite Aal vielleicht aus dem Wasser gesprungen.

Da, Leibling stößt mich an; das Schraubengeräusch des Zerstörers wandert schnell nach Steuerbord aus. Sekunden später kommt das Sehrohr endlich frei. »Verdammte Schweinerei«, ruft der Alte. »Er dreht genau auf uns zu. Jetzt kommt er mit Lage null! Auf 140 Meter gehen!«

Blitzschnell muß ich an die letzte Tiefenmeldung der Steuerei denken. »Beim Tauchen hatten wir nur 60 Meter«, sagt Leibling ruhig. Ich stürze in die Zentrale zum Echolot und schalte ein, ohne zu fragen. Dazwischen höre ich den Alten im Turm schreien: »Weger, Sie Idiot! Das Boot steigt ja! Sehrohr ist jetzt einen Meter raus. Runter habe ich gesagt!« Mir läuft es eiskalt über den Rücken. Otto Peters steht hinter dem Sehrohrschacht, rollt mit den Augen und schlägt sich gegen die Stirn.

»Runter, Weber«, höre ich wieder den Alten. »Sonst rammt er uns!« Obermaschinist Winter steht mit verschränkten Armen am Kartentisch und schüttelt resigniert den Kopf. »So etwas Blödes habe ich noch nicht gesehen«, sagt er zu mir, laut genug, daß der LI es hört. Martin Webers Augen hängen weit aufgerissen am Tiefenmanometer. Er hat zu spät gegengeflutet; das kann uns jetzt das Leben kosten. Hastig greift er zum Mikrofon und schreit: »Alle Mann voraus!«

Winter lächelt geringschätzig und sagt nur: »Kleinbootsmanieren.« Die Freiwache kommt von achtern vorbei gerannt. Will lacht mich dabei an; er hat wohl achtern noch gar nicht mitgekriegt, wie ernst es ist. Endlich fällt das Boot. Sehr schnell geht es abwärts. In seiner Verzweiflung hat der LI nun zuviel fluten lassen. Ich starre auf mein Echolot. Endlich sind die Röhren warm, so daß eine Anzeige erfolgt. Ich muß zweimal hinsehen, ehe ich es fassen kann. »Zwanzig Meter noch bis Grund«, rufe ich dem LI zu. Er sieht mich ungläubig an. Das Tiefenmanometer zeigt gerade 60 Meter. »Fünfzehn Meter noch«, ruft Winter jetzt.

»Aufkommen!« schreit der LI dem vorderen Tiefenrudergänger zu. »Schnell, schnell, aufkommen vorne!« Die E-Maschinen laufen große Fahrt. Das breite Oberdeck wirkt jetzt wie ein Tiefenruder, und alle Mann sind vorne. Es ist zu spät, das lange Boot abzufangen. Unaufhörlich fallen wir weiter. »Festhalten!« schreit Winter nach vorne. Gleich müssen wir auf den Grund knallen.

Plötzlich klickt es in den Lautsprechern: »Turm wird geräumt. Alle Sprachrohre schließen.« Der I WO und der Gefechtsrudergänger Pötter kommen von oben. Der Alte folgt und verriegelt das Luk zum Turm. In diesem Augenblick geht ein Zittern durch das Boot. »Angekommen!« schreien die Lords aus dem Bugraum. Etwas wippt das Achterschiff noch nach, dann liegt das Boot ruhig mit ungefähr 30° Lastigkeit. Ich flitze zum Horchraum. Irgendwo in der Ferne detoniert einer unserer Aale im Dreck. Die Zerstörerschrauben kann man jetzt schon mit bloßem Ohr hören. Der Kommandant hat sich in das Kugelschott gesetzt, um Horchraum und Zentrale zugleich im Auge zu haben. »Geben Sie mir genaue Peilung, Hirschfeld, damit ich danach fahren kann.« Er ist ganz ruhig angesichts der kommenden Katastrophe.

Wabo-Verfolgung auf 80 Meter Tiefe. Kaum eine Chance für uns bei beginnendem Tag. Ich höre den Zerstörer nur schwach im GHG. Leibling zuckt die Achseln. »Eben war er noch brüllend laut.« Ich kurble verzweifelt am Schwungrad. Das Gerät kann doch nicht ausgefallen sein, bevor eine Wasserbombe detoniert ist. Mit bloßem Ohr sind die zwitschernden Schrauben besser zu hören. »Er kommt von Steuerbord achteraus genau auf uns zu«, melde ich dem Kommandanten. »Genaue Gradzahl nicht mehr auszumachen. Das Gerät arbeitet nur noch schwach.« Er nickt nur und gibt dem Rudergänger Kursanweisung. Das Boot wird jetzt aus der Zentrale gesteuert.

Da höre ich Pötter rufen: »Boot reagiert nicht mehr auf Seitenruder.« – »Das fängt ja gut an«, knurrt Leibling neben mir. »Boot reagiert nicht mehr auf Tiefenruder«, meldet jetzt Berthold Seidel ganz ruhig. Ich sehe, wie sich der Kommandant auf die Lippen beißt. Das Schraubengeräusch über uns wird nun überlaut. Alle Augen starren nach oben. Wir werden von den zwitschernden Schrauben direkt überlaufen. Dann wandert das Geräusch schnell nach Backbord voraus ab. Schon will ich aufatmen, da trifft uns ein furchtbarer Schlag. Das Boot ruckt und schwankt. Mir fallen die Kopfhörer vom Kopf. Ein zweiter, dritter, vierter Schlag. Wir haben die Köpfe eingezogen. Eine Riesenfaust schüttelt das Boot. Die Welt scheint im grauenvollen Donner der Detonationen unterzugehen.

Es würgt mich im Hals. Das ist nun das Ende, denke ich. Hier gehen wir zugrunde. Ein Entkommen ist nicht mehr möglich. Wir sitzen fest. Langsam geht das Licht aus. Um uns ist schwarze Nacht. Dann flammt es schwach auf. Die Notbeleuchtung brennt wenigstens noch. Der Donner ist noch nicht ganz verklungen, da kommen schon die Meldungen aus den einzelnen Räumen. »Vorschiff klar. Keine Schäden. Achterschiff keine Schäden. Lichtausfall wird gesucht.« Erstaunlich, daß wir keinen Wassereinbruch haben. Was hält dieses Boot eigentlich aus? Jetzt hören wir die Stimme des Kommandanten: »Beide E-Maschinen stopp. Alle Maschinen bis auf Horchumformer abstellen.« Es wird totenstill im Boot. Nur schwach sind die Schrauben des Zerstörers zu hören. Der Alte kommt zu mir an den Horchraum. »Können Sie ihn gar nicht mehr peilen?« – »Habe kein richtiges Maximum mehr, Herr Kaleu. Er ist ungefähr in 290° jetzt. Es muß an den Empfängern vorne liegen.« Er nickt. »Wir sitzen wahrscheinlich mit dem ganzen Vorschiff im Dreck. Anders kann ich mir das nicht erklären. Wir sind sicher in ein Schlammloch gefallen.«

Jetzt kommt auch Oberleutnant zur See Witte aus der Zentrale. »Und was machen wir nun? Ist er weg?« Der Alte lächelt grimmig. »Der kommt wieder, Witte. Wir werden uns ganz ruhig verhalten, sonst wühlen wir nur den Grund auf, und er sieht genau, wo er reinhalten muß.«

Die Schrauben kommen wieder näher. Läuft er an? – Das Geräusch zieht an Backbord vorbei, wandert nach achtern aus und wird ganz leise. Der II WO hat sich neben dem Horchraum auf einen Hocker gesetzt. »Schöne Scheiße ist das, was?« raunt er. »Ja«, flüstere ich zurück. »Wenn ich an unsere Ölspur denke!« Plötzlich schwillt das Geräusch wieder an; wird lauter, immer lauter. Der Alte sieht mich an. »Gleich werden wir von achtern überlaufen«, sage ich. Er nickt. Dann werfe ich einen Blick nach vorn, wo es zum Bugraum schräg abwärts geht. Die Männer haben die Köpfe eingezogen. Das Schraubengeräusch schwillt immer stärker an. Die nackte Angst sitzt allen im Nacken. Järschel streicht dauernd seinen Vollbart. Mir schnürt das kalte Grausen die Brust zusammen. Wir sitzen wie in einer Falle. 80 Meter Tiefe und kein Wasser unter dem Kiel.

Jetzt sind die Schrauben über uns. Leibling hat sich neben mir wie ein Igel zusammengerollt. Ich halte krampfhaft das Schwungrad des GHG fest. Gleich muß das Gewitter wieder losgehen. Die Schrauben wandern nach Steuerbord voraus. Die Männer halten den Atem an. Eine Gigantenfaust schüttelt uns, trifft das Boot wie ein Riesenhammer und versucht, den Druckkörper zu zerschmettern. Das muß das Ende sein. Ich warte nur auf den Schrei: »Wassereinbruch!« Der furchtbare Donner zerfetzt die Nerven. Keller hält sich die Ohren zu, aber als der Donner verrollt, grinst er mich an. »Lagen verdammt gut, die Dinger. Sind aber nicht so schwer wie die britischen Koffer bei Grönland.« Unglaublich, auch diesen Angriff hat das Boot ohne größere Schäden überstanden. Nur einige Instrumentengläser sind zu Bruch gegangen. Kein Wassereinbruch in den Räumen; das Boot ist dicht.

Die Schrauben haben sich entfernt und sind nur noch ganz leise zu hören. Die Männer werden auf ihre Gefechtsstationen geschickt. Leise brauchen wir nicht zu sein, denn bei der hohen Fahrtstufe, die der Zerstörer läuft, kann er nicht horchen. Langsam geht das Licht wieder an. Sind wir ihn los? Das Geräusch schwillt aber wieder an; er hat noch nicht aufgegeben. »Neuer Anlauf von achtern«, melde ich.

Der Alte sitzt noch immer gelassen im Kugelschott zur Zentrale und kaut an seiner Unterlippe. Immer näher kommen die Schrauben. Werden wir noch einmal davonkommen oder haben sie die Bomben noch tiefer eingestellt? Ein gewaltiger Schlag trifft uns, gewaltiger, als alles, was vorangegangen ist. Das Licht geht wieder aus. Auch die Notbeleuchtung brennt nicht mehr. Der Donner verrollt. Sonderbar, die Schrauben wandern ab. Nun hört man, daß die Außenbordverschlüsse stark tropfen. Vielleicht sind schon einige Zellen außerhalb des Druckkörpers gerissen.

Da schwillt das Geräusch wieder an. Sie haben also noch nicht aufgegeben. »Erneuter Anlauf von achtern«, melde ich, so ruhig ich kann. Das Licht geht an und ich sehe die bleichen Gesichter der Männer. Wieder einmal muß ich an den Film »Morgenrot« denken, an den Funkmaat, der in der Zentrale des abgesoffenen U-Bootes auf dem Grunde der Nordsee zum Artilleriemaaten sagt: »Glaubst du an Gott?« Und der Mann aus Oberschlesien kratzt sich am Hinterkopf und sagt: »Wenn's hart kummt!«

Immer näher kommen die Schrauben. Jetzt sind sie wieder mit bloßem Ohr zu hören. Der Zerstörer läuft mit höchster Fahrt. Gleich ist er über uns und der tödliche Schlag muß erfolgen. Unheimlich die Stille. Hat er eine neue Schweinerei vor? Schießt er jetzt mit der Wurfstempelanlage? Die Sekunden vergehen, aber nichts geschieht. Ein Aufatmen geht durchs Boot. Die Schrauben entfernen sich. Eine Stunde lang hören wir ihn noch hin und her kreuzen. Dann wird das Geräusch leiser und leiser. Bald ist er nicht mehr zu hören. Der Alte kommt vom Kugelschott, nimmt einen Kopfhörer und macht selbst noch einen Rundhorch. Dann geht er in die Zentrale, nimmt das Mikrofon in die Hand und sagt: »Kameraden, er scheint weg zu sein. Wir werden jetzt das Boot vom Grund lösen und marschieren dann unter Wasser weiter ab. Ende.«

Gleich darauf sehe ich an meinen Umdrehungsanzeigern, daß die E-Maschinen Große Fahrt zurück laufen. »Alle Mann achteraus!« kommt es aus den Lautsprechern. Die Lords stampfen lachend nach achtern. Unglaublich, haben sie die tödliche Gefahr schon vergessen? Der LI versucht es gleichzeitig mit Trimmen, aber es nützt nichts. Das Boot rührt sich nicht.

Oberleutnant Witte steht neben mir am Horchraum und fragt: »Was ist, wenn wir das Boot nicht wieder flott kriegen?« Ich hänge die Kopfhörer an den Haken und sage nachdenklich: »Zum Aussteigen muß das Boot ja erst geflutet werden. Aber wie das gehen soll, wenn wir so tief im Schlamm stecken, das weiß ich nicht.« Witte nickt. »Die ganze Ostküste hat so tiefe Löcher. Man nimmt an, daß die Erde mal einen zweiten Mond gehabt hat, der auf die Erde gestürzt und hier explodiert ist.« Ich schleiche zum Kugelschott und schaue in die Zentrale.

Der Kommandant lehnt am Kartentisch und schaut grimmig drein. »Wie lange wollen Sie das mit den E-Maschinen machen, LI? Dann sind die Batterien leer, und wir müssen den ganzen Tag noch unter Wasser bleiben.« Dem LI steht der Schweiß auf der Strin. Er läßt die E-Maschinen stoppen. Langsam dreht er sich auf seinem Sessel herum. »Wir müssen anblasen, Herr Kaleu. Anders kriegen wir das Boot nicht los«, sagt er ruhig. Der Kommandant lacht grimmig. »Dann wühlen Sie den ganzen Dreck auf. Wenn die oben ein Flugzeug postiert haben, setzt es uns gezielt einen drauf.« Betretenes Schweigen. Es ist ganz still in der Zentrale, nur das Wasser tropft. Dann wieder der LI: »Wir haben mit den E-Maschinen schon alles aufgewühlt. Wir sitzen ganz tief drin. Wir sinken wahrscheinlich immer tiefer in den Schlamm. Wenn wir jemals hier rauskommen wollen, dann nur noch durch Anblasen. Eine andere Möglichkeit sehe ich nicht.«

»Dann blasen Sie an«, sagt der Kommandant. »Ist ja auch egal, ob wir hier langsam ersticken oder durch Bomben draufgehen.« Otto Peters steht schon an den Ventilen und wartet nur auf den Befehl vom LI. »Fünf und acht anblasen! Beide E-Maschinen AK zurück!« sagt Weber. Knatternd jagt die Luft durch die Anblaseleitungen. Wieder laufen die E-Maschinen wie verrückt. Witte sieht mich skeptisch an. Das Boot rührt sich nicht. Mir läuft es kalt über den Rücken. Sobald die Druckluft verbraucht ist, ist es endgültig aus.

Da, was ist das? Ein Zittern geht durch das Boot. Von vorn kommt ein glucksendes Geräusch. Es rauscht und scheuert um das ganze Vorschiff. In das Boot scheint Bewegung zu kommen. Hoffentlich reicht die Luft. Die Zellen müßten schon längst ausgeblasen sein. Plötzlich springt das Vorschiff hoch. Wir liegen wieder auf ebenem Kiel.

»Beide E-Maschinen stopp«, befiehlt der LI. »Festblasen! Alle Mann voraus.« Das Blasen verstummt sofort. Die Lords kommen wieder von achtern gestürmt, aber es nützt nichts. Das Vorschiff steigt wie verrückt. »Entlüftung fünf und acht!« schreit der LI. Die Entlüftungen werden gezogen, und brausend entweicht die Luft nach oben. Langsam sinkt das Vorschiff zurück auf ebenem Kiel. Die E-Maschinen laufen Kleine Fahrt voraus. Tiefenruder und Seitenruder arbeiten wieder. Auf 60 Meter schleichen wir über den Grund davon, bis es tiefer wird. Der Kommandant läßt zum Tages-Unterwassermarsch auf 140 Meter gehen. Mit Kurs 130° laufen wir ab.

Am Nachmittag läßt der Alte kurz auftauchen. Als er das Turmluk öffnet, hören wir ihn fluchen. Der ganze Turm ist noch voll Schlamm. Es wird einige Male geflutet und angeblasen, bis er einigermaßen sauber ist. Auch unter dem freiflutenden Oberdeck ist noch Schlamm, aber den wird die See schon rauswaschen. Wir müssen bis über den Turm im Schlamm gesteckt haben. Vielleicht hat uns dieser Umstand vor der Vernichtung durch die Wasserbomben bewahrt.

Wolkenloser blauer Himmel. Lufttemperatur 26°. Wassertemperatur 23°. Wir bleiben bis zum Abend unter Wasser.

26. April 1942. Eine wunderbare Nacht. Laue Sommerluft. Wir stehen wieder vor der Küste. Vor uns blinken die Lichter von Jacksonville. Mit dem UZO-Nachtsignal kann man bis in die Fenster der Häuser sehen. Glatte See. Um Brennstoff zu sparen, liegen wir gestoppt und warten auf einen Dampfer.

Gegen 05,00 Uhr gehe ich auf die Brücke und sehe mir durch das scharfe Glas die Häuser am Strand an. Der I WO hat die Wache. »Das eigentliche Jacksonville liegt etwas zurück«, sagt er. »Sollen lauter reiche Knaben dort wohnen.«

Heute sprach Adolf Hitler im Reichstag. Wir konnten nur Teile der Rede über Kurzwelle hören. Am Nachmittag ein FT vom BdU an alle Boote vor der amerikanischen Küste: »Laut B-Dienst hat US-Navy-Einheit südlich Kap Fear ein U-Boot versenkt.«

Der Alte liest stirnrunzelnd den FT. »Die meinen wohl uns«, sage ich. Bleichrodt streicht sich sinnend den Bart. »Die können nur uns meinen. Ein anderes Boot steht gar nicht hier.« Der II WO grinst. »Das sind keine Engländer, Herr Kaleu. Die hätten sich länger mit uns beschäftigt.« Der Alte nickt. »Ein Glück für uns. Sonst wären wir nicht mehr hier.«

Heute ist Sonntag, und Järschel macht Mittagessen wie

üblich: Spargel mit Schinken. Er wiegt aber bedenklich den Kopf und sagt: »Lange geht das nicht mehr, Herr Obermaat.«

Die Nacht vergeht ohne Zwischenfall. Kein Schatten, kein Schiff. Beim Morgengrauen laufen wir nach Osten auf tieferes Wasser ab, denn unsere Ölspur ist stärker denn je. Unterwassermarsch während des Tages. Wie jeden Tag, wenn alles schläft, schreibe ich das KTB des Kommandanten mit der Erika-Schreibmaschine ab. Keiner darf Einblick nehmen. Heute muß ich einen Satz zweimal lesen, ehe ich ihn in die Maschine schreibe. Da steht: »LI ist schlechter Tiefensteuerer. Er lernt es nie, mit großem Boot umzugehen.«

Plötzlich spüre ich einen warmen Atem an meinem linken Ohr. Hinter mir steht Kapitänleutnant Ing. Martin Weber und schnauft: »Das ist ja unerhört.« Ich sage ihm, daß er dies gar nicht hätte lesen sollen. Er geht wütend davon. Mir ist nicht ganz wohl.

27. April 1942. Wir sind gestern nicht den ganzen Tag unter Wasser geblieben. Der Alte hat am Nachmittag auftauchen lassen. Er ist unruhig; der Brennstoff wird immer weniger, und kein Schiff kommt uns vor die Rohre. Martin Weber hat sich nach dem Auftauchen über die Eintragung im KTB beim Alten beschwert. Wir können im FT-Raum hören, was hinter dem grünen Vorhang des Kommandanten gesprochen wird. »Was wollen Sie, Weber? Was ich geschrieben habe, stimmt doch«, sagt der Alte scharf. »Denken Sie doch mal an Neufundland. Wenn die anfliegende Maschine noch eine Bombe gehabt hätte, wären wir schon damals draufgegangen.«

Auch die dritte Albucidkur hat bei Gerstner nicht angeschlagen. Jetzt wissen wir auch, warum. Karl Will meldete mir, daß Gerstner während der Kuren immer von seinem zugeteilten Bier getrunken hat. Ich muß mit dem Alten sprechen. – Da ich noch eine Tripperspritze im Arzneispind habe, kommen wir überein, Gerstner nach der alten Methode mit übermangansaurem Kali spülen zu lassen.

Bei Anbruch der Dunkelheit setzen wir einen langen Funkspruch ab. »FT 2310/26. An BdU: 1. 23. bis 25. 4. zwischen Lookout und Frying Pan kein Verkehr, außer zwei Zerstörern auf 40- und 200-m-Linie sowie ein Bewacher bei Frying Pan Shoals. Mittlere Luft nur tags. Taghelle Mondnächte. 2. 25. Qu. 1454 Doppelschuß auf Zerstörer Typ *Flusser.* Bemerkt durch Oberflächenläufer. Wabo-Verfolgung. Kein Asdic. 3. Ölspur. Aus Kühlwasser-Hochbehälter anhaltender Treibölaustritt, aus Tauchbunker VII nur beim Ausblasen. Prüfung

Durchwasserwähler und Pumpen von verdächtig scheinenden Bunkern ohne Erfolg. Allen hier denkbaren Ursachen nachgeforscht. 4. Aufgrundlegen auf Flachwasser wegen Ölspur nicht möglich. Acht Torpedos unter, vier über Deck, 97 cbm. Anhaltende Hochdrucklage. DC 41. Leitnr. 291 fehlt. Bleichrodt.«

Um 01,30 Uhr plötzlich Alarm. Die Wache stürzt in die Zentrale, während die Entlüftungen schon aufgerissen werden. Dann hören wir: Zerstörer kam von achtern sehr schnell auf. Hohe Brücke und zwei Schornsteine waren schon sichtbar. Wir sind noch nicht auf 40 Meter, als der Befehl kommt: »Turm wird geräumt!« Leibling sieht mich ungläubig an. »Was soll denn das? Der ist doch noch weit weg.« Ich gehe zum Zentralekugelschott. Der Rudergänger Pötter kommt gerade von oben. Er ist ganz naß und übernimmt den Ruderstand in der Zentrale. »Was ist denn los?« frage ich ihn. Er sieht mich vielsagend an. »Da klemmt was im Turmluk. Jedenfalls kommt Wasser durch.«

Der LI hat das Boot auf 50 Meter eingesteuert. Vorläufig will der Alte nicht tiefer gehen. Im GHG ist der Zerstörer jetzt gut zu hören. Er kommt mit Höchstfahrt näher. Sonderbar, hier weit draußen ein einzelner Zerstörer. Sollte er unseren langen Funkspruch eingepeilt haben? Es ist gerade eine Stunde her, daß wir ihn auf Abweichfrequenz Norddeich abgesetzt haben.

Der Kommandant kommt mit Keller zum Horchraum und sagt: »Wenn uns nur hier nicht der Turm absäuft.« Keller macht eine bedauernde Handbewegung. »Ich habe es erst bemerkt, als ich das Luk geschlossen hatte. Ich kann nicht sagen, was dazwischen klemmt. Aber etwas muß dazwischen sein.«

Der Alte wendet sich an mich: »Hirschfeld, was macht er?« – »Er kommt sehr schnell auf, Herr Kaleu.« Der Alte nickt. »Ob er uns bemerkt hat«, fragt er den II WO. Keller wiegt bedächtig den Kopf. »Der gute Will hat ihn sehr früh gesehen in der Dämmerung. Ich kann's nicht sagen.« Der Alte kaut auf der Unterlippe; man merkt, daß er mit einem Entschluß ringt. »In wieviel Grad haben Sie ihn, Hirschfeld?« – »In 165°, Herr Kaleu. Er ist direkt von achtern aufgekommen.« – »Gut«, sagt Bleichrodt ruhig. »An Zentrale: Auf Sehrohrtiefe gehen!« – »Aber Herr Kaleu«, meint Keller. »Sie wollen doch nicht das gleiche Manöver . . .?«

»Doch, Keller, wir müssen es versuchen. Ich will mich nicht

auf eine Wabo-Verfolgung einlassen.« Langsam steigt er durch das Kugelschott in die Zentrale. »Au weia«, stöhnt Keller. »Wenn das man gutgeht mit dem Sehrohr bei der glatten See.«

Alles wartet gespannt, bis wir auf Sehrohrtiefe sind. Das Boot dreht hart nach Steuerbord, um den Zerstörer achtern vorbeilaufen zu lassen. Der Kommandant hat das Luk zum Turm wieder öffnen lassen. Ein Schwall Wasser stürzt in die Zentrale. Mit einer Regenjacke ist er dann in den Turm gestiegen. »Der Rudergänger muß in der Zentrale bleiben. Der Wasserstrahl zielt genau auf den Ruderstand«, höre ich aus der Zentrale.

Das Schraubengeräusch wandert jetzt schnell auf 180°. »Sehrohr kommt frei!« hören wir. Meine Sprachrohrverbindungen zum Turm bleiben diesmal geschlossen; die Horchpeilungen melde ich über die Zentrale. Die Rohre achtern sind schon bewässert. Maat Borchardt ist im Heckraum. Das Geräusch wandert achtern vorbei.

Der Alte kommt wieder aus dem Turm. »Keine Chance«, sagte er. »Zu weit weg.« Wir warten noch eine halbe Stunde und tauchen dann auf. Oben ist es inzwischen ganz dunkel geworden. Nachdem die Brückenwache aufgezogen ist, kommt der Kommandant wieder in die Zentrale. In der Hand hat er eine französische Sommerlatsche und hält sie dem LI hin. »Dieser Vogel klemmte im Luk.« Der I WO betrachtet interessiert die geflochtene Latsche. »Donnerwetter«, sagt er. »Die muß doch jemand gehören.« Der Alte nickt grimmig. »Sie gehört dem Matrosenobergefreiten Zank. Ich hab' ihm schon den Marsch geblasen. Ab sofort dürfen diese Latschen nicht mehr auf der Brücke getragen werden. Sorgen Sie dafür, I WO.« – »Jawoll, Herr Kaleu. Vielleicht haben die Franzosen uns die Latschen extra geliefert, damit wir damit absaufen«, sagt Witte todernst. Der Alte holt scherzhaft mit der Latsche aus.

Nur mit einer Maschine Kleine Fahrt schippern wir an der Küste entlang, aber kein Schiff kommt in Sicht.

Um 04,50 Uhr bestätigt die Leitstelle, daß unser FT 2310/26 bei 36 m mit Lautstärke fünf aufgenommen wurde. Um 10,54 Uhr ein FT an Bleichrodt von BdU: »Falls noch nicht geschehen Tauchbunker VI leerpumpen und als Tauchzelle fahren.« Das hat der LI schon veranlaßt, aber ohne Erfolg. Die Ölspur ist immer wieder da. In der kommenden Nacht will der Alte die Oberdecktorpedos ins Boot umladen lassen. Wer weiß, wann wir wieder eine so ruhige See bekommen.

28. April 1942. Wir haben uns etwas nach See zu abgesetzt, um tiefes Wasser unter dem Kiel zu haben, wenn die Aale umgeladen werden. Wir stehen auf 30°16' Nord und 77°56' West. Borchardt und Maureschat treffen mit den Seeleuten alle Vorbereitungen zum Umladen. Um 02,00 Uhr schweigen die Diesel. Der Alte läßt das Boot treiben, während die Männer das Ladegeschirr an Oberdeck aufbauen. Zuerst ist es sehr dunkel, doch dann geht der Mond auf, und es wird beinahe taghell. Der Kommandant und der I WO sind auf der Brücke und suchen mit der Wache den Horizont ab. Wir dürfen jetzt nicht überrascht werden. Die Torpedoluken vorn und achtern sind offen, die Torpedowagen stehen auf den Schienen an Oberdeck und die Gerüste mit den Flaschenzügen sind aufgebaut. Wenn wir in diesem Zustand tauchen müßten, sähe es schlecht für uns aus.

Es ist eine herrlich warme Nacht. Die Männer arbeiten hart und zügig. Die Oberdeckstuben werden hochgekurbelt, die Aale herausgezogen, auf die Wagen gehievt und dann zu den Luken gerollt. Dort wird der Torpedo mit einem Flaschenzug angehoben und in das schräge Luk geschoben. In dem Augenblick, in dem der Aal im Luk steckt, sind wir völlig tauchunklar. Gegen 08,00 Uhr sind die vier Torpedos unter Deck; zwei im Bugraum und zwei im Heckraum. Bis Gerüste und Torpedowagen verstaut sind, ist es 09,00 Uhr. Ein Marsch zur Küste lohnt in dieser Nacht nicht mehr, denn in einigen Stunden wird es hell. Um 12,00 wird getaucht zum Unterwassermarsch. – Gegen 20,00 Uhr, nach dem Auftauchen, Eingang FT 1848/28 von BdU an U 109: »Gelegentlich melden, ob Einbau neuen Kühlwasserantriebes auf allen Booten zweckmäßig. KWP ja oder nein.« Die Männer von der Maschine suchen unermüdlich nach der Ursache der Ölspur.

29. April 1942. Heute sind wir fünf Wochen in See. Wolkenloser Himmel. Die Sonne brennt, und die See ist wie ein Ententeich. Wir treiben an der Flachwassergrenze mit schweigenden Dieseln. Kein Schiff, kein Flugzeug. Hier draußen scheint kein Verkehr zu laufen. Gegen 12,00 haben die Männer der Maschine endlich die Ursache der Ölspur festgestellt. Es ist eine Undichtigkeit im Ausblaseanschluß Tauchbunker III Backbord. Ölaustritt aus Leck Rohrleitung Unterkante Turm. Der Fehler kann behoben werden. Ab 20,00 Uhr Unterwassermarsch zur Küste, Kurs Kap Canaveral.

30. April 1942. Um 02,00 Uhr, bei Anbruch der Dunkelheit, aufgetaucht. Die Nacht ist warm und eigentlich zu hell für einen Überwasserangriff. Von der Brücke hören wir, daß die Feuer an Land friedensmäßig brennen. Das hätten wir nicht gedacht. Wir gehen nahe an die Küste heran und stellen fest, daß wir wahrscheinlich durch zu große Besteckversetzung nicht vor Kap Canaveral, sondern vor der Hetzel Shoal stehen. Der Kommandant läßt auf der 20-m-Linie parallel zur Küste nach Süden marschieren. Wieder ist es eine helle Mondnacht.

Gegen 10,00 Uhr kommt bei Hetzel Shoal-Blinktonne ein Fahrzeug in Sicht, das mit hoher Fahrt genau Kurs Süd läuft. Wir jagen mit schäumender Bugwelle hinterher. Bald können sie oben erkennen, daß es sich um einen Dampfer handelt, der so schnell ist, daß ein Vorsetzen bis zur Morgendämmerung nicht mehr gelingt. Der Kommandant läßt nach See zu abdrehen. Er will das Boot tagsüber auf Grund legen.

Um 12,00 Uhr DGZ wird auf 28°38' Nord und 80°04' West getaucht, und das Boot bei 67 Meter Tiefe mit fünf Tonnen Untertrieb auf Grund gelegt. Es liegt ruhig im festen Sand, aber die Hitze ist unerträglich. Wir messen 45° im Boot. In Schweiß gebadet, liegen die Männer auf den Kojen. Der Horchraum ist besetzt, aber kein Schraubengeräusch stört unsere Ruhe.

Ich sehe mir in der Zentrale die Karte an. Kap Canaveral ist eine Landzunge, auf der ein einsamer Leuchtturm steht.

1. Mai 1942. Um 02,00 Uhr hat Ferdinand eine Horchpeilung. Es ist aber nicht festzustellen, um welche Art von Fahrzeug es sich handelt. Bei Ende der Dämmerung um 03,00 Uhr DGZ aufgetaucht. Wieder ist die Nacht beinahe taghell und sommerlich warm. Die Diesel springen an, und mit sparsamster Marschfahrt laufen wir auf Kap Canaveral zu. Das Leuchtfeuer blinkt traulich zu uns herüber. Kaum zu glauben, daß wir Krieg haben.

Um 09,30 Uhr DGZ ein Schatten voraus; endlich ein Schiff. Die Diesel werden hochgejagt. Wir drehen auf Mitlaufkurs, und die Jagd beginnt. Es ist nicht leicht, in dieser hellen Nacht ungesehen heranzukommen. Außerdem zackt der Dampfer unberechenbar. Sollte er uns schon bemerkt haben?

Wir haben die internationalen Wellen besetzt. Es ist aber alles ruhig. Der Anlauf beginnt. Auf 3000 Meter Entfernung verläßt der erste Aal das Rohr. Es ist ein G 7a. Gleich nach dem Schuß durchbricht er die Wasseroberfläche, dreht nach Backbord ab und ist noch sechs Minuten lang im Horchgerät zu hören. Hinter dem Dampfer wird jetzt eine flache Silhouette sichtbar; ein Schleppzug mit Kurs Süd.

Erneuter Anlauf. Fauchend jagen die Diesel das Boot mit

großer Fahrt durch die glatte See. Unser Kielwasser ist eine schäumende silberne Bahn. Unverständlich, daß wir nicht gesehen werden, und die Diesel müßten in dieser stillen Nacht auch meilenweit zu hören sein. Auf den Funkwellen herrscht immer noch Ruhe.

Dann ist es wieder soweit. Um 11,36 Uhr DGZ verlassen zwei Torpedos die Rohre II und IV. Ich habe das Ohr am Sprachrohr und höre den I WO auf der Brücke brüllen: »Er hat uns gesehen! Er dreht ab!« Leibling knirscht mit den Zähnen. Ich wende mich zum Horchraum und frage: »Laufen die Aale noch, Ferdinand?« – »Ja, sie laufen prima. Zeit ist gleich um!« Eine Detonation schlägt gegen das Boot. »Treffer Heck!« höre ich von oben. Also hat es ihn doch noch erwischt, und schon geht es auf der 600-Meter-Welle los: »SSS SSS SSS *La Paz* torpedoed by cap canaveral SSS SSS SSS *La Paz* sinking fast SSS SSS SSS.«

Ich rufe den Namen des Schiffes in die Zentrale. Ferdinand steht mit seinem Kopfhörer vor dem Funkraum. »Der andere Aal läuft immer noch«, sagt er. Dann ein Knall in der Ferne. Der Torpedo ist wohl auf eine Sandbank gelaufen und detoniert.

Jetzt hämmern die Sender der Küstenstationen los und wiederholen die SSS-Meldung von *La Paz*. Aber was ist das? Da ruft noch einer ganz schwach. Ich stelle den Empfänger etwas nach. Da ist er: »SSS SSS torpedoed ba canaveral SSS SSS *Worden* – sinking SSS SSS –.« Die Küstenstationen scheinen diesen Hilferuf nicht mitbekommen zu haben; er wird nicht wiederholt. Also hat unser zweiter Aal noch ein Schiff getroffen, das wir gar nicht gesehen haben. Oder schießt hier noch ein anderes Boot herum?

Wir schlagen in Lloyds Register nach. Da steht: »*La Paz* 6548 BRT, *Worden* 433 BRT, Motorleichter.« Die Besatzung verläßt das sinkende Schiff, das mit Heck- und Buggeschütz bewaffnet war. Unser Alter läßt hart abdrehen, und mit hoher Fahrt laufen wir nach Osten ab. Hilfeleistung für die Mannschaft von *La Paz* ist nicht nötig, da die Küste bei Tag in Sicht ist.

Als mich der Kommandant auf die Brücke ruft, melde ich ihm auch den zweiten Hilferuf. »Haben Sie das gehört, Witte?« sagt Bleichrodt lachend. »Gesehen haben wir den kleinen Kolcher gar nicht. Ein anderes Boot steht zur Zeit nicht hier, also dürfen wir die *Worden* mit gutem Gewissen als versenkt melden. Ein Schiff von 433 BRT und ein Torpedotreffer. Den muß es doch zerrissen haben. Hat er länger gefunkt?« – »Nein, Herr Kaleu. Nur einmal die übliche Meldung. Dann mitten in der Wiederholung abgebrochen.« Der Alte nickt und starrt durch sein Glas zur *La Paz* zurück.

»Das Schiff ist immer noch nicht abgesoffen«, sagt er zum I WO. Witte richtet sein Glas auf den torpedierten Dampfer, der mit bloßem Auge nicht mehr erkennbar ist. Nur noch der Bug ragt aus dem Wasser; mit dem Achterschiff liegt er wahrscheinlich auf Grund. Wir haben ja nur 18 Meter hier. »Den schleppt keiner mehr ein, Herr Kaleu.« – »Hoffentlich«, sagt der Alte. »Auf jeden Fall müssen wir hier weg, bevor es hell ist. Sie werden ganz bestimmt eine Suchaktion starten.«

Unten im FT-Raum zeigt mir Leibling seinen Notizblock. »Eine Küstenstation muß den SSS-Ruf von *Worden* empfangen haben. Sie rufen ihn und fordern seinen Standort an. Er antwortet aber nicht mehr.« – »Ja«, sage ich, »dieses Schiff hat Pech gehabt. Auf den hätten wir nie einen Aal locker gemacht.«

Es ist schon hell, als um 12,50 Uhr DGZ die Alarmklingeln durchs Boot rasen. Wir müssen vor einem Flugzeug wegtauchen. Es ist eine Landmaschine mit Nordkurs, die uns aber nicht bemerkt hat. Trotzdem bleiben wir auf 100 Meter Tiefe.

2. Mai 1942. Um 02,30 Uhr DGZ aufgetaucht. Eine helle Mondnacht. Mit nordwestlichem Kurs auf die Küste zugelaufen. Bald haben wir nur noch 30 Meter Wasser unter dem Kiel. Die Temperatur im Boot sinkt auch bei Überwasserfahrt nicht unter 35°, und die Lüfter bringen kaum Kühlung ins Boot.

Die Brückenwache bohrt vergeblich die Gläser in die Augenhöhlen. Kein Schatten, kein Schiff. Der Kommandant dreht nach Süden ab. Gegen 08,30 Uhr verstummen plötzlich die Diesel; der Alte will sich also wieder treiben lassen, aber dann höre ich von der Brücke, daß über uns ein Flugzeug ist. Sicher leuchtet unser Kielwasser wieder sehr stark. Berthold Seidel kommt zum Funkraum. »Sollen sie doch runterholen den Vogel«, sagt er grinsend. »Fliegt ganz niedrig. Ich würde ihn mit der 3,7 cm schon treffen.«

»Maschine hat jetzt Positionslaternen gesetzt und fliegt ab«, kommt es von oben. »Auch gut«, knurrt Berthold und schlendert zurück zu seiner Koje. Um 12,26 Uhr läßt der Kommandant das Boot bei 90 Meter Tiefe auf Grund legen. Standort: 29°27' Nord und 80°14' West.

3. Mai 1942. Während des ganzen Tages kein Schraubengeräusch. Der Verkehr muß gestoppt sein. Um 01,45 Uhr bei Anbruch der Dunkelheit vom Grund gelöst und aufgetaucht. Mit kleiner Fahrt stoßen wir auf Kap Canaveral vor.

Gegen 09,00 Uhr DGZ kommen zwei Schatten in Sicht. Einer voraus, einer achteraus. Wir drehen hart nach See zu ab. Bald sind die Schatten genau auszumachen. Ein kleinerer Dampfer mit Kurs Nord; ein größerer Dampfer mit Kurs Süd. Der Kommandant entschließt sich natürlich für den südgehenden Dampfer. Die Diesel brummen auf. Ich höre, wie sie auf der Brücke fluchen: »Verdammt, der Kerl hat einen Zahn drauf.«

»Beide Diesel zweimal große Fahrt!« Der Gegner läuft 13 sm. Nur ganz langsam gelingt das Vorsetzen. Als endlich Kurs und Fahrt richtig ausgedampft sind, kommt die Tonne von Hetzel Shoal in Sicht, die der Dampfer nach Land zu rundet und dann wieder auf Südkurs geht.

Endlich beginnt der Anlauf. Es wird auch Zeit, denn die Nacht ist bald herum. Es wird ein Mehrfachschuß aus Rohr II und III. Um 10,34 Uhr kommt der Befehl: »Fertig! Los!« Durch das Boot geht ein Ruck, und auf der Brücke wird laut geflucht. Es hat nur ein Torpedo das Rohr verlassen. Der Bugraum wird angerufen: »Was ist mit dem zweiten Aal?« Von vorne kommt die Meldung: »Rohrläufer!« – Der Aal steckt also noch im Rohr und läuft. Es gelingt den Mixern zwar nach kurzer Zeit, ihn auszustoßen, aber er kann natürlich nicht mehr treffen.

Inzwischen läuft der andere Torpedo ruhig seine Bahn, bis die Detonation hart an den Druckkörper schlägt. »Treffer Heck!« rufen sie von oben. Auf der 600-Meter-Welle geht es los: »SSS SSS la . . . ES SSS SSS torpedoed – SSS SSS.« Der Funker drüben scheint völlig durcheinander zu sein. Nur das Wort »torpedoed« ist zu entziffern. Unmöglich, den Namen aufzunehmen. Von oben hören wir jetzt: »Schiff sinkt nicht. Boot setzt zum Fangschuß an.«

Als der zweite Aal läuft, haben wir noch immer nicht den Namen des Schiffes. Wieder eine Detonation. Das war der Fangschuß. Jetzt schweigt der Sender drüben. »Aus«, sagt Ferdinand und wirft den Bleistift hin. »Warte mal«, sage ich. »Jetzt geht doch der Tanz los. Vielleicht haben die Landstationen aus dem Gezitter etwas entziffert.« SSS SSS geben die Landstationen, aber auch sie haben nichts entziffert und fordern Namen und Standort des SSS-Gebers an. Er antwortet aber nicht mehr, und von der Brücke höre ich jetzt: »Schiff sinkt schnell!« Aus, vorbei.

Vor dem Fangschuß hatten sie auf der Brücke einen Bewacher

ausgemacht, der mit großer Fahrt von Süden angelaufen kommt. Der Kommandant läßt mit Äußerster Kraft nach Osten ablaufen, und nach einer Stunde hören wir von oben, daß wir ihn abgehängt haben.

Bei dem versenkten Dampfer handelt es sich um einen großen Frachter von 8000 bis 9000 BRT vom Typ *City of Manchester.* Er hatte einen schräg ausladenden Vorsteven mit hochgezogener Back. Drei Luken auf dem Vorschiff, einen Mast und zwei Pfahlmasten. Hohe Brücke und höheren Schornstein. Aufbauten auf dem Heck. Vorn und achtern war er mit je einer Kanone bestückt. Das ist nun schon das zweite Schiff, von dem wir keinen Namen haben.

4. Mai 1942. Wir haben uns etwas nach See zu abgesetzt. Um Mittag stehen wir auf 28°39' Nord und 79°34' West.

Der Kommandant setzt einen Lagebericht an den BdU auf. Es wird ein langer Funkspruch, wir setzen ihn in der Nacht ab, und er wird mit Lautstärke fünf auch quittiert.

Die Tripperspritze scheint Gerstner geholfen zu haben. Kein Ausfluß mehr, aber der Alte ist skeptisch. Er meint, daß sich die Gonokokken schon verkapselt haben. Um 12,30 Uhr auf 120 m zum Unterwassermarsch nach Süden getaucht.

5. Mai 1942. Um 02,30 Uhr DGZ aufgetaucht. Der Kommandant ist so nahe an die Küste herangegangen, daß wir nur noch 20 m Wasser unter dem Kiel haben. Auf der Linie Hetzel Shoal–Bethel Shoal–Tonne laufen wir nach Süden. Ein gewagtes Spiel.

Gegen 06,00 Uhr plötzlich ein Schatten voraus. Der Kommandant dreht noch rechtzeitig nach Norden und dann auf die offene See ab. Es ist ein Küstenwachboot oder U-Jäger mit flacher Silhouette und hohem Steven. Er scheint uns nicht bemerkt zu haben, denn er läuft unbeirrt seinen Kurs nach Norden. Hinter ihm dreht der Kommandant wieder an die Küste heran, bis wir 20 m Tiefe loten. Es ist eine warme, aber nicht mehr so helle Sommernacht. Langsam geht es weiter nach Süden.

Gegen 09,00 Uhr DGZ Unruhe auf der Brücke. Sie haben einen neuen Bewacher mit Gegenkurs ausgemacht. Keine Chance, nach See zu abzudrehen. Wir würden ihm genau vor den Bug laufen. Der Alte sieht sich gezwungen, nach Land zu auszuweichen. Die Diesel werden hochgejagt. Der Bug schwenkt um 180° nach Norden. Ich springe durchs Kugelschott in die Zentrale und schalte das Echolot ein. Da kommt schon der Ruf von oben: »Frage Tiefe!« – »Fünfzehn Meter!«

rufe ich in den Turm. Wenn wir jetzt auf Dreck laufen, macht er uns fertig. Daß er uns bemerkt haben muß, sieht die Brückenwache an seiner weiß schäumenden Bugwelle. Spannende Minuten vergehen. Er läuft immer noch Steuerbord achteraus, und wir können nicht nach See zu abdrehen. Auf ein Artillerieduell werden wir uns nur einlassen, wenn wir auf Grund laufen.

Mit Höchstfahrt hämmern die Diesel das Boot nach Norden. Wir laufen jetzt 19 sm, was nur bei der glatten See möglich ist. Endlich sackt der Verfolger ab. Muß ein alter Kasten sein, daß er die Fahrt nicht halten kann.

Bis zum Morgengrauen laufen wir wieder nach Süden. Um 12,30 Uhr läßt der Kommandant tauchen. Auf 27°52' Nord und 79°58' West legen wir uns bei einer Tiefe von 110 Meter auf Grund. Alle Maschinen bis auf Horchumformer werden ausgeschaltet. Es ist totenstill im Boot. Mehrmals am Tage werden Detonationen gehört. Wahrscheinlich Flibos.

6. Mai 1942. Während des Tages wurden mehrere vorbeifahrende Schiffe gehorcht. Der Kommandant läßt das Boot vom Grund lösen und auf Sehrohrtiefe gehen. Die Schiffe sind mit dem Sehrohr nicht zu erfassen. Ein Auftauchversuch scheitert, da Flugzeuge in der Luft sind.

Um 02,30 Uhr DGZ endlich aufgetaucht. Eine Stunde später gehe ich kurz auf die Brücke, um etwas Luft zu schnappen. Eine herrliche sternenklare Nacht, aber das Wasser leuchtet wie verrückt. Neben mir auf dem Wintergarten steht der Matrosengefreite Zank, ein Mann der ersten Stunde, auf den man sich verlassen kann.

Wir pinkeln gemeinsam in hohem Bogen auf das Oberdeck und starren in den Sternenhimmel. »In Deutschland ist jetzt Frühling«, sagt Zank sinnend, »und die Mädchen tragen duftige Kleider.« – »Ja«, sage ich, »Scheißkrieg. Aber hier läßt es sich doch aushalten. Denk mal an Grönland.« Er antwortet nicht und starrt nur in den Sternenhimmel. Dann stößt er mich an. »Da bewegt sich ja ein Stern.« Ich folge seinem Blick. Wirklich, da ist ein grüner Stern in Bewegung. Der achtere Ausguck richtet sein Glas auf unseren Stern und meldet gleich darauf: »Flugzeug von achtern.« – »Freiwache unter Deck«, befiehlt der WO. Damit sind wir gemeint. Zank und ich gleiten durch das Turmluk hinunter.

Der Alte ist auf dem Turm. Er weiß, daß wir nur 37 Meter unter dem Kiel haben. Das Boot bleibt aufgetaucht, aber die Diesel werden gestoppt, damit das Kielwasser nicht so leuchtet. Von oben kommt die Meldung: »Maschine hat alle Positionslaternen gesetzt und kommt näher.« Otto Peters wiegt besorgt den Kopf. »Wenn dat man keen neuer Trick is.« – »Maschine fliegt in großem Bogen um uns herum«, tönt es von oben. Sonderbar. Dann müssen sie uns doch sehen. Plötzlich: »Maschine im direkten Anflug.« Verdammt, das kann doch kein Zufall mehr sein. Wir halten den Atem an, als wir direkt überflogen werden. Aber nichts geschieht. Wir atmen auf.

Die Diesel gehen wieder an. Heute nacht müssen wir endlich zum Erfolg kommen, denn der Brennstoff wird schon knapp. Kaum bin ich im FT-Raum, kommt von oben der Befehl: »Beide Diesel stopp!« Und gleich darauf: »Fla-Waffen besetzen!« Berthold Seidel, der die 3,7 cm bedient, läuft am FT-Raum vorbei. »Nicht mal in der Freiwache hat man Ruhe. Da soll man noch Flugzeuge abschießen«, sagt er lachend. Das Boot wiegt leise in der Dünung. Munition wird nach oben gereicht. Die Spannung wächst. Wer wir zuerst schießen?

Ich bin in die Zentrale gegangen, um zu loten, falls wir tauchen müssen. Von der Brücke höre ich Maureschats Stimme: »Höhe höchstens 300 Meter, Herr Kaleu. Direkter Anflug von Steuerbord vorn!« Das kann kein Zufall mehr sein. Die Maschine muß uns in der leuchtenden See sehen, aber sie überfliegt uns in niedriger Höhe, ohne zu werfen. Auf der Brücke warten sie, bis sie weit genug weg ist. Dann heißt es: »Beide Diesel halbe Fahrt!« Wir versuchen nach Süden abzulaufen. Plötzlich ein Fluch von oben: »Sie dreht wieder ein, Herr Kaleu!« – »Ja, ich sehe. Beide Diesel stopp.« – »Er kommt verdammt niedrig«, ruft Witte. Und dann Maureschats Stimme: »Höhe nur noch 200 Meter, Herr Kaleu. Soll ich ihn mit der 2 cm runterholen?« – »Nein, abwarten«, sagt der Alte ganz ruhig. Jetzt hören wir sogar unten in der Zentrale das Dröhnen der Flugzeugmotoren.

Der II WO kommt von der Brücke und geht an den Kartentisch. »Warum tauchen wir nicht weg?« will Otto Peters wissen. Keller lächelt etwas mitleidig. »Peters, Sie wissen doch, daß wir kein Wasser unterm Kiel haben. Und können Sie garantieren, daß das Boot unter Wasser nicht leuchtet wie die Torpedos am 20. April? Dann sieht er von oben genau unsere Form.« Otto kratzt sich hinterm Ohr. »Also reine Nervensache.« Keller nickt. »Der Kommandant nimmt an, daß das Flugzeug uns für einen Bewacher hält. Vielleicht machen sie auch nur Schulungsflüge auf uns. Fliegerschule ist nicht weit ab.«

Endlich nehmen wir wieder Fahrt auf. Der Kommandant läßt nach See zu abdrehen. Wir können keine große Fahrt laufen, da unser Kielwasser zu sehr leuchtet. Einige Minuten geht es gut. Da kommt von oben wieder der Ruf: »Beide Diesel stopp!« Otto Peters rauft sich die Haare. »Meine Nerven! Das hält ja kein Ochse aus!«

Ich stehe wieder unter dem Luk. »Höhe nur noch 100 Meter«, höre ich Maureschat schreien. »Hast du so was schon erlebt«, sagt Otto. »Beim nächsten Anflug fährt er uns den Turm ab.« Auf der Brücke ist es ganz ruhig. Die Männer stehen immer noch an den Fla-Waffen. Nach einer Weile läßt der Kommandant mit den Dieseln wieder Fahrt aufnehmen.

»Frage Lotung?« ruft Pötter von oben. Ich springe ans Echolot, das ich schon vorgeheizt habe. Es zeigt auch sofort auf Knopfdruck an. »45 Meter!« rufe ich. Weiter geht es mit großer Fahrt. »Neuer Anflug aus 200°!« Er läßt nicht locker. »Einsteigen«, hören wir den Kommandanten sagen. Die Männer von den Fla-Waffen kommen zuerst. Dann fällt die Brükkenwache rasselnd in die Zentrale. Noch einmal dröhnen die Motoren über uns hinweg. Dann springt der Alte in den Turm und reißt das Turmluk zu. »Alarm!« Die Klingeln rasen durchs Boot, und schon knallen die Entlüftungen auf. Steil geht es abwärts, aber diesmal fängt Martin Weber das Boot bei 40 Meter gut ab. Der Alte kommt aus dem Turm. »LI, steuern Sie Grund an. Wir spielen eine Weile toter Mann.« Sanft setzt das Boot auf; es muß Sandboden sein.

Etwas später laufen wir mit Kurs 140° unter Wasser ab. Um 06,00 Uhr wird aufgetaucht. Kein Flugzeug mehr zu sehen. Wir laufen wieder auf die Küste zu, und um 07,30 Uhr muß einem Bewacher nach Osten ausgewichen werden.

Dann taucht voraus ein Schatten auf, der sich als Tanker entpuppt. Weit abgesetzt, wegen der hellen Mondnacht, jagen wir ihn mit schäumender Bugwelle und setzen uns vor, bis wir eine Stelle erreichen, an der eine Sandbank weit ins Meer reicht. Hier muß er vorbei. Zum Glück leuchtet die See nicht mehr. »Beide Diesel stopp!« Leise wiegt das Boot in der sanften Dünung. Wir liegen auf der Lauer. Steuerbord voraus kommt wieder ein Flugzeug in Sicht, das aber nach Land zu abfliegt. Die Heckrohre sind gewässert; die Mündungsklappen geöffnet. »Tanker kommt genau, wie er soll«, sagt mir Maureschat durchs Sprachrohr durch.

Endlich ist es soweit. »Rohr sechs los!« Der Aal verläßt zischend das Rohr; dann Maschinenkommandos von oben:

»Beide Diesel große Fahrt voraus. Ruder hart Steuerbord!« Ich frage im Turm an, was los ist. »Tanker muß uns bemerkt haben. Dreht nach Land zu ab. Der Aal geht bestimmt vorbei«, sagt Eduard. Wir drehen um 180°. Auf der 600-Meter-Welle herrscht noch Ruhe. Ich überlasse Leibling die Welle und gehe in die Zentrale, wo der Obersteuermann am Kartentisch lehnt. Er tippt besorgt auf die Karte. »Wenn das nur gutgeht. Der Tanker läuft bestimmt auf Dreck. Und wenn wir nicht höllisch aufpassen, sitzen wir gleich daneben fest.« Ich wärme das Echolot vor. Die Diesel jagen das Boot schäumend durch die See. Diesmal soll mit Bugrohren geschossen werden. Der Obersteuermann gibt mir einen Wink. Ich drücke kurz das Echolot. Wir starren auf die Skala. Noch 20 Meter unterm Kiel. Entkommen kann uns der Tanker nicht.

»Echolot klar! Frage Tiefe?« kommt es von der Brücke. Ich drücke nur auf den Knopf. »15 Meter«, melde ich nach oben. In der Ferne detoniert unser Aal im Dreck.

Plötzlich ein Schrei von oben: »Tanker ist aufgelaufen! Schwere Schlagseite! Hart Steuerbord!« Die Diesel laufen mit unverminderter Fahrt. Das Boot legt sich nach Backbord über. Vorher habe ich schnell noch einmal gelotet. »12 Meter Tiefe!« melde ich nach oben. Der Obersteuermann sieht mich bedeutungsvoll an. »Höchste Zeit, daß die da oben abdrehen«, knurrt er und tippt auf seine Karte. »Hier ist nur noch acht Meter Wasser.« Der Tanker schießt rote Sterne in die Nacht.

Sonderbar ist nur, daß er nicht funkt. Oder funkt er auf einer uns nicht bekannten Welle? Vielleicht gehört er der Navy.

»Flugzeug in 160°! Kommt tief auf die See herunter. Fla-Waffen besetzen!« Wir laufen mit Höchstfahrt nach See zu ab, um auf tieferes Wasser zu kommen.

Nach einiger Zeit hören wir erleichtert, daß die Maschine nach Land zu abdreht. Vermutlich ist bei Vero Beach ein Flugplatz. Im Osten kommt der Morgen hoch. Der I WO stellt fest, daß wir wieder eine Ölspur haben. Bei 80 Meter Wasser läßt der Kommandant tauchen. Von Witte erfahre ich, daß die Maschine, die uns in den ersten Nachtstunden fünfmal überflogen hat, ein Flugboot vom Typ »Martin P. B. M. 1–2« war.

Dreißig Minuten nach dem Tauchen werden mehrere Schraubengeräusche gehorcht. Der Kommandant läßt auf Sehrohrtiefe gehen. Er kann zwei Tanker mit Nordkurs sehen, aber die Entfernung ist zu groß. Und dann müssen wir schnell auf Tiefe gehen, denn ein Flugboot kurvt auf uns ein.

Wir laufen etwas weiter nach See zu ab und legen uns auf

Grund. Standort 27°36' Nord, 79°59' West. Tiefe 110 Meter. Boot liegt mit fünf Tonnen Untertrieb ruhig und fest. Wir wollen erstmal schlafen. – Gerade habe ich mich hingelegt, als ich erneut zum Horchraum gerufen werde. Leibling hat einen Dampfer mit drei Zerstörern von Süden kommend eingepeilt. Ich melde es dem Kommandanten, der auf seiner Koje liegt. Er richtet sich auf, starrt die Seekarte auf seinem kleinen Schreibtisch an. »Hm«, brummt er und schüttelt den Kopf. »Wird auch noch aus der Luft gesichert sein. Und wenn wir dann mit unserer Ölspur kommen.«

Wir verfolgen das stark gesicherte Geleit weiter mit dem GHG. Bald sind die Geräusche querab. Es ist gutes Horchwasser hier. Gleichmäßig mahlt die Dampferschraube; nur die Zerstörerschrauben jagen hin und her. Langsam zieht das Geleit vorbei. Gerade will ich die Kopfhörer weglegen, um wieder in die Koje zu schleichen, da packt Leibling meinen Arm. »Hören Sie doch!« Plötzlich ist das unverkennbare Geräusch laufender Torpedos zu vernehmen. Ich rufe es dem Kommandanten zu, der sofort zum Horchraum kommt. Ich gebe ihm meine Kopfhörer, während Leibling die Aale einpeilt. Schier endlos die Minuten; dann schlagen kurz hintereinander zwei scharfe Detonationen an unsere Bordwand. Die Männer recken die Köpfe aus den Kojen. »Was ist denn los? Da hat doch einer... Das waren doch Torpedos!« Einer hat auf den schwerbewachten Dampfer geschossen und getroffen. Dafür fegen die Bewacher jetzt wie wild durch die Gegend, und das Gewitter geht los. Schauerlich rollt der Donner der Wabos durchs Wasser.

An Schlaf ist nun nicht mehr zu denken. In kurzen Abständen rollen die Detonationen durchs Wasser. Manchmal ist das Krachen der Wabos so nahe, als wären wir gemeint. Der Kommandant runzelt die Stirn. Ich weiß, er denkt an unsere Ölspur. Sollte sich über uns ein Ölfleck gebildet haben, könnte er von Flugzeugen gesehen werden. Zum Glück scheinen die Bewacher keine Asdic-Geräte zu haben. Es ist kein Zirpen zu hören.

Der I WO kommt zum Horchraum. »Das ist ja unerhört, dieser Donner, Herr Kaleu. Ich werde mich beim BdU beschweren. Können wir uns denn nicht woanders hinlegen?« Der Alte lacht. »Lieber nicht. Wenn wir uns jetzt vom Grund lösen, wühlen wir vielleicht den Schlamm auf. Da sind doch jetzt bestimmt Maschinen in der Luft.« Witte nickt resigniert. »Wer mag das sein, den sie da fertigmachen?« Wir wissen es nicht. Sechs Stunden rollen die Detonationen der Wasserbomben. Dann wird es ruhig. Wir möchten wissen, ob dieses Boot noch einmal auftaucht. Oder haben wir die Vernichtung eines deutschen U-Bootes aus nächster Nähe miterlebt?

7. Mai 1942. Bei völliger Dunkelheit gegen 03,00 Uhr DGZ entschließt sich der Kommandant zum Auftauchen, obwohl noch einige Zerstörerschrauben zu hören sind. Die Brückenwache steht einige Zeit vor dem Auftauchen mit Sonnenbrillen in der Zentrale, um die Augen an die Dunkelheit zu gewöhnen. Dann kommt der Befehl zum Anblasen. »Turm kommt frei!« ruft der LI. Dann fegt ein Windstoß durch die Räume. Der Alte hat das Turmluk geöffnet und entert mit dem I WO auf die Brücke, um die Lage zu peilen.

»Beide Maschinen Große Fahrt voraus, Ruder hart Backbord! Brückenwache aufziehen!« Wir laufen mit wechselnden Kursen, um die Bewacher zu umgehen. Nach einer knappen Stunde haben wir das Wespennest hinter uns. Der Alte hält wieder auf die Küste zu. Es ist eine dunkle Nacht mit mittlerer Sicht. Wir dümpeln langsam nach Süden.

Gegen 06,00 Uhr DGZ taucht Steuerbord achteraus ein Schatten auf. Wir zeigen spitze Silhouette und lassen ihn von achtern aufkommen. Von der Brücke wird kleiner Dampfer gemeldet, wohl kaum einen Torpedo wert. Für alle Fälle haben wir im FT-Raum die 600-m-Welle geschaltet. Doch dann kommt von der Brücke: »Beide Diesel Große Fahrt voraus.« Anschließend eine Meldung, die im Boot ein Gelächter auslöst: »Dampfer entwickelt sich zu ungeahnter Länge.«

Jetzt, wo er mit der ganzen Breitseite vorbeizieht, sieht die Wache, daß es ein Tanker von mindestens 10.000 BRT ist, der über 14 sm läuft. Der Kommandant erhöht die Fahrtstufe auf Zweimal Große Fahrt.

Dann kommen von oben Ruderbefehle. Ich frage beim Gefechtsrudergänger Pötter im Turm an. »Schmaler Schatten direkt voraus auf Gegenkurs. Wahrscheinlich Zerstörer«, sagt er ruhig wie immer durchs Sprachrohr. »Wir weichen aus nach Osten.« Mit Hartruderlage dreht unser Bug auf 90°.

In großem Bogen holt der Kommandant nach See zu aus. Wir ziehen eine gewaltige Hecksee hinter uns her. Ein Glück für uns, daß es heute so dunkel ist. Ohne uns zu bemerken, zieht der Zerstörer seine Bahn nach Norden. Dabei haben wir aber oben den Tanker aus den Augen verloren. Der Alte staffelt an die 20-Meter-Linie heran, aber der Tanker wird nicht wieder gesehen. Mit Höchstfahrt jagen wir ihm nach.

Otto Peters steht neben mir am Echolot. »Wieder verdammt wenig Wasser unterm Kiel«, sagt er und macht ein finsteres Gesicht. »Wat denkste, wenn noch so'n Zerstörer vom Dienst kommt, der etwas weiter draußen fährt. Dann können wir den Kahn auf'n Strand jagen.« – »Ja, Otto, und wir können später mal sagen, wir hätten am Strand von Florida gebadet.«

Die 20-Meter-Linie geht immer näher an die Küste heran. Die Feuer brennen friedensmäßig. Ich bin gerade auf der Brücke, um ein wenig Luft zu schnappen, als starker Ölgeruch bemerkbar wird. Der Alte beugt sich zum Luk und ruft nach unten: »LI, kommen Sie mal rauf. Unser Brennstoff läuft irgendwo raus.« Der Leitende kommt schnellstens auf die Brücke geturnt. »Das ist nicht unser Brennstoff, Herr Kaleu«, sagt er. »Nein«, sagt auch Berthold Seidel. »Sehen Sie doch mal, das Wasser schwappt ganz schwerfällig. Wir fahren durch einen großen Ölfleck.«

Der Alte wendet sich an mich. »Haben Sie von dieser Gegend schon eine Wrackmeldung?« – »Nein, Herr Kaleu. Aus dieser Gegend hat noch keiner eine Versenkung gemeldet.« Bleichrodt wendet sich ab und versucht mit dem Glas die nähere Umgebung zu durchdringen, während wir weiter mit Höchstfahrt durch das Öl pflügen.

»Masten an Steuerbord im Wasser«, schreit Berthold plötzlich. Wir fahren herum. In ungefähr 25 Meter von der Bordwand entfernt ragt ein Mast mit Ladegeschirr aus dem Wasser. »Hier an der Backbordseite steht auch einer«, sagt der Matrosenobergefreite Karl Will ganz ruhig. Mir stockt der Atem. Ich denke an das Schiff unter uns. Liegt es tief genug? Wir rauschen hart an dem Mast vorbei, aber alles geht gut. Als die Masten schließlich in der Dunkelheit verschwunden sind, atemen wir auf.

»Na«, sagt der Alte, »der liegt noch nicht lange hier. Wir hätten uns den ganzen Bauch aufreißen können.« – »Aber wenigstens hätten wir von hier die Küste mit Schlauchbooten erreicht«, meint Berthold lachend. Der Standort des Wracks wird festgehalten: 27°22' Nord und 80°02,5' West. – Je weiter wir nach Süden kommen, desto näher rückt die 20-Meter-Linie an die Küste heran.

Um 07,30 Uhr haben wir den Tanker Steuerbord voraus wieder in Sicht. Der Alte jagt ohne Rücksicht auf den hohen Brennstoffverbrauch verbissen weiter. Um 08,00 Uhr passieren wir das Feuer von Jupiter Inlet. Zwei hohe Funkmasten mit roten Fliegerwarnlichtern sind weit zu sehen. Etwas später kommt Steuerbord voraus ein Bewacher mit Nordkurs in Sicht. Wir müssen nach See zu abdrehen, bis er vorbei ist. In der Zentrale treffe ich den Obermaschinisten Schewe, der sich verzweifelt den Kopf kratzt, als der Kommandant Äußerste Kraft voraus befiehlt. »Was ist los«, frage ich. »Jammern Sie um Ihren Brennstoff?« – Schewe winkt ab. »Wenn nur nicht die Kupplungen rutschen. Ich wollte sie schon vor drei Tagen nachziehen.«

Ich steige in den Turm. »Frage: Ein Mann Brücke?« – Der I WO läßt mich aufsteigen. »Palm Beach querab«, raunt er mir zu. Die Küste ist sehr nahe. Man kann die erleuchteten Häuser sehen. Am Strand muß eine Autostraße sein. Helle Scheinwerfer flitzen dahin. Nur ganz langsam kommen wir dem Tanker näher, aber auch die Küste scheint immer näher zu rücken. Ich höre, wie sich der Kommandant mit dem I WO berät. Er will sich zwischen Tanker und Küste schieben, um zu verhindern, daß der Tanker nach dem ersten Treffer auf Strand gesetzt wird. Einen richtigen Anlauf wird es wohl nicht geben, da wir uns nicht genügend vorsetzen können. Der I WO will einen Winkelschuß versuchen.

Ganz langsam kommen wir zwischen Tanker und Strand. Wir müssen vor Morgengrauen noch zum Schuß kommen. Immer näher kommen die Autoscheinwerfer am Strand. Ich will gerade wieder nach unten verschwinden, als ein Wagen plötzlich von der Straße abbiegt und auf den Strand fährt. Seine Scheinwerfer geistern über das Wasser, beleuchten den Tanker, wandern weiter. Sekunden später werden auch wir von ihnen erfaßt und sind hell beleuchtet. Wir sehen unsere hell schäumende Bugwelle und die lange weiße Hecksee. Dann wird es wieder dunkel.

Der Alte flucht leise vor sich hin. »Vielleicht versuchen wir doch einen Achterstich«, sagt der I WO. Der Kommandant schüttelt den Kopf. Er hat das Glas vor den Augen und beobachtet das kostbare Wild. »Ich glaube, seine Hecksee wird größer«, knurrt er. Gebannt starrt auch der I WO mit dem Glas auf das Heck des Dampfers. »Kein Zweifel, Herr Kaleu. Er dreht auf.« – »Dann haben sie uns bemerkt.« Ich tauche wieder hinab ins Boot. In der Zentrale höre ich lautes Fluchen. Otto Peters nimmt sein Schweißtuch vom Hals und wischt sich die Stirn. »Es ist aus, Wolf«, sagt er resigniert. »Die Diesel sind zu heiß. Die Kupplungen rutschen. Wir können die Fahrt nicht halten.« Der LI ist mit Schewe im Dieselraum verschwunden. Wir verlieren merklich an Fahrt. Diesen Tanker sehen wir nicht wieder.

Wortlos kommt der Kommandant von der Brücke und wirft sich auf seine Koje. »Herr Kaleu«, sage ich zu ihm, »südlich bei Miami steht Teddy Suhren. Sollen wir nicht ein Kurzsignal abgeben?« Er wirft einen Blick auf seine Uhr. In einer Stunde wird es hell. »Gut! – Geben Sie Kurzsignal ab: Tanker Kurs Süd, 18 sm entkommen. Standort und Unterschrift.« – Dann zieht er seinen Vorhang zu. Das Signal ist schnell verschlüsselt und hinausgejagt. Paris wiederholt es richtig.

Mit kleiner Fahrt laufen wir nach Osten in Richtung der Bahamas ab. Um 11,45 Uhr ein Flugzeug querab. Mit Alarm geht es auf Tiefe. Wir bleiben gleich unter Wasser, obwohl es verdammt heiß im Boot ist. Um 12,30 Uhr sitzen wir gerade beim Mittagessen, als wir in der Ferne einen scharfen Knall hören. »Da hat einer genau getroffen«, sagt Otte Peters und stochert weiter in seinem Essen. Maureschat nickt kauend. »Unterwasserschuß. Das muß ein frecher Hund sein.« Werner Borchardt stößt mich an. »Ick denke, hier is keener mehr. Wer soll denn dat sein?« – »Kann nur der Teddy Suhren sein. Er steht südlich von uns. Vielleicht hat er unseren schnellen Tanker noch erwischt.« – »Na klar«, sagt Berthold Seidel, »der muß auch das Schiff versenkt haben, über das wir hinweggebrummt sind.« Sieben Minuten später wieder eine Detonation. »Noch een Treffer«, sagt Otto. Um 12,40 Uhr erfolgt noch einmal ein scharfer Knall. »Das war der Fangschuß«, sagt Otto.

Viel Ruhe haben wir nicht bei diesem Unterwassermarsch. Zwischen 16,00 und 17,00 Uhr werden vier Fliegerbomben ganz in unserer Nähe geworfen. Sollten sie unsere Ölspur aus der Luft sehen? Um 23,30 Uhr sind es acht Fliegerbomben, die hinter uns detonieren.

8. Mai 1942. Gegen 03,00 Uhr DGZ aufgetaucht. Eine herrliche Nacht. Sternenklar und gute Sicht. Der Strom hat uns 40 sm nach Norden versetzt. Wir gehen an die Küste und laufen dann nach Süden. Wieder sehen wir die hell erleuchteten Häuser und die Scheinwerfer der Autos.

Während der Nacht kommen einige Bewacher von Süden mit Nordkurs gefahren. Sie werden aber rechtzeitig erkannt, so daß wir nach Osten ausweichen können. Im Längstwellen-Wiederholungsprogramm ein FT von Suhren: »Tanker 13.000 BRT in Floridastr. versenkt.« Das muß unser Tanker gewesen sein; ganz moderner Neubau, noch nicht mal in Lloyds Register. 11,50 Uhr DGZ im Morgengrauen plötzlich Alarm. Direkter Anflug eines Flugzeugs ohen Positionslampen. Unter Wasser läßt der Kommandant auf Südkurs gehen, um durch den Strom nicht zu weit nach Norden abzutreiben.

9. Mai 1942. 15 Stunden Unterwassermarsch und Temperatur im Boot bei 45° C. Wir liegen auf den Kojen und hecheln wie die Hunde. An Auftauchen ist nicht zu denken. Oben wimmelt es von Flugzeugen. Ein Rundblick durch das Luftzielsehrohr hat dem Alten die Lust zum Überwassermarsch genommen. Es muß wohl eine Fliegerschule in der Nähe sein.

Um 02,30 Uhr DGZ, bei Dunkelheit, endlich aufgetaucht. Wieder am Strand entlang nach Süden. Es ist sehr warm. Gegen 04,00 Uhr wird ein schweres Gewitter an Land beobachtet. Wir treffen nur einen Bewacher, dem wir ausweichen können, dafür aber fünf Flugzeuge mit Positionslaternen. Wir passieren Key West im Norden mit Kurs 270°. Kein Schiff weit und breit. Um 10,15 Uhr wieder ein Flugzeug mit Laternen voraus. Löscht aber dann Laternen und kommt außer Sicht. Um 10,30 Uhr wird die Maschine dann flach über dem Wasser mit direktem Anflug gesichtet. »Alarm!« Wir kommen gut unter Wasser. Der Alte ist jetzt mißtrauisch geworden. Einige der Maschinen scheinen Ortungsgeräte zu haben. Nach kurzer Zeit wieder aufgetaucht und weiter Kurs Tampico, doch dann kommt der Morgen hoch, und wir müssen wieder unter Wasser.

Am Nachmittag plötzlich ein schnell lauter werdendes Geräusch. Der Kommandant läßt auf Sehrohrtiefe gehen. Ein Zerstörer der *Connor*-Klasse zieht vorbei. Leider keine Schußgelegenheit. Sonst ist es den ganzen Tag ruhig.

10. Mai 1942. Wie immer nach 15 Stunden aufgetaucht. Herrliche Nacht. Wir dürfen alle einmal auf den Turm gehen und unsere Lungen vollpumpen. Wenn wir noch genug Brennstoff hätten, würde der Alte jetzt durch die Yucatánstraße nach Süden fahren mit Kurs Arube zu den Inseln unter dem Wind. Dort trifft man bestimmt die dicken Tanker.

Witte schlägt vor, wenigstens um Kuba herum und dann durch die Windward-Passage zu fahren, aber auch das ist zu weit; wir haben nur noch 75 cbm Brennstoff. Mit Versorgung ist auf keinen Fall zu rechnen, und der Proviant wird auch schon knapp. Kein Schiff weit und breit. Schweren Herzens entschließt sich der Kommandant zum Rückmarsch. Als die Sonne im Osten aus dem Meer steigt, schwenkt unser Bug auf Heimatkurs. Ich bespreche mit Järschel, ob wir den Proviant schon rationieren sollen. Grieß und Makkaroni haben wir reichlich, aber rund 4000 sm Rückmarsch liegen vor uns. Der

Kommandant läßt einen langen FT über die Verkehrslage absetzen. Zum Schluß heißt es: »Wegen Brennstoff Rückmarsch.«

11. Mai 1942. Wir kreuzen mit weiten Schlägen zu den Bahamas durch die Floridastraße. Vielleicht haben sie den Verkehr weiter nach draußen verlegt, nachdem sie gemerkt haben, daß die U-Boote an der Küste lauern. Aber auch hier sehen wir keine Mastspitze. Der Verkehr scheint gestoppt. Im Nordatlantik hat U 569, Hinsch, einen Geleitzug gesichtet. Aus Paris kommt der Befehl: »Gruppe Hecht ran!« U 124, auf dem Marsch zur amerikanischen Küste, schließt sich den Booten der Gruppe Hecht an.

12. Mai 1942. Wir haben Kap Canaveral an Backbord passiert, weit abgesetzt, denn wir fahren aufgetaucht. Es weht ein frischer Wind. Seit langer Zeit wiegt sich das Boot wieder in der langen Dünung. »Mensch«, sagt Otto Peters, »jetzt merkste erst, dat wir die ganze Zeit keenen Seegang hatten.« Die Sonne knallt vom wolkenlosen Himmel. Die Lüfter laufen auf Hochtouren, und im Boot herrscht eine angenehme Temperatur von 28° C. Obwohl wir den Proviant rationiert haben, sind die Lords sehr vergnügt, weil es nach Hause geht. Am Abend sind wir schon auf 28°31' Nord und 78°13' West.

13. Mai 1942. Wir kreuzen weiter mit einer Maschine Kleine Fahrt nach Nordosten. Die See ist ruhig. Nur leise wiegt das Boot in der langen Dünung. Wolkenloser Himmel. Der Kommandant hofft noch immer, einen Einzelfahrer zu erwischen, aber der Horizont bleibt wie leergefegt.

14. Mai 1942. In der Nacht ist der Kommandant auf Kurs 70° gegangen. Weiterhin ruhige See. Die Boote im Nordatlantik haben unter sehr schweren Bedingungen neun Dampfer aus dem Geleit versenkt. Aus den FTs ist zu erkennen, daß es immer schwerer wird, an ein Geleit heranzukommen. Nur zwei Boote haben diesen Erfolg errungen. U 124, Mohr, und U 94, Ites.

Gegen Mittag werden Wrackteile gesichtet. Wir fahren in der langen Dünung langsam durch die Sargasso-See. Unsere Ölspur ist auch wieder da. Am Nachmittag sind wir auf 31°56' Nord, 70°09' West.

15. Mai 1942. Westlich der Bermudas. Der Alte ist auf der Brücke und mustert kritisch den blauen Himmel. Einzelne weiße Wölkchen bilden sich da und dort. »Wir werden Wind kriegen, Keller«, sagt er zum II WO, der ungläubig den heiteren Himmel betrachtet. Plötzlich entdeckt er zwischen den Wolken ein kleines Luftschiff. »Da, ein Blimp! Sollen wir tauchen, Herr Kaleu?« – »Na, klar«, sagt der Alte und gibt Alarm. Rauschend geht es in die Tiefe. Nachdem der LI das Boot auf 60 Meter eingesteuert hat, ist vor dem FT-Raum große Versammlung. Die Situation ist völlig neu. Keller glaubt, daß wir bemerkt worden sind. Der Kanonenmaat Maureschat macht einen Vorschlag. »Auftauchen und ihn mit der 10,5 abschießen.« Keller lacht. »Das wäre was für Goebbels. Deutsches U-Boot schießt amerikanisches Luftschiff ab.« Der Alte streicht lächelnd seinen Bart. »Und was machen wir nachher mit den Luftschiffern. Sollen wir sie absaufen lassen? Nein, Maureschat. Unser Proviant ist schon so knapp, und wir haben noch einen weiten Weg.« – »Schade«, sagt Maureschat resigniert. »Wäre mal wieder eine gute Übung für die Artilleriemannschaft gewesen.«

Als wir nach zwei Stunden auftauchen, ist die Luft rein. Der Blimp ist weg. Hoffentlich hetzt er uns keine Flugzeuge auf den Hals. Gegen Abend passieren wir wieder Wrackteile. Überall schauerliche Spuren des Krieges.

Um 18,30 Uhr gibt es Alarm. Wir tauchen bis auf 100 Meter. Ein Flugboot vom Typ Consolidated kam von Backbord achteraus direkt auf uns zu. Also hat der Blimp uns doch gemeldet. Nach einer Stunde aufgetaucht und mit Kurs 77° diesel-elektrisch weitergelaufen.

16. Mai 1942. Obermaschinist Schewe meldet: »Nur noch 61 cbm Brennstoff.« Der Kommandant nickt und gibt Kursanweisung 75°. Das ist endgültiger Rückmarsch; diesmal ist kein Kapitän Kals da, der uns mit Brennstoff versorgt. Es brist langsam auf. Ausgerechnet von Osten. Das frißt wieder mehr Brennstoff als berechnet.

Wenn ich an den Proviant denke, wird mir mulmig. Ein FT vom BdU an U 109: »Einlaufhafen Lorient.« Ab 16,00 Uhr Unterwassermarsch wegen schwerer See von vorn.

17. Mai 1942. Der achte Sonntag in See. Heute ist Muttertag. Der Ostwind wird stündlich stärker. Wir sind in der Nacht aufgetaucht und rollen nun mit sparsamster Marschfahrt in der schweren Dünung. U 507, Fregattenkapitän Harro Schacht, meldet aus der Karibik: »50.000 BRT versenkt.« Das muß Verkehr gewesen sein.

Gegen Mittag hat der Sturm so zugenommen, daß wir keine Fahrt mehr über Grund machen. Der Kommandant entschließt sich zum Unterwassermarsch. Auf 80 Meter Tiefe wird es ruhig; wir gehen auf 140 Meter.

18. Mai 1942. Wir sind in der Nacht nur zur Programmzeit aufgetaucht. Über Wasser müssen wir auf Kurs 60° gehen, um die See von vorn zu haben. Wir machen dabei kaum Fahrt über den Grund. Der Sturm tobt mit unverminderter Wucht. Also weiter Unterwassermarsch auf 140 Meter. Gekoppelter Standort: 37°02' Nord, 63°08' West. Kurs 90°. Eingang FT 2239/18 von BdU: »Bleichrodt am 19. 5. zwischen 01,00 und 05,00 Uhr Wetter melden.«

19. Mai 1942. Als wir in der Nacht auftauchen, hat sich das Wetter etwas gebessert. Noch rollt eine lange, fast haushohe Dünung, aber die Brecher knallen nicht mehr dauernd über den Turm. Um 01,44 Uhr DGZ haben wir das Kurzwetter auf Schaltung »Amerika II« abgegeben. Es wurde sofort bestätigt.

Der Wind dreht langsam auf Südost. Das Boot schlingert dabei ganz fürchterlich. Järschel kocht wie alle Tage Eintopf. Wir essen aus Schöpfkellen und Konservendosen, um unsere Teller für ruhigere Zeiten zu schonen. Von der Brücke wird gemeldet, daß unser Ölspur wieder verstärkt zu sehen ist. Das macht den Alten ganz verrückt. »Verdammt«, knurrt er, »wenn wir einer Suchgruppe begegnen, sind wir auch ohne Asdic geliefert.« Der Fehler ist nicht zu finden. In der Maschine wird ein unerklärlicher Brennstoffverlust von 3,5 cbm festgestellt. Jetzt verstehe ich, warum Obermaschinist Schewe so ein bedenkliches Gesicht macht.

Als wir gestern zum Wetterabgeben aufgefordert wurden, hat der Alte grimmig gelacht. »Die wollen wohl wissen, ob wir noch leben. Es sind ja drei Boote überfällig. Haben Sie das auch schon gemerkt?« – »Jawoll, Herr Kaleu. Wir haben aber lange nichts mehr von uns hören lassen.« Er winkt ab. »Da sie uns keine Versorgung gegeben haben, können sie sich in Paris ja vorstellen, daß wir auf dem Rückmarsch sind.« Ich sehe, daß er sich noch immer darüber ärgert. Wir hätten nur 50 cbm Brennstoff gebraucht, um in der Karibik operieren zu können. So quälen wir uns brennstoffschwach über den Atlantik zurück und bringen einen Teil der Aale nach Hause. Drei Boote melden sich trotz mehrfacher Aufforderung nicht mehr: U 85 und U 352 vor der Ostküste der USA und U 252, Lerchen, im Nordatlantik.

Eingang FT 2120/19 von BdU: »U 109 am 20. 5. zwischen 01,00 und 05,00 Uhr Kurzwetter hergeben.«

20. Mai 1942. Meine Wache geht bis 02,00 Uhr. Als ich um 00,10 Uhr beim Abstimmen des Sender bin, stößt mich jemand von hinten an. Unwillig fahre ich herum. Vor mir steht lächelnd der Kommandant, hält zwei Gläser mit Rum in der Hand und sagt: »Gratuliere zum 26. Geburtstag, Oberfunkmaat Hirschfeld!« Er hebt das Glas. »Wünsche Ihnen, daß Sie den Krieg gesund überleben. Prost!« – »Danke, Herr Kaleu. Das wünsche ich Ihnen auch.«

Er lächelt hintergründig und gießt aus der Rumflasche nach, die er unter den Arm geklemmt hat. »Auf einem Bein können wir nicht stehen, Hirschfeld. Prost!« Der lang entbehrte Alkohol rinnt wie Feuer durch die Kehle. Er gießt noch einmal ein. »Wir werden wohl noch lange zusammen fahren müssen, Hirschfeld. Na, denn Prost.« Drei Gläser Rum auf leeren Magen. Mir wird etwas weich in den Knien.

Als der Morgen hochkommt, liegt die See in ruhiger Pracht. Wir fahren diesel-elektrisch und machen neun Seemeilen. Endlich wieder ein Besteck. Standort 39°52' Nord und 53°44' West.

Eingang FT 1750/20 von BdU: »U 109 Morgen zwischen 01,00 und 05,00 Uhr Wetter melden.« Wir sind das reinste Wetterboot.

21. Mai 1942. Eintönig und schier endlos der Rückmarsch mit Etmal 180 Seemeilen. Nach Mitternacht geben wir FT 0011/21 an den BdU ab: »Seit 29. April Ölspur beseitigt. Ursache Undichtigkeit Ausblaseanschluß Tauchbunker III BB. Jetzt erneut schwache Ölspur. Bisher 3,5 cbm Brennstoffverlust festgestellt. Noch 47 cbm, S 4, See 2–3, 1037 mb. Gleichbleibend Schönwetter – Cumulus, Sicht 10 sm. Qu. CC 2876. Bleichrodt.«

Gegen Mittag kreuzt in nur 100 Meter Entfernung eine Herde von Walen unseren Kurs. Der Kommandant läßt die Freiwache auf den Turm kommen. Gebannt stehen wir auf dem Wintergarten und beobachten, wie sich die gewaltigen Leiber tauchend und spautend durch die See wälzen. Es sind Pottwale. Ungefähr 30 große Tiere. Solange dieser Krieg andauert, können sie sorglos leben. Wale werden nicht mehr gejagt, seit der Hilfskreuzer *Pinguin* die letzten Fangflotten samt ihren Kochereien in der Antarktis aufgebracht hat.

Eingang FT 1839/21 von BdU: »U 109 morgen zwischen 01,00 und 05,00 Uhr Wetter hergeben.« Verdammt! Sind wir denn das einzige Boot im ganzen Atlantik?

22. Mai 1942. Kurzwetter um 01,30 Uhr abgegeben und bestätigt. Nur leicht Dünung. Wir kommen gut voran. Wenn nur der Proviant nicht so eintönig wäre; Erbsen, Makkaroni, Linsen, Grieß ... Als ich mittags auf die Brücke komme, sagt

Maureschat zu mir: »Sieh mal achteraus. Seit Sonnenaufgang haben wir drei Haie im Kielwasser.« – »Denen muß wohl unsere Ölspur schmecken«, sage ich. Mir fällt ein, daß wir eine Haiangel an Bord haben. Ich tauche nach unten und frage Järschel, ob wir unsere letzte Speckseite opfern wollen. Andere Boote haben schon Haie gefangen und erzählt, wie köstlich sie schmecken. Nachdem der Kommandant eingewilligt hat, kommen wir auf die Brücke.

Järschel spießt ein Stück Speck auf, und der I WO läßt ihn mit einem Anschnallgurt und zwei Seilen sichern, die durch das Geländer des Wintergartens laufen. Dann klettert Järschel auf das Oberdeck, geht langsam nach achtern, wirft den mächtigen Haken über Bord und gibt ungefähr 30 m Leine nach. Nach einiger Zeit macht Järschel ein Zeichen, daß ein Hai angebissen hat, aber als er die Leine anzieht, ist nur noch der blanke Haken dran. »Abgefressen«, sagt Witte. Ich gebe Järschel den Rest des Specks, der aber ebenfalls abgefressen wird. Das Unternehmen Haifang ist fehlgeschlagen. Der Alte ist inzwischen auf der Brücke erschienen und ruft nach achtern: »Järschel, hängen Sie sich den Haken um den Hals und springen Sie rein. Dann beißen sie bestimmt!« Järschel nickt nur verärgert.

23. Mai 1942. Lange Dünung aus Nordnordwest. Strahlende Sonne am wolkenlosen Himmel. Wir haben in der Nacht wieder Wetter abgeben müssen. Am Vormittag wird ein leeres Floß gesichtet und mit Maschinenwaffen versenkt. Am Nachmittag meldet die Brücke: »Kieloben treibendes Rettungsboot gesichtet.« Es stellt sich aber heraus, daß es sich um eine Riesenschildkröte handelt.

Der Alte eilt auf die Brücke. Die Diesel verstummen; es wird mit E-Maschinen weitergefahren. Als der Kommandant die Flakmannschaft auf die Brücke ruft, gehe auch ich nach oben. »Mann, Schildkrötenfleisch«, sagt Otto Peters neben mir und verdreht die Augen. Ein Maschinengewehr und die 2-cm-Flak werden klargemacht, während wir näher an das Tier heranstaffeln.

Der Kommandant greift selbst zum Maschinengewehr. »Zwo Zentimeter klar!« kommt die Meldung. »Feuer frei!« Für einige Augenblicke verschwindet das Tier im Geschoßhagel. Dann wird das Feuer eingestellt. »Die ist fertig«, meint Berthold Seidel. »Ich weiß nicht«, sagt der Alte skeptisch und befiehlt dem I WO: »Gehen Sie mal langsam ran!« Witte fährt ein elegantes Manöver und bringt das Boot mit der Backbordseite einen Meter neben der Schildkröte zum Stehen. Vier Mann halten sich mit einer Hängematte und Bootshaken bereit, um das Tier an Bord zu hieven. Gerade als die Männer mit den Bootshaken unter den Schild gefaßt haben, um das Tier anzuhieven, kentert die mächtige Schildkröte. Ein großer Luftblubber entweicht; die Männer werfen die Bootshaken an Deck und halten sich die Nasen zu. »Haltet sie doch!« schreit Keller. Dann müssen auch wir auf dem Turm uns die Nasen zuhalten, denn eine Wolke von bestialischem Gestank steigt zu uns empor.

»Die ist seit Wochen tot«, ruft Maureschat von unten. Der Alte lacht. »Habe mir gleich gedacht, daß wir sie nicht mit der Flak erschossen haben.« Witte sieht mich an: »Also weiter Eintopf.« Ich nicke.

24. Mai 1942. Helle Mondnacht, ruhige See, Kurs 70°. Um 02,00 Uhr angefordertes Kurzwetter abgegeben. U 506, Würdemann, meldet: »52.000 BRT vor Mississippi-Mündung und im Golf von Mexiko versenkt.«

Gegen 06,30 Uhr ein Ruf von der Brücke: »An Kommandant. Großes U-Boot voraus!« Der Alte springt von der Koje hoch, greift nach seinem Glas und jagt durch die Zentrale auf den Turm. Ein Zittern geht durch das Boot; die Diesel laufen große Fahrt. Ich sehe an der Kompaßtochter, daß wir schnell den Kurs ändern. 90°–110°–130° gehen durch. »Auf Gefechtsstationen«, kommt es aus den Lautsprechern.

»Die müssen aber schlafen auf dem anderen Boot«, sage ich. »Oder ihre Nachtgläser taugen nichts«, sagt Leibling. »Geht doch nichts über Zeissgläser.« Dann sehe ich, wie die Kompaßtochter wieder dreht. »Die drehen ab, Leibling. Scheint schiefzugehen.« Von oben kommt der Befehl: »Mündungsklappen schließen!« Die Diesel hämmern weiter mit höchster Fahrt. Kurs ist 70°. »Wegtreten von Gefechtsstationen!« Bald darauf kommt der Alte, und ich frage, was los war. »Großes U-Boot direkt auf unserem Kurs. Müssen unseren Anlauf aber bemerkt haben. Plötzlich flogen Zigaretten über Bord und sie tauchten weg. Da blieb nichts anderes übrig, als mit Höchstfahrt abzulaufen.«

Die Sonne geht herrlich auf. Um 12,30 Uhr wird querab ein Viermasten-Motorsegler gesichtet. Wir lassen ihn ziehen, da wir auf Weg Anton stehen. Besteck ergibt 42°10' Nord, 38°10' West.

25. Mai 1942. Der Himmel ist bedeckt. Es brist langsam auf. Die Dünung wird länger. Der Alte meint, daß wir Sturm kriegen. Er hat eine Nase dafür, wohl noch aus seiner Windjammerzeit. Der Wind kommt von Nordwest. Wir machen gute Fahrt vor der See. Ein Tief jagt von Neufundland heran. Innerhalb weniger Minuten wird es so kalt, daß wir die Pelze anziehen müssen.

»Schewe, wie sieht es mit unserem Brennstoff aus?« fragt der Alte. »Der Nordwest schiebt gut mit, Herr Kaleu. Ich denke, bis Spanien schaffen wir es.« Der Alte sitzt auf seiner Koje und nickt. »El Ferrol oder Vigo müssen wir schaffen, Schewe. Sonst müßten wir jetzt die Azoren anlaufen.« Schewe lacht: »Das würde den BdU aber freuen.«

26. Mai 1942. Der Wind wird immer stärker. Wir machen gute Fahrt vor dem steifen Nordwest. Die Brückenwache muß sich anschnallen.

Wir stehen auf 43°52' Nord und 30°40' West. Kurs 90°. Järschel steht besorgt in seiner Kombüse und fragt mich: »Was soll ich bloß kochen? Grieß oder Makkaroni? Die Lords werden mich noch lynchen.« Ich muß lachen. »Machen Sie doch Makkaroni und geben Sie dazu die Pampelmusen aus. Noch einmal können wir sie nicht nach Hause bringen.« Er sieht mich an. »Mein Gott, ich werde Frankreich wohl nicht wiedersehen.«

Eingang FT 1845/26 von BdU: »Bleichrodt am 27. 5. 08,00 h Irland schalten.«

27. Mai 1942. Haushohe Wellen. Wir rollen vor dem Sturm nach Osten. Die Brückenwache ist naß bis auf die Haut. Der Kommandant lacht nur. Er denkt nicht an Unterwassermarsch und nutzt jede Stunde des Sturmes.

Schewe reibt sich vergnügt die Hände. »Bis El Ferrol kommen wir jetzt bestimmt«, sagt er feixend, »und von Spanien kann man notfalls mit der Bahn nach Hause fahren.« – »Ist der Treibstoff denn so knapp?« frage ich. Er nickt. »Durch den Riß haben wir mehr verloren, als wir annahmen.«

28. Mai 1942. Weiterhin Westnordweststurm. Helle Nacht, gute Sicht. Um 01,30 Uhr habe ich Kurzwetter auf Irlandschaltung abgegeben und sofort bestätigt bekommen. Als mich Ferdinand um 02,00 Uhr ablösen will, gibt es Alarm. Es dauert ziemlich lange, bis wir unter Wasser sind. Der Alte ist sehr ärgerlich. Er hat diesen Alarm zur Übung ausgelöst, weil wir uns der Biskaya nähern, aber es hat nicht schnell genug geklappt.

29. Mai 1942. Helle Mondnacht, gute Sicht. Der Sturm flaut ab, aber immer noch schiebt eine hohe See von achtern. Die Sicht wird schlechter.

Der Alte nimmt sein Glas vom Haken und steigt auf die

Brücke. Bald darauf gibt es Alarm, und steil geht es abwärts. Witte kommt zum FT-Raum und sagt: »Zerstörer gesehen. Ziemlich hoch raus. Im Dunst waren noch mehrere Schatten.« Leibling sitzt am GHG und gibt mir den zweiten Kopfhörer. »Da ist allerhand unterwegs«, sagt er in seiner trockenen Art. Oben fährt ein ganzer Geleitzug, und dann ertönt leise das Pinken der Asdic-Ortung.

Der Alte kommt durchs Kugelschott, und ich melde ihm, was wir hören. »Habe ich mir schon gedacht«, sagt er nachdenklich und ruft in die Zentrale: »Auf 120 Meter gehen.« – »Aber wir müssen ihn doch melden und dran bleiben«, sagt Witte. Der Kommandant schüttelt den Kopf. »Das wäre vielleicht unser letzter FT. Kommen Sie. Ich zeige Ihnen was. Wir stehen in Quadrat BE 8371. Gemäß BdU-Befehl stehen in Qu. BE U-Boot-Fallen-Geleitzüge. Nicht angreifen.« – Der Alte setzt sich auf die Koje und kramt in seinen Papieren.

»Hier, Witte, in diesem Gebiet sind kurz hintereinander drei Boote verlorengegangen. Ursache nicht geklärt. Anfang Februar U 82, Siegfried Rollmann, auf Rückmarsch wie wir. Er meldete kleines Geleit, schwach gesichert. Es folgten einige Fühlungshaltermeldungen; dann nichts mehr. U 82 ist verschollen auf 44° Nord und 23° West.

Am 26. März meldete U 587, Korvettenkapitän Borcherdt, auch auf Rückmarsch, im gleichen Seegebiet einen gering gesicherten Geleitzug. Auch er ist nach einigen Fühlungshaltermeldungen verschollen.

Am 15. April meldet dann U 252, Kapitänleutnant Lerchen, von Kiel kommend, im gleichen Gebiet ein Geleit. Seitdem ist auch der verschwunden. Der BdU nimmt an, daß da eine U-Jagd-Gruppe mit neuartigen Methoden arbeitet, und hat jeden Angriff in diesem Gebiet untersagt.« Witte verzieht die Lippen. »Könnte doch Zufall sein«, meint er bedächtig.

»Herr Kaleu«, sage jetzt ich, »auf unserem Rückmarsch im Februar sind wir doch auch im Nebel auf ein Geleit gestoßen.« Bleichrodt überlegt einen Augenblick und beginnt in seinen Aufzeichnungen zu suchen. »Hier hab' ich es. Am 16. Februar in dichtem Nebel an Geleit geraten. Der letzte Standort vom 15. Februar war 44°17' Nord und 23°19' West.« – Er vergleicht die Quadratkarte und sagt: »Sehen Sie, Witte. Rollmann meldet am 6. Februar Geleit gesichtet auf 44°10' Nord und 23° 52' West. Da ist doch etwas faul. Es war vielleicht unser Glück, daß wir damals verschossen waren.«

Wir essen auf 120 Meter in aller Ruhe unseren Eintopf, während die Geräusche nach Süden auswandern. Nach 13,00 Uhr läßt der Kommandant auftauchen. Das Geleit ist verschwunden. Weiter geht der Marsch nach Osten. Erst viel später setzen wir einen FT über die Sichtung des Geleites ab. Es folgt kein Einsatzbefehl.

30. Mai 1942. Wieder eine helle Nacht mit guter Sicht. Der Wind hat noch mehr nachgelassen, aber die Dünung von Westen ist noch gewaltig. Wir machen bei geringstem Brennstoffverbrauch gute Fahrt über dem Grund. Trotzdem erscheint uns der Rückmarsch schier endlos. Järschel ist ganz verzweifelt, daß er nichts mehr auf den Tisch bringen kann. Nun sind auch die letzten Trockenkartoffeln verbraucht. Butter haben wir schon länger nicht mehr, dafür aber noch Margarine und Jam. Das Dosenbrot müssen wir in Scheiben zuteilen.

Das Kurzwetter haben wir um 01,20 Uhr auf Abweichfrequenz Norddeich abgegeben. Es wurde kurz vor 02,00 Uhr auf Irlandschaltung bestätigt. Dann ein FT vom BdU an alle Boote: »Biskaya am Tage nur noch unter Wasser passieren.«

Gegen 07,00 Uhr fällt unser Kurzwellenempfänger aus; in der Endstufe sind mehrere Widerstände durchgebrannt. Mit Bordmitteln ist dieser Schaden nicht zu reparieren. Wir besetzen den Allwellenempfänger; außerdem können wir alle FTs auf Längstwellen erfassen.

Am Morgen aufgerissene Wolkendecke. Wir haben jetzt die Gewißheit, daß wir mit dem noch vorhandenen Brennstoff Lorient erreichen können. Um 11,15 Uhr läßt der Kommandant tauchen zum Unterwassermarsch auf 120 Meter.

31. Mai 1942. Das ist der zehnte und hoffentlich letzte Sonntag in See. Wir sind die ganze Nacht über Wasser marschiert und mit der achterlichen See gut vorangekommen. Um 06,30 Uhr läßt der Kommandant zum Unterwassermarsch auf 120 Meter tauchen. Ich schreibe fast den ganzen Tag am KTB auf der Maschine.

Immer stärker das Rollen der Wabos und manchmal auch der scharfe Knall von Fliegerbomben. – Die Briten beherrschen hier den Luftraum vollkommen, und die Gefahr, noch kurz vor der Haustür abgeknallt zu werden, nimmt täglich zu. Wo sind unsere Flieger? Heute morgen hörte ich, wie der I WO in der Messe sagte: »Wir hatten mal eine schöne Luftwaffe.« Darauf Keller: »Die größte Schweinerei ist doch, daß sich der Göring auch die Seefliegerei unter den Nagel gerissen hat. Die denken nur an ihren Landkrieg und lassen uns hier verrecken.«

Trotz aller Gefahr läßt der Kommandant um 13,00 Uhr für 15 Minuten auftauchen, um das Boot durchzulüften. Es sind wieder Wolken am Himmel. Kurz nach dem Tauchen, wir sind noch nicht auf 60 Meter, detonieren drei Fliegerbomben in unserer Nähe. Der Alte steht sehr nachdenklich am Horchraum. »Die können uns doch nicht gesehen haben, Hirschfeld, wenn sie in den Wolken waren.« – »Das war ein Bombenwurf nach Ortung«, sage ich. »Hoffentlich glauben sie uns das bald beim BdU.« Der Alte kneift die Lippen zusammen. »Dann ist die Gefahr in der Dunkelheit eigentlich viel größer als am Tag bei wolkenlosem Himmel.« Mir läuft es kalt über den Rücken. »Natürlich, wenn sie auch nachts fliegen . . .«

1. Juni 1942. Ein leichter Wind weht von Ostnordost. So ruhig ist die Biskaya selten. Helle Mondnacht, gute Sicht. Um 05,00 Uhr setzen wir das letzte Kurzsignal ab: »Stehe 48 Stunden vor Treffpunkt mit Geleit. Bleichrodt.« Um 06,00 Uhr getaucht zum Unterwassermarsch auf 120 Meter. In der Bilg des Bugraums haben die Lords beim Aufräumen einige Dosen mit Wurzeln und Erbsen gefunden, und Järschel kocht damit eine wunderbar schmackhafte Suppe. Auch eine Dose Rindfleisch ist noch aufgetaucht – eine Dose Fleisch für 56 Mann. Wir sind genügsam geworden. Am Nachmittag rollen eine Stunde lang schwere Wabo-Detonationen durchs Wasser. Der Kommandant läßt noch tiefer gehen, um nicht zufällig in die Asdic-Ortung einer Killergroup zu geraten. 23,00 Uhr aufgetaucht und weiter über Wasser.

2. Juni 1942. Helle Mondnacht mit guter Sicht. Der Kommandant hat zusätzlich zwei Mann auf die Brücke befohlen, die nur den Himmel beobachten. Er ist fest davon überzeugt, daß die Engländer nachts fliegen, sofern sie vom Flugzeug aus orten können. Järschel kocht Tee, und wir knabbern harten Schiffszwieback. »Denkt doch mal an die Windjammerzeit«, sagt Otto Peters. »Da hatten die Seeleute nur diesen Hundekuchen, und am Sonntag gab es mal vergammeltes Pökelfleisch.« Um 06,00 Uhr getaucht zum Unterwassermarsch bis 23,00 Uhr.

3. Juni 1942. Die letzte Nacht ist hell mit guter Sicht. Wir laufen mit großer Fahrt der Küste entgegen. Das Geleit soll am 3. 6. um 06,00 Uhr bei Lucie 2 bereitstehen. Wir müssen mehreren Fischern ausweichen, und um 04,15 Uhr passieren zwei deutsche Torpedoboote mit Kurs Nordwest. Wir wußten gar nicht, daß es die hier noch gibt. Es ist ein herrlicher Morgen. Als die Sonne aufgeht, stehen wir neben der Insel und atmen mit tiefen Zügen die Luft, die nach Land riecht. Diesmal ist der Sperrbrecher pünktlich. Winksprüche gehen hin und her; dann dreht er in großem Bogen, und wir scheren in sein Kielwasser ein.

Der Morgen ist so schön wie vor einem Jahr, als wir schwer angeschlagen von unserer ersten Fahrt zurückkehrten. Damals fuhr nur ein alter Minensucher voraus, während wir jetzt hinter einem großen Sperrbrecher fahren, der alle Magnetminen mit Fernauslösung zündet. Außerdem ist er mit gewaltiger Flak bestückt und kann uns vor Luftangriffen schützen.

Die Männer lachen und starren zur Küste hinüber. Wir sehen wieder grüne Bäume. Backbord voraus liegt die gewaltige Betonfestung Keroman. Mit ihren U-Boot-Bunkern hat sich die Organisation Todt ein unzerstörbares Denkmal gesetzt. Es geht durch die Enge von Kernevel und der Festung Port Louis, die uns schon so vertraut ist, als wären wir in der Heimat. Auch der alte verrostete Kreuzer *Regensburg* liegt noch immer da. Der Sperrbrecher schert aus; das letzte Stück fahren wir allein. Unsere Herzen schlagen höher, als wir die *Isère* an der Pier sehen. Die Männer der 2. U-Flottille winken. Musik klingt auf. Leinen fliegen hinüber. U 109 ist von seiner fünften Feindfahrt heimgekehrt.

VI

Letzte Erfolge

5. Juli 1942. Nach drei Wochen Urlaub wieder in Lorient. In der Heimat ist ein herrlicher Sommer, und in Rußland stürmen sie von Sieg zu Sieg. In Hamburg hatte ich eine überraschende Begegnung. Ich war im Ufa-Palast, um mir Zarah Leander in »Maria Stuart« anzusehen und traf im Vorraum des Kinos Korvettenkapitän Eberhard Hoffmann, der als Konfirmand unsere Fahrt nach Labrador mitgemacht hatte, und Kapitänleutnant Volkmar Schwartzkopff, unseren ehemaligen I WO. Hoffmann, der Kommandant von U 165 (Typ IX c) geworden ist, machte mir ohne Umschweife das Angebot, als Stationsleiter bei ihm zu fahren. Ich lehnte lachend ab, obwohl ich ihn sehr schätze.

Schwartzkopff lud mich dagegen nach der Vorstellung zu einem Umtrunk in den Alsterpavillon ein und machte mir dann das gleiche Angebot. Er ist jetzt Kommandant von U 520 (Typ IX c) und hat auch keine erfahrenen Funker. »Sie wissen doch, daß Bleichrodt uns nicht gehen läßt. Die Unteroffiziere und die Maschinisten hält er eisern fest«, sagte ich, aber – Schwartzkopff lachte nur. »Das kriege ich schon hin, Sie wissen doch, daß ich meine letzte Fahrt mit Heßler, dem Schwiegersohn von Dönitz, gemacht habe. Über ihn habe ich beste Beziehungen zum BdU. Bleichrodt kann nicht immer seine Männer festhalten.«

»Im übrigen will ich Oberfunkmeister werden, wenn ich aussteige«, wehrte ich ab, aber Schwartzkopff nickte lächelnd. »Natürlich, aber bald werden auch die Oberfunkmeister wieder fahren müssen. Auf den neuen U-Kreuzern sind schon Obermeister vorgesehen. Der Krieg dauert noch lange.«

Das glaube ich ihm unbesehen, aber trotzdem sträubt sich alles in mir, zu ihm an Bord zu gehen. Wir trennten uns schließlich mit den besten gegenseitigen Wünschen für ein langes Leben.

Von meinem alten Freund Hein Walter, den ich zuletzt bei

der Taktischen Übungsflottille auf dem Begleitschiff *Wilhelm Bauer* traf, habe ich die Nachricht erhalten, daß er auf U 179 (Typ IX d2) eingestiegen ist und hofft, mich bald in Lorient begrüßen zu können. Kommandant ist Fregattenkapitän Sobe, der Mann, der uns bei der »Taktischen« das Leben so schwer gemacht hat. Nun werden wir sehen, was er an der Front kann.

15. Juli 1942. Oberleutnant zur See Werner Witt hat uns einen Abschiedsumtrunk gegeben. Er geht zum Kommandantenlehrgang und wird bald mit eigenem Boot im Atlantik erscheinen. Wir haben zum Abschied nach der Melodie des Horst-Wessel-Liedes gesungen:

»Und sollten wir
Uns einmal wiedersehen,
In Frankreich oder auf der hohen See,
Und sollt bei dir
Ein anderes Banner wehn,
So werd ich stolz
An dir vorübergehn.«

Witte war sehr beliebt bei uns, und er wird auch sicher ein beliebter Kommandant sein. Neuer I WO ist Oberleutnant zur See Joachim Schramm, Crew 1936. Er kommt von den Torpedobooten und macht einen sehr guten Eindruck. II WO wird unser alter Oberfähnrich, jetzt Leutnant zur See, Helmut Bruns. Als III WO fährt Obersteuermann Wilhelm Braatz. Auch unser LI, Kapitänleutnant Ing. Martin Weber, ist auf ein anderes Boot umgestiegen. Neuer LI ist der junge Leutnant Ing. Albert Heyer. Mir ist gar nicht wohl dabei, aber als ich den Zentralemaaten Otto Peters nach seiner Meinung frage, winkt er lachend ab: »Den jungen Burschen erziehen wir uns schon. Wir müssen nur unsere altgefahrenen Maaten behalten, dann geht alles klar.« Obermaschinist Winter, der unser Gespräch gehört hat, sagt: »Ach, Hirschfeld, Hauptsache, er kann Tiefe steuern. Alles andere machen wir doch sowieso.«

Der Fähnrich zur See Dieter Hengen verläßt uns, um Wachoffizier auf einem neuen Boot zu werden. Schade eigentlich, er war ein feiner Junge und gehörte schon ganz zur Crew. »Mensch, Wolfgang«, sagt Ferdinand zu mir. »Mir wird ganz schlecht, wenn ich an die nächste Fahrt denke. Jetzt haben wir den reinsten Kindergarten auf der Brücke.«

Immer mehr Boote melden, daß sie in der Nacht auch bei geschlossener Wolkendecke angeflogen wurden. Am 5. Juni wurde U 71 und am 16. Juni U 105 auf Einlaufkurs in der Biskaya gebombt; beide Boote konnten aber den Hafen erreichen.

17. Juli 1942. Der Kommandant hat Ferdinand Hagen und mich in die Präfektur bestellt und teilt uns mit, daß die Boote mit neuen Fu. M. B.-Geräten zum Empfang der Ortung ausgerüstet werden sollen. Wir müssen aber ohne das Gerät auslaufen, weil es noch nicht lieferbar ist. Außerdem sollen wir auf dieser Reise wieder einmal Wetterboot sein und Radiotemp abgeben. Die Anlage dazu ist schon eingebaut. Auslaufen sollen wir auf Schaltung Küste. Die nächste Funkschaltung erhalten wir erst in See. Beim Admiralstab scheint man anzunehmen, daß dem Feind ein Einbruch in unser Schlüsselwesen gelungen ist.

Neuer Funkoffizier ist der Leutnant zur See Helmut Bruns. Wir sollen ihn in allen Fragen des Funk- und Schlüsselwesens unterstützen, da er noch sehr unerfahren ist. Außerdem verfügt der Kommandant, daß Oberfunkmaat Hagen die Menage übernimmt, da ich mit Geheimsachen und Sanitätswesen ausgelastet bin. Anschließend erfolgt die letzte Belehrung in der Funkstelle Kernevel: Geheimhaltung, Schlüssel M, Funkortung. Nun hat man beim Stab doch endlich begriffen, daß der Feind aus der Luft orten kann.

18. Juli 1942. U 109 ist klar zum Auslaufen; frisch gestrichen und vollkommen überholt. Es herrscht gedämpfte Stimmung. Wo wird es diesmal hingehen? In seinem alten, oft geflickten Bordjackett und den ausgebeulten Hosen über den Seestiefeln macht der Kommandant Meldung an den Chef der Flottille, Victor Schütze, der uns mit kurzen Worten verabschiedet.

18,00 Uhr. »Leinen los!« Die letzte Verbindung zur *Isère* wird gelöst. Rufen und Winken der Kameraden von der Flottille, der Marinehelferinnen und der Soldaten unseres Patenregimentes. Der Kommandant starrt wie immer geradeaus. Ich glaube, daß es ihm von einem zum anderen Mal schwerer fällt, wieder hinauszufahren.

Die Diesel fauchen auf; ein Zittern geht durch das Boot. Die Feindfahrt hat begonnen. »Oberdeck räumen!« kommt es vom Turm. Hinter der Enge von Kernevel wartet der Sperrbrecher auf uns. Auslaufweg ist »Kernleder«, und bei »Lucie zwei« wird das Geleit entlassen. Um 21,20 Uhr geht die Sonne unter und das Wetter ändert sich. Ein steifer Nordwest schlägt uns entgegen und die See wird sehr rauh. Tief hängende Wolkenfetzen jagen nach Osten. Früher brauchten wir bei diesem Wetter keine Angriffe aus der Luft zu befürchten. Aber jetzt, wo sie mit Ortung fliegen, ist es sehr gefährlich für uns.

Wir müssen in der Nacht mehreren beleuchteten Fischerbooten ausweichen. Die Wogen rollen über das Vorschiff und knallen gegen den Turm. Im Boot duftet es nach Kartoffelsuppe. Järschel kocht seinen ersten Mittelwächter auf dieser Fahrt.

19. Juli 1942. Um 02,00 Uhr haben wir Quadrat BF 5733 erreicht und machen einen Tieftauchversuch auf 180 Meter. Alle Außenbordverschlüsse sind dicht. Unterwassermarsch auf 120 Meter nach Westen. Sonderbar ruhig diese Nacht unter Wasser. Um 11,45 Uhr läßt der Kommandant zum Aufladen der Batterien auftauchen. Da die Wolkendecke aufgerissen ist und blauer Himmel herrscht, läßt er mit großer Fahrt über Wasser weiter laufen. Als sich aber der Himmel gegen 19,00 Uhr völlig bezieht, gibt der Kommandant wieder Befehl zum Unterwassermarsch. Nur so können wir lebend durch die Biskaya kommen.

20. Juli 1942. Um 11,50 Uhr tauchen wir zum Laden auf. Backbord achteraus wird ein Kutter unter Segeln gesichtet. Wir laufen mit großer Fahrt ab. Die See ist nur leicht bewegt, so daß die Brücke trocken bleibt.

Gegen 12,20 Uhr kommt von der Brücke, daß mit Alarm zu rechnen ist. In einem Wolkenloch achteraus ist eine zweimotorige Maschine gesehen worden. Der I WO ist der Ansicht, daß es kein Feindflugzeug ist, aber dann gibt es plötzlich Alarm. Die vorderen Entlüftungen knallen auf, und es geht steil abwärts, während die Brückenwache in die Zentrale fällt. Die Diesel laufen noch; das ist also der erste Ernstfall mit dem neuen LI. Noch einmal schlagen die Wellen gegen den Turm; dann schweigen die Diesel. Fast zu steil geht es abwärts. Mir sträuben sich die Haare. Bei der hohen Fahrtstufe, mit der wir unter Wasser gingen, wirkt das Vorschiff als Tiefenruder. Hoffentlich kann Heyer das Boot abfangen.

Leibling sieht mich entgeistert an. 60 Meter gehen durch, als das Boot von einem gewaltigen Schlag geschüttelt wird. Langsam geht das Licht aus. Sind wir getroffen? Die Fahrt geht immer noch abwärts. In der Zentrale sagt der LI: »Aufkommen, vorn aufkommen!« Langsam kommt der Bug hoch. Er hat das Boot abgefangen.

Als das Licht wieder aufflammt, steht Oberleutnant Schramm vor dem FT-Raum. Ich muß ihn wohl etwas skeptisch angesehen haben, denn er sagt bissig: »Und es war einwandfei eine Ju 88!« – »Nur etwas knapp«, erwidere ich.

Wir bleiben zwei Stunden auf 100 Meter Tiefe. Dann läßt der Alte die Oberfläche ansteuern, denn wir müssen die Batterien weiter aufladen. Ein Rundblick mit dem Fliegersehrohr zeigt, daß die Luft rein ist. »Auftauchen!« Weiter mit großer Fahrt nach Westen, aber alle sind froh, als es um 16,00 Uhr wieder in die schützende Tiefe geht.

21. Juli 1942. Als der Kommandant gegen 02,00 Uhr zum Laden auftauchen läßt, wird festgestellt, daß sich das Angriffssehrohr nicht mehr ausfahren läßt. Die Ursache kann nicht ergründet werden. Aus Entlüftung fünf entweicht die Luft. Ab 06,00 Uhr wieder Unterwassermarsch auf 120 Meter. In der Ferne rollen schwere Wabo-Detonationen. Um 14,00 Uhr läßt der Kommandant auf Sehrohrtiefe gehen. Das Wetter oben ist schlecht; tief hängende Wolken und Regenschauer. Also runter auf 120 Meter.

22. Juli 1942. Um Mitternacht tauchen wir auf, obwohl die Sicht noch immer sehr schlecht ist, aber wir müssen die fehlenden FTs hereinholen. Gegen 03,20 Uhr wird Steuerbord achteraus ein Schatten gemeldet. Spitze Lage, schmale, flache Silhouette.

»Beide Diesel große Fahrt!« Der Bug schwenkt auf Kurs Südwest. Das Schiff ist eine feindliche Korvette mit Kurs Südost. Sie hat uns aber nicht bemerkt. Es ist doch ein Glück, daß der Gegner keine Zeissgläser hat.

Um 04,10 Uhr werden Backbord achteraus ganz schwache weiße Lichter ausgemacht. Der Kommandant nimmt an, daß es die Hecklichter einer feindlichen Suchgruppe sind. Er läßt mit hoher Fahrt nach Westen ablaufen. Wir können nur hoffen, daß sie uns nicht geortet haben. Um 06,15 Uhr verschwinden wir von der Oberfläche zum Unterwassermarsch auf 120 Meter.

23. Juli 1942. Um 00,00 Uhr aufgetaucht zum Aufladen. Wir stehen im Quadrat BE 9511 und haben die Biskaya hinter uns, sind aber noch in der Luftgefahrenzone. Um 02,30 Uhr geben wir unser erstes Signal an den BdU ab: »15° West passiert. U 109.« Ab 06,30 Uhr wieder Unterwassermarsch. Noch immer hören wir das unheimliche Grollen der Wabos. Die neuen Besatzungsmitglieder bekommen ganz große Augen, wenn der schauerliche Donner ertönt. Um 15,00 Uhr läßt der Kommandant auftauchen. Wir marschieren über Wasser weiter. Der Fehler an der Entlüftung fünf wird gefunden. Eine lose Schraubenmutter verhinderte das völlige Schließen der Entlüftung. Sabotage?

24. Juli 1942. Leichter Wind, kaum noch Seegang. Wir sind gut vorangekommen und laufen nur noch langsame Fahrt. Der Himmel ist bedeckt, und wir haben seit Tagen kein richtiges Besteck. Am Nachmittag kommt die Sonne durch. Es ist auf einmal sehr warm.

U 502, von Rosenstiel, und U 751, Bigalk, melden sich nicht mehr. Auch sie waren auf dem Marsch durch die Biskaya. Hat es sie dort erwischt? Bigalk war einer der ältesten U-Boot-Kommandanten. Gegen 20,00 Uhr ein FT vom BdU an uns: »Kurzwetter-Obs. u. Radiotemp hergeben.« Wir lassen unseren ersten Ballon steigen. Dann folgen Alarm- und Feuerleitübungen. Mit den neuen Männern klappt es noch nicht.

25. Juli 1942. Wir haben Quadrat CF 12 erreicht, stehen nördlich der Azoren und sind außerhalb der Luftüberwachung. Unsere Wettermeldung habe ich um 01,20 auf Irlandschaltung abgegeben. Sie wurde sofort quittiert. Um 16,00 Uhr meldet Schewe: »Angriffssehrohr wieder klar.«

Ab 20,00 Uhr geht es wieder los im Boot: Alarmtauchen zur Übung, Störungsexerzieren, Feuerleitübung, Tiefe steuern usw... Die neuen Männer müssen alle wichtigen Griffe im Schlaf beherrschen. Es sind nur noch wenige Mitglieder der Besatzung an Bord, mit der wir die taktischen Übungen in der Ostsee gemacht haben: Werner Järschel, Karl Will, Herbert Goldbeck, Paul Pötter und Alois Wagenhofer.

26. Juli 1942. Der Wind hat etwas aufgefrischt. Leichte Dünung, milde Atlantikluft. Wir haben den Ballon um Mitternacht steigen lassen und um 02,20 Uhr Radiotemp auf Schaltung Amerika II abgegeben. Vor einem Jahr sind wir am 28. Juni mit Kurs Süd ausgelaufen. Es war die erfolglose Reise, die uns in Lorient den Namen »Torpedoträger U 109« einbrachte. Sollen wir wieder auf den Sierra-Leone-Verkehr angesetzt werden? Vor der nordamerikanischen Küste und in der Karibik ist die Abwehr schon sehr stark geworden. Daß heute Sonntag ist, haben wir nur an Järschels Schinken mit Spargel gemerkt.

27. Juli 1942. Helle Mondnacht, gute Sicht. Als ich um 08,00 Uhr mit Leibling auf Wache ziehe, steht der Matrosenobergefreite Zank vor dem Funkraum. Ferdinand übergibt mir die Wache und stößt mich in die Seite. »Schöne Scheiße,

Doktor Hirschfeld.« Mir ahnt Schlimmes. Dann meldet Zank: »Seemanns Montagsmorgen.« Nach dem Motto: »Eine Träne klar wie Gold, dem Seemann aus der Pfeife rollt.« Unglaublich. Und das nach acht Tagen Seefahrt. Aber Gerstner kam ja auf der letzten Fahrt auch erst nach elf Tagen. Ich muß dem Alten melden, daß Zank Gonorrhöe hat. Er ist sehr ärgerlich, aber er schreit diesmal nicht, sondern sagt nur: »Ausgerechnet Zank. Einer unser besten Leute fällt aus. Schade, ich hatte ihn als Unteroffiziersanwärter vorgesehen.«

28. Juli 1942. Wir sind jetzt auf 30° West, westlich der Azoren. Um Mitternacht haben wir wieder ohne Aufforderung Radiotemp auf »Amerika I« abgegeben. Das Wetter ist schlechter geworden. Der Wind weht mit Stärke vier aus Süd. Eingang FT 1254/28 von BdU an Bleichrodt. »1. Mit sparsamster Marschfahrt Quadrat FC 80 ansteuern. Nordsüdverkehr westlich der Länge von Qu. CE 5547 und Nordwestverkehr südlich der Breite von Qu. GB 5581 weit gestreut. 2. Radiotemp nur auf Anforderung melden. Kursänderung auf 180°.« Unser Operationsgebiet liegt also vor Brasilien. Nachdem der Kommandant die Kladde gelesen hat, lächelt er: »Das ist gut. Hoffentlich lohnt es sich dort.« – »Soll ich den Amerikamarsch auflegen, Herr Kaleu?« frage ich. Er sieht mich einen Augenblick nachdenklich an; dann sagt er: »Nein, leg den Tango Bolero auf. Danach werde ich das Ziel bekanntgeben.«

Ich lasse mir von Obersteuermann Braatz die Gegend auf der Seekarte zeigen; er sagt mir, daß der ganze Verkehr von Rio de Janeiro nach Norden durch dieses Gebiet geht.

29. Juli 1942. Es wird immer wärmer. Der Wind dreht auf West und flaut ab. Auch der Himmel wird wieder blau. Der Kommandant feiert in der Offiziersmesse mit einer Flasche Sekt den Geburtstag seiner Frau. Sie ist Ärztin; Frau Dr. Carla Bleichrodt.

Trotz der Feier gibt es am Abend wieder Alarmtauchen und Störungsexerzieren usw. Wir sind nicht begeistert darüber, aber der Kommandant ist mit dem Boot noch nicht zufrieden.

Mit Kurs 180° weiter nach Süden. Vergeblich suchen die Gläser den Horizont ab. Keine Rauchfahne, keine Mastspitzen.

30. Juli 1942. Der Wind hat ganz auf Nord gedreht. Kaum noch Dünung. Es ist sehr heiß im Boot. Heute haben sich fast alle Männer der Brückenwache einen Sonnenbrand geholt.

31. Juli 1942. Wir sind jetzt auf 27° Nord und 30° West. Tauchzelle sieben ist leergefahren und wurde ausgeblasen. In diesem Gebiet stand U 136, Kapitänleutnant Heinz Zimmermann, von dem es seit drei Wochen keine Meldung gibt.

Immer mehr Boote verschwinden auf unerklärliche Weise. Ich nehme an, daß das mit der Funkmeßortung zusammenhängt. Die Kommandanten fühlen sich in der Nacht noch zu sicher.

Um 19,00 Uhr kommt ein langer FT vom BdU an Gruppe »Hai«. Schmidt soll nach Versorgen von Hirsacker und Schröter in Qu. ES 9277, falls mehr als 15 cbm Brennstoff übrig bleiben, an Bleichrodt abgeben. Dazu Proviant einsparen. Ich bin skeptisch, ob wir da noch etwas abbekommen, aber der Alte meint: »Der Herr von Schmidt läßt uns nicht hängen.« – »Wieder Alarm-, Feuerleit- und Tiefensteuerübungen.

1. August 1942. Es ist unheimlich heiß. Ich trage meine Bauchbinde; die anderen lachen darüber, aber der tropenerfahrene Kommandant gibt mir recht. Hinter dem Turm hat er eine Brause anbringen lassen. Leider dürfen wir nicht mehr über Bord springen. Der BdU hat es verboten, nachdem der Eichenlaubträger Mützelburg im April beim Baden tödlich verunglückte.

Aus den FTs der Amerika-Schaltung geht hervor, daß vor uns noch ein anderes Boot nach Brasilien marschiert: U 507, Fregattenkapitän Harro Schacht. Der Alte ist sehr verärgert. U 507 wird die Küste in Aufruhr bringen, und wenn wir ankommen, wird der Verkehr gestoppt sein.

2. August 1942. Sonntag. Mit sparsamster Fahrt geht es nach Süden. Järschel gibt das übliche Festessen, aber es will bei dieser Hitze gar nicht schmecken.

In der Offiziersmesse sagt der I WO zum Kommandanten: »Aber Brasilien und Argentinien sind doch neutral. Wir können denen ja keine Schiffe versenken. Oder sollen wir etwa nach Prisenordnung verfahren?« – »Wenn die Schiffe nachts abgeblendet fahren oder als bewaffnet erkannt werden, ist die Situation klar«, meint der Alte. »Andernfalls lasse ich lieber einen durch, als einen Neutralen zu versenken.« Um 22,40 Uhr läßt der Kommandant die Alarmglocken rasen, damit die Burschen nicht am Ende einschlafen.

3. August 1942. Die Hitze im Boot wird immer unerträglicher.

Bei Zank scheint die Albucidkur angeschlagen zu haben. Er hat sich streng an unsere Anweisung gehalten; das Beispiel von Gerstner, der während der Kur Bier getrunken hatte und bei dem sich die Gonokokken dann verkapselt hatten, war eine mahnende Erinnerung. Gerstner mußte nach der Fahrt ins Lazarett, wo man ihm einen »Kollmann« machte. Als er uns diese Methode des Ausblutens der Harnröhre beschrieb, sind manchen die Gefühle vergangen...

4. August 1942. Weiterhin Wind aus Ostnordost. Eine lange Dünung wiegt das Boot sanft hin und her. Wir machen dieselelektrisch gute Fahrt nach Süden mit einem Etmal von 190 sm.

Kein Schiff weit und breit. Der Kommandant macht am Abend wieder Alarmübungen. Ich glaube, er will vor allem den jungen LI auf Trab bringen. Leutnant Ing. Heyer gibt sich sehr gelassen.

5. August 1942. Eine ruhige Nacht. Wir stehen im Quadrat EH 4236, als im Morgengrauen ein Schrei von der Brücke kommt: »Schatten Steuerbord voraus!« Der Kommandant jagt nach oben. Ein Schiff! Endlich ein Schiff in der Weite des Atlantiks.

»Große Silhouette eines Fahrgastschiffes, wandert schnell nach Steuerbord aus«, hören wir von oben. Die Diesel hämmern wie wild; wir laufen mit Höchstfahrt. Im FT-Raum haben wir seit Tagen die internationale Dampferwelle 600 Meter auf den kleinen Lautsprecher geschaltet. Das Schiff steuert 300°, ist aber sehr schnell; es scheint 18 bis 20 Seemeilen zu laufen. Vorsetzen zum Angriff ist bei dieser Fahrt unmöglich.

Nach einer Stunde Höchstfahrt bricht der Kommandant die Verfolgung ab. Solche Schiffe sind mit unseren langsamen Booten nicht einzuholen.

Der Kommandant kommt müde von der Brücke, hängt sein Glas an den Haken und fragt: »War auf den internationalen Wellen etwas zu hören?« – »Nein, Herr Kaleu. Alles ruhig«, sage ich. »Schade, daß wir dieses Schiff nicht gekriegt haben.« Bleichrodt sieht mich etwas wehmütig lächelnd an. »Ach, Hirschfeld, wer weiß, für was das gut war. Ein großes Fahrgastschiff, vielleicht mit vielen Frauen und Kindern, hier draußen auf 33° West.«

6. August 1942. Wir stehen querab Dakar, Cap Verde. Eine dunkle Nacht, tropischer, warmer Regen. Die Sicht ist entsprechend schlecht. Die Jagd auf das schnelle Schiff hat Brennstoff gekostet. Tauchbunker 2 ist leer. Er wird ausgeblasen und als Tauchzelle gefahren.

Korvettenkapitän von Schmidt auf U 116 meldet, daß er keinen Brennstoff mehr für uns übrig hat. Der Alte ist sehr verärgert. Der Herr von Schmidt hat uns also doch hängenlassen, und Berthold Seidel spottet: »Wenn wir sehen, daß wir mit dem Brennstoff nicht mehr nach Hause kommen, laufen wir Rio an und lassen uns internieren. Tolle Weiber da.«

7. August 1942. Es ist wieder ein heißer Tag. Die Lüfter laufen auf Hochtouren, aber sie bringen keine Kühlung ins Boot. Um 18,30 Uhr werden Mastspitzen Backbord querab sichtbar. Der Kommandant eilt auf die Brücke. Das Schiff kommt direkt auf uns zu, und wir müssen hart abdrehen, um Kurs und Fahrt auszudampfen. Der Dampfer steuert 260° bis 280° und läuft 9 bis 10 sm, verschwindet aber in einer Regenböe. Erst nach 90 Minuten haben wir ihn wieder in Sicht und stehen genau vor ihm. Um 20,15 Uhr wird zum Unterwasserangriff getaucht und das Boot auf Sehrohrtiefe eingesteuert.

Der Kommandant fährt das Sehrohr sehr sparsam aus, denn die See ist nur leicht bewegt. »Er kommt gut«, höre ich ihn sagen. »Bewaffneter Tanker, sicher Brite. Ein Heckgeschütz, etwa 10,5 cm, und eine Maschinenkanone auf den Heckaufbauten.« Das Sehrohr fährt wieder ein. Wir warten, daß er auf 1000 Meter herankommt.

Ferdinand sitzt mit dem Funkgefreiten Boss am GHG. Die Mündungsklappen sind aufgedreht. »An Torpedowaffe: Zwei Einzelschüsse aus Rohr zwei und drei!« Wieder warten. Dann ist es soweit. »Rohr zwei los!« und kurz darauf: »Rohr drei los!«

Nach 84 Sekunden eine scharfe Detonation. Gleich darauf noch eine. »Treffer Vorkante Brücke und Achterschiff«, höre ich aus dem Turm. Der Alte hat das Schießen unter Wasser also nicht verlernt. »Schiff hat gestoppt«, meldet Ferdinand aus dem Horchraum. »Tanker bekommt Schlagseite nach Steuerbord«, sagt der Alte. »Jetzt werden zwei Boote zu Wasser gebracht. Fünf Mann besetzen das Heckgeschütz. Die haben noch nicht genug.« Das Sehrohr fährt ein, und der Kommandant wartet eine Weile.

»Donnerwetter«, sagt er nun, »die müssen gegengeflutet haben. Tanker schwimmt wieder auf ebenem Kiel, nur etwas tiefer.« Das muß ein erfahrener Kapitän sein, der nur darauf wartet, daß wir auftauchen, um uns dann mit einem Feuerhagel zu überfallen. »Achteres Trefferloch ist sehr groß«, sagt der Alte. »Aber er sackt nicht tiefer. Wir müssen noch einen Aal opfern.« Langsam dreht das Boot ab zum Schuß aus Rohr fünf auf den gestoppt liegenden Tanker.

Kaum haben wir geschossen, meldet Ferdinand aus dem Horchraum, daß der Tanker wieder Fahrt aufgenommen hat.

Ein ganz raffinierter Bursche; nun geht der Aal hinter ihm vorbei. Der Alte flucht. »Beide Maschinen große Fahrt!« Der Bug schwingt herum, und wir laufen mit Höchstfahrt unter Wasser neben dem Tanker her. Er darf uns nicht entkommen.

Nach 40 Minuten stehen wir richtig. Schuß aus Rohr eins, Lage Bug rechts 90°. »Rohr eins fertig! Rohr eins los!« Nach drei Sekunden erfolgt bereits die Detonation, und wir hören aus dem Turm: »Treffer mittschiffs. Tanker bekommt starke Schlagseite!« Der Kommandant beobachtet weiterhin das torpedierte Schiff, das seltsamerweise nicht sinkt.

»An den Geschützen ist keiner mehr«, sagt der Alte schließlich. »Aber er säuft immer noch nicht ab.« Dann gibt er den Befehl: »Artilleriemannschaft klarmachen!« Eduard Maureschat kommt am FT-Raum vorbei, um seine Schwimmweste zu holen. »Ede, denk an den Mündungspfropfen«, rufe ich ihm zu. Wenn die Männer an die Kanone eilen, muß ich immer an U 156, Hartenstein, denken, der vor Aruba Öllager in Brand schießen sollte. Der Geschützführer hatte vergessen, den Mündungspfropfen herauszudrehen, und es gab einen Rohrkrepierer: Ein Mann tot, einer schwer verletzt. »Auftauchen!« tönt es aus den Lautsprechern. Gleich darauf donnern über uns 10,5-MGs und 3,7 cm los. Brückenaufbauten und das Heck werden unter Feuer genommen; Entfernung 600 Meter. Wir hören aus der Zentrale, daß der Tanker mit schwerer Schlagseite über das Heck absäuft. Von den 67 Schuß mit der 10,5-cm-Kanone waren 55 Treffer. Ein gutes Ergebnis, trotz der langen Dünung.

Während die Männer an Oberdeck die leeren Hülsen einsammeln, fährt der Kommandant auf die Untergangsstelle zu. Es wird aber nur ein halb abgesoffenes Rettungsboot gefunden. Keine Spur von der Besatzung. Am Heck des Rettungsbootes steht der Name des Tankers: *Arthur W. Sewall.* Der Kommandant läßt mit Höchstfahrt ablaufen. Dem Lloyds-Register entnehmen wir, daß es ein norwegischer Tanker aus Risör mit 6035 BRT war.

8. August 1942. Die Norweger müssen in ihren Booten entkommen sein, und so konnten wir nicht dem neuen BdU-Befehl entsprechen, wonach Kapitäne versenkter Schiffe in Gefangenschaft zu nehmen sind.

Gegen 04,00 Uhr wird von der Brücke gemeldet: »Heller Lichtschein an der Kimm Steuerbord voraus!« Der Kommandant läßt nahe heranstaffeln. Es ist ein Schwede mit vorschriftsmäßig beleuchteten Neutralitätszeichen. Wir lassen ihn unbehelligt ziehen.

Der Alte hat eine Entzündung im rechten Auge. Ich will ihm eine Augenklappe verpassen, aber er lehnt lachend ab. »Bin doch kein Pirat.« Um 16,00 Uhr entschlüsselt Leibling den FT 1413/8 von BdU an U 109: »Über Qu. EH 70 nach Qu. 50 in Schlägen operieren. Dort festgestellter Verkehr. Steuert NW und OW-Kurse bzw. umgekehrt. Danach Einsatz vor Qu. ET 38 beabsichtigt. Voraussichtlich keine Versorgung möglich.« Ich gehe in die Zentrale und sehe mir auf der Karte die neuen Quadrate an. Sie liegen vor Freetown.

Nachdem der Alte den FT gelesen hat, sagt er nur: »Das ist doch typisch.« Diese dauernden Befehlsänderungen sind unerklärlich. Das nun befohlene Gebiet hätten wir auf kürzerem Weg schneller erreichen können und damit Brennstoff gespart. Am Abend gibt mir der Kommandant einen langen FT. »An BdU: 5. 8. in EH 4230 schnelles Fahrgastschiff erfolglos gejagt. 300°, 18 – 20 sm. – 8. 8. in ER 1839 bewaffneten Tanker *Arthur W. Sewall* versenkt. Schweröl, 260°, 9 sm. ER 1947 Schwedendampfer Kurs Nord, 12 sm. Vorschriftm. bezeichnet. Da bereits ER erreicht und mit Ergänzung nicht zu rechnen ist, halte Küstengebiet FC und FJ brennstoff- sowie wettermäßig für günstiger. August im Gebiet ES und ET ungünstiger Monat. Häufig starke Regenschauer erschweren Erfassen weit gesteuerten Einzelverkehrs sehr. Erbitte freies Manöver in oben gen. Gebiet. Er 4630, 113 cbm, 11 + 6 Aale, WSW 4, 1013 mb, bedeckt, Regenschauer, mäßige Sicht. Bleichrodt.« Der FT wurde sofort bestätigt.

9. August 1942. In der Nacht Regen und Wetterleuchten. Es brist auf. Ein warmer Wind kommt aus Südsüdwest. Wir rollen stark in der langen Dünung. Die Luftfeuchtigkeit ist enorm. Ferdinand hat viele verschimmelte Brote über Bord werfen lassen. Auch die Kartoffeln in der Zentrale verfaulen.

Gegen 11,00 Uhr Eingang FT 1024/9 von BdU an U 109: »Über Qu. ER 30 in befohlenes Gebiet gehen. Dort laufend Verkehr in letzter Zeit festgestellt. Über Verkehr in FC dagegen kein Anhalt.« Die Leute an Land wissen es eben immer besser. Neuer Kurs 21°. Durch das angegebene Operationsgebiet soll der Verkehr Kapstadt–Freetown und weiter nach England laufen.

10. August 1942. Tropischer Regen. Wenn die Lüfter laufen, wird die Luftfeuchtigkeit im Boot noch größer. Wir müssen um die elektrischen Kontakte fürchten und versuchen das GHG mit dem Fön trocken zu halten.

Mit geringster Marschfahrt laufen wir in Richtung Freetown. Die Stimmung unter den Offizieren ist nicht rosig, denn sie haben sich viel von Brasilien versprochen. – Das Auge des Kommandanten macht mir Sorge. Es ist gerötet, tränt stark und ist etwas geschwollen. Ich habe ihm Augentropfen gegen Bindehautentzündung gegeben. Ob er sie nimmt, weiß ich nicht; er behandelt sich selbst.

11. August 1942. Wir stehen südwestlich Kap Verde. Als der Morgen hochkommt, beträgt die Sicht nur wenige hundert Meter. Um 08,30 Uhr läßt der Kommandant tauchen zum Unterwassermarsch, da bestimmt besser zu horchen, als zu sehen ist. Ich liege auf meiner Koje und lese, als um 10,15 Uhr Ferdinand an den Kommandanten meldet. »Schraubengeräusch in 10°!« Ich eile zum Horchraum. Der Alte hat den zweiten Kopfhörer über und hört sich das Geräusch an. »Es könnte einer sein«, brummt er. »Hoffentlich narren uns nicht wieder die Delphine. Hören Sie mal, Hirschfeld.« Er gibt mir den Kopfhörer. Das Geräusch ist sehr schwach, aber auch ich halte es für ein richtiges Schraubengeräusch. Ferdinand versucht die Umdrehungen zu zählen. »Ungefähr 120 Umdrehungen. Das ist ein Schiff«, sagt er. Als die Peilung nach Steuerbord auswandert und das Geräusch schwächer wird, greift der Kommandant nach seiner Regenjacke. »Nun, gut. Dann wollen wir mal auftauchen.«

Eine Stunde laufen wir mit Höchstfahrt durch den strömenden Regen in Richtung 60°. Nichts zu sehen. Der Kommandant läßt nochmals zum Rundhorch tauchen, aber vergeblich dreht Ferdinand den Zeiger über die ganze Skala des GHG. Der Alte kommt durch das Kugelschott aus der Zentrale und fragt: »Was zu hören?« – »Nichts. Kein Schraubengeräusch mehr da«, sage ich. Er sieht uns beide vielsagend an und nickt nur. »Ja, ja. Scheißfunkerei«, sagt Ferdinand. Der Alte lacht. »Das haben jetzt Sie gesagt, Hagen.«

Der Kommandant gibt aber nicht auf; er ist fest davon überzeugt, daß sich ein Schiff in unserer Nähe befindet, und gibt Befehl zum Auftauchen. Otto Peters meint: »Den finden wir nie in dem Regen. Schade um den schönen Brennstoff!« Um 15,45 Uhr sehen sie aber auf der Brücke endlich Masten. »Zähigkeit hat doch gelohnt«, würde der BdU jetzt sagen.

Eine mühselige Jagd beginnt. Ausdampfen, Vorsetzen. Keine leichte Sache bei der laufend wechselnden Sicht. Das

Schiff, ein Tanker mit Generalkurs 100°, ist oft für längere Zeit außer Sicht. Dann muß mit Höchstfahrt nachgestoßen werden, und dabei kommen wir oft zu nahe heran. Endlich um 18,00 Uhr stehen wir vor ihm.

Da reißt plötzlich die Wolkendecke auf, und die Sicht wird ganz klar. Mit Alarm geht es unter Wasser. Wenn der Tanker einen guten Ausguck hat, muß er uns gesehen haben. Der Kommandant beobachtet mit dem Sehrohr. »Tanker zackt ab nach Backbord«, höre ich aus dem Turm. Wir laufen mit Höchstfahrt unter Wasser, was die Batterien stark beansprucht. Nach einer Stunde stehen wir aber richtig. »Fächerschuß aus Rohr fünf und sechs.« Also Heckangriff. Jetzt geht alles sehr schnell. »Fächer los!«

Nach zwei Minuten ein metallisches Klicken und dann eine gewaltige Detonation. »Treffer!« schreien die Männer. »Das Heck ist völlig auseinandergerissen«, sagt der Alte im Turm. »Am Heckgeschütz ist niemand zu sehen. Tanker sackt achtern sehr schnell tiefer.« Eine Weile ist es ruhig; dann sagt er: »Heck wird jetzt überspült. Besatzung geht in die Boote. Tanker legt sich quer zur See.« Wir bleiben unter Wasser und warten, bis die Boote etwas abgelaufen sind; dann erst kommt der Befehl zum Auftauchen.

Der Tanker liegt gestoppt, aber es kann noch lange dauern, bis er auf Tiefe geht.

»Artillerie klar!« kommt es von oben, und die Männer eilen an die 10,5-cm-Kanone.

»Tanker brennt«, heißt es bald darauf. »Öl ergießt sich brennend aufs Meer.« Wir müssen mit großer Fahrt ablaufen und steuern die Rettungsboote an. Diesmal gelingt es, den Kapitän an Bord zu nehmen; dann werden die Boote entlassen. Mit großer Fahrt und Kurs 21° laufen wir ab. Der Tanker steht in hellen Flammen, obwohl das Oberdeck schon völlig überspült ist. Eine riesige schwarze Rauchwolke steigt in den Abendhimmel und breitet sich in großer Höhe wie ein Pilz aus.

Der Kapitän hat sich beim Alten an Bord gemeldet, sein Schiff hatte 5728 BRT, hieß *Vimeira,* Heimathafen Glasgow, und war beladen mit Heizöl auf dem Weg von Aruba nach Freetown. Die Besatzung bestand aus 43 Mann. Nach dem Torpedotreffer ging die Munition der beiden Heckgeschütze hoch. Der Leitende Ingenieur und neun Mann der Besatzung kamen ums Leben. Der Rest der Besatzung steuert nun in den Booten nach Freetown. Ein Notruf ist nicht mehr hinausgegangen, denn die Funkanlage ist zerstört worden.

Der britische Kapitän heißt Norman Ross Caird und ist 41 Jahre alt. Er wird nun unser Schicksal teilen und kann nur beten, daß dieses Boot nicht vernichtet wird. Vor einigen Stunden hat er uns noch zur Hölle gewünscht.

12. August 1942. Nach Mitternacht Ausgang FT 2329/11: »An BdU: Soeben versenkt 9° Nord, 29° West *Vimeira.* Beladen mit Heizöl. Kapitän an Bord. 110°, 10 sm, SW 1, lange Dünung aus Süd, 25°, 1015 mb, Regenschauer, schlechte Sicht, 100 cbm, 9 + 6 Aale. Bleichrodt.« Die Verbindung ist ausgezeichnet. Der FT wird sofort bestätigt.

Die Nach ist sehr dunkel und die Luftfeuchtigkeit ist stärker denn je. Ich lasse den Sender wiederholt anheizen, um keinen Feuchtigkeitsschluß zu bekommen, und damit er nicht strahlt, wird die Antennenverbindung unterbrochen.

13. August 1942. Immer weiter nach Osten; mit wechselnden Kursen auf die afrikanische Küste zu. Und dazu Regen, Regen und nochmals Regen. Der Kommandant ist sehr mißmutig wegen des neuen Operationsgebietes und weil wir wieder nicht mit Brennstoffversorgung rechnen können. Der Kapitän Norman R. Caird hat sich schon eingelebt. Järschels Essen schmeckt ihm sogar gut.

Vorgestern hat U 73, Rosenbaum, im Mittelmeer den Flugzeugträger *Eagle* versenkt. Ein schwerer Verlust für die Briten.

14. August 1942. Wind Südsüdwest 2, Seegang 1, finstere Nacht und Regen wie gehabt, aber als ich um 08,00 Uhr auf die Brücke steige, um eine Pfeife zu rauchen, traue ich meinen Augen nicht. Die Sonne scheint, und der I WO lacht mich an: »Es wird Sommer, Hirschfeld.«

14. August 1942. Es brist immer mehr auf aus Südwest und mit dem Wind kommt auch wieder Regen. Die Sicht ist sehr schlecht. Um 20,00 Uhr läßt der Kommandant auf Kurs 140° nach Südosten abdrehen, um endlich aus dem Regengebiet zu kommen.

In Rußland rollen deutsche Panzer durch die Kalmückensteppe in Richtung Kaukasus. Der Kommandant macht immer ein besorgtes Gesicht, wenn er die Nachrichten hört, obwohl sie doch sehr erfreulich sind. Einmal höre ich, wie er in der Messe zum I WO sagt: »Denken Sie doch an die Nachschubwege, wenn der Winter kommt. Im letzten Winter hat die ganze Front gewackelt.«

16. August 1942. Sonntag. Heute schmeckt das Essen wieder. Wir fahren mit Tropenlüftung und die Luft ist hoch und trocken. Das Regengebiet scheinen wir hinter uns zu haben, aber trotz bester Sicht wird kein Schiff gesichtet.

Um 11,30 Uhr ein FT an uns. »An Bleichrodt von BdU: Melden falls Feindsicht oder Erfolge vorliegen.« Wortlos gibt mir der Alte die FT-Kladde zurück. Am Nachmittag läßt er dann einen FT absetzen: »An BdU. Seit 11. 8. nichts gesehen. Zeitweise schlechte Sicht durch häufige Regenschauer. Bleichrodt.« Etwas später ein FT vom BdU: »Meldung von Bleichrodt war nicht verlangt und daher falsch.« Donnerwetter, das war eine Zigarre . . .

17. August 1942. Herrlich kommt der Morgen herauf. Bin nach der Wachablösung auf die Brücke gestiegen, um eine Pfeife zu rauchen. Auch Kapitän Caird sitzt auf dem Wintergarten. Unsere Zigaretten schmecken ihm nicht, aber ich habe ihm einige von meinen Zigarren gegeben. Er wundert sich, daß wir ausgerechnet ihn in der Weite des Atlantiks gefunden haben.

Am Vormittag wieder ein FT vom BdU: »An Bleichrodt: Falls in bisherigen Op. Gebiete kein Verkehr, diesen vor ET 3829 suchen.« Ich sehe mir die Karte an. Das ist genau vor Freetown.

18. August 1942. Heute kamen die ersten Erfolgsmeldungen von U 507. Schacht hat vor Brasilien fünf Schiffe versenkt. Rund 17.000 BRT. Müssen ziemlich kleine Kolcher gewesen sein.

»Sehen Sie, I WO«, höre ich den Alten in der Messe sagen, »der Schacht versenkt einen nach dem anderen, dort wo wir eigentlich stehen sollten.« – »Ich weiß nicht«, meint Schramm gedehnt. »Mir wäre nicht ganz wohl dabei. Sind doch alles neutrale Brasilianer.« Der Alte lacht und sagt: »Ich glaube auch, daß die Sache noch ein Nachspiel hat.«

Korvettenkapitän Topp hat heute als 17. Soldat der Wehrmacht die Schwerter zum Ritterkreuz des Eisernen Kreuzes erhalten.

19. August 1942. Helle Mondnacht, leichte Dünung, ein warmer Wind aus Süden, aber milchige Kimm. Die beste Sommerreise. Mit kleinster Fahrt immer weiter Kurs Freetown, aber der Horizont bleibt leergefegt. Keine Mastspitze, keine Rauchfahne. Der Sierra-Leone-Verkehr scheint gestoppt zu sein, und der Brennstoff nimmt trotz größter Sparsamkeit ab. Das macht den Alten ganz nervös; er meint, in sechs Tagen müßten wir bereits den Rückmarsch antreten.

20. August 1942. Wir laufen mit beiden E-Maschinen langsame Fahrt. Es ist so ruhig wie auf einem Segelschiff an Bord, nur das gelegentliche Knarren der Rahen fehlt. Die Langeweile unter der tropischen Sonne ist gefährlich, und wir von der Funkerei versuchen, mit Musik und Nachrichten aus der Heimat die schleichende Lethargie zu durchbrechen. Heute haben wir allerhand zu melden:

Landungsunternehmen der Briten bei Dieppe kläglich gescheitert. Hakenkreuzfahne auf dem Elbrus, dem höchsten Gipfel des Kaukasus, gehißt, während Manstein mit seinen Panzern die Ufer des Terek erreicht. Die 6. Armee unter General Paulus steht vor Stalingrad. Und Rommels Panzer rollen vor auf Alexandria. Sieg an allen Fronten. Die scheinen alle genug Brennstoff zu haben; nur wir nicht. Wie wir die Schlacht auf dem Atlantik gewinnen sollen, ist mir nicht klar.

21. August 1942. Wir kreuzen nun vor Freetown mit kleinster Fahrt.

Am Nachmittag wurden Tauchzelle III und VI ausgedrückt und durchgespült. Anschließend gab es Prüfungstauchen mit einem Tieftauchversuch auf 150 Meter. Alle Außenbordverschlüsse hielten dicht. Das ist beruhigend. Nur Kapitän Caird war etwas beunruhigt, als er hörte, wie tief wir waren. Er fühlt sich sonst sehr wohl bei uns und hat nur Angst, daß ihm seine junge Frau in Glasgow durchbrennt, wenn er so lange nicht nach Hause kommt.

22. August 1942. Wir stehen südwestlich von Freetown. Die Sicht wird schlechter und die Luftfeuchtigkeit nimmt wieder zu. Heute meldet U 506, Würdemann, daß er weit südlich von uns ein schnelles Schiff versenkt hat. Der Alte liest den FT mit Interesse und gibt dann Befehl: Kurs Süd.

Heute hat Brasilien den Kriegszustand mit Deutschland und Italien erklärt. Reuter meldete, daß ein deutsches U-Boot vor Brasilien innerhalb von drei Tagen fünf brasilianische Schiffe außerhalb der Hoheitsgewässer versenkte. Fregattenkapitän Harro Schacht hat es geschafft. Nun fehlt nur noch Argentinien.

Im letzten Urlaub habe ich dazu einen treffenden Witz gehört: Ein Bäuerlein kommt in die Stadt und läßt sich von einem Buchhändler auf einem Globus zeigen, mit welchen Ländern wir Krieg führen. Er ist beeindruckt von den vielen Staaten, die fast den ganzen Erdball bedecken. Dann will er auch noch das Deutsche Reich sehen. Der Buchhändler nimmt einen Bleistift und tippt auf einen Punkt: »Das ist Deutschland!« – »Donnerwetter«, sagt der Bauer. »Ob das der Führer weiß?«

23. August 1942. Der Wind ist fast eingeschlafen. Helle

Mondnacht und ruhige See. Mit langsamer Marschfahrt setzen wir uns nach Süden ab. Gegen Morgen beginnt es zu regnen, und mittags ist der Regen so stark, daß keine Sicht mehr ist. Der Kommandant entschließt sich zum Unterwassermarsch.

Um 15,00 Uhr läßt er wieder auftauchen. Die Sicht ist etwas besser geworden, aber der Regen hält bis zum Abend an. Auch Korvettenkapitän Kals, der mit U 130 südlich von uns kreuzt, kann keinen Verkehr finden.

In der Nacht werden zwei beleuchtete Fahrzeuge gesichtet. Der Alte läßt vorsichtig heranstaffeln, bis zu erkennen ist, daß es sich um die beiden italienischen Tanker *Taigete* und *Arcola* handelt. Sofort läßt der Kommandant abdrehen, denn es sind Schiffe, die mit Erlaubnis der Alliierten fahren. Wir bekommen ihre Routen durch FT mitgeteilt.

Heute hörte ich, wie der I WO zum Kommandanten sagte: »War doch gut, daß wir nicht nach Brasilien gingen. Wegen dieser fünf kleinen Schiffe, die Schacht versenkt hat, hat Brasilien nun den Krieg erklärt.«

24. August 1942. Meine Nachtwache geht von 02,00 bis 08,00 Uhr. Wir laufen Kurs Südost, wo Würdemann Verkehr gemeldet hat. Eine hohe Dünung rollt uns entgegen, aber bei der geringen Fahrt bleibt die Brücke trocken.

Am Vormittag ein FT vom BdU an U 109: »Auf Meldung von Würdemann wird hingewiesen.« Das bedeutet, daß wir weiter südlich operieren können; jetzt, wo der Brennstoff schon so knapp ist. Auch dieser Tag vergeht ohne Sichtmeldung. Die Langeweile ist gefährlich, deshalb gibt es am Nachmittag wieder Übungen.

25. August 1942. Wir stehen südwestlich Liberia. Wolkenloser Himmel und klare Sicht, aber der Horizont bleibt leer. In der Offiziersmesse ist die Stimmung denkbar schlecht.

In der Zentrale treffe ich Obermaschinist Schewe bei der Brennstoffberechnung. Auf meine Frage, ob wir noch nach Hause kommen, lacht er. »Ach, Hirschfeld, bis Teneriffa kommen wir immer, keine Sorge.« – »Sonst waren es immer die Azoren, jetzt sind es die Kanaren«, sage ich.

26. August 1942. Helle Mondnacht, gute Sicht. Leichte Dünung und ein warmer Wind aus Südsüdost. Um 01,54 Uhr läßt der Kommandant ein Kurzsignal abgeben: »Habe Rückmarsch angetreten wegen Brennstoffstand. Bleichrodt.« Unser Bug zeigt aber weiter nach Südsüdost. Das wundert mich. Von Rückmarsch keine Spur.

Um 08,30 Uhr ein FT vom BdU: »U 109 sofort Standort

und Brennstoff melden.« Postwendend geben wir die Antwort. »An BdU: Stehe in Qu. ET 89, 68 cbm, 15 Torpedos. Außer *Taigete* und *Arcola* nichts mehr gesehen. Bleichrodt.« Inzwischen ist ein FT von U 130 eingegangen. Kals hat auf der La Plata–Freetown-Route einen Dampfer versenkt.

Um 15,30 Uhr wieder ein FT: »An Bleichrodt von BdU: Rückmarsch war noch nicht erforderlich. Im Operationsgebiet vor ET 38 bleiben. Mit 30 cbm Ergänzung rechnen.«

Der Alte gibt mir schweigend die Kladde zurück. Ich sehe ihm an, daß er sich über die Rüge ärgert, aber dann lacht er und ruft dem I WO zu: »Die Rückmarschmeldung hat doch genützt.«

27. August 1942. In einer taghellen Mondnacht wurden sechs Aale aus den Oberdeckstuben in die Torpedoräume umgeladen. Jetzt haben wir alle Torpedos unter Deck. Kurz nach Mitternacht kam ein FT »M-Offizier« von Kals. Da Bruns nicht klar kam, mußte ich ihm beim Entschlüsseln helfen. Der FT enthielt geheime Ansteuerungsanweisungen der Route Kapstadt–Freetown. Kals muß sie auf einem Dampfer erbeutet haben. Der Kommandant ging damit sofort zum Kartentisch und setzt einen neuen Kurs an.

Nach dem Umladen der Aale wurde ein Prüfungstauchen mit Unterdruckprobe angesetzt, doch bei 40 m wurde plötzlich angeblasen, weil sich das Flutventil einer Untertriebszelle nicht schließen ließ. Ein Glück, daß es kein Ernstfall war. Nach einiger Zeit meldet die Maschine, daß der Fehler behoben ist, und das Tauchmanöver wird ohne Zwischenfall wiederholt.

Am Nachmittag, gegen 16,00 Uhr, schrillen die Alarmglokken. Die Fahrt geht steil abwärts; das ist keine Übung.

Von der Brückenwache hören wir, daß eine große Landmaschine mit doppeltem Leitwerk Backbord querab aufgetaucht war. Wir warten gespannt, aber alles bleibt ruhig. Keine Detonation. Nach einer Weile kommt der Alte durch das Kugelschott aus der Zentrale. Er hat sich beim Einsteigen ins Turmluk das Schienbein aufgeschlagen. Ich mache ihm einen Verband mit Lebertransalbe. Die Wunde scheint ihm große Schmerzen zu bereiten. Nach einer Stunde läßt er auf Sehrohrtiefe gehen. Von dem großen Vogel ist nichts mehr zu sehen; also wird aufgetaucht.

28. August 1942. Ruhige See. Helle Nacht, klare Sicht. Kurz nach Mitternacht kommt von der Brücke die Meldung: »Rauchwolke in Sicht!« – Die Diesel werden angeworfen, aber nach einer Stunde erstirbt ihr Hämmern, und wir laufen wieder mit E-Maschinen. Es war keine Rauchwolke, es waren Wasserfontänen von spautenden Walen.

Das Schienbein des Kommandanten sieht schlimm aus. Ich habe es wieder mit Lebertransalbe behandelt, denn meinen guten Perubalsam lehnt er ab. Ich erwähne, daß ich damit bei Maschinenmaat Vetter ein großes Loch im Oberschenkel geheilt habe, das er sich an einer scharfen Ecke vom Dieseltrittbrett geholt hatte, aber der Kommandant bleibt skeptisch, was mich als Medizinmann etwas kränkt.

Einige Männer leiden an Furunkulose, die ich täglich mit Ichthyol behandle. Berthold Seidel spricht nur von den Leuten mit den Pestbeulen. Ausgerechnet der Gefechtsrudergänger Paul Pötter hat ein Furunkel im Gesicht, das lebensgefährlich sein kann. Der Alte ist sehr besorgt um ihn und sieht jeden Tag bei der Behandlung zu. Die Gonorrhöe von Zank scheint geheilt.

29. August 1942. Taghelle Nacht. Leichte Dünung und schwacher Wind aus Südost. Wir kreuzen südlich der Pfefferküste. Die Stimmung im Boot ist auf dem Nullpunkt angelangt.

Um 13,15 Uhr ein Schrei von der Brücke: »U-Boot voraus!« In der Weite des Atlantiks ein winziger Punkt. Der Turm eines deutschen Bootes vom Typ IX. Nach ES-Austausch steuern wir auf U 506, Kapitänleutnant Würdemann, zu. Bei der leichten Dünung können beide Boote in kurzem Abstand nebeneinander herlaufen.

Ich bin auf den Turm geentert, um mir U 506 anzusehen. Die Kommandanten unterhalten sich mit der Flüstertüte und tauschen Erfahrungen aus. Ich sehe meinen alten Freund Oberfunkmaat Robert Rüter aus Soest, den ich mit seinem fürchterlichen Bart fast nicht erkannt hätte.

Aus der Unterhaltung der Kommandanten entnehme ich, daß U 506 im Gebiet von Kals nichts getroffen hat. Würdemann meint, daß die großen Schiffe nicht mehr auf der direkten Route Kapstadt–Freetown fahren, sondern weit in den Golf von Guinea ausholen. Drüben scheint die halbe Besatzung auf dem Turm zu sein. Es ist ja auch selten, daß sich zwei U-Boote im Atlantik treffen.

Leider müssen wir uns wieder trennen. Das Flugzeug vor zwei Tagen war eine Warnung. Lachen und Winken auf beiden Seiten. Schnell wird der Abstand größer. »Kurs 100°«, befiehlt der Alte.

Das Bein des Kommandanten macht mir große Sorge. Es näßt und er hat starke Schmerzen. Wenn er nur meinem Perubalsam trauen würde.

30. August 1942. Helle Nacht, ausgezeichnete Sicht. Es ist Sonntag, aber Järschel meldet, daß er das übliche Essen nicht mehr geben kann. Er braucht den Schinken zum Braten.

Fast drei Wochen ist es her, seit wir die *Vimeira* versenkten, aber uns ist, als ob Kapitän Caird schon immer bei uns an Bord gewesen sei. Kaum zu glauben, daß wir Feinde sind.

31. August 1942. Eine dunkle Nacht und trotzdem gute Sicht. Kaum bewegte See und nur eine leichte Brise aus Südost. Die Sonne steigt aus dem Meer und knallt dann vom wolkenlosen Himmel. Wir stoßen weiter in den Golf hinein und nähern uns immer mehr dem Äquator.

Um 11,00 Uhr Prüfungstauchen. Der Kommandant hofft, daß wir vielleicht ein Schiff hören, aber in der Tiefe ist es totenstill. Heute willigt er endlich ein, daß ich sein Bein mit Perubalsam behandle. »Wo haben Sie das Gift eigentlich her?« fragt er. »Das hat mir der Stabsarzt Dr. Ziemke schon nach der ersten Fahrt in Lorient gegeben. Soll schwer zu beschaffen sein.« – »Gnade Ihnen Gott, wenn es nicht hilft«, brummt der Alte.

1. September 1942. Wir sind südlich der Elfenbeinküste. Meine Pilzkrankheit breitet sich langsam über den ganzen Körper aus.

Um 19,27 Uhr kommt von der Brücke der Ruf: »Mastspitzen voraus!« Der Alte wirft sein Buch auf die Koje und nimmt sein Glas vom Haken. »Habt ihr die Dampferwelle geschaltet?« fragt er, bevor er den Turm entert. Die Wache hat einen großen Dampfer mit hohen, weit auseinanderstehenden Masten gesichtet, der 14 sm läuft. Obwohl der Alte bei Einbruch der Dunkelheit hart auf den Dampfer zuhalten läßt, verschwindet er plötzlich in einer dunklen Wolkenbank. Auf der Brücke wird laut geflucht. Auch ein schnelles Tauchmanöver bringt nichts. Der Dampfer ist nicht zu hören. Deshalb gehen wir wieder an die Oberfläche und stoßen auf dem Generalkurs des Dampfers nach.

2. September 1942. Der Kommandant hat nur wenig geschlafen. Bei Einsetzen der Morgendämmerung ist er wieder auf der Brücke. Nach seiner Berechnung müßten wir jetzt vor dem Dampfer stehen. Um 10,35 Uhr tauchen seine Mastspitzen dann Steuerbord voraus auf. Da wir genau auf Generalkurs stehen, wird zum Unterwasserangriff getaucht.

Aber der Alte sucht das Schiff vergeblich mit dem Sehrohr. Es muß weggezackt haben. Dafür haben wir es im Horchgerät. Gleich darauf kommt der Befehl: »Auftauchen!« Mit Höchstfahrt wird nachgestoßen.

Nach einer Stunde Höchstfahrt kommen die Mastspitzen Backbord voraus in Sicht. Das Schiff zackt wild und unberechenbar.

Um 18,00 Uhr ist es endlich soweit. Wir laufen unter Wasser auf den Dampfer zu. Diesmal muß er fallen. Durch das Sprachrohr zum Turm höre ich, was der Alte sagt, und schreibe mit: »Dreierfächer aus Rohr eins, zwei und vier. Er zackt wieder nach Backbord. Gegnerlage Bug links 75°. Gegnerfahrt 14,5 sm. Entfernung 1800 m. Streubereich 100 m. Tiefe 3 m. Fächer los!«

Ein Ruck durch das Boot. Der Dreierfächer ist auf die Reise gegangen, aber das Schiff hat gezackt und die Torpedos gehen vorbei. Schnell wird gedreht, um einen Heckschuß anzubringen, aber auch diesem Aal weicht der Dampfer durch einen starken Zack aus.

Vier Torpedos daneben. Da drüben auf dem schnellen Schiff muß ein gewitzter Kapitän sein. Aber Ajax ist zäh. Um 20,30 Uhr wird aufgetaucht und mit AK nachgestoßen. Bei Einbruch der Nacht gerät das Schiff außer Sicht, aber sein Generalkurs ist bekannt. Der Alte kommt nach unten, um sich die Funkkladde anzusehen. »Nichts auf den internationalen Wellen?« fragt er nur. »Nein, Herr Kaleu. Er hat noch nicht gefunkt«, sage ich.

Um 21,00 Uhr haben wir das Schiff wieder voraus.

3. September 1942. Das ist unsere bisher längste Jagd auf ein einzelnes Schiff. Um Mitternacht stehen wir endlich vor ihm und drehen zum Heckanlauf ab.

Bald darauf kommt das Kommando: »Rohr sechs los!« Die Stoppuhren laufen, und dann schreien sie auf der Brücke: »Torpedo läuft nach Backbord. GA-Versager!« Der Kommandant reagiert sofort und befiehlt: »Rohr fünf fertig. Rohr fünf los!« Nach 85 Sekunden ein Knall! »Treffer im Achterschiff.«

Da geht es auch schon auf der 600-Meter-Welle los: »SSS–SSS–SSS– *Ocean Night* – SSS–SSS–SSS 0,57° Nord, 04° West – torpedoed by submarine, sinking over stern – SSS–SSS–SSS.« – Wir suchen den Namen vergeblich im Lloyds-Register. Muß ein ganz neues Schiff sein, das auch in Gröners »Handelsflotten der Welt« nicht verzeichnet ist. Ich steige durch den Turm nach oben. »Frage: Ein Mann Brücke?« – »Ja, Hirschfeld, kommen Sie rauf«, sagt der Alte. »Haben Sie den Namen?« – »Das Schiff heißt *Ocean Night,* Herr Kaleu. Steht aber nicht im Lloyds-Register und auch nicht im Gröner.«

Jetzt sehe ich auch das getroffene Schiff! Klippersteven, mittschiffs lang gestreckte Aufbauten, kurzer, ovaler Schornstein und viele Pfahlmasten.

Ohne das Nachtglas abzusetzen, sagt Schramm: »Rettungsboote haben jetzt abgelegt, Herr Kaleu.« – »Wir warten noch etwas«, sagt der Alte. »Dann bekommt er den Rest.« Ich steige wieder nach unten. »Dampfer hat schon seit einiger Zeit aufgehört zu senden«, sagt Ferdinand. »Eine Landstation hat den Ruf wiederholt.«

Nach einiger Zeit beginnt der Anlauf zum Fangschuß. »Rohr drei fertig!« Und dann: »Rohr drei los!« Nach 45 Sekunden eine harte Detonation. »Treffer in Maschine. Dampfer sinkt schnell über Backbordseite und Heck«, hören wir von oben. Braatz schreibt in der Zentrale alles mit. »Bug zeigt steil in die Luft. – Schiff geht auf Tiefe«, heißt es dann. Das ist also das Ende dieser langen Jagd. Einem unerfahrenen U-Boot-Kommandanten wäre dieses Schiff sicher entkommen. Sieben Topedos verschossen. 175.000,– RM.

Die Suche nach den Rettungsbooten ist vergeblich; sie sind in der Dunkelheit verschwunden. »Schade«, sagt der Alte zum I WO, »diesen Kapitän hätte gerne kennengelernt. Muß ein ganz erfahrener Kommandant sein!«

Etwas später geben wir einen FT ab: 0129/3 »An BdU: Soeben versenkt Qu. FF 3650 nach 32stündiger Jagd *Ocean Night,* geschätzt 10.000 BRT, 14 sm, Generalkus 105°, Zacks von 35° bis 160°. Beabsichtigte Suche auf Weg zwischen Qu. EF 3757 und FF 1166. 44 cbm, 4 + 4 Aale. SSO 3, bedeckt, 1016 mb, + 24°, mittlere Sicht. Bleichrodt.«

Die Verbindung mit Paris ist ausgezeichnet. Der FT wird sofort bestätigt. Anschließend haue ich mich in die Koje und schlafe sofort ein.

Um 12,00 Uhr plötzlich Alarm vor Flugzeug. Wir kommen gut unter Wasser. »Große Landmaschine!« meldet der I WO. »Typ nicht erkannt.« Der Alte nickt. »Die suchen uns. Den Notruf haben sie heute nacht ja mitgekriegt.« Um 14,15 Uhr wird wieder aufgetaucht. Weiter geht es mit Kurs Südwest. Um 18,00 Uhr wird der Äquator überschritten, und um 22,00 Uhr findet in der Zentrale eine kleine Äquatortaufe statt.

4. September 1942. Wir kreuzen weiter auf der vermeintlichen Route Freetown–Kapstadt. Die See ist kaum bewegt. Kurz nach 10,00 Uhr gibt es wieder Alarm. Nachdem das Boot abgefangen ist, erfahren wir, daß eine große Landmaschine aus dem Sonnensektor achteraus angeflogen ist. Es knallt aber nicht, obwohl sie uns gesehen haben muß.

5. September 1942. Ein heißer Tag wie alle anderen. Mit dem Proviant ist auch nicht mehr viel los. Järschel kocht nur noch Eintopf.

Kapitän Caird erträgt alles mit Fassung. Auch das Essen. Er ist ein alter Fahrensmann. Das Bein des Kommandanten sieht besser aus und schmerzt nicht mehr.

6. September 1942. Tropennacht mit starkem Meeresleuchten. Herrlich kommt dann der Morgen herauf. Wir kreuzen in großen Schlägen nach Norden auf, ohne etwas zu sichten. Um 20,00 Uhr läßt der Kommandant auf Kurs Nordost drehen, zurück in den Golf von Guinea.

Bei Anbruch der Dämmerung werden Mastspitzen achteraus gesichtet. Ein Zittern geht durch das Boot. Die Diesel werden angeworfen und hämmern los. Bei völliger Dunkelheit sind wir dann so nahe, daß das Schiff mit den Gläsern gut zu sehen ist. Es ist ein großer, schneller Dampfer mit Generalkurs 60°, der nach jeder Seite um zwei Dez. zackt. Fahrt 14 sm.

Um 22,30 Uhr heißt es: »Auf Gefechtsstationen!« Der Kommandant setzt zum Anlauf an. »Zwei Einzelschüsse aus Rohr eins und drei. Beides ATO. Entfernung 800 Meter.« Und dann: »Rohr eins fertig! Rohr eins los!« Gleich darauf: »Rohr drei fertig! Rohr drei los!« Die Aale laufen.

Nach 45 Sekunden eine scharfe Detonation und fünf Sekunden später eine weitere Detonation. Treffer Maschinenraum und Achterschiff. »Dampfer hat gestoppt und dreht bei.« Wir warten auf den Notruf. Sollte der Funker gefallen sein? »Dampfer sackt achtern schnell tiefer. Boote werden ausgesetzt«, heißt es dann. Ferdinand kurbelt vergeblich die internationalen Kurzwellen ab.

Zehn Minuten nach dem zweiten Treffer tönt es plötzlich aus dem kleinen Lautsprecher: »SSS–SSS–SSS– 1°34' Nord, 11°40' West *Tuscan Star* torpedoed – sinking quickly SSS–SSS–SSS.« Wir schlagen im Lloyds-Register nach: »*Tuscan Star* Kühlschiff, britisch, 11.449 BRT, London.« Der Notruf geht nur zweimal hinaus und wird von den Landstationen nicht wiederholt. »Das war doch nicht seine FT-Station«, meint Ferdinand. Auch ich glaube, daß es nur ein Notsender war. Ich steige auf die Brücke und melde dem Kommandanten Namen und Tonnage des Schiffes. Der I WO läßt mich kurz durch sein Glas sehen. Da liegt der Dampfer mit schwerer Schlagseite; das Achterschiff ist schon bis zum Schornstein überspült.

»Jetzt geht er über den Achtersteven auf Tiefe«, sagt der I WO. Ich muß wieder nach unten und höre noch, wie der Kommandant Befehlt gibt, auf die Rettungsboote zuzudrehen, um den Kapitän gefangenzunehmen.

In einem der Boote sind Frauen und Kinder. Ferdinand wird auf die Brücke gerufen. Er kommt bald zurück. »Ich soll Proviant für die Schiffbrüchigen zusammenstellen. Milch und Brot für die Kinder, sagt der Alte. Wie er sich das wohl vorstellt.« – »Nimm doch von der Dosenmilch. Was anderes haben wir nicht. Und einige Kilodosen von dem Hühnerfleisch ohne Knochen«, sage ich zu ihm. Er macht sich mit Järschel an die Arbeit.

Oben haben sie Hilferufe gehört. Zwischen den Wrackteilen schwimmt ein Mann. Maureschat bekommt ein Seil um die Brust, springt über Bord und greift sich den Ertrinkenden. Berthold Seidel hält das Seil und zieht die beiden mit Hilfe der Wache an Bord. Der Gerettete ist der Zweite Funkoffizier des Schiffes, der nicht mehr in die Boote gekommen ist. Er wird ins Boot gebracht und in der Maschine ausgezogen und trockengerieben.

Järschel schleppt zwei Säcke mit Proviant in die Zentrale. »Brennstoff haben wir kaum noch«, sagt Otto Peters, »da brauchen wir auch keinen Proviant mehr.« – »Aber, aber«, belehrt ihn Schewe, »wir können doch an die Küste gehen und Bananen pflücken.«

Die Boote sind längsseits gegangen, und der Proviant wird verteilt. Seidel entdeckt in einem der Boote eine schöne Frau in einem Pelzmantel, der halb offen ist und einen kaum verhüllten großen Busen sehen läßt. »Herr Kaleu«, ruft Berthold vom Oberdeck zur Brücke hinauf, »leuchten Sie doch in das Boot. Ich möchte die schöne Frau noch einmal sehen.« Auf der Brücke wird ihm der Gefallen getan – aber im Rettungsboot muß man seine Worte wohl verstanden haben, denn die Frau lacht und verdeckt langsam ihren Busen.

Die Rettungsboote sind zwar stabil und groß, aber etwas überladen. Nach Aussagen der Schiffbrüchigen ist der Kapitän mit seinem Schiff untergegangen. Dem I. Offizier, der eines der Boote steuert, wird mitgeteilt, daß der Funker Gordon Gill gerettet ist und sich an Bord befindet. Dann wird ihm noch der nächste Kurs zur Küste angegeben. Die Boote werden losgeworfen und treiben langsam achteraus. »Thank you! Good luck!« tönt's von ihnen zu uns herüber. Hoffentlich erreichen sie die Küste.

Der aufgefischte Funker Gordon Herbert Gill ist erst 21 Jahre alt und stammt aus Manchester. Von ihm erfahren wir, daß die *Tuscan Star* mit 11.000 t Gefrierfleisch von Buenos Aires kam und nach England bestimmt war. Das Schiff hatte 60 Mann Besatzung und 29 Passagiere, darunter sieben Frauen und zwei Kinder. Gill hat noch einen Notruf versucht, aber der Sender war ausgefallen.

7. September 1942. Mit langsamer Fahrt läßt der Kommandant nach Osten ablaufen. Gegen 02,30 Uhr geben wir folgenden FT ab: »0010/7 An BdU: Qu. FF 1149 *Tuscan Star,* Kurs 60°, 14 sm, versenkt. – 4 + 2 Aale, 33 cbm, S 3, 15 mb, + 24°. Bleichrodt.«

Wieder kommt ein herrlicher Morgen herauf, und kurz darauf läßt der Kommandant zum Unterwassermarsch tauchen.

Gegen 14,00 Uhr wird aufgetaucht. Auf Längstwellenprogramm holen wir die fehlenden Funksprüche herein, darunter FT 1126/7. »An Bleichrodt von BdU: Rückmarsch antreten über Qu. DS 30.«

Nachdem der Alte diesen FT gelesen hat, ruft er den I WO. Schramm liest und schüttelt den Kopf. »Unverständlich, Herr Kaleu. Jetzt, wo wir die Verkehrsader höchstwahrscheinlich gefunden haben.« – Der Alte nickt. »Sollen wir sechs Torpedos wieder nach Hause bringen? Es ist zum Kotzen mit dem Brennstoff.«

Quadrat DS 30 liegt südlich der Kanarischen Inseln, querab Rio de Oro. Bis dahin werden wir mit unserem Brennstoff kommen. Der Kommandant hatte bisher gehofft, hier in der Gegend südlich von Liberia versorgt zu werden.

8. September 1942. Wir haben den Rückmarsch noch nicht angetreten. Die Sicht ist sehr schlecht geworden. Bei diesem Wetter hätten wir die *Tuscan Star* nicht gefunden. Um 10,40 Uhr geben wir einen Funkspruch ab. »FT 0952/8. An BdU: Erbitte Verbleib im Gebiet und spätere Versorgung wie Schacht. Bleichrodt.« Der Alte läßt nicht locker. Wir kreuzen mit Generalkurs 287° und langsamer Fahrt durch die ruhige

See. Vergeblich suchen die Männer auf der Brücke den Horizont ab. Die Kimm ist diesig und spiegelt.

Am Nachmittag kommt die Antwort auf unseren FT. »1236/8 von BdU an U 109: Rückmarsch bis Qu. DG 50 muß sichergestellt sein. Vorher keine Versorgung möglich.« Das ist noch weiter nach Norden. Der Alte nickt resigniert.

9. September 1942. Ferdinand hat mich um 08,00 Uhr abgelöst. Ich bin in meiner Koje gerade am Einschlafen, als ich spüre, daß die Diesel das Boot erzittern lassen. Ich fahre hoch und sehe Berthold Seidel, der mir zuruft: »Rauchwolke voraus. Schnelles Schiff. Wir laufen schon über 17 sm.« Wir sind also auf der richtigen Verkehrsader und müssen trotzdem den Rückmarsch antreten.

Ich stehe auf und gehe zum Funkraum. Das Schiff kommt schnell über den Horizont. Der Kommandant versucht in einer Regenböe näher heranzukommen, doch als sie vorbeigezogen ist, sind wir zu nahe und müssen mit Alarm unter Wasser. »Auf Gefechtsstationen. Beide E-Maschinen AK voraus!« Der Kommandant versucht, in eine Weitschußposition zu kommen, aber nach einiger Zeit wird die Fahrt verringert. Mit 8 sm Unterwasserfahrt schaffen wir es nicht.

»Wegtreten von Gefechtsstationen!« tönt es aus den Lautsprechern. Einige Zeit später kommt der Alte aus dem Turm. »War er nicht zu kriegen?« fragt Ferdinand. Der Alte schüttelt den Kopf. »Da rauscht er mit 18 sm in 10.000 Meter Entfernung vorbei. Aber zu weit für einen Ato.«

Ich kann mich kaum noch auf den Beinen halten und haue mich wieder in die Koje. Ferdinand läßt mich bis 13,00 Uhr schlafen. Inzwischen wurde ein FT abgegeben. »An BdU: Typ *Duchess of Bedford* vergeblich gejagt. 350°, 18 sm. 27,5 cbm, 4 + 2 Torpedos. Qu. FE 3331. Bleichrodt.«

10. September 1942. Querab liegt die Pfefferküste von Liberia. Mit kleinster Marschfahrt geht es nach Nordwesten.

Unter den Funksprüchen ist ein FT von U 165. Korvettenkapitän Eberhard Hoffmann versenkte dicht vor Quebec im St.-Lorenz-Strom drei Dampfer mit je zwei Treffern aus einem Geleit von fünf Dampfern. Gesamt 19.000 BRT. Das ist der Hoffmann, den wir vor Labrador an Bord hatten und den ich im letzten Urlaub in Hamburg traf. Nun hat er sich das EK I, das er beim Stab erhielt, redlich verdient.

11. September 1942. Südwestlich Sierra Leone. Mit geringer Fahrt durch die Quadrate ET 84 und ET 73, Kurs auf die Kapverden. Um Brennstoff zu sparen, läßt der Kommandant nur noch jeden dritten Tag das Prüfungstauchen durchführen. Tauchbunker sechs und drei werden ausgeblasen und als Tauchzellen gefahren, um keine unnötigen Wassermengen herumzuschleppen. War die Idee von Schewe. Der Funker Gill hat sich gut eingelebt. Schade, daß wir ihn nicht im Funkdienst einsetzen können, aber dann würde er Einblick in unser Schlüsselwesen gewinnen.

12. September 1942. Ein leichter Wind weht aus Westsüdwest. Die Sicht ist schlecht geworden. Regenschauer lassen den Horizont manchmal ganz verschwimmen. Auch der Proviant wird nun bedenklich knapp. Was wird aus uns, wenn der Versorger versenkt wird, bevor er uns beölt hat? Am Abend stehen wir westlich Sierra Leone. Das Bein des Kommandanten ist bedeutend besser geworden. Ich behandle weiter mit Perubalsam.

13. September 1942. Ferdinand zeigt mir einen FT, den er um 01,15 Uhr von der Amerika-Schaltung aufgenommen hat. »An BdU: Versenkt von Hartenstein Brite *Laconia* Qu. FF 7721, 310°, leider mit 1500 italienischen Kriegsgefangenen. Bisher 90 gefischt. 157 cbm, 19 Aale, Passat 3. Erbitte Befehle. Hartenstein.«

»Wo liegt das Quadrat?« frage ich. Ferdinand winkt ab. »Schon weit hinter uns. Ungefähr 500 sm nördlich der Insel Ascension. Wir brauchen den Alten nicht zu wecken.«

Wir schalten die internationalen Wellen, aber es ist alles ruhig. Sollte die *Laconia* keinen Notruf mehr gesendet haben oder haben die Landstellen geschlafen? Gegen 04,00 Uhr ein FT vom BdU: 0340/13 »Schacht, Gruppe Eisbär, Würdemann, Willamowitz sofort zu Hartenstein gehen nach Qu. FF 7721. Hohe Fahrt. Schacht und Würdemann Standort melden. BdU.«

Um 06,00 Uhr legt plötzlich ein Sender auf der 600-Meter-Welle los: »CQ–CQ–CQ–« Ich stoße Leibling an. »Das ist ein U-Boot-Sender.« Wir schreiben mit: »CQ–CQ–CQ. An alle! If any ship will assist the shipwrecked *Laconia* crew, I will not attack her, providing I am not being attacked bei ship or airforce. I picked up 193 men. 4°53' Süd, 11°26' West. German Submarine.«

»Toll«, sagt Leibling. »So etwas hat es noch nicht gegeben. Das muß Hartenstein gewesen sein.« Dann geht es auf der 25-Meter-Welle los. Wir übersetzen: »Wenn ein Schiff der schiffbrüchigen *Laconia*-Besatzung helfen will, werde ich es nicht angreifen, sofern ich nicht selbst von Schiff oder Flugzeug angegriffen werde. Habe 193 Menschen aufgelesen ...«

Als ich dem Kommandanten am Morgen die FT-Kladde vorlege, sagt er: »Mein Gott, der Hartenstein. Ich möchte nicht in seiner Haut stecken.« Nachdem der I WO die Kladde gelesen hat, sagt er zum Kommandanten: »Das ist doch Selbstmord von Hartenstein. Die nehmen doch keine Rücksicht auf die Schiffbrüchigen und werden ihm Flugzeuge auf den Hals schicken.«

14. September 1942. Wir haben Freetown passiert und stehen westlich Französisch-Guinea. Die See ist spiegelglatt. Schacht hat gemeldet, daß er mit 15 sm Untergangsstelle *Laconia* ansteuert. Ist etwa noch 700 sm entfernt und kann erst in zwei Tagen dort sein. Der BdU hat in einem FT an die Gruppe »Eisbär« bekanntgegeben, daß das italienische U-Boot *Cappellini* ebenfalls zur Rettung herbeieilt. Das wird eine große Versammlung von U-Booten; hoffentlich gibt es kein Gemetzel.

Der Alte hat die Kladde gelesen, runzelt die Stirn und fragt: »Von Otto Ites noch nichts gehört?« – »Nein, Herr Kaleu. Aus der Karibik melden mehrere nicht mehr.« Er nickt nur und geht.

15. September 1942. In der Nacht hat der Wind etwas aufgefrischt. Am Morgen haben wir Nordnordost 3, See 2–3. Die Sicht ist sehr gut. Um 16,00 ein FT: »Schnoor steuert nach Versorgung Steinhoff, Poser, Rosenberg, Liebe Qu. DS 30 an. Hier Treffen mit Bleichrodt. BdU.«

Also Schnoor soll uns versorgen, aber ob wir das Quadrat DS 30 noch erreichen, ist sehr fraglich. Schewe hat ausgerechnet, daß wir nur noch drei Tage mit Diesel marschieren können. Dann müssen wir segeln. So knapp wie auf dieser Fahrt war der Brennstoff noch nie.

Gestern meldete Hartenstein, daß er etwa 1500 Überlebende schätzt. Sie sind in 22 großen, randvollen Booten und auf vielen kleinen Flößen untergebracht. Bisher wurden keine anderen Schiffe oder Flugzeuge gesichtet. Der BdU gibt bekannt, daß ein französischer Kreuzer mit hoher Fahrt aus Dakar kommt.

16. September 1942. Wir stehen westlich von Cap Verde. Querab liegt Dakar. Der Wind hat weiter aufgefrischt. Es weht ein steifer Nordostpassat. Eine lange, hohe Dünung rollt uns entgegen. Wir verbrauchen dabei mehr Brennstoff, als vorausberechnet. Wenn der Wind noch zunimmt, werden wir nicht einmal die Kapverden erreichen.

Schewe macht ein sehr bedenkliches Gesicht und schlägt

dem Alten vor, nachts nur noch mit E-Maschinen zu fahren. Gegen Morgen ein FT: »An Bleichrodt: Ab 19. 0. auf Amerika eins gehen. BdU.« Sonderbar, diese Schaltung hatten wir ja schon die ganze Zeit.

17. September 1942. Während der Nacht ist der Wind noch steifer geworden. Er weht jetzt mit Stärke 5 aus Nordost. Das Boot liegt hoch, wiel wir alle leeren Zellen ausgeblasen haben.

Ausgang FT 0101/17 an BdU: »Qu. 3610, noch 8 cbm, marschiere mit Diesel nur noch zum Aufladen, sonst E-Maschine. Erbitte Anweisung für Schnoor zwecks Entgegenkommen nach 8, da erreichen Qu. DS 30 brennstoffmäßig nicht mehr sichergestellt. NO 5, lange Dünung aus NO, 1018 mb, + 25°, klare Nacht, gute Sicht. Bleichrodt.« Die Antwort läßt nicht lange auf sich warten. FT von BdU an U 109: »So sparsam wie möglich 340° steuern.«

Wir haben in der Nacht einen FT aufgenommen, der mich an die Worte des I WO denken läßt. »Hartenstein von amerikanischer Liberator beim Schleppen von 4 vollen Booten trotz 4 qm großer Rotkreuzflagge auf Brücke bei guter Sicht im Tiefflug fünfmal gebombt. Beide Sehrohre unklar. Breche Hilfe ab. Alles von Bord. Absetze nach West. Repariere.«

»Ein Wunder, daß er noch schwimmt«, sagt Schramm, nachdem er den FT gelesen hat. Auch Würdemann meldet, daß er mit 198 Geretteten vor einem Flugzeug getaucht habe und zweimal gebombt wurde.

Gegen 11,00 Uhr meldet die Brücke: »Mastspitzen voraus!« Ausgerechnet jetzt, wo wir jeden Tropfen Brennstoff brauchen. Der Kommandant steigt nach oben, und bald darauf kommt der Befehl: »Beide Diesel Große Fahrt voraus!«

Mit 15 sm Fahrt jagen wir nach Süden. Der Dampfer steuert 180 bis 200°, läuft aber nur 10 sm. In einer Stunde haben wir ihn ausgedampft und stehen in vorlicher Position. Dann geht es unter Wasser zum Angriff.

»Kommt gut in Schußposition«, höre ich den Alten im Turm sagen. »Er hat zwei Kanonen achtern und mehrere Schnelladekanonen!« Um 13,10 Uhr ist es soweit. »Dreifächer aus Rohr eins, zwei und vier. Gegnerlage Bug links 90°, Fahrt 10 sm, Tiefe drei Meter, Entfernung 800 Meter. Fächer fertig! Fächer los!«

Die Stoppuhren laufen, und wir horchen mit dem GHG. Die Aale laufen gut. Nach 26 Sekunden der erste Knall. Gleich darauf zweite und dritte Detonation. Kommandant fährt das Sehrohr wieder aus. »Dampfer bekommt starke Schlagseite nach Backbord. Boote haben schon abgelegt.« Bald darauf kentert das Schiff und geht über den Vordersteven auf Tiefe. Wir tauchen auf, und langsam fährt der Kommandant an die Rettungsboote heran. Sie sind stabil, gut ausgerüstet und können die Kapverden erreichen. Der Alte fragt nach dem Kapitän, der an Bord gebeten und gefangengenommen wird. Wir haben den britischen Dampfer *Peterton* versenkt, der von Hull nach Buenos Aires mit Kohle unterwegs war; 5221 BRT groß und bewaffnet mit einer 10,5-cm-Kanone und zwei Örlikon 4,7-cm-Schnelladekanonen. Außerdem waren vier Wurfvorrichtungen für Wasserbomben an Bord.

Der Kapitän hat eine Tasche mit sämtlichen Schiffspapieren der *Peterton* und geheimen Anweisungen über das Ansteuern von Freetown bei sich. Er macht sich lustig darüber, daß wir drei Torpedos auf sein kleines Schiff abgefeuert haben; ein Aal hätte doch genügt. Der Kommandant lacht. »Ich weiß, und dann Auftauchen mit Feuerüberfall. Habt ihr wohl in England geübt.« Ausgang FT 1341/17. An BdU: »Soeben Qu. EH 3258 doch noch einen umgelegt. Brite *Peterton* 5221 BRT mit Kohle von Hull nach Buenos Aires, 190°, 10 sm. 7 cbm, 1 Eto, 2 Ato, steifer NO-Passat 4, 17 mb, + 25°, gute Sicht. Bleichrodt.«

Mit sparsamster Marschfahrt weiter nach Norden. Ab 20,00 Uhr schweigen die Diesel; wir fahren wieder mit E-Maschinen.

18. September 1942. Helle Mondnacht, gute Sicht. Wind hat stark abgeflaut. Wettermeldung abgegeben. Kapitän Caird von der *Vimeira* weist seinen Kollegen in das deutsche U-Boot-Leben ein. Der Neue erzählt seinen Landsleuten, er hätte nur auf unser Auftauchen gewartet, um uns mit seinen Örlikons wegzupusten. »Und uns mit«, sagt Caird. »Da bist du aber bei Commander Bleichrodt an den Falschen geraten.«

Das Drama der *Laconia* scheint endlich beendet zu sein. Die französischen Schiffe haben aufgesammelt, was noch lebte, und nach Angabe aller Schiffbrüchigen setzen die U-Boote ihren Südmarsch fort. Um 12,00 Uhr Eingang FT 1112/18. An Bleichrodt: »Kurs 320° steuern. 20. 9. früh Standort und Vormarschgeschwindigkeit melden. Schnoor anschließend Treffpunkt festlegen. Brennstoff nur für sparsamsten Rückmarsch abgeben. BdU.«

19. September 1942. Wir stehen nordwestlich Cap Verde.

Die ganze Nacht mit E-Maschinen gelaufen. Am Vormittag mußten die Diesel angeworfen werden, um die Batterien aufzuladen. Der Alte will auf keinen Fall den letzten Liter Brennstoff verfahren. Von 15,00 bis 21,00 Uhr Unterwassermarsch.

20. September 1942. Helle Mondnacht. »Wenn wir heute keinen Brennstoff kriegen, müssen wir doch noch segeln«, sagt der Kommandant. Um 08,25 geht unser FT hinaus: »An Schnoor: Stehe 08,00 Uhr DS 5186, 320°, 7 sm. Bleichrodt.« Der FT wird von Paris sofort wiederholt, aber es vergeht Stunde um Stunde ohne Reaktion von Schnoor.

Um 11,20 Uhr steht der Alte wieder am FT-Raum und diktiert einen neuen Spruch. »An Schnoor: Erbitte Angaben über Treffpunkt. Bleichrodt.« Ich sehe ihn vielsagend an. Der Alte nickt mir zu: »Ich will wissen, ob er noch existiert.«

Die Stimmung im Boot ist miserarbel. Alle haben mitgekriegt, daß unsere Heimkehr von Schnoor abhängt. Sollte es ihn erwischt haben, sind wir am Ende.

Gegen 13,00 Uhr entschlüsselt Leibling einen FT: »An Bleichrodt: Vorschlage Treffpunkt heute 21,00 Uhr in Qu. 1954. Schnoor.« Ein Aufatmen geht durch das Boot. Mit langsamer Fahrt geht es nach Norden, und um 20,00 Uhr kommt von oben der Ruf: »U-Boot voraus!«

Zum erstenmal sehen wir eine dieser dicken Seekühe vom Typ XIV. Nach kurzer Begrüßung wird mit der Übergabe begonnen. Das Wetter ist günstig; nur leichte See. Die Männer von U 460 arbeiten schnell. Wir bekommen 38 cbm Brennstoff und für fünf Tage Proviant.

21. September 1942. Kurz nach Mitternacht ist die Versorgung beendet. Die Leinen fliegen los. Jeder wünscht dem anderen gute Heimfahrt. Dann trennen sich die Boote. Wir laufen mit östlichem Kurs ab. Bald darauf empfangen wir den FT 2353/20: »Versorgung Bleichrodt durchgeführt. Schnoor.«

22. September 1942. Kurz nach Mitternacht Wetter abgegeben. Wir sind die reinste schwimmende Wetterstation. Der Wind hat wieder stark aufgefrischt. Eine lange, hohe Dünung rollt uns entgegen. Die Stimmung ist gut. Wir haben wieder Brennstoff und steuern Kurs Lorient.

23. September 1942. Helle Nacht, gute Sicht. Der Wind kommt weiter aus Ostnordost. Eingang FT 1227/23: »An U 109. Einlaufhafen ist Lorient. BdU.«

Als ich Ferdinand um 16,00 Uhr im Funkraum ablöse, gibt er mir die Kladde, und ich lese. »FT 1508/23. An Bleichrodt:

In dankbarer Würdigung Ihres heldenhaften Einsatzes im Kampf für die Zukunft unseres Volkes verleihe ich Ihnen als 125. Soldaten der deutschen Wehrmacht das Eichenlaub zum Ritterkreuz des Eisernen Kreuzes. Adolf Hitler. Herzlichen Glückwunsch. Befehlshaber.« – »Gib die Kladde dem I WO«, sage ich. »Der muß es verkünden.«

Der Alte ist tief bewegt, als Oberleutnant Schramm den FT in der Offiziersmesse verliest. Dann geht es wie ein Lauffeuer durch das Boot: »Der Alte hat das Eichenlaub erhalten!« Die Lords sind begeistert. Sie wissen, daß es eine dicke Feier an Land geben wird. »Na ja,« sagt Otto Peters mit besorgter Miene, »wenn wir mit dem Ding mal im Hafen sind.«

Um 20,00 Uhr wird zu einer Feierstunde getaucht. Der Kommandant hält eine Ansprache an die Besatzung und dankt für die gute Zusammenarbeit. Järschel hat aus dem von U 460 übernommenen Proviant ein Festessen gezaubert. Um 23,00 Uhr kommt der Befehl zum Auftauchen. Die Diesel fauchen los. Über Wasser geht es der Heimat entgegen.

24. September 1942. Der Wind hat etwas abgeflaut. Um 04,40 Uhr wieder Wetter gemeldet. – Dann hagelt FT auf FT auf uns ein. Lange Funksprüche mit Glückwünschen vom Oberbefehlshaber der Kriegsmarine, vom Flottenchef und dem Oberbefehlshaber Nordsee. »Mein Gott«, stöhnt Leibling, »das ist ein Funkverkehr. Der Feind denkt bestimmt, da wird eine dicke Sache eingefädelt. So viele FTs wie auf dieser Fahrt haben wir noch nie erhalten.«

25. September 1942. Südlich der Azoren. Wieder helle Mondnacht. Der Wind hat auf Nord gedreht. Das Wetter scheint umzuschlagen. Ab 00,00 Uhr laufen wir mit Kurs 42° auf die Biskaya zu. Um 09,20 rasen die Alarmglocken durch das Boot. Prüfungstauchen. Anschließend läßt der Alte zwei Stunden Störungsexerzieren durchführen. Lange nicht gemacht. Um 11,30 wird wieder aufgetaucht.

Es weht ein steifer Nordost mit Stärke sechs. Wir stampfen gegen eine hohe Dünung an und machen nur noch 5 sm Fahrt. Um 15,30 Uhr stehen wir genau südlich der Azoreninsel Sao Miguel, als von der Brücke der Ruf kommt: »Mastspitzen Steuerbord voraus.« Der Alte hechtet auf die Brücke. Wir warten gespannt. Dann kommt der Befehl: »Alles festzurren. Kurs wird geändert.«

Die Diesel werden hochgejagt, und der Bug schwingt auf Kurs Ost. Das hoch aus dem Wasser ragende Boot rollt und schlingert furchtbar. Im FT-Raum stemmen wir uns mit den

Füßen gegen Sender und Schränke. Der Torpedomaat erscheint am FT-Raum. »Auf zum letzten Gefecht«, sagt er lachend. »Hoffentlich werde ich meine drei Aale noch los. Aber Unterwasserangriff wird wohl nichts bei dieser See.« – »Nee«, sage ich. »Werden bis zur Nacht warten müssen. Ein Glück, daß er nach Osten läuft.«

Die hohe Fahrt kann nicht gehalten werden, da die Brücke dauernd unter Wasser ist. Das Vorsetzen dauert endlos, und die Sicht wird immer schlechter. Wir jagen einen Tanker, der mit Kurs 90° nach Gibraltar steuert. Als wir endlich gegen 18,00 Uhr auf seinem Generalkurs in vorlichter Stellung sind, verschwindet er in einer Regenböe. Der Kommandant versucht nachzustoßen, aber diesmal hat er kein Glück. Am Abend wird die Suche wegen Brennstoffmangel abgebrochen.

26. September 1942. Das Wetter wird immer schlechter. Am Morgen haben wir Nordost sieben und eine gewaltige Dünung.

Heute auch ein FT von U 165, Korvettenkapitän Hoffmann: »Stehe 48 Stunden vor Einlaufhafen.« – Am 17. 9. hatte er noch gemeldet, daß er einen 6000-Tonner im St.-Lorenz-Strom versenkt habe. Verschossen. Rückmarsch. Und jetzt ist er schon in der Biskaya. Muß wohl noch genug Brennstoff gehabt haben.

27. September 1942. In der Nacht muß ich dem Leutnant zur See Bruns helfen, einen »FT-Offizier« zu verschlüsseln. Er kam nicht klar. »An 2. U-Flottille: Vorschlage Bootsmaat Seidel, Berthold, zum Deutschen Kreuz in Gold. Tiefenrudergänger, Gefechtsbrücken-Unteroffizier und Gef.-Tiefenrudergänger. Teilnahme an 14 Feindfahrten mit 80 Seewochen, beteiligt an Versenkung von 61 Schiffen mit insgesamt 405.000 BRT. Bleichrodt.« Berthold darf davon nichts erfahren.

Das Wetter wird immer schlechter. Die Brecher knallen gegen den Turm. Gegen 12,00 Uhr ein furchtbares Krachen im Vorschiff. Mein erster Gedanke, daß wir ein unter Wasser liegendes treibendes Wrack gerammt haben, aber dann meldet die Brücke, daß die Verkleidungsklappe von Rohr zwei abgerissen ist und quersteht.

28. September 1942. Wir kommen nicht mehr voran. Der Brennstoffverbrauch ist besorgniserregend. Um 09,00 Uhr läßt der Kommandant zum Unterwassermarsch tauchen. Wir gehen auf 130 m Tiefe. Die Torpedomixer versuchen mit Druck auf Rohr zwei die querstehende Verkleidungsklappe loszuwerden. Anscheinend haben sie Erfolg gehabt, denn beim Auftauchen um 14,00 Uhr ist kein Schlagen mehr in der hohen See zu hören.

Um 20,00 Uhr stehen wir in Quadrat CF 25 querab Vigo. Das Boot stampft entsetzlich. Wir liegen zu weit aus dem Wasser. Der Wind kommt aus Nordnordwest mit Stärke acht. Seegang sieben bis acht.

29. September 1942. Wir haben Quadrat BE 88 erreicht und stehen querab Kap Finisterre, nordöstlich der Azoren. Der Wind hat ganz auf Nordwest gedreht und bläst unvermindert mit Stärke acht. Die Dünung wird immer gewaltiger. Das leere Boot rollt, als wollte es umschlagen.

Wir fahren diesel-elektrisch, da der Brennstoff schon wieder knapp wird. »Wenn das so weitergeht«, sagt Schewe, »müssen wir uns noch vom Sperrbrecher einschleppen lassen.« – »Vorausgesetzt, wir kommen durch die Biskaya«, sagt Obermaschinist Winter. »Deinen Berechnungen traue ich nicht mehr.«

30. September 1942. Der Wind ist in der Nacht noch stärker geworden. Wir haben jetzt Windstärke neun und Seegang acht. Die Dünung ist gewaltig. Bei diesem Seegang macht das Boot mit diesel-elektrischer Fahrt nur noch vier bis fünf Seemeilen.

Um 04,00 Uhr entschließt sich der Kommandant zum Unterwassermarsch. Bis 60 m Tiefe ist die Dünung noch zu spüren. Das Boot wird auf 130 m eingesteuert und in dieser Tiefe wird marschiert. Wenn dieses Wetter länger anhält, werden wir mit unserem Brennstoff kaum Lorient erereichen. Eine Versorgung in der Biskaya ist wegen der Gefahr aus der Luft einfach unmöglich.

1. Oktober 1942. Kurz vor Mitternacht hat der Kommandant noch einmal versucht, aufgetaucht zu fahren, aber wir kamen nicht voran. Um 05,00 Uhr sind wir zum Längstwellenempfang auf 14 Meter Tiefe gegangen.

Als der Kommandant dann um 08,00 Uhr auftauchen läßt, weht der Wind aus Ostnordost nur noch mit Stärke sieben. Die hohe Dünung aus Nord ist zusammengefallen. Wir bleiben vorerst oben, und die Brückenwache zieht auf, aber um 14,00 Uhr läßt der Alte wieder tauchen zum Unterwassermarsch auf 120 m.

2. Oktober 1942. Die ganze Nacht auf 120 m Tiefe marschiert. Nur zur Programmzeit der Längstwelle um 05,00 Uhr sind wir für einige Zeit auf 14 Meter gegangen. Wir stehen im Quadrat BE 9576. Um 09,30 Uhr müssen wir wieder auftauchen zum Aufladen. Tief hängende Bewölkung. Wir müssen hier, am Rande der Biskaya, jeden Augenblick mit einem Überfall aus den Wolken rechnen. Unser Etmal ist 53 sm über Wasser und 52 sm unter Wasser. Alle sind froh, als Obermaschinist Winter gegen 13,00 Uhr meldet, daß die Batterien aufgeladen sind und es auf 120 m abwärts geht.

Den ganzen Nachmittag rollt der Donner in der Ferne. Die drei Briten machen große Augen. Am Spätnachmittag einige Detonationen von Fliegerbomben, gar nicht weit weg. Dem Funker Fill steht die Angst im Gesicht geschrieben, während die beiden Kapitäne sich nichts anmerken lassen. Sie haben gelernt, ihre Gefühle zu verbergen.

3. Oktober 1942. Die ganze Nacht unter Wasser. Um 08,00 Uhr hören wir Fliegerbomben-Serien aus der Ferne.

Um 09,30 Uhr müssen wir zum Laden auftauchen. Tief hängende Wolkenfetzen jagen am Himmel dahin und die Sicht ist denkbar schlecht. Die Männer sitzen sprungbereit auf ihren Stationen. Auch die drei Briten spüren die Spannung. Sie reden nicht viel und lauschen auf die Geräusche im Boot.

Um 14,45 Uhr rasen die Alarmglocken. Mir läuft es kalt über den Rücken, als die Brückenwache in die Zentrale poltert. Steil geht es abwärts. »Auf 100 m gehen«, höre ich aus der Zentrale. Wir stemmen uns im Funkraum gegen den Sender. »Bin gespannt, wann es knallt«, sagt Leibling. Nachdem das Boot auf 100 m abgefangen worden ist, hören wir, daß ein Flugzeug im direkten Anflug aus dem Sonnensektor kam. Karl Will hat es zuerst gesehen.

Wir warten vergeblich auf eine Detonation. Vielleicht hatte er keine Bomben mehr oder wartet auf unser Auftauchen. Ganz sicher aber gibt er eine Sichtmeldung ab. Der Alte taucht nicht mehr auf und läßt auf 110 m Tiefe weitermarschieren.

Gegen 16,00 Uhr lang anhaltender Donner in der Ferne. Das müssen Überwasserstreitkräfte sein. Die drei Briten haben Schwimmwesten erhalten, die sie mit ernstem Gesicht in Empfang genommen haben. »If we have to go outside«, sagte Schramm dazu mit liebenwürdigem Lächeln. Sie sagen gar nichts, aber ihnen ist längst klar geworden, daß wir uns auf dem gefährlichsten Teil unserer Reise befinden. Das anhaltende Donnergrollen unter Wasser zerrt auch an ihren Nerven.

4. Oktober 1942. Heute ist Sonntag, der letzte Sonntag in See. Wir sind die ganze Nacht unter Wasser auf 110 m Tiefe gefahren. Um 09,45 Uhr läßt der Kommandant zum Laden auftauchen.

Gespannt warten wir auf die Wettermeldungen von der Brücke. Kaum Wind, Ostwind 1–2, sehr lange Dünung aus Nordwest. Tiefe Wolkendecke. Wolkenhöhe nur 400–500 m. Teilweise Nebel auf der See. Das ist sehr schlecht für uns. Die in der Luft können uns von oben orten, aber wir können nichts sehen, bis die Bomben fallen.

Um 13,00 Uhr geht es endlich wieder mit Alarm in die Tiefe. Alles atmet auf. Wir haben Quadrat BF 8148 passiert.

Gegen 15,00 Uhr ganze Serien von Detonationen. Wahrscheinlich Fliegerbomben.

Um 18,40 Uhr läßt der Kommandant zum Durchladen auftauchen. Dabei wird Einlauf-Ankündigung abgegeben: »FT 1821/4. An BdU: 6. 10. 10,00 Uhr Punkt Kern. 16,00 Uhr Lucie. Frage: Kann auf Weg mit eigener Luft gerechnet werden? Bleichrodt.« Leibling hat gelacht, als er diesen FT verschlüsselte. »Damit ärgert der Alte den BdU-Stab. Bin gespannt, ob sie antworten.«

Immer noch tiefe Wolkendecke, schlechte Sicht, glatte See, und Nebelschwaden auf dem Wasser. Wenn wir tauchen müssen, wird die Tauchstelle aus der Luft noch lange zu sehen sein. Ungewöhnliches Herbstwetter für die Biskaya. Um 20,00 Uhr sind alle froh, daß es wieder in die Tiefe auf 110 m geht. Nur der Obersteuermann Braatz macht ein bedenkliches Gesicht. Seit Tagen kein richtiges Besteck. Wir fahren nur noch Kopplungen und Berechnungen von Stromversetzungen. Aber die Besatzung vertraut dem Alten blind. Er ist der beste Navigator und wird uns in den richtigen Hafen bringen.

5. Oktober 1942. Die ganze Nacht auf 110 m marschiert. Es will diesmal keine richtige Einlaufstimmung aufkommen. Alle wissen, daß es uns noch kurz vor dem Hafen treffen kann. Um 09,35 wird zum Aufladen wieder aufgetaucht. Immer noch ruhige See, aber hohe Wolkendecke und gute Sicht. Der Obersteuermann kommt zum Funkraum. Unsere Kreuzpeilungen ergeben, daß wir auf dem richtigen Einlaufweg sind. Um 12,00 Uhr können wir wieder auf Tiefe gehen.

Ich höre, wie der I WO zum Kommandanten sagt: »Mit diesen Booten werden wir den Krieg nicht gewinnen, wenn wir nirgends mehr die Luftherrschaft haben.« – »Sagen Sie das nur nicht an Land, I WO«, sagt der Alte. »Die Luftwaffe könnte uns wenigstens die Biskaya frei halten. Aber sie können uns ja nicht mal den Einlaufweg sichern. Auf FT von gestern gibt es keine Antwort.«

Um 14,00 wird zum Längstwellenempfang für kurze Zeit auf 14 m gegangen. Die wenigen fehlenden FTs auf der Küstenschaltung haben wir in zehn Minuten hereingeholt. Wir melden an Zentrale, daß wir fertig sind, und der LI steuert sofort wieder die Tiefe von 110 m an. Dann knallt es plötzlich hinter uns. Drei Detonationen. Einwandfrei Fliegerbomben. Wie ist das möglich? Sind wir bei 14 m Tiefe aus der Luft gesehen worden? Das Wasser ist doch hier nicht so klar wie im Mittelmeer. Oder waren es Zufallsbomben?

Keine fünf Minuten später donnert es wieder durch die See. Diesmal sind es fünf Fliegerbomben, sogar sehr nahe. Also hat man uns doch bemerkt.

Um 19,00 Uhr wagen wir uns nach oben, um die Programmzeit abzunehmen. Der Kommandant geht auf Sehrohrtiefe und fährt vorsichtig das dicke Fliegersehrohr aus. »Die See ist immer noch kaum gerauht«, hören wir aus dem Turm. »Steuerbord voraus ein Segler, Bug rechts, 30°, sicher Franzose.«

Unter den eingehenden Signalen ist auch FT 1329/5: »Für U 109 steht Geleit am 6. 10. 16,00 Uhr Lucie zwo.«

Heute vor einem Jahr sind wir zur Fahrt nach Labrador ausgelaufen. Als Konfirmand war Korvettenkapitän Eberhard Hoffmann an Bord, und jetzt ist er von seiner ersten erfolgreichen Feindfahrt mit eigenem Boot zurückgekehrt. Er muß schon im Hafen sein; wir werden ihn in Lorient begrüßen.

Um 20,00 Uhr läßt der Kommandant zur Lüftung des Bootes und zur FT-Abgabe kurz auftauchen. »Erbitte ab 09,30 Uhr Peilsignale eins und Gruppe zwei. Bleichrodt.« Vor einem Jahr hatten wir noch keine Peilsender zum Einlaufen. Da konnten wir aber auch nachts noch über Wasser die Sterne peilen.

6. Oktober 1942. Um 06,30 Uhr zum Längstwellenempfang auf 14 m gegangen. Der Kommandant beobachtet mit dem Fliegersehrohr den Himmel, bis wir alle fehlenden FTs aufgenommen haben. Das dauert 30 Minuten. Dann geht es wieder auf 110 m. Eingang FT 0427/6: »Peilsender eins bis auf weiteres unklar!«

»So ist es«, flucht der Alte. »Braucht man die Burschen einmal, dann sind sie unklar.« Es ist nicht mehr weit bis Lorient, aber jetzt kommt es auf genaue Navigation an, damit wir den Sperrbrecher nicht verfehlen. Der Kommandant hat festgestellt, daß wir zu weit südlich stehen. Wahrscheinlich durch Stromversetzung.

Um 09,20 Uhr wird aufgetaucht, und die Diesel werden angeworfen. »Große Fahrt voraus!« Mit Brennstoff wird nicht mehr gespart. Kurs Nord zum Punkt Kern. Letzter Tag in See. Zum Glück ist hohe Wolkendecke. Wenn wir den Sperrbrecher mit seiner geballten Flak erreichen, kann uns nichts mehr passieren.

Um 11,00 Uhr steht der Alte am FT-Raum und diktiert: »FT 1101/6. Erbitte ab sofort Feuer Eckmühl. Bleichrodt.« Um 12,10 jagen wir erneut einen FT hinaus: »Stehe bereits 15,00 Uhr Lucie zwo. U 109.«

»Junge, Junge«, stöhnt Ferdinand, »wenn sie uns jetzt noch nicht eingepeilt haben.« Mit hoher Fahrt jagen wir durch die leicht bewegte See. Der Alte weicht nicht mehr von der Brücke und beobachtet den Himmel. Jeder hat seinen Tauchretter griffbereit in der Nähe. Die ganze Feindfahrt war nicht so aufregend und gefährlich wie dieses Einlaufen nach Lorient.

Den drei Briten bleibt unsere Nervosität nicht verborgen. Sie sind ganz still und vertrauen auf den Kommandanten, vor dem sie mächtigen Respekt gewonnen haben. Um 13,00 Uhr Eingang FT 1233/6: »Funkfeuer läuft ab sofort bis 16,00 Uhr.« Wir beginnen mit der Peilung; der Kurs wird berichtigt, und wir schwenken ein auf Weg »Kernleder«.

Alle Gläser suchen immer wieder den Himmel ab. Der Kommandant ermahnt die Männer, auch auf die britischen U-Boote zu achten, die auf unseren Einlaufwegen lauern.

Um 14,40 Uhr ein Ruf von der Brücke: »Sperrbrecher in Sicht.« Ein Aufatmen geht durchs Boot. Nach 30 Minuten haben wir das ersehnte Schiff erreicht. Winksprüche werden ausgetauscht. Mit schäumender Bugwelle umkreist uns das flakstarrende Schiff und übernimmt das Geleit.

Als die Festung Port Louis in Sicht kommt, darf die Freiwache auf den Turm. Ich lasse alle Empfänger ausschalten und steige mit der FT-Mannschaft auf den Wintergarten. Wir haben es wieder geschafft, wir sind heil durch die verdammte Biskaya gekommen. Das Sehrohr wird hoch ausgefahren; an einer Leine flattern fünf Wimpel, beschriftet mit der Tonnage der versenkten Schiffe.

Nachdem wir die Enge Port Louis–Kernevel passiert haben, darf das Oberdeck betreten werden. Was man es für die drei gefangenen Engländer für ein Gefühl sein, mit uns einzulaufen? Sie haben wochenlang mit uns gelebt, als gehörten sie zur Crew. Jetzt werden sie zu ihren Landsleuten in ein Lager kommen und froh sein, daß sie diese Reise überstanden haben.

Um 16,40 Uhr machen wir an der *Isère* fest. Viele Menschen stehen oben auf der Hulk. Rufen und Lachen der Kameraden. Fotos werden geschossen. Der Alte steht zum erstenmal mit weißer Mütze auf der Brücke. Mit seinem Oberlippen- und Kinnbart sieht er aus wie ein zaristischer Offizier. Die Wangen hat er rasiert.

»Ajax«, rufen die Offiziere von der *Isère* herunter. »Ajax, hast du den alten Zossen wieder heil nach Hause gebracht!«

Nachdem die Leinen festgemacht sind, wird eine Stelling zum Wintergarten hinübergeschoben. Der Flottillenschef Korvettenkapitän Schütze kommt zur Begrüßung an Bord. Wir stehen auf dem Achterdeck angetreten. Die Kapelle unseres Patenregiments III/IR 358 spielt zum Empfang. Eine kurze Ansprache von Schütze. Wir hören kaum hin, was er sagt, und starren hinauf zur schwarzen Hulk, wo die Kameraden und die Mädchen stehen. Dann endlich Wegtreten.

Auf der *Isère* wartet auch schon eine Wache, um die drei Gefangenen zu übernehmen. Kapitänleutnant Bleichrodt übergibt die drei Briten aber erst, nachdem er sie persönlich verabschiedet hat. Ich sehe, wie der Kapitän der *Vimeira* dem Kommandanten ganz bewegt die Hände schüttelt und ihm etwas in die Hand drückt. Der Alte sagt uns später: »Er hat mir sein Feuerzeug geschenkt und hier diesen Zettel.« Es ist ein kleines Stück Papier 5,5 cm x 6,2 cm groß und darauf steht: »As a token of respekt und admiration für Kommandant Bleichrodt, his Offiziers and Crew of U 109. N. R. Caird – S/S Vimeira.«

VII

Das Ende

7. Oktober 1942. Heute war ich bei Ferdinand zur Funkberichterstattung in Kernevel. Anschließend besuchen wir die alten Kameraden im Funk- und Schlüsselraum. Auf meine Frage, wo das Boot von Korvettenkapitän Hoffmann liegt, sieht mich der wachhabende Funkobermaat ernst an. »Das ist eine traurige Sache«, sagt er. »U 165 hat am 26. September noch gemeldet: Stehe 48 Stunden vor Treffpunkt mit Geleit. Ist aber nicht angekommen. Das Boot ist verschollen.«

Wir sehen uns die Liste der achtzehn Boote an, die seit unserem Auslaufen als vermißt gelten. Darunter sind bekannte Namen wie Kapitänleutnant Otto Ites, U 94, und Kapitän zur See Jürgen Wattenberg, U 162. Auch ein Versorger, U 464 unter Kapitänleutnant Otto Harms, ging schon verloren. Erschüttert fahren wir zurück nach Lorient.

In der Salzwedelkaserne erwartet mich der I WO. »Sie sollen sich noch heute im Lazarett melden«, sagt er lächelnd zu mir. »Ich wollte aber erst einmal auf Urlaub fahren, Herr Oberleutnant.« Er schüttelt den Kopf. »Dann sind Sie bis zur nächsten Feindfahrt nicht wieder geheilt. Sie kennen doch unser Motto: Angriff, ran, versenken, wie der BdU sagt.« Er schlägt mir auf die Schulter. »Gehen Sie, bevor der Alte kommt und alles wieder rückgängig macht.« Ich übergebe Ferdinand meine Unterlagen und mache mich ohne Abschied von den Kameraden auf den Weg zum Flottillenarzt.

Noch am gleichen Nachmittag werde ich auf Befehl von Flottenarzt Dr. Lepel U-Boot-untauglich geschrieben und in das Lazarett Lorient zur Behandlung meiner Hautkrankheit eingewiesen. Dort verbrennt man mir die Haut mit Cignolin-Vaseline und zieht sie ab. Da sich der Pilz schon tief eingefressen hat, muß die Behandlung mehrmals wiederholt werden. Die Hoffnung des Kommandanten, daß ich bis zum nächsten Auslaufen geheilt bin, erfüllt sich nicht. Als ich Anfang Dezember zur ambulanten Weiterbehandlung durch den Flottillenarzt aus dem Lazarett entlassen werde, ist mein Boot schon wieder ausgelaufen. Ein sonderbar wehmütiges Gefühl; zum erstenmal sind sie ohne mich in See gegangen.

Da meine Pilzkrankheit noch nicht völlig geheilt ist, bin ich weiterhin U-Boot-untauglich und kann nicht auf einem anderen Boot eingesetzt werden. So komme ich vorerst zur Funkstelle Kernevel und erhalte die Aufsicht Schlüsselraum.

Am 2. Dezember 1942 ist U 522, Kommandant Kapitänleutnant Herbert Schneider, nach der ersten Fahrt mit einem ungewöhnlichen Erfolg in Lorient eingelaufen. 57.000 BRT trotz starker Abwehr aus einem Geleitzug versenkt. Bei der Begrüßung des Bootes sehe ich meinen alten Freund Kuddel Wenzel aus Flensburg wieder, der bis Juni 1941 auf U 109 als dritter Bootsmaat fuhr. Jetzt ist er Obersteuermann auf U 522. Auf seine Anregung werde ich von den Männern des Bootes zur Weihnachtsfeier im U-Boot-Heim eingeladen. Bei dieser Gelegenheit versucht Kapitänleutnant Schneider, mich als Stationsleiter FT zu gewinnen. Meine Erklärung, daß ich noch U-Boot-untauglich bin, wischt er mit einer Handbewegung weg. »Kein Problem, wenn Sie auf eigenen Wunsch kommen. Nur eine Fahrt, Hirschfeld, bis meine Funker alles geschnallt haben.«

Obwohl der Alkohol mein Gehirn schon ziemlich umnebelt hat und mir die Männer dieses Boot sehr gefallen, bitte ich um Bedenkzeit bis zum nächsten Tag. Als wir uns am ersten Weihnachtstag treffen, warnt mich Karl Wenzel. »Dieses Boot lebt nicht lange«, meint er. »Der Alte macht die verrücktesten Sachen, daß einem die Haare zu Berge stehen. Er versucht auf Zerstörer zu schießen, die mit Lage Null auf das Boot kommen.«

Seine Bedenken überzeugen mich, und als der I WO von U 522 kommt, um meine Antwort zu holen, lehne ich höflich ab.

Anfang Januar 1943 holt mich der neue Nachrichtenoffizier der 2. U-Flottille, Leutnant NT Gugelmeier, nach Lorient zurück und teilt mir mit, daß ich Oberfeldwebelanwärter bin, aber bis zu den nächsten Lehrgängen noch in der Flottille Dienst machen muß.

Am Abend des 14. Januar 1943 erfolgt der erste schwere Luftangriff auf den U-Boot-Stützpunkt Lorient. Die doppelstöckigen Bunker im Hof der Salzwedelkaserne schwanken wie Schiffe im Seegang. Luftminen hageln auf uns nieder, aber die Bunker halten.

Da mit weiteren Angriffen zu rechnen ist, werden alle Boote nach Keroman in die Bunker verholt. Am nächsten Tag erfolgt um 19,30 Uhr ein neuer Angriff; diesmal mit Spreng- und Brandbomben. Wieder retten wir uns in die Bunker, in denen wir uns doch sehr sicher fühlen. Als ältester Unteroffizier im Bunker an der Wasserfront werde ich ans Telefon gerufen. Am anderen Ende der Leitung ist Korvettenkapitän Friedrich, Stabsoffizier der 2. U-Flottille. Er gibt mir den Befehl, die Handgranaten aus der Kasematte der Hauptwache zu bergen.

Auf meinen Einwand, daß noch immer Detonationen zu hören sind, versichert, daß der Luftangriff vorüber sei. Daraufhin gehe ich mit zwei U-Boot-Maaten auf Erkundung.

Wir stellen fest, daß die Kegelbahn in Flammen steht. Es ist beinahe taghell, denn die Kaserne brennt. Wir gehen zurück, um die Männer herauszuholen, aber kaum hat sich die Tür hinter uns geschlossen, schwankt der Bunker unter gewaltigen Detonationen.

Wieder ein Anruf vom Präfekturbunker. Ich gehe an den Apparat und muß mich sehr beherrschen. »Sie sagten mir, daß der Angriff vorüber ist, Herr Kapitän. Soeben hatten wir aber Detonationen, daß wir dachten, der Bunker stürzt ein.« Ich kann hören, wie er tief Luft holt. »Das waren die Tellerminen, die im Gebäude an der Wasserfront gelagert wurden. Die feindlichen Maschinen sind abgeflogen.« In mir kocht es. »Von den Tellerminen haben Sie aber vorhin nichts gesagt. Wenn wir draußen gewesen wären, würde keiner von uns mehr leben«, sage ich scharf und hänge auf.

Dann verlasse ich mit den beiden Maaten erneut den Bunker, denn die Luft wird immer schlechter. Wir haben uns nasse Tücher vor Mund und Nase gebunden. Die ganze Stadt Lorient ist ein Flammenmeer. »Mein Gott, die armen Franzosen«, meint der Maat neben mir. »Ja«, sage ich, »sie ersticken in ihren Kellern.«

Da kommt Korvettenkapitän Friedrich angerannt und fragt: »Wo sind Ihre Männer?« – »Im Bunker«, antworte ich. »Sie sind nicht mitgegangen.« – »Dann greifen Sie sich alle herumirrenden Soldaten und lassen Sie den Munitionsraum in der Einfahrt räumen. Es sind französische Eierhandgranaten. Ein LKW kommt gleich.« – »Aber Herr Kapitän«, wende ich ein, »in dieser Katastrophennacht gehorcht mir keiner.«

Er mustert einen Augenblick meine englische Fliegerkombination, die wir aus Beutebeständen erhalten haben, und nickt. »Ich muß zur Präfektur zurück«, sagt er und stülpt mir seine Kapitänsmütze auf den Kopf. Sie paßt genau. »So, jetzt werden Sie sich Gehorsam verschaffen.« – »Jawoll, Herr Kapitän«, stammle ich verdutzt.

Es gelingt mir tatsächlich, fünfzehn Mann zu vergattern. Der LKW kommt auch, und wir arbeiten wie die Verrückten. Kurz bevor die Flammen den Munitionsraum erreichen, haben wir ihn geräumt.

Die Kapitänsmütze habe ich nicht mehr zurückgegeben. Als Oberfunkmeister habe ich später den Schirm mit dem Goldrand gegen einen Lederschirm auswechseln lassen und die Mütze bis zum Ende des Krieges getragen.

Mit diesen beiden Luftangriffen war die Stadt Lorient ausgelöscht. Die Vernichtung des U-Boot-Stützpunktes war aber nicht gelungen. Dafür kamen die Angriffe zwei Jahre zu spät. Alle U-Boote liegen unversehrt unter den sieben Meter dikken Betondecken der Festung Keroman. Nur die Werft ist sehr mitgenommen.

Da unsere Unterkünfte völlig zerstört sind, werden Stab und Besatzungen nach Ponts Skorf in ein Barackenlager verlegt. Wir fahren nun jeden Morgen mit Omnibussen nach Lorient zum Dienst.

Leutnant NT Gugelmeier setzt mich als Kurier nach Berlin ein. In der Werft sind die Abstimmkurven der U-Boot-Sender verbrannt, und ich muß mehrmals nach Berlin zu Telefunken und den Lorenzwerken fahren, um neue Kurven zu holen. Die Ingenieure der Firmen, mit denen ich ins Gespräch komme, sind auch über die Katastrophe bei Stalingrad sehr deprimiert, aber dann klopfen sie mir auf die Schulter und sagen: »Na ja. Ihr werdet es schon machen mit den U-Booten.« Ich bin sehr erschrocken über diese Vertrauensseligkeit. Sie wissen nicht, wie stark die Abwehr draußen im Atlantik geworden ist und wie viele Boote verlorengehen. Ich kann ihnen auch nicht sagen, daß wir nicht mehr daran glauben, mit unseren alten Booten den Krieg zu gewinnen. Vielleicht glauben noch einige Offiziere daran.

Als ich von einer dieser Berlin-Fahrten am 27. Januar 43 morgens um 07,00 Uhr in Lorient eintreffe, brennt es schon wieder nach einem erneuten Luftangriff. Auch im gut getarnten Lager in Ponts Skorf werden wir neuerdings nachts im Tiefflug angegriffen.

Die Moral der U-Boot-Besatzungen ist aber ungebrochen. Sie sind nach wie vor eine funktionierende Gemeinschaft.

Mein altes Boot ist in St. Nazaire eingelaufen. Es stand vor Trinidad, als der Kommandant erkrankte. Die Torpedos wurden an andere Boote abgegeben, und Bleichrodt mußte den Rückmarsch antreten. Trotz allem hat er das Boot wieder heil durch die Biskaya gebracht. Im Hafen wurde er von Bord geholt und ins Lazarett gebracht. Ein großer Teil der Besatzung, die er nun nicht mehr festhalten konnte, wurde abkommandiert, um in der Heimat neue Boote in Dienst zu stellen.

Auch Korvettenkapitän Kals gibt sein Kommando ab und wird Chef der 2. U-Flottille. Kommandant von U 130 wird unser ehemaliger II WO, Oberleutnant zur See Siegfried Keller.

Am 27. Februar beginnen die Luftangriffe auf St. Nazaire. Auch diese Stadt wird in Schutt und Asche gelegt. U 109 läuft mit Oberleutnant zur See Joachim Schramm als neuem Kommandanten aus. Die Operation muß aber wegen Tiefenruderschaden abgebrochen werden, und U 109 läuft in seinen alten Heimathafen Lorient ein.

»Dieses Boot sollte man außer Dienst stellen«, meint Obermaat Vetter. »Es ist altersschwach, wenn die Tiefenruderhalterung bei Seegang abbricht.« Aber U 109 muß weiterfahren . . .

Am 30. Januar 1943 wird Dönitz Oberbefehlshaber der Kriegsmarine. Ein Lichtblick am Horizont? Werden wir jetzt neue Boote bekommen?

Neben meinem Schreibtisch im Präfekturbunker hängt ein Regal mit den Karteikarten der Funker auf den Booten der 2. und 10 U-Flottille. Wenn eines der Boote vermißt gemeldet wird, liegen die Karten am nächsten Morgen umgekehrt auf meinem Schreibtisch.

Anfang März 1943 legt mir Oberfunkmeister Geissmann die Karten von U 522 auf den Tisch. Ich bin tief betroffen. Auf diesem Boot wäre ich aus einer Sektlaune heraus beinahe eingestiegen. Ich sehe meinen guten Freund Kuddel Wenzel und die fröhlichen Männer des Bootes vor mir, wie wir den Heiligen Abend feierten. Vor wenigen Tagen hat der Kommandant noch per Funk das Ritterkreuz erhalten.

Anfang April sind es die Karten von U 130, die im Regal fehlen. Unser Siegried Keller ging bereits auf seiner ersten Fahrt als Kommandant verloren.

Am 14. April 1943 stehe ich mit den Kameraden der 10. U-Flottille auf der *Isère*, um 526 zu begrüßen. Kommandant ist Kapitänleutnant Hans Möglich und Leitender Ingenieur unser alter LI von U 109, Martin Weber.

Plötzlich kommt eine Pinasse mit schäumender Bugwelle vom Außenhafen, und ein Mann schreit durchs Megaphon: »Keine Musik! Alles wegtreten! U 526 ist in der Einfahrt explodiert!« Das trifft uns wie ein Keulenschlag. Wie wir später erfahren, ist das Boot in der Einfahrt auf eine Mine gelaufen und sofort gesunken. Schnell herbei geholte Taucher konnten den Männern im Vorschiff, die noch lebten, keine Hilfe bringen, da alle Luken durch die Detonation verklemmt waren. Sie mußten elendiglich zugrunde gehen, obwohl das Boot nur wenige Meter unter Wasser lag.

Es ist ein wunderschöner Junitag, als ich morgens in den Bunker kommend, das Fach von U 109, dem immer mein erster Blick gilt, leer finde. Die Karten liegen auf dem Tisch. Also hat es auch U 109 erwischt. Ich drehe mich um und verlasse wortlos den Bunker. Oberfunkmeister Geissmann sieht mir nach. Sein Boot, U 107, schwimmt noch.

Ich muß an Ferdinand Hagen denken. Als wir zu einem letzten Umtrunk vor dem Auslaufen des Bootes zusammensaßen, sagte er gequält lächelnd: »Wolfgang, glaube mir, von dieser Fahrt kommen wir nicht mehr zurück.« Ich wehrte ab. »Rede keinen Unsinn, Ferdinand. U 109 ist immer zurückgekommen. Du mußt nur fest daran glauben, wie unser Berthold Seidel es immer gemacht hat.« Er schüttelt den Kopf. »Nein, nein, ich weiß es genau. Tu mir nur einen Gefallen und verständige meine Verlobte, wenn du etwas Genaues weißt.«

Ich schließe mich den Männern von U 505 an, die nach einem Bombentreffer auf der anderen Seite des Atlantiks und einer nervenzermürbenden Heimfahrt über 4500 Seemeilen mit tauchunklarem Boot, eine lange Werftliegezeit in Lorient haben. Sie sind es auch, die mich am 28. Juli 1943 mit ihrem I WO, dem Kapitänleutnant Thilo Bode, zum Bahnhof bringen und mich verabschieden. Oberfunkmaat Callhoff reicht mir noch eine Flasche Cognac durchs Abteilfenster, und alle rufen: »Auf Wiedersehen in Lorient!«

Mein Marschbefehl lautet: Vier Wochen Zugführerlehrgang in Emden, dann vier Monate Oberfunkmeisterlehrgang in Flensburg-Mürwik. Noch einmal schweift mein Blick über das verbrannte Bahnhofsgebäude, während der BdU-Zug anrollt und die Kameraden winken. Werde ich Lorient wiedersehen? Leutnant NT Gugelmeier will mich nach bestandenen

Lehrgängen sofort als Oberfunkmeister zur 2. U-Flottille zurückholen.

Vom Flottillenchef habe ich die Erlaubnis erhalten, zuerst nach Hamburg zu fahren, um meinen blauen Kleiderbestand von zu Hause abzuholen, obwohl es sich herumgesprochen hat, daß die Stadt seit vier Tagen die schwersten Luftangriffe erleidet.

Am 29. Juli gegen 23,00 Uhr hält der BdU-Zug in Buchholz, kurz vor Hamburg. Alle Soldaten, die nach Hamburg wollen, müssen hier aussteigen. Der Zug fährt über Lüneburg nach Kiel. Auf dem Bahnhof von Buchholz werden wir zwischen 00,40 und 02,30 Uhr Zeugen eines neuerlichen Luftangriffes auf Hamburg. Wir sehen die Tannenbäume am Himmel, hören das Donnern der schweren Flak und das Krachen der Bomben; ein Inferno, das da vor unseren Augen wie ein Film abrollt. Wir starren hinüber und jeder denkt an seine Familie.

Um 04,00 Uhr kommt ein Fronturlauberzug, der uns bis Hamburg mitnimmt. Zu Fuß gelange ich über das Berliner Tor zum Hammersteindamm, und dann stehe ich vor den Ruinen des Hauses, in dem meine Familie wohnte. Am Eingang hängt ein Pappschild. »Alle Bewohner dieses Hauses sind lebend entkommen.« – Ich atme auf. Aber wo sind sie? Das Haus muß schon vor Tagen niedergebrannt sein.

Ein Hauptmann der Infanterie in völlig verstaubter Uniform und ohne Mütze fordert mich auf, mit ihm und drei weiteren Soldaten in den Kellern nach Überlebenden zu suchen. Tatsächlich können wir einige Frauen und alte Leute aus ihrer hoffnungslosen Lage befeien.

Am späten Nachmittag enläßt mich der Hauptmann, damit ich noch vor dem nächsten Angriff die Stadt verlassen kann. Am Hammerpark stoße ich auf einen LKW, den jemand zum Abtransport seiner Möbel an die Ostseeküste organisiert hatte. Die Möbel sind aber inzwischen verbrannt, und nun wird der Lastwagen von Flüchtenden bestiegen. Am Parkeingang sitzt eine junge, völlig verstörte Frau auf einem Kleiderbündel. »Warten Sie auf jemand?« frage ich. Sie sieht mich hilflos an und schüttelt den Kopf. »So kommen Sie mit, bevor der nächste Angriff kommt.« Ich ziehe sie hoch und schiebe sie auf den LKW hinauf, wo sich ihr helfende Hände entgegenstrecken. Das Kleiderbündel werfe ich hinterher und schwinge mich selbst hinauf. Dann halte ich die weinende Frau eines Oberleutnants in den Armen und versuche sie zu trösten. Ihr Mann ist seit Stalingrad vermißt und ihre Eltern sind in Hamburg umgekommen.

Bei Ahrensburg hält der LKW. Rote-Kreuz-Schwestern verteilen Kaffee und belegte Brote. Jetzt erst merke ich, daß ich den ganzen Tag nichts gegessen habe. In Timmendorf übergebe ich die junge Frau dem Roten Kreuz. In einem kleinen Dorf bei Plön finde ich dann wie vermutet meine Familie bei Verwandten. Sie sind alle unversehrt aus Hamburg entkommen. Mit dieser beruhigenden Gewißheit fahre ich nach Emden, wo der Zugführerlehrgang beginnt.

Es ist eine reine Infanterieausbildung wie im Frieden. Außer zweimaligem Fliegeralarm, am 15. und 16. August, verläuft der Lehrgang ohne Zwischenfälle.

Am 1. September 1943 trete ich dann zum Oberfunkmeisterlehrgang in Flensburg-Mürwik an, wo ich meinen alten Freund Robert Rüter treffe, den ich zuletzt im Golf von Guinea an Bord von U 506, Würdemann, gesehen habe. Er ist Oberfunkmeister und einer der wenigen Lehrer, die an der Front waren.

»Du mußt dich vorsehen«, sagt er zu mir. »Auf die Obermaaten mit dem EK I haben die meisten Lehrer einen Pik, weil sie selbst keinen Orden haben. Der Lehrplan ist noch wie im Frieden.« Tatsächlich werden Hochfrequenzthemen gelehrt und geprüft, die an der Front niemals gebraucht werden. Wer die Zwischenprüfungen nicht besteht, muß als Obermaat zurück an die Front. Wir sind nur wenige U-Boot-Fahrer; die meisten Anwärter kommen von der Flotte und von Landstationen.

Kurz vor Weihnachten 1943 endet der Lehrgang, ich habe ihn bestanden. Alle neuen Oberfunkmeister werden nach Le Touquet zum Funkmeßlehrgang kommandiert; nur die Oberfunkmeister Willi Horn und Wolfgang Hirschfeld müssen nach Schleswig zur 3. U-Boot-Ausbildungsabteilung, bis ihre neuen Kommandos bekannt sind. Wir wissen beide, daß uns die U-Boot-Waffe wieder holen wird.

Meine Kommandierung als Oberfunkmeister 2. U-Flottille steht seit Oktober 1943 beim Personalbüro U-Boote in Kiel fest. In Lorient wartet man schon auf mich; das habe ich durch telefonischen Anruf in Kiel erfahren. Und noch etwas habe ich dabei gehört. Es wird ganz neue U-Boote geben; in Stromlinienform mit Unterwassergeschwindigkeit von 18 sm. Fast unglaublich.

Sollte es doch einen Umschwung geben? Mit solchen Booten könnte man in jeden Geleitzug einbrechen und den Zerstörern und Korvetten unter Wasser entkommen. Aber wie lange wird es dauern, bis sie an die Front kommen? Warum müssen die alten Boote noch immer fahren, obwohl sie gar keine Chance mehr haben?

Am Nachmittag des 19. Januar 1944 gibt mir mein Kompaniechef ein Fernschreiben. »Ihre Kommandierung«, sagt er knapp. »Sie fahren morgen.« – »Jawoll«, sage ich und stecke das Schreiben ein. »Wollen Sie nicht nachsehen?« – »Nein, danke, Herr Kaleu. Ich weiß schon, wohin.« – »Sehen Sie lieber mal nach«, sagt er lächelnd. Ich entfalte das Schreiben und lese:

»Oberfunkmeister Hirschfeld am 20. Jan. 44 zur 1. Baulehrkompanie, Kiel, Germaniawerft, für U 234.« Mich trifft es wie ein Hammerschlag. Sofort hänge ich mich ans Telefon und rufe unseren Kontaktmann im Personalbüro U-Boote in Kiel an. »Ja«, sagt er, »komm erst mal nach Kiel. Am Telefon kann ich nicht sprechen.« – »Aber U 234 ist doch keine neues Boot, oder?« – »Nein, ein sehr großes Boot vom Typ X b, rund 2000 t. Hat 1942 auf der Helling einen Bombentreffer bekommen und ist jetzt erst fertig geworden. Als Stationsleiter ist ein Oberfunkmeister vorgesehen.« Meine Hoffnung, auf ein neues Stromlinienboot zu kommen, ist also zunichte.

Als ich am 20. Januar 1944 abends in Kiel eintreffe, gerate ich in einen Bombenangriff. Die Flak donnert aus allen Rohren. Mit einigen anderen Soldaten renne ich zum großen Bunker Himmelwiese, aber man läßt uns nicht hinein. »Nur für Frauen, Kinder und Zivilisten«, sagt die Wache und drückt uns die Tür vor der Nase zu. So rennen wir im Regen der Flaksplitter verzweifelt weiter bis zur Germaniawerft.

»Bunker haben wir nicht«, sagt dort der Mann am Tor, »aber einige Splittergräben. Darüber liegen die Bleche vom Flugzeugträger B. Sind ziemlich sicher.« Im Dunkeln stolpere ich in einen dieser Splittergräben und finde einen Sitzplatz neben einem Kapitänleutnant Ingenieur. Die Erde erbebt, und die Bleche zittern unter den Detonationen der schweren Bomben. Im spärlichen Licht einer Kerze sehe ich die sorgenvollen Gesichter der Männer. Fast alles U-Boot-Fahrer. Es ist beinahe wie bei einem Wasserbomben Angriff unter Wasser und doch nicht so schlimm. Hier können wir bei einem Treffer in unmittelbarer Nähe nicht untergehen.

Als der Bombensegen in der Ferne verebbt, sieht der Ing-Offizier neben mir auf meine Schulterklappen und fragt nach meinem Namen. Nachdem ich ihn genannt habe, sagt er: »Dann sind Sie ja unser Puster«, und stellt sich als LI von U 234, Kapitänleutnant Ernst, vor. Wir gehen zusammen auf das Wohnschiff *Holstenau,* wo er dafür sorgt, daß ich noch eine Kammer bekomme. Anschließend erzählt er mir, wie es zu meiner Kommandierung kam. Die Funkmannschaft von U 234 war an sich schon vollzählig, als der Kommandant beim Studium der Betriebsvorschrift feststellte, daß er für dieses große Boot einen Oberfunkmeister verlangen kann. Also geht er zum Personalbüro U-Boote in Kiel und verlangt einen Oberfunkmeister mit U-Boot-Erfahrung. Aber nur einer ist noch auf Lager und der ist für die 2. U-Flottille vorgesehen. Egal, den will der Kommandant haben. Frontboot geht vor! So kam ich auf U 234.

Am nächsten Tag melde ich mich bei meinem neuen Kommandanten auf der *Holstenau.* Es ist der Kapitänleutnant Johann Heinrich Fehler, Crew 1935, der Handelsschiffsoffizier war, bevor er zur Kriegsmarine kam. Er hat unter Rogge die 655 Tage dauernde Feindfahrt auf dem Hilfskreuzer *Atlantis* (Schiff 16) als Prisenoffizier mitgemacht. Verdammt, denke ich, der ist gar kein U-Boot-Fahrer und kennt noch nicht die Tücken des Nordatlantiks und die tödliche Gefahr aus der Luft. Mit seinem strahlenden Optimismus und seiner Wärme hat er mich aber bald gewonnen.

Von den Offizieren ist nur der LI auf Schulbooten in der Ostsee gefahren. Dafür besteht das ganze Oberfeldwebelkorps aus alten U-Boot-Fahrern; und auch unter den Unteroffizieren sind einige erfahrene Leute.

Es folgen In-Dienst-Stellung, Übungsfahrten und lange Ausbildung in der Ostsee; dann Restarbeiten in der Germaniawerft Kiel und Umbau zum Japantransporter. Minenleger werden nicht mehr eingesetzt, seit U 233 von seiner letzten Unternehmung im Juni/Juli vor der amerikanischen Küste nicht mehr zurückgekommen ist.

Die seitlichen Minenschächte werden ausgebaut, so daß große Laderäume entstehen. In die vorderen Minenschächte, die durch den Bugraum gehen, werden große Tuben eingebaut. Auch einen Schnorchel modernster Art erhalten wir. So vergeht das Jahr 1944.

Im Januar 1945 beginnen wir mit der Ausrüstung für die lange Fahrt nach Japan und erhalten eine Funkmeßstation vom Typ Hohentwiel. Dazu wird eine aus der Turmverkleidung mit Druckluft ausfahrbare Funkmeßmatratze eingebaut.

Wir können also jedes Luftziel erfassen, bevor wir aus der Luft geortet werden. Die Hohentwiel-Station ist von der Luftwaffe entwickelt worden und hat nur den Nachteil, daß sie bei Dauerbetrieb zu heiß wird. Deshalb hat uns Korvettenkapitän Dr. Schlicke, der ehemalige Leiter des FT-Prüffeldes vom Arsenal Kiel, der die Fahrt als Gast mitmacht, zwei Stationen zum Auswechseln aus Berlin besorgt.

Unter den Waren für Japan, die unter strengster Geheimhaltung verladen werden, befinden sich die neuesten Panzervernichtungswaffen sowie ein zerlegter Turbojäger. Und Raketen.

Eines Tages sehe ich während der Verladearbeiten auf dem Vorschiff zwei Japaner auf einer Kiste sitzen, die mit schwarzer Tusche Päckchen beschriften, die von unseren Seeleuten in einer der vorderen Tuben verstaut werden. Die Päckchen sind ca. 25 x 25 cm groß, in Packpapier eingeschlagen, verklebt und schwer wie Blei. Die Beschriftung lautet: »U 235.« Auf meine Frage, was die Päckchen enthalten, sagt der Japaner, der Tomonaga heißt: »Ist Ladung von U 235. Fährt nicht mehr nach Japan.« Ich forsche bei der 5. U-Flottille nach und erfahre, daß U 235 ein Boot vom Typ VII C unter Kapitänleutnant Huisgen ist, das nie etwas mit Japan zu tun gehabt hat.

Die Fahrtvorbereitungen dauern bis in den März hinein. Nach Brennstoff-, Munitions- und Proviantübernahme liegt U 234 tief im Wasser und ist klar zur Fahrt nach Japan, während die Amerikaner am Rhein und die Russen vor Berlin stehen.

Am 25. März liegt U 234 klar zum Auslaufen an der Tirpitzmole. Es geht fast wie in den ersten Tagen des Krieges zu: Die Musik spielt, die Kameraden der 5. U-Flottille winken. Am Hindenburgufer sammeln sich Passanten.

Um 15,00 Uhr werden die Leinen losgeworfen. Die Diesel springen an. »Auf Wiedersehen in einem Jahr«, ruft man uns zu. Daß die Fahrt nach Japan gehen soll, ist geheim, aber bei der 5. U-Flottille wissen es alle. Langsam geht es aus dem U-Boot-Hafen in die Förde. Ein letztes Winken. Dann passieren wir mit Großer Fahrt die Enge Laboe–Friedrichsort.

Plötzlich schwingt der Bug nach Westen. Wir laufen nur in die Strander Bucht und werfen Anker, um auf das Geleit zu warten. Erst am nächsten Tag geht es nach Norden. In unserem Kielwasser folgen drei Boote vom Typ XXIII, die bis Kristiansand bei uns bleiben sollen. Nachts geht es an Kopenhagen vorbei. Beim Eintritt in das Kattegatt wird das Geleit entlassen, und es geht in Anlehnung an die schwedischen Hoheitsgewässer weiter nach Norden. Wegen der drei kleinen Boote in unserem Kielwasser können wir nur knapp 10 sm laufen.

Der Marsch durchs Kattegatt geht bei gutem Wetter ohne Zwischenfall gut voran. Unaufhörlich kreist unsere Funkmeßmatratze. Gegen 15,00 Uhr melde ich zur Brücke, daß die Hohentwiel-Station wegen zu hoher Temperatur ausgewechselt werden muß. Neuer Empfang erst nach zehn Minuten, da die Braunschen Röhren Zeit zum Anwärmen brauchen. Von der Brücke kommt: »Verstanden. Die Luft ist rein!« Vor Ablauf der zehn Minuten heulen aber plötzlich die neu eingebauten Sirenen durchs Boot: »Flieger!« Die Männer jagen an die Geschütze. »Drei Maschinen im Anflug von vorn.« Dr. Schlicke steht hinter mir. »Soll ich einschalten?« Er nickt. »Ein neues Rohr kann ich in Oslo besorgen.« Ich schalte ein, aber als der Bildschirm endlich anzeigt, sind die Maschinen schon auf 5000 Meter heran. Ich gebe sofort die genauen Werte zur Brücke hinauf. »Entfernung 3000 Meter!« Dann höre ich durch das Sprachrohr das Kommando: »Feuer frei!«

Es bleibt aber alles ruhig; die Flak schießt nicht. Die Maschinen fliegen jetzt an Steuerbord auf 2000 Meter vorbei. Ich jage zum Turm hinauf. Der Kommandant geht auf den Wintergarten und nimmt sich die Flakmannschaft vor. Jeder auf der Brücke hat den Feuerbefehl gehört, nur die Männer an den Geschützen auf dem ersten und zweiten Wintergarten nicht; eine Panne, die schwerwiegende Folgen hätte haben können.

Gegen 24,00 Uhr passieren wir in dunkler Nacht an Backbord einen südgehenden deutschen Geleitzug; vier Dampfer im Schutz mehrerer Torpedoboote neuester Bauart. Etwas später wird von der Brücke beobachtet, wie der Geleitzug aus der Luft angegriffen wird. Das Flakfeuer der Torpedoboote ist ein wahrer Höllenzauber; trotzdem schießen bald helle Flammen aus einem der Dampfer.

Auch bei uns hat es wieder Fliegeralarm gegeben. Von allen Seiten laufen Radarpeilungen über unseren Bildschirm; es müssen viele Flugzeuge über dem Kattegatt sein. Unsere Flakmannschaft sitzt feuerbereit an den Geschützen. Leider können wir wegen der kleinen Boote unter uns nicht mit großer Fahrt ablaufen, und Tauchen ist wegen der Minengefahr im Kattegatt nicht ratsam.

Ich lasse unentwegt die Matratze auf der Brücke kreisen,

und bald haben wir den ersten Anflug von Westen auf dem Schirm. Das Zeichen wird erst bei 6000 Meter Entfernung sichtbar, woraus zu schließen ist, daß die Maschine sehr niedrig fliegt. Die Flakmannschaft auf dem vorderen und hinteren Wintergarten wird gewarnt; die anderen Boote werden mit der Klappbuchs verständigt.

Es bleibt uns in der Nacht nichts anderes übrig, als Sperrfeuer zu schießen, in das sie hineinfliegen müssen, wenn sie angreifen. Die Ortungszeichen auf unserem Bildschirm werden immer stärker, je näher die Maschinen kommen. Wir strahlen die anfliegenden Maschinen jetzt direkt an, so daß auch unsere Zeichen auf ihrem Bildschirm zu sehen sein müssen, und geben laufend Richtung und Entfernung auf die Brücke. »Anflug in 280° Grad, Entfernung 4000!«

Bei 3300 Meter Entfernung wandert die Peilung plötzlich aus, und der Gegner dreht ab. Bei 6000 Meter ist er verschwunden. Mein Funkmaat Werner Bachmann und ich sehen uns an. »Der hat Angst gekriegt vor uns«, meint er. »Den haben wir so angestrahlt, daß er glaubt, ein dickes Schiff vor sich zu haben.«

Immer noch laufen von allen Seiten die Ortungszeichen über den Schirm. Die Flakmannschaft bleibt an den Geschützen. Nach 30 Minuten erfolgt ein erneuter Anflug von Westen, und wieder kommt der Feind bis auf 3300 Meter heran, ehe er nach Südwesten abdreht. Er scheint also anzunehmen, daß er einen starken Gegner vor sich hat.

Das nervenaufreibende Spiel dauert die ganze Nacht an. Dreimal fliegt der Gegner an, und immer dreht er bei der gleichen Entfernung ab. Das kann kein Zufall sein. Erst als der Morgen dämmert, ist der Spuk vorbei. Unbehelligt erreichen wir den Oslofjord und gehen bei Horten vor Anker.

Am 29. März machen wir mit mehreren anderen Booten im Hortenfjord Schnorchelübungen und werden dabei unter Wasser gerammt. Zuerst glauben wir, auf einen Felsen gelaufen zu sein, aber nachdem wir und das andere Boot aufgetaucht sind, sehen wir, daß es eine Kollision war. Unser hinterer Außenbunker Backbordseite ist aufgeschnitten, und 16 Tonnen Brennstoff verströmen in den sauberen Fjord. Beim anderen Boot ist der Vordersteven verbogen; die Mündungsklappen lassen sich nicht mehr öffnen.

Wir laufen nach Christiansand, wo es aber kein Dock gibt. Wir müßten also nach Bergen gehen, um zu reparieren. Die Offiziere beraten, denn es ist nicht ungefährlich, mit dem vollbeladenen Boot einzudocken. Schließlich wird eine andere Lösung gefunden: Das Boot wird an der Pier vorne geflutet, damit das Heck aus dem Wasser kommt und das Leck geschweißt werden kann.

Inzwischen sind die letzten Gäste für Japan an Bord gekommen: General der Flieger Kessler, Oberst Fritz von Sandrath, Oberleutnant der Flieger Menzel, ein Spezialist für Flugzeugtorpedos.

Kapitänleuntant Bulla fährt als I WO mit; er war zuletzt Flieger auf dem Hilfskreuzer *Atlantis*. Außerdem sind schon an Bord: die beiden Japaner, Fregattenkapitän Ing. Hideo Tomonaga, ein U-Boot-Ingenieur, und Oberst M. Shosi, ein Spezialist für Flugzeugbau. Ferner Fregattenkapitän Falk, von der Ateilung Kriegsschiffbau im Oberkommando der Kriegsmarine, Geschwaderrichter Nieschling, der den deutschen Botschafter in Japan wegen des Spionagefalles Sorge aburteilen soll, Korvettenkapitän Dr. Toni Schlicke, ein Hochfrequenz-Spezialist, Oberleutnant zur See Hellendorn und die Flutzeugkonstrukteure Ingenieur Bringewald und Ingenieur Ruf. Also außer Kapitänleutnant Bulla, der als I WO zu Besatzung zählt, zwölf eingeschiffte Gäste. Die beiden Japaner werden mit dem Geschwaderrichter und Fregattenkapitän Falk im zweiten Deck unter dem Unteroffiziersraum untergebracht. Der General schläft bei uns in der Oberfeldwebelmesse in einer Koje der beiden Maschinisten, die während der Fahrt nur eine Wechselkoje brauchen. Der I WO Bulla wohnt natürlich in der Offiziersmesse. Alle anderen Gäste sind auf die anderen Räume verteilt.

Während der Hafenliegezeit gehe ich jeden Morgen zur Funkstation Christiansand, um die für uns eingegangenen Funksprüche abzuholen. Eines Tages erhalten wir folgenden FT: »U 234 noch nicht auslaufen. Befehl abwarten. Führerhauptquartier.« – Als ich dem Kommandanten den FT vorlege, läßt der General Kessler zu sich bitten, der sagt: »Da will noch jemand mitfahren aus Berlin. Wahrscheinlich der Dicke. Und ich muß wieder aussteigen.« Mit dem Dicken meint er Göring.

Am Nachmittag kommt Befehl von der Flottille: Oberfunkmeister Hirschfeld mit FT-Offizier Leutnant Pfaff zum Rapport beim Flottillenchef. Wir sind sprachlos und gehen im U-Boot-Päckchen, da wir kein Blauzeug mithaben, zum Rapport. Der Flottillenchef zeigt uns einen Funkspruch, eingegangen auf Führungswelle Grün: »An Obfkmstr. Hirschfeld auf

U 234. Zu deiner letzten Fahrt viel Glück und gesunde Heimkehr. Dein Bubi.«

»Wie kommt es zu diesem FT und dann noch auf Führungswelle Grün, auf der nur wichtige Sachen übermittelt werden dürfen«, werde ich gefragt. Ich kann mir ein Lachen kaum verbeißen. »Wer ist Bubi?« fragt der Flo-Chef weiter.

»Das ist der Oberfunkmeister der 10. U–Flottille in Lorient, Bernhard Geissmann«, sage ich ruhig, weil ich weiß, daß man ihn nicht mehr zur Rechenschaft ziehen kann, denn Lorient ist eingeschlossene Festung. Das sieht auch der Flo-Chef ein, und so geht der Rapport rasch zu Ende. Bald darauf werde ich zur Funkstelle gerufen, um einen dringenden FT abzuholen. »U 234 nur auf meinen Befehl auslaufen. Nach eigenem Ermessen sofort auslaufen. BdU.« Das ist typisch Dönitz; er läßt sich vom Führerhauptquartier nicht dreinreden.

Der Kommandant geht sofort an Land, um ein Geleitfahrzeug zu organisieren, und findet einen schnellen U-Jäger, der uns um die Südspitze von Norwegen geleiten soll.

In den Nachmittagsstunden des 16. April legen wir von der Pier ab und gleiten aus dem Hafenbecken. Etwas weiter draußen macht ein Verkehrsboot längsseit bei uns fest. Der FdU, Kapitän zur See Rösing, kommt an Bord, um uns zu verabschieden. Die Besatzung ist auf dem Achterschiff angetreten; die Gäste bleiben unter Deck.

Rösing wünscht viel Glück für die bevorstehende Fahrt. »Kameraden, wenn ihr von dieser Fahrt heimkehrt, dann ist der Endsieg entschieden«, sagt er. Sind das nur wieder leere Phrasen, oder liegt eine gewisse Zweideutigkeit in diesem Satz? – Nachdem der FdU von Bord gegangen ist, spricht der Kommandant zu uns: »Kameraden, ihr habt alle die letzten Nachrichten gehört und wißt, wo der Feind steht, und wie es in der Heimat aussieht. – Deutschland geht einer schweren Zeit entgegen. Wie dieser Krieg auch ausgehen mag, ich werde alles tun, um euch heil wieder nach Hause zu bringen.« Das ist Heinrich Fehler, ein Ritter ohne Furcht und Tadel.

Dann kommt das Geleit, mit 16 sm laufen wir hinter dem schnellen U-Jäger in die früh aufkommende Dunkelheit. Bei Lindesnes entläßt der Kommandant das Geleit. »Gute Fahrt und gesunde Heimkehr«, ist der letzte Gruß, den wir von einem deutschen Schiff erhalten. Wir haben wieder unsere Matratze ausgefahren und lassen sie über der Brücke kreisen. Eine Weile laufen wir über Wasser nach Westen; dann kommt plötzlich »Alarm« und das Boot taucht weg, ohne die Matratze einzufahren. Ich springe mit einem Fluch in die Zentrale, aber es ist zu spät. Ich kann den Tauchvorgang nicht mehr aufhalten. Nachdem er das Turmluk verschraubt hat, kommt der Kommandant in die Zentrale, und ich melde, daß wir keine Zeit hatten, die Matratze einzufahren. »Ja und«, sagt er seelenruhig. »Dann tun Sie es doch jetzt.« – »Das geht nicht, Herr Kaleu. Wir verbiegen das Gestänge, wenn es nicht schon durch den Tauchvorgang verbogen ist. Wir müssen auftauchen.« Er schüttelt den Kopf. »Diese Funkerei! Also Oberfläche ansteuern«, sagt er zum LI. »Wir stecken nur den Turm raus.« Nachdem der Turm frei ist, fahre ich mit Hilfe von Bachmann die Matratze ein; sie scheint nicht verbogen zu sein.

Nachdem das Boot eingesteuert ist, beginnen wir mit dem Unterwasser-Schnorchelmarsch. Wir haben Befehl, möglichst bis zum Äquator zu schnorcheln. An Stavanger vorbei geht es in der norwegischen Rinne nach Norden. Wenn wir mit dem Schnorcheln aussetzen, um einen Rundhorch zu machen, können wir vor Stavanger Artilleriefeuer hören. Es müssen britische Seestreitkräfte in der Nähe sein.

Am nächsten Tag gerät der E-Motor der Hauptlenzpumpe in Brand. Das Feuer kann zwar bald gelöscht werden, aber es stinkt entsetzlich im Boot, und wir können kaum atmen. Auftauchen können wir in diesen Gewässern nicht, doch der Dieselobermaschinist Winkelmann hat eine rettende Idee. Er läßt die Diesel aus der Raumluft fahren und schaltet die Frischluft aus dem Schnorchelmast in Heck und Bugraum. Jetzt saugen die Diesel alle verbrauchte Luft aus den Räumen ab, und wir atmen frische Luft.

Auf dem Schnorchelmast befindet sich ein feststehendes Runddipol, das zum Empfang von Ortungsstrahlen dient. Man kann es aber auch als Antenne gebrauchen, um die Sendezeichen der in Norwegen aufgestellten Funksonnen zu empfangen. So ist auch unter Wasser Navigation mit Hilfe der Funkerei möglich.

Als wir auf der Höhe von Bergen gegen Mittag zum Längstwellenempfang auf Sehrohrtiefe gehen, und der Kommandant einen Rundblick durch das Luftzielsehrohr macht, entdeckt er eine große Maschine in geringer Höhe, die auf uns einkurvt. Mit Alarm geht es auf 100 Meter Tiefe; es erfolgt aber kein Bombenabwurf. Wir befinden uns in gutem Horchwasser und hören dreimal hintereinander ein Klatschen. Dann ist Totenstille. Durch intensives Horchen stellen wir fest, daß aus drei verschiedenen Richtungen in regelmäßigen Abständen ein fünf Sekunden langes Surren zu hören ist.

Durch den »Neuheitenkatalog«, den wir in Kiel von der Funkausrüstungsstelle erhalten haben, wissen wir, daß die Maschine drei Sonarbojen geworfen hat, die selbständig horchen und die Horchergebnisse automatisch senden. Auf diese Weise erhält der Navigator im Flugzeug eine Kreuzpeilung und kann gezielt eine Wasserbombe werfen.

In der Hoffnung, daß eine dazwischenliegende Warmwasserschicht das Horchen den Sonarbojen erschwert, läßt der Kommandant das Boot auf 180 Meter gehen. Wir haben Glück; es fällt keine Wasserbombe.

Auf der Höhe von Drontheim werden wir nachts beim Schnorcheln beinahe von einem Dampfer gerammt. Der III WO Obersteuermann Jasper, der die Wache am Sehrohr hat, obwohl in finsterer Nacht kaum etwas zu sehen ist, entdeckt im letzten Augenblick die schäumende Bugwelle und gibt Alarm. Wir kommen gerade noch unter dem Dampfer weg; jeden Augenblick befürchtend, daß er uns hochsaugt und mit den Schrauben den Turm rasiert.

Als wir darangehen, zwischen Island und Färöer in den Atlantik zu schnorcheln, entbrennt zwischen Funkerei und Steuerei ein Streit. Obersteuermann Paul Rische hat einen anderen Standort gekoppelt, als wir im Funkraum durch Peilung der Funksonnen über das Runddipol auf dem Schnorchel festgestellt haben. Ich erkläre, daß wir mit unserem Kurs über die flachste Stelle des Rosengartens kommen, was unbedingt vermieden werden soll, weil dort fast alle von Patrouille heimfliegenden Maschinen ihre noch vorhandenen Bomben abwerfen. Das geht darauf zurück, daß diese Sandbank früher nach stürmischer Atlantikfahrt von U-Booten angesteuert wurde, die eine Erholungspause einlegen wollten.

Wie fast alle seemännischen Offiziere hält der Kommandant nicht viel von der Navigation der Funkerei und läßt unseren Kurs weitersteuern, bis ich ihm mit Hilfe des Echolots beweisen kann, daß wir genau über den Rosengarten kommen. Darauf beschließt er entgegen allen anders lautenden Befehlen aufzutauchen, um mit Überwasserfahrt schneller in den Atlantik zu kommen. Es wird angeblasen, und rauschend empfängt uns die lange Dünung des Atlantiks. Der Schnorchel wird umgelegt und verschwindet im Oberdeck. Die Diesel springen an, und die Funkmeßmatratze wird ausgefahren. So geht es mit großer Fahrt durch die stark überwachte

Enge Island–Färöer, die schon vielen Booten zum Verhängnis geworden ist. Zweimal müssen wir in dieser Nacht vor anfliegenden Maschinen wegtauchen. Wir haben sie wohl auf dem Schirm gehabt, bevor sie uns orten konnten. Hätten die Boote anstatt Metox-Empfängern und Biskaya-Kreuz zwei Jahre früher diese Fliegerortungsstation bekommen, wären uns viele Verluste erspart geblieben.

Ich muß an U 843 unter Kapitänleutnant Oskar Herwartz denken, den wir von Japan heimkehrend in Christiansand trafen. Ihm und seinen Männern war es gelungen, ohne moderne Hilfsmittel durch die Enge Island–Färöer in die Nordsee durchzubrechen. Sie waren über ein Jahr draußen gewesen und freuten sich, in die Heimat zurückzukehren. Vom Oberfunkmeister dieses Bootes erhielt ich wertvolle Informationen über die Standorte der Funkpeilstationen auf dem Weg durch Südatlantik und Pazifik bis Japan. Es waren sehr gute Navigationshilfen. Die Männer von U 843 verließen uns lachend und guten Mutes, aber am 9. April 1945 wurden sie im Kattegat, östlich von Frederikshavn, von mehreren Flugzeugen angegriffen und versenkt.

Die Lage in Deutschland verschlechtert sich zusehends. Berlin ist von den Russen eingeschlossen. Noch funktioniert die Nachrichtenübermittlung bei der Flotte. Anfangt Mai erfahren wir, daß der Führer tot ist und Großadmiral Dönitz zu seinem Nachfolger bestimmt hat. Großes Erstaunen. Unser BdU muß das traurige Erbe des Dritten Reiches antreten. Wir möchten nicht in seiner Haut stecken.

Am 4. Mai kommt der Befehl des BdU, den U-Boot-Krieg gegen die Westmächte sofort einzustellen. Wir marschieren kriegsmäßig weiter nach Japan, tagsüber getaucht und nachts über Wasser mit voll eingesetzter Ortung. Der Längstwellensender »Goliath« bei Magdeburg wird gesprengt, weil die Amerikaner anrücken. Nun können wir unter Wasser kein Längstwellenprogramm mehr empfangen; wir sind nur noch auf die U-Boot-Kurzwellen angewiesen. Dann kommt das Stichwort zur Änderung aller U-Boot-Schaltungen für den äußersten Notfall. Wir haben auf einmal gar keinen Empfang mehr, denn der für diesen Fall mitgegebene Schaltplan ist falsch. Absicht oder Versehen? Wir erfahren es nie. Tagelang können wir uns nur mit Hilfe von Reuter-Meldungen über die Kriegslage orientieren. Bachmann findet aber schließlich durch intensives Kurbeln an den Empfängern nach alter B-Dienst-Methode die neuen U-Boot-Wellen wieder.

8. Mai 1945. Gesamtkapitulation. Es darf nicht mehr verschlüsselt werden, und es laufen auch schon offen Funksprüche im Klartext. In einem FT an alle Boote und an die Festungen Lorient und St. Nazaire heißt es, daß alle Schlüsselmittel der Zukunft übergeben werden müssen. Alle Schlüsselmittel der Vergangenheit sollen vernichtet werden. Trotz allem nehmen wir noch einen nach Japanschlüssel verschlüsselten FT auf. Er ist vom FdU Rösing aus Bergen: »U 234 weiterlaufen oder nach Bergen zurückkommen. FdU.« Der Kommandant liest den FT und schüttelt den Kopf. »Zurück? Auf keinen Fall.« Wir sind jetzt auf dem Großkreis Mitte Atlantik und steuern Kurs Südwest. Noch heißt die Parole Japan, aber dann nehmen wir eine Meldung von Reuter auf, die besagt, daß Japan die Beziehungen zu Deutschland abgebrochen hat. Somit ist unsere Fahrt eigentlich sinnlos geworden. Dönitz fordert die U-Boote dringend auf zu kapitulieren, weil dadurch noch viele Menschen aus dem Osten gerettet werden können. Wir schalten die Ostseewellen und entnehmen dem Funkverkehr, daß dort noch Schiffe und Geleite laufen, die sich gegen Angriffe der Russen aus der Luft und von der See mit allen verfügbaren Waffen verteidigen; anscheinend mit Zustimmung der Engländer. Eine seltsame Situation.

In dieser Situation entschließt sich der Kommandant zur Kapitulation. Als die beiden Japaner Tomonaga und Shosi davon erfahren, versuchen sie in einem längeren Gespräch, den Kommandanten umzustimmen. Kapitänleutnant Fehler macht ihnen klar, daß eine Weiterfahrt sinnlos ist. Reuter meldet, daß alle Deutschen in Japan gefangengenommen würden. Shosi erwidert, das würde für U 234 nicht zutreffen; wir würden Sonderbedingungen erhalten. Aber der Kommandant lächelt und läßt sich nicht erweichen.

Als ich etwas später in den Funkraum komme, erzählt mir Werner Bachmann, daß die Japaner durch das Boot gehen und sich verabschieden, wobei Tomonaga seine in der Schweiz eingekauften Uhren an die Männer verschenkt. Wir ahnen noch nicht, was das zu bedeuten hat. Harakiri können sie nicht machen, da das 300 Jahre alte Samuraischwert Hideo Tomonagas in der Obhut des Kommandanten ist. Es wurde in Kiel während einer Zeremonie im Beisein von Botschafter Oshima für die Dauer der Fahrt in die Hand des Kommandanten gegeben. Damit haben die Japaner ihr Leben in seine Hand gelegt; andere Waffen besitzen sie nicht.

Heinrich Fehler hat schon vor Beginn der Fahrt in weiser Voraussicht angeordnet, daß alle eingeschifften Gäste ihre Waffen abzugeben haben. Nur die Offiziere und Portepeeunteroffiziere des Bootes blieben im Besitz von Pistolen.

Als wir durch FT die Kapitulationsanordnungen der Alliierten erfahren, sind wir sehr betroffen. Da heißt es: 1. Alle Torpedopistolen sind zu entfernen und über Bord zu werfen. Torpedos sind aber mitzubringen. 2. Alle Flakmunition außenbords werfen und Geschütze achteraus zurren. 3. Schwarze Kapitulationsflagge am ausgefahrenen Sehrohr setzen. 4. Positionslaternen setzen und einschalten. 5. Genauen Standort melden und nur noch aufgetaucht fahren. Dann folgen Angaben über die Einlaufwege und Einlaufhäfen für die einzelnen Seegebiete. Danach müßten wir Halifax in Neuschottland anlaufen.

Der Kommandant zögert, den entscheidenden FT abzugeben. Schwarze Flagge am Sehrohr! – Das gefällt ihm nicht. In der Offiziersmesse wird diskutiert. Sollen wir uns wirklich in die Hände der Feinde begeben? Seit unserem Auslaufen haben wir nichts mehr gemeldet. Niemand kann wissen, ob wir überhaupt noch existieren. Nachts über Wasser und tags unter Wasser laufend, könnten wir den Atlantik ungesehen von Nord nach Süd durchqueren.

Seit drei Tagen ist der Krieg nun schon vorbei, aber wir hören tagsüber, wenn wir unter Wasser sind, aus der Ferne den Donner von Wabo-Serien. Machen sie noch immer Jagd auf uns? Ist dieser Krieg nun zu Ende oder nicht? Ist die schwarze Flagge am Sehrohr eine Falle? Machen sie uns fertig, wenn wir mit dieser Flagge kommen, die ja eigentlich nur von Piraten geführt wird? Was hält uns eigentlich davon ab, um Kap Hoorn zu fahren und uns in der Südsee auf einer Insel zu verstecken?

Schließlich kommt wieder ein offener FT: »An alle! Bei Kapitulation Kriegsflagge setzen. Auf Befehl Alliierter würdig niederholen. BdU.« Auf den U-Boot-Wellen kommen jetzt Kapitulationsmeldungen. Meist melden sich die Kommandanten bei der deutschen Leitstelle in Wilhelmshaven ab. Wir sind erstaunt, wie viele Boote vom Typ XXIII rund um England auftauchen. Sie konnten sich mit ihrer hohen Unterwassergeschwindigkeit in Seegebiete wagen, die für Boote des alten Typs den sicheren Tod bedeutet hätten. Sie hatten auch die neuen Torpedos, die wir uns immer gewünscht haben, darunter den T 5, einen Mikrofon-Läufer, den man aus der

Tiefe schießen konnte. Die Alliierten glaubten dagegen ein Abwehrmittel gefunden zu haben: Die Zerstörer zogen in ungefähr 800 Meter Entfernung eine Geräuschboje hinter sich her, die sich wie eine Kreissäge anhörte. Der Torpedo sollte auf dieses Geräusch ansprechen und das wahre Ziel verfehlen. Von einem Freund, dem Oberfunkmeister Willy Horn, der kurz vor unserem Auslaufen mit U 868 unter Oberleutnant Eduard Turre in Christiansand einlief, habe ich erfahren, daß man sich von dieser Geräuschboje nicht entmutigen lassen mußte.

U 868 hatte wichtige Ersatzteile, unter anderem Sehrohre, die an Oberdeck festgemacht waren, aus der Festung St.-Nazaire geholt. Unterwegs war das selbstschließende Ventil im Schnorchelkopf ausgefallen. Turre ließ den Kopf abmontieren und fuhr mit offenem Schnorchel, was natürlich zur Folge hatte, daß der Schnorchelmast im starken Seegang oft vollschlug und die Diesel absoffen. Dabei sackte das Boot manchmal bis auf 60 Meter durch.

Als das Boot südlich von Island wieder einmal durchsackte, wurde plötzlich eine Geräuschboje gehört. Turre schoß einen T 5 aus achterlicher Stellung, und nach längerer Laufzeit erfolgte eine Detonation. Als dann der Kommandant einen Blick durchs Sehrohr wagte, lag der Zerstörer mit dem Heck tief im Wasser.

Die Berechnung der gestoppten Laufzeit ergab, daß der T 5 zunächst auf die Geräuschboje zugelaufen war. Da er aber dort kein Ziel fand, das die Pistole zur Auslösung bringen konnte, stieß er vorbei und bekam die Schrauben des Zerstörers ins Mikrofon. So änderte er seinen Kurs, lief den immer lauter werdenden Schrauben nach und traf den Zerstörer ins Heck. Turre hätte diesen Zerstörer nie gefunden, wenn er nicht die Boje gehört hätte.

Wir erhalten noch einmal ein FT an alle; es ist der letzte Funkspruch unseres Befehlshabers. »An meine U-Boot-Männer! Sechs Jahre U-Boot-Krieg liegen hinter uns. Ihr habt gekämpft wie die Löwen. Wiederum müßt ihr, wie schon einmal vor 27 Jahren, unbesiegt auf allen Meeren die Waffen niederlegen. Von der uns noch verbleibenden Basis ist eine Fortsetzung des Kampfes nicht mehr möglich. Ungebrochen und makellos legt ihr nach einem Heldenkampf ohnegleichen die Waffen nieder. Für die nun kommende schwere Zeit bewahrt euch euren alten U-Boot-Geist. Euer BdU.«

Das ist nun das Ende der deutschen U-Boot-Waffe. Alle

Boote, die bis zum 8. Mai noch gekämpft haben, steuern nun mit der schwarzen Flagge am Sehrohr alliierte Häfen an, um sich zu ergeben. Nur wir fahren weiter, immer noch auf altem Kurs. Der I WO und der Kommandant, die gut englisch sprechen, sitzen jede Nacht im Funkraum und hören die internationalen Rundfunksendungen ab, so können wir uns ein Bild über die Lage machen.

Nach Berechnungen der Alliierten scheinen sich noch nicht alle in See befindlichen U-Boote zur Kapitulation gemeldet zu haben, denn fast eine Woche nach der Gesamtkapitulation geht ein FT über die U-Boot-Wellen: »Wer jetzt nicht kapituliert, wird als Pirat erkannt und vor ein ordentliches Seegericht gestellt.« Keine Unterschrift. Wir nehmen an, daß dieser Funkspruch von einer britischen FT-Station kommt.

Noch einmal großer Kriegsrat in Offiziers- und Oberfeldwebelmesse, dann entschließt sich der Kommandant endgültig zur Kapitulation. Am 13. Mai schalte ich zum ersten Mal auf dieser Fahrt den Sender ein und drücke auf die Taste. Ich rufe Halifax von U 234. Halifax antwortet sofort in deutscher Sprache: »U 234 geben Sie Standort.« Nachdem ich ihn gemeldet habe, erhalten wir den Kurs zum Einlaufen in Halifax.

Der Alte denkt aber gar nicht daran, nach Halifax zu gehen. Mit großer Fahrt laufen wir auf dem Großkreis nach Südwesten, um in die amerikanische Zone zu kommen. Die Männer der Maschine haben ein Bettlaken schwarz gefärbt, am ausgefahrenen Fliegersehrohr angebracht und die Positionslaternen gesetzt. An der Hinterkante des ersten Wintergartens weht die deutsche Kriegsflagge am Flaggenstock. Ansonsten haben wir alles unterlassen, was von den Siegern befohlen worden ist.

Die Torpedos liegen in den Rohren, die Fla-Geschütze ragen mit angeschlagener Munition feuerbereit in den Himmel. Außerdem lassen wir die Funkmeßmatratze kreisen, damit man uns nicht aus der Luft überraschen kann. Wir sind entschlossen zu kämpfen, falls sie uns niedermachen wollen.

Gegen 23,00 Uhr ruft mich Oberfunkmaat Werner Bachmann in den Funkraum. Er hat ein Flugzeug auf dem Schirm. Der Kommandant gibt Fliegeralarm. Die Fla-Waffen werden besetzt, wir strahlen das näher kommende Flugzeug laufend an, und seine Radarzeichen laufen über unseren Schirm, aber bevor die Maschine in die kritische Abwehrentfernung kommt, dreht sie ab und umkreist uns in respektvollem Abstand. Plötzlich steht ein weißer Stern am Nachthimmel; dann dreht die Maschine ab und fliegt davon.

Kurze Zeit darauf ruft Halifax: »U 234. Ihr gemeldeter Standort und Kurs stimmen nicht. Steuern Sie 340 Grad nach Halifax. Melden Sie alle vier Stunden Standort, Kurs und Fahrt.« Der Alte liest den FT und lächelt. Wir laufen weiter mit großer Fahrt, ohne den Kurs zu ändern. Heinrich Fehler will nicht nach Kanada.

Der Geschwaderrichter Nieschling, der im unteren Deck wohnt, meldet dem Kommandanten, daß Tomonaga und Shosi in einer Koje liegen und röcheln. Sie müssen etwas eingenommen haben, denn sie sind auch durch starkes Rütteln nicht aufzuwecken. Also doch Selbstmord. Jetzt ist alles klar, warum sie sich verabschiedet haben. Bootsmann Schölch erhält den Befehl, die Seesäcke der Japaner zu untersuchen, und findet einen Brief, den er dem Kommandanten bringt. Darin bitten die beiden Japaner, sie ruhig sterben zu lassen, da sie nicht in Gefangenschaft geraten wollen und daß wir ihre Leichen nicht in die Hände der Feinde fallen lassen sollen. Ferner bitten sie darum, ihr Diplomatengepäck zu versenken, da es Geheimsachen enthält, die dem Feinde nützen könnten.

»Dieses Vermächtnis werden wir erfüllen«, sagt der Alte. Die Japaner haben eine Überdosis Luminal genommen. Jeder von uns wäre nach Einnahme einer solchen Dosis bereits tot, aber ihre starken Naturen erschweren ihnen das Sterben.

Da wir der Aufforderung, uns alle vier Stunden zu melden, nicht nachgekommen sind, werden wir von Halifax gerufen, aber der Alte winkt ab und sagt: »Laß Sie nur rufen.« Am späten Abend gibt mir der Kommandant endlich eine Standortangabe zur Übermittlung an Halifax. »Der Standort stimmt zwar nicht. Aber geben Sie ihn ruhig ab«, sagt er lächelnd. Ich drücke also auf die Taste, und sofort antwortet der Funker von Halifax, als hätte er nur auf meinen Anruf gewartet: »U 234, ich höre Sie mit Lautstärke fünf, kommen.« Als ich den Standort abgeben will und erneut auf die Taste drücke, werde ich von einem starken Sender vollkommen überlagert. Ich setze ab und sofort schweigt auch der andere Sender. Als ich von neuem beginne, ist auch der andere Sender wieder da. Jetzt ruft Halifax: »U 234, ich werde gestört. Ändern Sie die Frequenz.« Bachmann, der mit mir im Funkraum ist, verschiebt ein wenig die Frequenz am Sender. Ich drücke erneut auf die Taste und werde abermals überlagert. Das ist kein Zufall; das ist absichtliche Störung. Halifax ruft unentwegt: »U 234, ich habe Sie auf anderer Frequenz gehört, wurde aber wieder gestört. Weichen Sie weiter aus.« Als ich dem Alten die Sache melde, sagt er nur: »Schalten Sie den Sender aus. So haben wir einen Grund, uns nicht mehr zu melden!«

Einige Zeit später hören wir von der Brücke, daß ein Zerstörer von achtern aufkommt. Die Spannung im Boot wächst. Jetzt wird sich entscheiden, ob er uns fertigmachen oder nur in den Hafen geleiten will. Der Handscheinwerfer wird auf die Brücke gegeben und der Zerstörer angemorst. Ein Mann im Turm übermittelt sofort alles nach unten. Es handelt sich um den amerikanischen Zerstörer *Sutton*. Er gibt uns Anweisung, auf den Golf von Maine zu steuern und nicht mehr auf die Rufe und Anordnungen von Halifax zu reagieren. Jetzt wird uns alles klar. Die Funker der *Sutton* müssen unseren Funkverkehr mit Halifax mitgehört und gestört haben, und der Kommandant holt sich jetzt unser Boot aus der britischen Zone. Der Kommandant läßt den Stabsarzt rufen und sagt: »Heute nacht müssen die Japaner von Bord. Wenn sie den Amerikanern in die Hände fallen, werden die alles versuchen, sie wieder ins Leben zu rufen. Sorgen Sie dafür, daß sie in Ruhe sterben können.« Stabsarzt Dr. Walter steigt wortlos in das untere Deck. Nach einigen Stunden meldet er, daß die beiden Japaner verstorben sind.

Jetzt geht alles sehr schnell. Die Leichen werden in Hängematten verschnürt, die an Deck mit Grundgewichten versehen werden. Dann kommt der Befehl: »Beide Maschinen stopp!«

Zehn Minuten Schweigen auf der Brücke und im Boot. Das Samuraischwert wird Hideo Tomonaga beigegeben, und dann werden die mit Grundgewichten beschwerten Leichen im Atlantik versenkt.

Von der *Sutton* kommt mit Scheinwerfer ein Anruf: »Warum haben Sie gestoppt?« – »Maschinenschaden«, läßt der Kommandant antworten. Als ich ihn frage, ob ich Geheimsachen und Schlüsselmittel vernichten soll, sagt er: »Die werfen wir in der nächsten Nacht über Bord.« In den frühen Morgenstunden tönt es aber aus den Lautsprechern: »An alle Stationen! Zerstörer hat Boot ausgesetzt. Prisenkommando kommt an Bord.« Ich jage in den Funkraum und reiße mit Oberfunkmaat Bachmann Schlüsselmittel und Geheimsachen aus den Schränken. Zum Überbordwerfen ist es zu spät. Wohin damit? Obermaschinenmaat Distler kommt mit einem Sack vorbei und fragt: »Habt ihr auch noch Geheimsachen? Rein damit. Dann kommen Küchenabfälle drauf, und wir stellen ihn in den Dieselraum.«

Ich gehe auf die Brücke, um mir das Schauspiel der Enterung anzusehen. In ca. 800 Meter Entfernung liegt der Zerstörer. Alle Geschütze und Flawaffen sind auf uns gerichtet. Das erste feindliche Kriegsschiff, das ich als Tauchröhrenfahrer in diesem Krieg sehe. Das Motorboot mit dem Prisenkommando versucht mittschiffs anzulegen und zerschellt beinahe an den breiten Außenbunkern, die von der See überspült sind. Der Bootssteuerer erkennt die Gefahr gerade noch und läßt sich achteraus treiben. Dort werfen sie einen Anker auf das Heck, und klettern vom auf und nieder gehenden Motorboot auf unser Deck.

»Mein Gott, wie die bewaffnet sind«, meint Bulla, der I WO. In der einen Hand eine Maschinenpistole, in der anderen einen Colt mit Lederriemen am Handgelenk befestigt, um den Hals mehrere Gurte mit Patronen. Als erster klettert der Prisenoffizier auf den Turm und fragt nach dem Kommandanten.

Einer der Matrosen schleppt eine lange Eisenkette mit, die er um den Sehrohrbock legt und durch das Turmluk nach unten wirft, damit wir es nicht mehr zudrücken können. In der Zentrale schlingen sie eine Kette um die großen Handräder der Tiefensteuerung. Wenn die Situation nicht so traurig wäre, könnte man schallend lachen, denn die elektrische Knopfsteuerung der Tiefenruder beachten sie gar nicht.

»Where are the Japs?« fragt der Prisenoffizier. Der Alte erklärt ihm, daß die beiden Japaner auf dem Grunde des Atlantiks ruhen. Dann gibt der Amerikaner seine Anordnung bekannt. Ab sofort dürfen Lautsprecheranlage und Telefon nicht mehr benutzt werden. Die Schiffsführung, der Großteil der Besatzung und die Gäste müssen auf den Zerstörer umsteigen. Nur eine Maschinenwache und der I WO bleiben an Bord. Das Boot wird seemännisch vom Prisenkommando gefahren, dessen Männer inzwischen ins Boot ausgeschwärmt sind. In jedem Raum steht jetzt ein schwer bewaffneter Amerikaner mit einem Mikrofon vor dem Mund, das durch Kabel mit der Zentrale verbunden ist. Der Prisenoffizier gibt Befehl, mit Kurs 270 Grad etwas Fahrt aufzunehmen, damit das arge Schlingern in der langen Dünung aufhört.

Der Rudergänger im Turm, der etwas nervös ist, drückt auf den Knopf nach Steuerbord, um auf 270 Grad zu gehen. Dabei achtet er nicht auf den Ruderlagenanzeiger, der über den roten Strich geht. Achtern fliegt die Sicherung heraus, und das Ruder klemmt hart Steuerbord, während das Boot gerade Fahrt aufnimmt. Der Bug schwingt auf den Zerstörer zu, als wollten wir ihn rammen. Große Aufregung bei der Prisenbesatzung. Der Zerstörer geht mit großer Fahrt an, um aus unserem Kurs zu kommen, wobei alle Geschütze zum Direktschuß mitdrehen. Wir müssen über diese Panne lachen.

Der amerikanische Matrose, der auf dem Turm mit einem kleinen Funksprechgerät die Verbindung zu seinem Schiff aufrechterhält, meldet aufgeregt; »Oh, yes, Sir, the Sub is O. K., we are well, the german crew is O. K., it's only rudder failure.«

Der Prisenoffizier fordert den Kommandanten nun auf, den Ruderversager zu beheben. Da Lautsprecheranlage und Telefon nicht mehr benutzt werden dürfen, läuft ein Mann aus der Zentrale los und schwingt sich durch die Kugelschotten; Hände an den obersten Griffen und mit den Füßen voran. Als der amerikanische Posten im Heckraum vor den Torpedorohren den deutschen Matrosen in vollem Lauf sieht, läßt er seine Waffe fallen und hebt die Hände. Die Angst der Amerikaner vor uns ist uns zunächst unverständlich. Erst später wird uns klar, daß sie Opfer ihrer eigenen Propaganda waren. In den Filmen, die wir im Kriegsgefangenenlager sehen, sind wir U-Boot-Fahrer durchwegs Gangster. Der Prisenoffizier fordert uns auf, alle Waffen abzugeben; dann werden zuerst die Mannschaften mit dem Boot zum Zerstörer gefahren.

Als ich in die OF-Messe gehe, um einige Sachen zusammenzupacken, steht General Kessler vor dem Waschbecken und rasiert sich. Auf die Ermahnung des Prisenoffiziers zur Eile winkt er nur gelassen ab und betrachtet sich interessiert im Spiegel.

Als wir schließlich alle auf dem Oberdeck versammelt sind, erscheint auch der General in voller Uniform, am Hals das Ritterkreuz, im Auge das Monokel. »Darüber ärgern sich die Amis mächtig«, sagt er lächelnd zu mir. Der Prisenoffizier will nun die amerikanische Flagge setzen, doch der Kommandant sagt ihm, daß er vorher die Kriegsflagge würdig niederholen wolle. Der Amerikaner stimmt zu. Bootsmann Schölch geht an das Fliegersehrohr und Obersteuermann Paul Rische an den Flaggenstock. Dann hören wir die Stimme des Kommandanten: »Oberdeck stillgestanden! Zum letzten Male: Hol nieder Flagge!« Wir stehen mit der Hand an der Mütze, aber auch die Amerikaner salutieren. Mich würgt es wieder in der Kehle, und ich sehe, daß der Kommandant Tränen in den Augen hat.

Langsam holt Paul Rische die Flagge nieder. Peter Schölch

hat die schwarze Flagge vom Sehrohr gelöst und wirft den Lappen über Bord. Große Aufregung unter den Amerikanern, die vergeblich versuchen, das schwarze Laken zu fischen.

Als wir zum Zerstörer hinüberfahren, sitzt Paul Rische und hält seine Hand dauernd tief ins Wasser. »Ist dir denn so warm?« frage ich. »Sei ruhig, Wolf, und rück mal näher ran. Ich halte die Kriegsflagge unter Wasser, bis sie sich vollgesogen hat.« Er hatte sie bei dem Trubel um die schwarze Flagge unbemerkt in der Lederjacke verschwinden lassen.

Am Zerstörer hängt ein Netz an der Bordwand, an dem wir emporklettern. Auf Deck werden wir nach Waffen abgesucht und dann in der Unteroffiziersmesse untergebracht. Vor der Tür ziehen zwei Posten mit Karabinern auf, die uns auch zur Toilette begleiten.

Am Nachmittag hören wir von den Wachen, daß jemand auf dem U-Boot erschossen wurde. Die Männer der Prisenbesatzung haben mit unseren Pistolen gespielt, dabei hat sich ein Schuß gelöst und ist einem amerikanischen Funker von hinten in die Niere gegangen. Ein zweiter Zerstörer mit Op-Raum wird herbeigerufen. Unser Dr. Walter soll die Operation durchführen; sie gelingt auch zunächst, aber der Patient stirbt einige Tage später.

Am nächsten Tag gibt es Fliegeralarm. Die amerikanischen Seeleute behaupten, es sei keine Übung. Wir sind sehr erstaunt. Wer soll denn aus der Luft angreifen? »Damned Britons«, sagen die Us-Lords mit finsterer Miene. Wahrscheinlich eine Maschine, die U 234 sucht und uns nach Halifax einweisen soll.

Mittags dürfen wir uns für eine Stunde auf dem Oberdeck ergehen, um frische Luft zu schnappen, und können unser Boot sehen, das in geringer Entfernung neben dem Zerstörer läuft.

Unsere Wachen haben ihre Flinten weggelegt. Sie haben gemerkt, daß wir Soldaten sind wie sie, und schimpfen auf die Lügen ihrer Propaganda. Wir sind Seeleute unter Seeleuten. Eines Tages kommt der Erste Offizier der *Sutton* und fragt uns, ob wir Dokumente, persönliche Papiere und Wertsachen abgeben wollen, die wir bei der Entlassung wieder ausgehändigt bekommen. In Portsmouth würden wir an das Heer abgegeben werden, da die Marine keine Gefangenen behalten dürfe, und was das Heer abnehme, würden wir bestimmt nicht wiedersehen. Ich gebe mein Soldbuch und mein Funkzeugnisbuch ab; es sind tatsächlich die einzigen Sachen, die mir später aus Washington direkt wieder zugestellt werden.

Am 19. Mai 1945 läuft die *Sutton* mit U 234 in Portsmouth, USA, ein. Wir werden mit mehreren Motorbooten von Bord des Zerstörers geholt und zum Kai gefahren. An der Gangway steht ein Matrose, der hervorragend Deutsch spricht. Er hält eine Besatzungsliste in der Hand, die nur aus Deutschland sein kann. Wir müssen unsere Namen nennen, und er sagt zur Kontrolle unsere Stammrollennummer.

Durch ein Spalier von schwer bewaffneten Militärpolizisten gehen wir zu den bereitgestellten Bussen. Eine dichtgedrängte Menge schreit und tobt; die Militärpolizisten haben Mühe, uns zu schützen. Wir steigen in die Busse, die gleich losfahren. Kapitänleutnant Bulla sitzt neben mir und sagt: »Jetzt kommen wir alle ins Gefängnis, und dort werden wir erstmal bis aufs Hemd gefilzt.«

Vor einem festungsartigen Gebäude mit vergitterten Fenstern steigen wir aus. Auf dem Podest einer eisernen Treppe steht ein amerikanischer Offizier und sagt in Frankfurter Dialekt: »Kommen S' nur rauf, meine Herren. Es passiert Ihnen gar nichts.«

Nachdem wir den Eingang passiert haben, werden wir aber vom Gefängnispersonal, eingebürgerten Polen, empfangen, die mit Holzknüppeln auf uns einschlagen und zu einem Tisch treiben, an dem man uns vollkommen ausraubt. Orden, Ehrenzeichen, Armbanduhren, Füllfederhalter, Eheringe, alles wird uns abgenommen und unter Aufsicht höherer Gefängnisbeamter in Tüten gegeben, die mit unseren Namen versehen werden. Hinter dem Tisch warten aber bereits Aasgeier, die alles aus den Tüten fischen, was ihnen gefällt. Vor allem unsere Wehrmachtsuhren und die Eheringe werden gestohlen.

Dann werden wir in Einzelzellen untergebracht, die wir nur verlassen, wenn wir zum Essen und zum Duschen geführt werden. Jedesmal, wenn wir die Zellen wieder betreten, sind sie erneut durchwühlt. Es muß doch ein armes Land sein, in dem man uns sogar Nagelfeilen und Kämme stiehlt.

Nach zwei Tagen in diesem noblen Haus wird die Besatzung von U 234 abgeholt und in ein Lager transportiert. Nur zwei Mann müssen zurückbleiben: Bootsmann Peter Schölch und der Oberfunkmeister Wolfgang Hirschfeld. Am nächsten Tag werde ich von einem Kalfakter aus der Zelle geholt und nach unten in die Wachstube gebracht, wo mir ein Offizier Handschellen anlegen will. »No, Sir«, sage ich höflich. »I am no gangster, I am prisoner of war.« – »Fuck up, you are all gangsters«, faucht er mich an. Als ich mich auf die Genfer Konvention zu berufen versuche und mich weiterhin weigere, ihm die Hände hinzuhalten, ruft er seine polnische Knüppelgarde. Ehe ich mich von ihr zusammenschlagen lasse, halte ich lieber zähneknirschend die Hände hin. In Handschellen werde ich dann von einem Aufseher zu einem wartenden PKW geführt.

Wir fahren durch Portsmouth zum Hafen und halten am Kai, an dem vier deutsche U-Boote, darunter auch U 234, liegen. »Let's go«, sagt mein Bewacher zu mir und drückt mir seinen Colt in den Rücken. In diesem Augenblick kommt gerade unser LI aus dem Kombüsenluk an Oberdeck. Als ich ihm meine gefesselten Hände zeige, winkt er mir zu und ruft etwas nach unten ins Boot. Kurz darauf erscheint ein großer US-Kapitän an Oberdeck und eilt über die Gangway an Land. »Go on board«, sagt mein Posten barsch zu mir, während er mir immer noch den Colt in den Rücken bohrt. »No«, sage ich, »not with handcuffs.«

»Warten Sie«, sagt der Kapitän in gutem Deutsch zu mir. »Gehen Sie nicht mit den Handschellen an Bord. Ich muß nur schnell mit dem Gefängnis telefonieren.« Als er nach kurzer Zeit zurückkommt, muß mir der Posten die Handschellen abnehmen. Der Marineoffizier bietet mir eine Zigarette an und stellt sich als Fregattenkapitän Hatten vor. Mit einem Feuerzeug, auf das ein winziges deutsches U-Boot-Abzeichen gelötet ist, gibt er mir Feuer. »Ja«, sagt er auf meinen erstaunten Blick, »ich habe schon viel mit U-Boot-Leuten zu tun gehabt.« Ich nehme an, daß er ein Abwehroffizier ist. Als er mich nun an Bord führt, will der Aufseher aus dem Gefängnis mitkommen, aber die beiden Militärpolizisten vor dem Schiff lassen ihn nicht durch. »That's my prisoner«, schreit er. »Shut up, damned polishman. Get lost«, antworten die Männer von der MP lachend.

An Bord von U 234 finde ich außer dem LI, Kapitänleutnant Ing. Ernst, die Obermaschinisten und einige Maaten vom Maschinenpersonal vor. Sie waren nicht im Gefängnis, staunen über meine Erzählungen und wissen nicht, was wir an Bord sollen. Ich frage Kapitän Hatten, ob ich am Abend ins Gefängnis zurückkehren muß, weil der Posten noch vor dem Schiff wartet. »Nein, Sie bleiben hier«, antwortet er. »Dafür sorgen meine Militärpolizisten.« Ich gehe ins Boot, um nach meinen Sachen zu sehen. Unten sieht es wüst aus. Die Spinde sind aufgebrochen und durchwühlt, die Wäsche herausgerissen und in den Dreck getreten. Mein Tagebuch, meine Pelzweste, mein Lederzeug, alles ist weg. Einer der Maaten erzählt mir, daß hier die Männer der Armee gewütet haben, nachdem die Prisenbesatzung von Bord gegangen ist. Resigniert stiege ich wieder an Oberdeck.

Auf dem Kai wartet immer noch der Gefängnisposten. Am Abend macht er einen Versuch, an Bord zu kommen, um mir wieder die Handschellen anzulegen, aber die beiden Militärpolizisten richten ihre Maschinenpistolen auf ihn, bis er unter wütenden Beschimpfungen seinen Wagen besteigt und davonfährt.

Kapitän Hatten fragt mich, ob ich das bisherige Geschehen nicht vergessen könnte. »Nein, Herr Kapitän«, sage ich, »diese Behandlung werde ich mein ganzes Leben nicht mehr vergessen. Wir haben uns Amerika ganz anders vorgestellt.«

»Es sind zwei Offiziere aus Washington gekommen«, setzt er fort. »Sie hätten gerne den Signalgeber aus dem Funkraum, der ein Funksignal so schnell abgibt, daß es nicht mehr eingepeilt werden kann.« Ich bin erstaunt, daß die Amerikaner so ein Gerät noch nicht selbst erfunden haben. »O nein«, sagt er lächelnd, »in einigen Sachen sind uns die deutschen Techniker doch voraus.« – »Sie können es doch einfach ausbauen. Da sind nur ein paar Schrauben zu lösen, und das Kabel zum Sender muß abgeklemmt werden«, sage ich. Jetzt lächelt er etwas gequält. »Wissen Sie«, sagt er, sichtlich nach Worten suchend, »man hat Angst – obwohl ich ja nicht daran glaube – daß da eine Boobytrap eingebaut ist.« – Als ich ihn nicht gleich verstehe, denn das Wort ist mir fremd, erklärt er mir, daß damit ein versteckter Sprengkörper gemeint ist. Jetzt muß ich lachen. »Also sind auch Sie ein Opfer Ihrer eigenen Propaganda«, sage ich. »Ja,« sagt er ernst, »wenn Sie immerzu etwas eingehämmert bekommen, bleibt doch etwas hängen. Das ist die Methode der Propaganda.« – Ich erkläre mich bereit, das Gerät auszubauen, wenn er auch noch die seemännische Nr. 1, den Bootsmann Peter Schölch, aus dem Gefängnis herausholt. »O ja,« sagt er. »Den hole ich morgen.« Und er hält sein Wort.

Auch auf den drei anderen Booten, U 805 – Bernadelli, U 873 – Steinhoff, U 1228 – Marienfeld, sind noch Restbesatzungen vorhanden. Die Militärpolizisten, die unsere Boote bewachten, bringen uns täglich Zigaretten, Kaugummi und die neuesten Zeitungen. Aus dem »Boston Herald« erfahren wir, daß man den Nazi-Kommandanten Kapitänleutnant Steinhoff mit Handschellen durch Boston geführt hat, wo ihn die geifernde Menge mit Eiern, Tomaten und Unrat beworfen hat. Außerdem wurde er von seinen Wächtern geschlagen und mißhandelt. Er hat sich daraufhin im Zuchthaus Boston mit einer Glasscherbe die Pulsadern aufgeschnitten und ist verblutet.

Für die Restmannschaften der vier Boote wird ein alter Marineprahm als Wohnschiff hergerichtet. Von einem außer Dienst gestellten amerikanischen U-Boot wird uns technisches Personal zugeteilt, dem wir den Fahrbetrieb auf unseren Booten beibringen sollen. Als amerikanischen LI erhält U 234 den gut deutsch sprechenden Leutnant Ing. Alexander. Auch die drei anderen Boote bekommen je einen amerikanischen LI zugeteilt. Für die Funkstationen aller vier Boote ist Leutnant Ing. Richard H. Provence zuständig. Zusammen mit ihm soll ich die Funkstationen der vier Boote wieder in Ordnung bringen und warten. Außerdem wird uns noch ein zweiter Intelligence-Offizier zugeteilt, Kapitän Taylor, von Beruf Rechtsanwalt. Er hat in Deutschland studiert und kennt Heidelberg sowie das Rheinland. Zum Essen werden wir in das amerikanische U-Boot-Heim gefahren, wo man sich mit einem Tablett selbst bedienen kann. Das Essen ist vorzüglich.

In der U-Boot-Schule, die sich ebenfalls auf dem Yard-Gelände befindet, werden wir von vorn und im Profil mit unserer Gefangenennummer fotografiert. Ich erhalte die Nummer »1G 604 NA.« Außerdem werden unsere Fingerabdrücke festgehalten. Bevor wir die U-Boot-Schule verlassen, können wir, da gerade Unterrichtspause ist, einen Blick in die Schulräume werfen. Wir entdecken einen Raum, in dem Unterricht über das neueste deutsche U-Boot erteilt wird. »Das Walter-U-Boot« steht in großen Lettern über einer Planzeichnung, die fast die ganze Wand einnimmt. Die Erprobung dieses Bootes, das unter Wasser 25 Seemeilen läuft, war gerade beendet, als wir Kiel verließen.

Im Juni werden wir eines Tages von den Intelligence-Offizieren zu einer Besprechung auf unserem Wohnschiff geladen. Sie machen uns klar, daß die amerikanische U-Boot-Waffe von uns das Schnorcheln lernen will. Mit ihren eigenen Booten können sie nicht schnorcheln, da sie nur einen Ladediesel für die Batterien haben, der nicht wie bei den deutschen Booten auf einer Welle mit den E-Maschinen zu schalten ist.

Wir lehnen aber geschlossen ab, ihnen als Kriegsgefangene das Schnorcheln beizubringen. Darauf waren sie vorbereitet und sagen uns zu, daß wir als freie Männer in ein Hotel ziehen können, wenn wir uns verpflichten, für die Marine zu arbeiten. Wir bitten um Bedenkzeit.

In langen Beratungen stellen wir einige Bedingungen zu unserer Sicherheit auf. Unter anderem: Versorgung unserer Familien in der Heimat, Absicherung für den Todesfall, Aufnahme in die Marine und Anwartschaft auf die amerikanische Staatsbürgerschaft. Die Abwehroffiziere haben volles Verständnis für unsere Forderungen und fliegen nach Washington, um zu verhandeln. Schwierigkeiten bereiten die Aufnahme in die Navy und die Frage der Staatsbürgerschaft.

Ende Juli hat Kapitän Hatten endlich einen Ausweg gefunden. Der Schwere Kreuzer *Prinz Eugen* soll von deutscher Besatzung nach Boston überführt und die Hälfte der Bordmannschaft von der Marine übernommen werden. Die andere Hälfte der Besatzung wird in die Heimat entlassen. Bei dieser Gelegenheit könnten wir ohne Aufsehen in die Marine eingeschleust werden.

Wir beginnen mit der Überholung unserer Boote, machen dabei aber untereinander aus, daß wir jeden Abend, bevor wir von Bord gehen, alle elektrischen Schaltungen falsch schalten und alle wichtigen Stationen unklar machen, so daß ein Betrieb ohne uns nicht möglich ist. Schriftliche Betriebsanleitungen existieren nicht mehr; sie wurden von allen Booten vor der Kapitulation vernichtet.

Die amerikanischen Matrosen sind wie Kinder und spielen mit allen Hebeln. So läßt ein Amerikaner ein ausgefahrenes Sehrohr in die Bilg durchrauschen, weil er versehentlich vorher den Öldruck hat ablaufen lassen. Die Optik des teuren Sehrohrs zersplittert, und der Mann bekommt ein Jahr Gefängnis aufgebrummt.

Die vorderen Tuben sind mit einem Kran aus den Minenschächten gehoben und auf den Kai gestellt worden. Mit Geigerzählern wird nach dem Uran gesucht. Die Zeitungen schreiben, U 234 habe soviel Uran an Bord, daß bei einer Explosion ganz Portsmouth und die umliegenden Ortschaften von der Erdoberfläche verschwinden würden. Jetzt wird mir erst klar, was die Japaner auf die kleinen Päckchen gemalt haben; »U 235« war die Bezeichnung für das Uran.

Es kommen viele höhere Offiziere, um sich die deutschen

U-Boote anzusehen. Meist muß ich die Führung übernehmen und ihnen die technischen Einzelheiten erklären.

Eines Tages sollen die Diesel unserer Boote angeworfen werden. Die amerikanischen Ingenieur-Offiziere und Dieselspezialisten meinen allerdings: »Diese Diesel sind zwei Monate nicht bewegt worden. Sie werden nie wieder anspringen.« Unsere Obermaschinisten wetten dagegen. U 234 liegt neben U 873. Die Leinen sind wegen der Gezeiten lose gesteckt. Eine schmale Stelling ohne Geländer führt von U 873 zu uns hinüber. Ich stehe an Oberdeck und unterhalte mich gerade mit Peter Schälch, als ein amerikanischer Kapitän in weißer Uniform mit einer roten Mappe unter dem Arm über U 873 auf uns zusteuert. In dem Augenblick, in der er die Stelling betritt, springen fauchend unsere Diesel an, und das Boot macht einen gewaltigen Satz nach vorne, ehe es in den Trossen hängenbleibt. Die Stelling rutscht ab, und der Kapitän fällt zwischen die Boote. Wir springen auf unseren breiten Außenbunker und versuchen ihn zu fassen. Mit viel Mühe gelingt es uns schließlich, den Kapitän aus der Hafenbrühe von Öl, toten Fischen und Unrat zu ziehen. Leutnant Alexander kommt ans Oberdeck und erklärt dem ölverschmierten Kapitän, daß ein Amerikaner vergessen hat, die Dieselwelle zur Schraube auszukuppeln.

Die deutschen Obermaschinisten und Ingenieur-Offiziere triumphieren. Die Diesel aller vier U-Boote sind sofort angesprungen. Die Amerikaner springen herum wie die Kinder, obwohl sie ihre Wetten verloren haben. »German Diesel«, jubeln sie und klopfen sich auf die Schultern. »German Diesel are wonderful« Leutnant Ing. Alexander sagt zwar immer, daß die deutschen U-Boote keinen Komfort haben, weil keine Badewanne an Bord ist, aber von der überragenden Kampfkraft der Boote ist er überzeugt.

Am 8. August 1945 dürfen wir plötzlich nicht mehr an Bord unserer Boote gehen. Die erste Atombombe ist gefallen. Hatten und Taylor sagen uns mit Bedauern, daß Washington nun keinen Wert mehr auf die U-Boot-Waffe legt, denn der Krieg mit Japan sei bereits entschieden.

Die amerikanischen U-Boot-Fahrer, mit denen wir zusammengearbeitet haben, kommen auf unser Wohnschiff, um sich zu verabschieden. In dieser kurzen Zeit ist ein herzliches Verhältnis entstanden, und einige dieser Freundschaften dauern noch 35 Jahre nach dem Krieg an.

Wir packen unsere Sachen, und das Feilschen um unsere

Schallplatten beginnt. Jeden Abend mußten wir dem Staff-Sergeant der Wache unseres Wohnschiffes den Badenweiler-Marsch vorspielen. Dann schlug der alte Berufssoldat den Takt mit und sagte verklärt: »Oh, the German army was the smartest army of the world.«

Für die Platten »Bomben auf England«, »Wir fahren gegen Engeland« und »Panzer rollen in Afrika vor« bieten uns die amerikanischen Offiziere bis zu 150 Dollar. Auch das Fallschirmjägerlied »Rot scheint die Sonne, fertiggemacht«, das Rußlandlied »Nun brausen nach Osten die Heere«, und »Lilli Marleen« sind sehr begehrt. Da wir amerikanisches Geld nicht besitzen dürfen, verschenken wir die Platten.

Durch ein Spalier von amerikanischen Seeleuten gehen wir zu den bereitstehenden Autobussen, nachdem wir einen letzten Blick auf die vier U-Boote geworfen haben, die einst unsere Heimat waren. »Good luck!« ruft man uns nach. »Good luck for you!«

In Boston werden wir der Armee übergeben und fahren nach Camp Edwards in Massachusetts. Im April 1946 wird dieses Lager aufgelöst, und wir werden nach New York zur Verschiffung transportiert. Auf einem Victory-Schiff trete ich mit etwa 1800 anderen Gefangenen die Seereise nach Europa an. Im Licht einer goldenen Abendsonne fahren wir den Hudson abwärts an Manhattan vorbei. Beim Nantucket-Feuerschiff wird die See rauh.

Die Gefangenen samt der Wachmannschaft werden seekrank. Der Kapitän der *Rushville Victory* läßt mich, drei weitere U-Boot-Fahrer und drei Fallschirmjäger, die nicht seekrank sind, alle Funktionen auf dem Schiff übernehmen: Alle-Manns-Rolle, Feuerlöschrolle, Zuteilung der Schwimmwesten, Einteilung an den Rettungsbooten und Essensausgabe, aber es erscheint kaum jemand, um sein Essen in Empfang zu nehmen. Wir Nichtseekranke freuen uns an den Delikatessen, die uns der malayische Koch aus der Kombüse bringt. Ich kann mich nicht entsinnen, bei der Seefahrt jemals so gut gespeist zu haben.

Unser Schiff fährt nach Antwerpen, wo wir an die Briten übergeben werden, bei denen ein rauher militärischer Ton herrscht. Sie machen uns klar, daß wir noch immer Soldaten sind und auch noch lange bleiben werden.

Wir landen zunächst im Camp Nr. 2228 bei Brüssel auf der Höhe von Waterloo, wo Blücher einst die Engländer vor der Vernichtung durch Napoleon bewahrt hat. Aber das ist lange her, und ich glaube kaum, daß die Wachsoldaten etwas davon wissen. In diesem Lager gibt es jetzt im Mai 1946 nur Wassersuppe, für 36 Mann eine Kilodose Fleisch und eine Handvoll Weißbrot.

Es ist aber ein wunderschöner Frühling in Belgien, und ich habe nie wieder so viele Maikäfer gesehen, wie sie abends um die hellen Lagerlampen schwirrten. Dann kommt der Tag, an dem sich unser Schicksal entscheidet. Wir müssen uns einer Untersuchung stellen; alle gesunden Gefangenen sollen zur Arbeit nach England verschifft werden.

Alle möglichen Tricks werden angewendet, um arbeitsunfähig zu scheinen; wer nicht zur Untersuchung erscheint, wird automatisch »fit« geschrieben. Ein ehemaliger U-Boot-Arzt, den ich aus Lorient kenne, gibt mir Tabletten, die kurz nach der Einnahme das Herz bis zum Hals schlagen lassen. Ich werde wegen schwerer Tachykardie nach Gelenksrheuma »unfit« geschrieben und gehöre zu den wenigen Gefangenen, die nach Munsterlager transportiert werden. In diesem Lager in Deutschland ordnen die Engländer neue Untersuchungen an, da sie für ihre »Action Fox« Arbeitskräfte brauchen. Mit knapper Not entrinne ich auch hier der Verschickung nach England und werde endlich in die Freiheit entlassen.

Jahre später erfahre ich aus Amerika, daß unsere vier Boote in der Nähe von Nantucket versenkt worden sind. Sie gehören zu den wenigen U-Booten, die ohne ihre Besatzung auf dem Grund des Atlantiks ruhen.

Bleibt noch zu berichten, wie es meinen Kameraden erging.

Von den Offizieren, die einst mit uns auf U 109 fuhren, hat nur einer überlebt: Kapitänleutnant Wilhelm Wißmann, Kommandant von U 518.

U 109 wurde am 4. Mai 1943 auslaufend Nordnordwest von Kap Ortegal auf 47°22' Nord und 22°40' West durch ein britisches Flugzeug Liberator P der 86. Squadron vernichtet. Keine Überlebenden.

Kapitänleutnant Volkmar Schwartzkopff fiel als Kommandant von U 520 auf der ersten Feindfahrt. Sein Boot wurde am 30. Oktober 1942 östlich Neufundland von Liberator, RCAF Sqdr. 10, mit Fliegerbomben versenkt. Keine Überlebenden.

Oberleutnant zur See Siegfried Keller wurde als Kommandant von U 130 westlich der Azoren auf 37°10' Nord und 40°21' West am Geleit U. G. S. 6 von USS *Champlin* mit Artillerie und Wasserbomben am 12. März 1943 versenkt. Keine Überlebenden.

Kapitänleutnant Werner Witte wurde als Kommandant von U 509 am 15. Juli 1943 im Mittelatlantik westlich Madeira auf 34°02' Nord und 26°02' West von VC Sqdr. 29 des US Santee durch Fliegerbomben versenkt. Keine Überlebenden.

Auch meinen alten Freund, Oberfunkmaat Hein Walter, der mir noch geschrieben hatte, daß er mit Fregattenkapitän Ernst Sobe bald im Atlantik erscheinen werde, habe ich nie wiedergesehen. Ernst Sobe, der große Meister der »Taktischen Übung«, wurde mit seinem U-Kreuzer U 179 am 8. Oktober 1942 auf 33°28' Süd und 17°05' Ost von der Fregatte *Active* versenkt. Keine Überlebenden.

Inhalt

/ Die Kapitulation / Der Zerstörer *Sutton* erscheint / Die Amerikaner kommen an Bord / Die Kriegsflagge wird eingeholt / Vier deutsche U-Boote im Hafen von Portsmouth / »German diesel are wonderful!« / 1946: Heimkehr nach Deutschland

Anhang

Abkürzungen und Fachausdrücke

Agru-Front	Ausbildungsgruppe für Front-U-Boote
AK	Äußerste Kraft
Asdic	Unterwasserortung durch Ultraschallwellen
ATO	Atmosphärisch getriebener Torpedo (Pressluft-Ölgemisch)
BB	Backbord
B-Dienst	Beobachtungsdienst des gegnerischen Funkverkehrs
BdU	Befehlshaber der U-Boote
Blimp	Kleinluftschiff der amerikanischen Marine
Bold	Vorrichtung zur Störung der Asdic-Ortung
BRT	Bruttoregistertonne
Btsmt.	Bootsmaat, seemännischer Unteroffizier
BÜ	Befehlsübermittler
DGZ	Deutsche gesetzliche Zeit
E-Maschine	Elektromaschine, die von Batterien angetrieben wird
ES	Erkennungssignal
Etmal	von Mittag bis Mittag – also in 24 Stunden – zurückgelegte Strecke
FdU	Führer der U-Boote in einem regionalen Befehlsbereich
Fkmt.	Funkmaat, Unteroffizier der Funklaufbahn
Fk. Ob. Gefr.	Funkobergefreiter
Fla(waffen)	Fliegerabwehr(waffen)
Flo-Chef	Flottillenchef
FT	Funktelegramm, Funkspruch
FRG	Fernräumgerät (Fernauslösung von Magnetminen)
G. A.	Gradlaufapparat am Torpedo
GHG	Gruppenhorchgerät, bestehend aus je 24 druckempfindlichen Empfängern an jeder Seite des U-Bootes
Hulk	außer Dienst gestellter und ausgeschlachteter Schiffsrumpf zum Anlegen bei Gezeitenwechsel
Kaleu	Kapitänleutnant

Kmdt.	Kommandant
Kkpt.	Korvettenkapitän
Kpt. z. S.	Kapitän zur See
Kaptlt.	Kapitänleutnant
KTB	Kriegtagebuch
Kugelschott	runder, druckfester Verschluß zwischen den Abteilen eines U-Bootes
KW-Kanal	Kaiser-Wilhelm-Kanal, Nord-Ostsee-Kanal
KWP	Kühlwasserpumpe
LI	Leitender Ingenieur an Bord eines Schiffes oder U-Bootes
Lord	Seemann, abgeleitet vom englischen Wort Sailor
Lt. z. S.	Leutnant zur See
Mittelwächter	Eintopfgericht um Mitternacht, das nur für die aufziehenden und abgelösten Wachen bestimmt ist
Mixer	Torpedomechaniker
Mschmt.	Maschinenmaat
Nr. 1	ältester Bootsmaat, der für alle seemännischen Aufgaben verantwortlich ist
NT	Nachrichtentechnik
Ob. d. M.	Oberbefehlshaber der Marine
Obfkmstr.	Oberfunkmeister
Oblt. z. S.	Oberleutnant zur See
Obstrm.	Obersteuermann
OF-Raum	Oberfeldwebelraum
OKH	Oberkommando des Heeres
OKL	Oberkommando der Luftwaffe
OKM	Oberkommando der Marine
P III.	Spezialreinigungsmittel
RAD	Reichsarbeitsdienst
sm	Seemeile
StB	Steuerbord
Tannenbaum	nach oben spitz zulaufende Anordnung von Ventilrädern in der Zentrale zum Anblasen der Tauchzellen
Tauchbunker	sind mit Treiböl gefüllt, das im Verbrauch laufend durch Seewasser ersetzt wird; nach Ausblasen können sie als Tauchzellen verwendet werden

Tauchretter	Sauerstoffgerät zum Verlassen eines gesunkenen U-Bootes; kann bis zu 80 Meter Tiefe verwendet werden
Tauchzelle	ist bei Oberwasserfahrt mit Luft gefüllt und wird beim Tauchvorgang durch Entlüften geflutet
T 5	Horchtorpedo, der mikrophongesteuert dem lautesten Geräusch nachläuft, ein fahrendes Schiff verfolgt und meist Schrauben und Ruderanlage trifft
UAK	U-Boot-Abnahmekommando
U-Fl.	U-Boot-Flottille
ULD	U-Boot-Lehrdivision
Untertriebszellen	Zwei Tauchzellen innerhalb des Druckkörpers, die dem Boot beim Entlüften zehn Tonnen Untertrieb geben und dadurch schnelles Tauchen ermöglichen; sie müssen aber bei 30 Meter Tiefe wieder ausgeblasen werden, da sie bei größerer Tiefe nach innen platzen könnten
U-Raum	Unteroffiziersraum bzw. Unteroffiziersmesse
UZO	U-Boot-Zieloptik für Nachtschießen
Vorhaltrechner	elektrisches Rechengerät, das nach eingegebenen Werten von Entfernung, Gegnerkurs, Gegnerfahrt, Eigenkurs und Eigenfahrt den Lauf des Torpedos errechnet
Wabos	Wasserbomben
WO (I., II., III. WO)	Wachoffizier; Erster, Zweiter, Dritter Wachoffizier
Zentralemaat	für die Zentrale verantwortlicher technischer Unteroffizier

Bildnachweis

Bild 9 Dr. Carla Bleichrodt
Bild 14 Photothèque Ed. Robert Laffont
Alle übrigen Bilder: Archiv des Autors

Wolfgang Hirschfeld, Funkmaat und Oberfunkmaat auf U 109, 1940–1942.
Liste der von U 109 versenkten Schiffe 1941–1942.
Kommandant Korvettenkapitän Hans Georg Fischer:

1.	Brit. D Marconi	7402 BRT	versenkt am 20. Mai 1941

Kommandant Kapitänleutnant Heinrich Bleichrodt:

2.	Brit. M. Empire Kingsfisher	6082 BRT	versenkt am 19. Jänner 1942
3.	Brit. D. Thirlby *	4887 BRT	versenkt am 23. Jänner 1942
4.	Brit D. Tacoma Star	7942 BRT	versenkt am 1. Februar 1942
5.	Can. MT Montrolite	11.309 BRT	versenkt am 5. Februar 1942
6.	Pan. D. Halcyon	3531 BRT	versenkt am 6. Februar 1942
7.	Brit. D. Harpagon	5719 BRT	versenkt am 20. April 1942
8.	Brit. M. La Paz	6548 BRT	versenkt am 1. Mai 1942
9.	NL. D. Laertes	5825 BRT	versenkt am 3. Mai 1942
10.	NW. MT. Arthur Sewall	6130 BRT	versenkt am 7. August 1942
11.	Brit. T. Vimeira	5728 BRT	versenkt am 11. August 1942
12.	Brit. D. Ocean Might *	7173 BRT	versenkt am 3. September 19
13.	Brit. M. Tuscan Star	11.449 BRT	versenkt am 6. September 19
14.	Brit. D. Peterton	5221 BRT	versenkt am 17. September 19
15.	In. M. Worden *	555 BRT	versenkt am 1. Mai 1942

International anerkannte
Versenkungstonnage 94.828 BRT

* Nr. 3 – Der Funkname des Dampfers Thirlby wurde von uns falsch g hört, weil sehr schlecht gegeben. Auch der „Deutsche B-Die bestätigte uns, daß wir den Griechen „Andreas" versenkt hätte Dieser wurde aber erst ein Jahr später von einem italienischen Boot versenkt.

* Nr. 12 – Der Name „Ocean Night" wurde offen gefunkt und von uns gehört. Bei Jürgen Rohwer „Axis Submarine Successes 1939–19 steht „Ocean Might".

* Nr. 16 – Dieses kleine Schiff hätten wir nie mit einem Torpedo angegr fen. Die Versenkung war ein Versehen, durch den zweiten T pedo, der „La Paz" verfehlte.

Archiv Wolfgang Hirschfeld